조지 워싱턴부터 아들 부시까지 퇴임 후로 본

미국 대통령의 역사

조지 워싱턴부터 아들 부시까지 퇴임 후로 본

미국 대통령의 역사

지은이 | 레너드 버나도 · 제니퍼 와이스
옮긴이 | 이종인
펴낸이 | 김성실
편집기획 | 최인수 · 여미숙 · 이정남 · 김성은 · 김선미
교정교열 | 김지선
마케팅 | 곽흥규 · 김남숙
인쇄 | 삼광프린팅
제책 | 바다제책

초판 1쇄 | 2012년 11월 20일 펴냄

펴낸곳 | 시대의창
출판등록 | 제10-1756호(1999. 5. 11.)
주소 | 121-816 서울시 마포구 동교동 113-81(연희로 19-1) 4층
전화 | 편집부 (02) 335-6125, 영업부 (02) 335-6121
팩스 | (02) 325-5607
이메일 | sidaebooks@daum.net

ISBN 978-89-5940-251-9 (03940)

책값은 뒤표지에 있습니다.
잘못된 책은 바꾸어드립니다.

조지 워싱턴부터 아들 부시까지 퇴임 후로 본

레너드 버나도 · 제니퍼 와이스 지음 | 이종인 옮김

미국 대통령의 역사

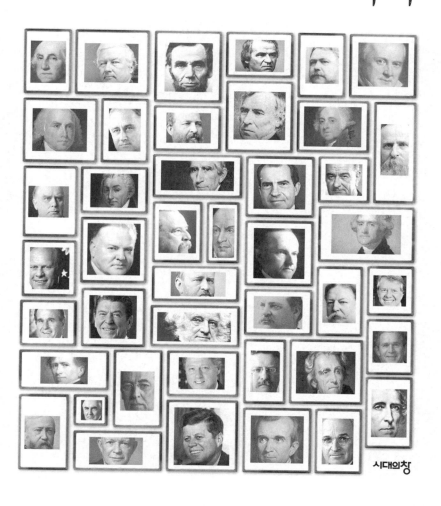

시대의창

펠릭스와 아니아에게.
온화함과 품위라는 막대한 유산을 남겨 주신 두 분께 감사드립니다.

자유 정부에서 통치자들은 섬기는 자이고 국민은 그 위에 있는 주권자이다. 따라서 통치자들이 국민들 사이로 돌아가는 것은 자신을 낮추는 일이 아니라 높이는 일이다.

— 벤저민 프랭클린

미국의 현직 대통령 버락 오바마는 제44대 대통령으로, 그 앞에는 43명의 전직 대통령이 있다. 조지 워싱턴이 신생국 미국의 초대 대통령으로 취임한 것이 1789년이었으니, 그 이후 미국은 남북전쟁, 대공황, 양차 대전 같은 대격변을 겪으면서도 200여 년 동안 줄기차게 대통령 선거를 실시하여 총 43명의 전직 대통령과 1명의 현직 대통령을 배출했다.

우리가 미국사를 공부할 때 제일 먼저 알아보는 것은 어떤 사건이 어느 대통령 시절에 벌어졌는가이다. 가령 자유토지당이나 무지당의 제3당 티켓이 나온 것은 어느 대통령 때의 일이며, 남북전쟁이 벌어지도록 방치해둔 대통령은 누구인가 하고 물어보는 것이다. 이처럼 대통령 재임 시의 일에 대해서는 소상하게 따지지만, 막상 그 대통령이 백악관을 떠난 이후에는 어떻게 되었는지 잘 알지 못한다.

가령 프랭클린 피어스는 은퇴 후 술을 너무 많이 마셔서 술병으로 죽었고, 토머스 제퍼슨은 화려한 생활을 좋아한 나머지 빚을 너무 져서 사후에 저택인 몬티첼로를 팔아야 했다. 에이브러햄 링컨처럼 노예제 철폐를 위해 목숨을 내놓은 대통령이 있는가 하면, 존 타일러처럼 노예를 많이 소유하고 자기 재산을 절대로 내놓지 않겠다는 욕심에 사로잡혀 남부연합의 의원으로 다시 들어간 탐욕스러운 대통령도 있다.

이처럼 전직 대통령이 43명이나 되다 보니, 그들이 퇴임 후에 벌인 행동과 사건은 다양다기하다. 그런데 전직이라고 해도 모두 똑같지는 않다. 현직 당시에 암살이나 질병으로 서거한 대통령들, 가령 링컨이나 프랭클린 루스벨트는 퇴임 후 이야기가 없다. 따라서 유고 사항 없이 백악관 생활을 무사히 마친 대통령들만이 은퇴 후 삶을 영위하게 되는데, 이들의 생활 패턴을 관통하는 한 가지 특징이 있다. 하나같이 대통령 시절에 이룬 자신의 업적에 깊은 보람을 느끼기보다는 왜 힘이 있을 때 이런 일을 하지 못했을까 하고 후회한다는 것이다. 그리하여 시어도어 루스벨트는 자신의 손으로 뽑아 준 태프트 대통령이 마음에 들지 않아 그에게 도전하다가 민주당의 윌슨에게 어부지리로 대선 승리를 안겨 주었고, 지미 카터 대통령은 재임 중에 너무 업적이 없었던 것을 아쉬워하여 오히려 최고의 "은퇴 후 대통령"이라는 소리를 들을 정도로 활발하게 국제적인 민간 외교 활동을 벌이고 있다.

시중에는 미국 대통령들을 다룬 책이 여러 권 나와 있다. 그런데 이런 책들은 하나같이 편년체에다 업적 위주로 되어 있어서 읽기가 쉽지 않다. 반면 이 책은 전쟁 중 전직 대통령의 행동, 소속당 후보를 위해 선거 유세에 나선 전직들의 행동, 백악관 재탈환 작전에 나선 전직 대통령 등 몇 가지 주제별로 그들을 다루고 있기 때문에 지루하지 않게 읽어 나갈 수 있으며 그 과정에서 미국 대통령의 역사 200년을 꿰뚫어 볼 수 있다.

이 책은 동시에 우리나라의 전직 대통령들에 대해서도 되돌아보게 해준다. 우리나라의 전직 대통령들은 국가 원로로서 당파적인 위치에서 벗어나 중립 객관적인 조언을 해주는 존재로 이해되고 있다. 미국도 대통령 선거가 처음 도입된 1800년대 초반에는 워싱턴을 비롯하여 버지니아 출신의 대통령들이 이런 자세를 취했다. 그러나 양당 제도가 점점 굳건하게 확립되어 가면서 자신의 당을 위해 적극적으로 시사 문제에 조언하고 또 필요시에는 구체적 조치에 나서기도 하는 행동 양태로 발전해 나갔다.

우리나라도 앞으로 대통령 선거가 거듭될수록 이런 패턴을 닮아가지 않을까 판단된다. 또한 전직 대통령들의 행적을 추적하다 보니, 이들이 제3당 티켓으로 대선에 입후보한 사례도 많이 소개된다. 제3당이 등장했다는 것은 기존의 양당이 분열되었음을 의미하는데, 오랜 대통령 선거의 역사를 자랑하는 미국에서도 정당이 분열하는 경우가 많았다는 사실은, 정당의 발전에서 분열과 통합이 반복되는 패턴임을 보여준다. 또한 200년 대통령 선거 역사에서 제3당 카드로 당선된 미국 대통령이 단 한 명도 없었다는 사실은, 이합집산이 정당의 본래적 욕구이기는 하지만 그런 욕구에만 충실해서는 권력을 잡을 수 없다는 교훈을 가르쳐주는데, 우리나라의 현재 정당 양태에도 어떤 시사점을 주리라고 본다.

이 책은 미국 정치에 관심이 있는 정치학도들에게도 훌륭한 자료가 될 것이고, 또 감동적인 이야기를 좋아하는 일반 독자들에게도 재미있는 읽을거리가 되리라 본다. 왜냐하면 미국의 전직 대통령들의 여생은 결국 루저(패자)가 위너(승자)로 나아가는 길, 다시 말해 좌절—극복—성공—환희라는 이야기로 요약되기 때문이다.

이종인

차례

미국 역대 대통령 연대표

	이 름	생몰연도	재임기간	비고
1	조지 워싱턴George Washington	1732~1799년	1789~1797년	연임
2	존 애덤스John Adams	1735~1826년	1797~1801년	연방파
3	토머스 제퍼슨Thomas Jefferson	1743~1826년	1801~1809년	민주공화파, 연임
4	제임스 매디슨James Madison	1751~1836년	1809~1817년	민주공화파, 연임
5	제임스 먼로James Monroe	1758~1831년	1817~1825년	민주공화파, 연임
6	존 퀸시 애덤스John Quincy Adams	1767~1848년	1825~1829년	민주공화파
7	앤드루 잭슨Andrew Jackson	1767~1845년	1829~1837년	민주당, 연임
8	마틴 밴 뷰런Martin Van Buren	1782~1862년	1837~1841년	민주당
9	윌리엄 헨리 해리슨William Henry Harrison	1773~1841년	1841년	국민공화당 (휘그당), 취임 후 병사
10	존 타일러John Tyler	1790~1862년	1841~1845년	재임 중 휘그당 출당
11	제임스 K. 포크James Knox Polk	1795~1849년	1845~1849년	민주당
12	재커리 테일러Zachary Taylor	1784~1850년	1849~1850년	휘그당, 재임 중 병사
13	밀러드 필모어Millard Fillmore	1800~1874년	1850~1853년	휘그당
14	프랭클린 피어스Franklin Pierce	1804~1869년	1853~1857년	민주당
15	제임스 뷰캐넌James Buchanan	1791~1868년	1857~1861년	민주당
16	에이브러햄 링컨Abraham Lincoln	1809~1865년	1861~1865년	공화당, 연임 중 피살
17	앤드루 존슨Andrew Johnson	1808~1875년	1865~1869년	민주당
18	율리시스 S. 그랜트Ulysses Simpson Grant	1822~1885년	1869~1877년	공화당, 연임
19	러더퍼드 B. 헤이스Rutherford Birchard Hayes	1822~1893년	1877~1881년	공화당
20	제임스 가필드James Abram Garfield	1831~1881년	1881년	공화당, 재임 중 피살

	이 름	생몰연도	재임기간	비고
21	체스터 A. 아서Chester Alan Arthur	1829~1886년	1881~1885년	공화당
22	그로버 클리블랜드Stephen Grover Cleveland	1837~1908년	1885~1889년	민주당
23	벤저민 해리슨Benjamin Harrison	1833~1901년	1889~1893년	공화당
24	그로버 클리블랜드		1893~1897년	민주당, 재선
25	윌리엄 매킨리William McKinley	1843~1901년	1897~1901년	공화당
26	시어도어 루스벨트Theodore Roosevelt	1858~1919년	1901~1909년	공화당, 연임
27	윌리엄 하워드 태프트William Howard Taft	1857~1930년	1909~1913년	공화당
28	우드로 윌슨Thomas Woodrow Wilson	1856~1924년	1913~1921년	민주당, 연임
29	워런 G. 하딩Warren Gamaliel Harding	1865~1923년	1921~1923년	공화당, 재임 중 사망
30	캘빈 쿨리지John Calvin Coolidge	1872~1933년	1923~1929년	공화당, 연임
31	허버트 후버Herbert Clark Hoover	1874~1964년	1929~1933년	공화당
32	프랭클린 루스벨트Franklin Delano Roosevelt	1882~1945년	1933~1945년	민주당, 4선 재임 중 사망
33	해리 트루먼Harry Shippe Truman	1884~1972년	1945~1953년	민주당, 연임
34	드와이트 아이젠하워Dwight David Eisenhower	1890~1969년	1953~1961년	공화당, 연임
35	존 F. 케네디John Fitzgerald Kennedy	1917~1963년	1961~1963년	민주당, 임기 중 피살
36	린든 B. 존슨Lyndon Baines Johnson	1908~1973년	1963~1969년	민주당, 연임
37	리처드 닉슨Richard Milhous Nixon	1913~1994년	1969~1974년	공화당, 연임 중 사퇴
38	제럴드 포드Gerald Rudolph Ford Jr.	1913~2006년	1974~1977년	공화당
39	지미 카터James Earl(Jimmy) Carter	1924~	1977~1981년	민주당
40	로널드 레이건Ronald Wilson Reagan	1911~2004년	1981~1989년	공화당, 연임
41	조지 H. W. 부시George Herbert Walker Bush	1924~	1989~1993년	공화당
42	빌 클린턴William Jefferson(Bill) Clinton	1946~	1993~2001년	민주당, 연임
43	조지 W. 부시George Walker Bush	1946~	2001~2009년	공화당, 연임
44	버락 오바마Barack Hussein Obama	1961~	2009년~	민주당

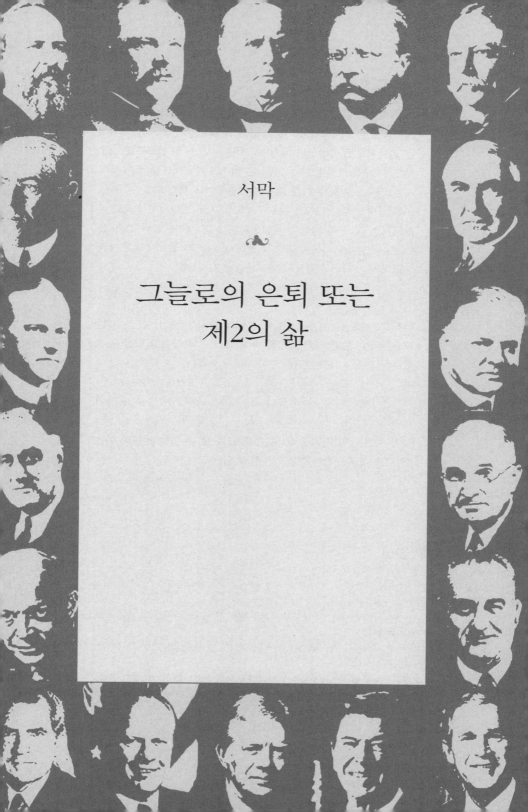

서막

❧

그늘로의 은퇴 또는
제2의 삶

66

미국 대통령직은⋯⋯ 전직 대통령이라는 복된 상태로 가는 길목의 정거장일 뿐이다. 허버트 후버Herbert Hoover는 현직 시절 국가에 큰 불안정을 초래하고도 퇴임 후 30년 동안 아주 평화로운 삶을 누렸다. 해리 트루먼Harry Truman은 백악관 주인이던 시절에 마치 서양 역사상 가장 커다란 주사위 게임을 위태위태하게 수행하는 보트 도박사 같은 인상을 남겼다. 하지만 인디펜던스의 집으로 은퇴해서는 해가 갈수록 더 현명해지더니 결국에는 클라우제비츠Clausewitz*, 매콜리Macaulay**, 타이 콥Ty Cobb***을 합쳐 놓은 듯한 인물이 되어 국난에 처한 나라의 운명을 지휘했다.

– 존 업다이크John Updike

은퇴하는 대통령에게 그 어떤 권력의 흔적이 남아 있든 – 37만 5000달러의 연금, 사무실 공간, 우편 요금 면제, 군용 헬리콥터, 경호 서비스 등 – 실제 권력은 이미 사라지고 없다.

– 도리스 컨스Doris Kearns,
《린든 존슨과 미국의 꿈Lyndon Johnson and the American Dream》 저자

내가 시민 개인 자격으로, 비공식적으로 할 수 있는 일들이 있는데, 그건 미국의 현직 대통령은 할 수 없는 일이다.

– 지미 카터Jimmy Carter

99

---

* Carl von Clausevitz(1780~1831), 프로이센의 군사 전문가로 전략 문제의 고전인 《전쟁론》을 남겼다.

** Thomas Babington Macaulay(1800~1859). 영국인 정치가이자 역사가. 《영국사History of England》를 썼다.

*** 본명은 Tyrus Raymond(1886~1961). 미국 메이저리그 외야수로, 최고의 야구선수를 꼽을 때 늘 빠지지 않는 인물이다.

전직 대통령 그로버 클리블랜드Grover Cleveland는 조지 워싱턴George Washington 탄생 175주년 기념 연설을 시카고에서 했다. 대통령직을 내려온 지 10년 후, 세상을 떠나기 1년 전이었던 클리블랜드는 전직 대통령이라는 개념을 두고 이처럼 냉소적인 논평을 했다.

"우리 전직 대통령들을 어떻게 처리해야 할까요? 공터로 끌고 나가 총살을 해야 한다는 사람들도 있습니다. 하지만 제가 볼 때 전직 대통령들이 이미 겪은 고통에 비하면 그쯤은 약과입니다."

클리블랜드의 냉소적 논평은 최근까지도 미국사의 끊임없는 관심사였던 문제를 제기하고 있다. 우리의 전직 대통령들을 어떻게 해야 할까? 이 사람들은 때로는 존경을 받기도 했고 때로는 악명을 떨치기도 했지만 그래도 한때 미국 정치권력의 정상에 서 있던 인물들이다. 하지만 공직을 떠난 후 그들의 삶은 불확실했고, 이런 사실은 종종 국민들의 마음을 편치 않게 만들었다. 전직 대통령들에게 공식적 지위를 제공하지 않는다면—어떤 일정한 공적 역할을 제공하는 '명예 대통령' 지위를 보장하지 않는다면—어떻게 나라가 그 사람들의 경험으로부터 덕을 볼 수 있을까? 반면 공식 임기가 끝난 전직 대통령이 미국의 정책에 계속 영향력을 행사하는 것이 과연 바람직

할까? 개인적인 측면에서 살펴보자면, 이 건국의 아버지의 후예들을 어떻게 예우하는 게 좋을까? 일반 대중이 그들에게 생계 대책을 마련해 주어야 하는가, 아니면 그들의 삶이 되는 대로 굴러가도록 내버려두어야 할까?

전직 대통령들을 어떻게 예우해야 하는가 하는 문제는 오랫동안 논쟁을 불러일으켜 온 뜨거운 감자였다. 이제는 고전이 된 1888년 연구서인 《미국 공화국*The American Commonwealth*》에서 영국 법률학자 브라이스James Bryce 경은 로마의 정치 제도를 모방하여 전직 대통령을 상원의원으로 예우하자는 주장을 펼쳤다.

"로마인들은 이 문제를 잘 처리했다. 국내외에서 집정관이나 총독으로 근무한 사람들의 명예, 경험, 지혜, 기술을 모두 원로원으로 수렴할 수 있었다."

브라이스는 지도자들의 경험을 이런 식으로 잘 거둬들인다면 전직 대통령들이 상원에 커다란 축복이 되리라고 내다보았다. 한편 다른 사람들은 이런 주장에 반대했다. 러더퍼드 B. 헤이스Rutherford B. Hayes는 상원이 이미 "부자들의 전유 클럽"이 된 마당에 거기다 전직 대통령까지 추가하면 "대중 정부의 원칙"을 현저히 훼손하고 만다고 했다.

여러 해 뒤 인민당 지도자인 윌리엄 제닝스 브라이언William Jennings Bryan은 미국의 중요 정치가로서는 처음으로 전직 대통령을 자동적으로 상원의원에 임명하자는 의견을 내놓았다. (자신이 세 차례나 대통령 후보에 지명된 인물이었으니 아마도 이런 발언은 자기 장래를 위해서였을 법도 하다.) 하지만 비판가들은 브라이언의 주장을 재빨리 일축했다. 그 자신 전직 대통령인 윌리엄 하워드 태프트 William Howard Taft는 코웃음을 쳤다.

"내가 망각 속으로 사라져야 한다면, 마취제나 망우수(忘憂樹: 아편) 같은 방식으로 그리 되는 편이 낫다. 그 편이 한결 유쾌하고 시간도 덜 끌 테니."

또 이런 말도 덧붙였다.

"상원에는 지금도 수다쟁이들이 충분히 많다. 그곳을 굳이 전직 대통령의 만학(晚學)의 장(場)으로 꾸밀 필요가 없다."

이처럼 전직 대통령들이 항의를 했어도, 그들을 투표권 없는 유급(有給) 영구 의원으로 만들려는 입법적 시도가 여러 차례 이루어졌다. 수정 헌법 제22조(1951년)가 대통령의 임기 제한을 확정하기 이전에는, 전직 대통령에게 평생 의원 혜택을 주는 법안이 대통령의 3선을 시도하지 못하게 하는 현명한 방책처럼 보였다. 하지만 이런 내용의 입법은 결실을 맺지 못했다. 이런 안건과 관련해 한마디 해달라는 요청을 받은 허버트 후버는 찬물을 끼얹었다.

"20년 전이라면 열광적으로 지지했을 겁니다. 하지만 이 나이가 되고 보니 하루에 몇 시간씩 딱딱한 의자에 앉아 남들의 연설을 들어줘야 하는 처지가 그리 끌리지 않는군요."

냉전 기간에는 이 주제를 마지막으로 변주한 제안이 나왔다. 모든 전직 대통령들을 국가안보위원회 위원으로 자동 임명하자는 것이었다. 이것마저 수포로 돌아가자 전임자들의 지혜와 경험을 활용해 보려던 장기적인 노력은 종말을 맞게 되었다.

20세기 후반에 이르러 전직 대통령에게 공적인 중요한 역할을 맡기려는 일반 대중의 열망은 전직 대통령들 자신의 노력을 통해 어느 정도 충족되었다. 많은 사람들은 지미 카터와 빌 클린턴Bill Clinton의 공적 활동이 다소 이례적인 경우라고 생각할지 모른다. 하지만 실상을 알고 보면 이례적이라기보다는 일상적이라고 해야 한다. 많은 전직 대통령들이 퇴임 후 공공 분야에서 활동했다. 전직 대통령이 전원생활로 은퇴한다는 이미지는 언제나 절반쯤은 허구였고, 공직을 떠난 후 아무 활동 없이 지낸 대통령들은 소수일 뿐이다. 실제로 전직 대통령들의 생활은 일반 대중이 생각하는 것보다 훨씬 풍요롭고 다양하다.

전직 대통령들이 꼭 예우상의 보직이 있어야만 국민의 생활에 계속 영향력을 행사할 수 있는 것은 아니었다. 그들이 은퇴 후에 벌인 사업은 미국사에서 친숙한 한 부분이 되었다. 가령 토머스 제퍼슨 Thomas Jefferson은 버지니아 대학을 설립했고, 존 퀸시 애덤스John Quincy Adams는 하원 의원이 되어 노예제 반대 운동을 펼쳤으며, 율리시스 S. 그랜트Ulysses S. Grant는 사망 직전까지 시간을 다투며 회고록을 탈고했고, 시어도어(테디) 루스벨트Theodore Roosevelt는 정계에 화려하게 복귀했다. 또한 카터와 클린턴은 퇴임 후에 자기들의 이미지를 완벽하게 새로 구축했다. 그리고 비록 이들처럼 화려하지는 않다 해도 무시 못할 활동을 펼친 전임 대통령들도 있다. 앤드루 잭슨Andrew Jackson은 선거구 정치를 어떻게 조종할 것인가를 연구했고, 러더퍼드 B. 헤이스는 흑인들을 위한 다양한 개혁안을 내놓았으며, 윌리엄 하워드 태프트는 평화 구축 사업을 전개했는가 하면 허버트 후버는 해외 식량 원조 사업에서 영웅적으로 활약했고 드와이트 아이젠하워Dwight Eisenhower는 냉전 수행에 대하여 전략적 조언을 아끼지 않았다.

은퇴 후 무명 상태로 침잠한 전직 대통령은 극소수에 지나지 않는다. 그중 일부는 선출직에 뽑혀서 정계로 되돌아왔고, 어떤 대통령은 남부연합(남북전쟁 당시 합중국에서 탈퇴를 선언한 남부 11주 _ 옮긴이)에 가담하기도 했다. 다른 이들은 다양한 이념적 노선을 띤 제3당을 통해 대통령에 복귀하려고 했다. 명예로운 전임자의 자격으로 후계자들에게 지혜와 조언을 아끼지 않은 이들도 있다. 또 어떤 이들은 국내외의 공적 봉사활동에서 보람을 찾기도 했다. 그리고 다수가 후계자 후보를 위해 적극적으로 선거 활동을 펼쳤다.

근년 들어 전직 대통령의 위상에 커다란 변화가 발생했다. 언론인 제임스 팰로스James Fallows는 그것을 "전직 대통령들의 생활에 밀어닥친 구조·기대·기회의 변화"라고 불렀다. 카터와 클린턴의 사례는 지구촌의 일을 더 우선시하는 전직 대통령의 이미지를 심어놓았다. 자연재해 희생자 지원 활동, 인종학살 반대 의견 표명, 공공보건 위기를 극복하기 위한 모금 운동 등, 사람들의 눈에 잘 띄는 공공 봉사활동은 전직 대통령이 지구촌을 향해 품고 있는 책임의식을 자연스럽게 표출한 것이었다. 이제 더 이상 전직 대통령들을 어떻게 예우할까를 걱정할 필요가 없게 되었다. 그보다는 이제 전직 대통령들이 인류를 위해 어떤 일을 할까를 궁금해하게 되었다.

카터와 클린턴이 이러한 게임의 규칙을 처음으로 고안한 것은 아니다. 허버트 후버의 국제 식량 구호 사업도 그들과 똑같은 고상한 목표를 갖고 있었다. 하지만 최근의 전직 대통령들은 폭넓은 외교적, 인도적 분야에서 너무 화려한 활동을 펼치고 있다 보니, 다른 전직 대통령들과는 범주가 전혀 달라 보인다. 정보 혁명은 카터와 클린턴이 명성을 쌓는 데 기여했다. 이들이 '저명한 정치가'가 되고 현대 사회에 우뚝 솟은 인물이 되는 데 도움을 주었다. "우리가 좋아하든 말든, 그들은 하루 24시간 일주일 내내 우리 가정의 손님이 되었다"고 역사가 리처드 노튼 스미스Richard Norton Smith는 말했다. 디지털 시대를 맞이하여, 전직 대통령이 은퇴 후 깊은 망각 속으로 사라진다는 이야기는 더 이상 통하지 않는다.

권력과 영향력: 카터와 클린턴의 경우

지미 카터의 대통령직 시절은 퇴직 후의 더 위대한 사업으로 가기 위한 징검돌이었다고 생각하는 사람들이 많다. 많은 정치평론가들은 카터의 은퇴 후 시기를 "제2임기"라고 하면서 카터를 "가장 위대한 퇴임 대통령"이라고 부른다. 카터 자신이 말했듯이, "모든 대통령은 퇴임 후 생활에 대하여 저마다 다른 태도를 갖고 있다." 카터는 자신의 퇴임 후 생활에 대하여 "기업에 고문으로 들어가거나 순회 강연 활동을 벌이는" 데는 관심이 없다고 말했다. 그 대신 여러 가지 혁혁한 업적을 쌓았고, 많은 미국인들은 그런 업적이 임기 중의 업적보다 더 대통령답다고 말한다.

크리스 크리스토퍼슨Kris Kristofferson은 이렇게 한탄했다.

"자유는 잃어버릴 게 아무것도 없는 상태를 가리킨다."

이 말은 카터의 퇴임 후 신념에 그대로 적용될 수 있다.

"나는 이제 대통령 시절보다 더 솔직하고 자유롭게 말할 수 있다."

카터는 이런 말도 했다.

"해외 주재 대사는 국무부와 백악관의 지시를 받아 가며 말한다. 그 지시는 엄청난 제약일 수밖에 없다. 하지만 나는 우리나라의 이익을 대변해야 할 필요가 없다."

갈등을 중재하는 일이든 전염병과 싸우는 일이든, 카터는 전 세계적으로 열심히 활동을 벌인 덕분에 널리 칭송을 받는다. 그리하여 2002년에는 전직 미국 대통령으로서는 최초로 노벨 평화상을 수상했다. (테디 루스벨트와 우드로 윌슨Woodrow Wilson은 현직일 때 노벨 평화상을 받았다.)

거침없는 사람에게는 비판자도 따르는 법이다. 카터는 분쟁 지역에서 외교적인 활동을 벌여서 반대자들로부터 노골적인 공격을 받았다. 그들은 카터가 슬로보단 밀로세비치Slobodan Milosevic나 김일성 같은 독재자들을 유화적으로 대했다거나 반(反)시온주의자라거나 하는 혐의를 씌워 가차없이 공격했다. 카터에 반대하는 보수파 인사인 조슈아 무라브치크Joshua Muravchik는 카터를 "우리 나라 최악의 전직 대통령"이라고 몰아붙였다. 언론인인 로버트 카플란Robert Kaplan은 카터의 독자적 외교를 "사람들의 눈길을 끌려는 묘기 부리기"의 연속일 뿐이라고 비하하면서 "줄어드는 수입"을 벌충하려고 글을 너무 많이 써댄다고 비판했다. 카터가 2006년에 펴낸 책, 《팔레스타인: 인종 차별이 아닌 평화Palestine: Peace Not Apartheid》는 반카터 열풍을 불러일으켜 그 결과 카터 연구소 이사회의 이사

14명이 무더기로 사직했으며 미국의 유대인 공동체에서는 카터를 격렬하게 비난하는 성명들이 터져 나왔다.

1980년 로널드 레이건Ronald Reagan에게 패배한 이후 카터가 벌인 자선 활동이 그처럼 성공하리라고 예상한 사람은 아무도 없었지만, 그가 단임 대통령 시절에 다루었던 문제들이 단서 하나를 제공한다. 카터는 인권 신장을 미 행정부의 목표로 표방하고, 인권 기준을 외교 정책의 수단으로 삼았으며 또 전 세계 인권 기관들의 법적인 지위를 강화하려 했다. 캠프 데이비드에서 이집트와 이스라엘의 관계를 중재하려 한 카터의 노력은—물론 자신의 복음적 배경이 가미된 것이었지만—팔레스타인 성지에 대한 열망을 반영한다.* 그렇지만 카터가 20세기의 마지막 20년 동안에 벌인 저 놀라운 봉사 활동은 퇴임 직후만 해도 상상하기 어려운 것이었다.

이와 마찬가지로 빌 클린턴의 업적 또한 전혀 예상치 못한 것이었다. 테디 루스벨트 이래 최연소 전직 대통령이 된 클린턴이 과연 은퇴 후 뭘 할까 하고 궁금해하는 사람들이 많았다. 대학 총장? 토크쇼 사회자? 세계은행 총재? 유엔 사무총장?

클린턴은 이렇게 말했다. "대통령직을 떠나면 권력은 잃지만 영향력까지 잃는 것은 아닙니다." 그렇지만 그 영향력은 "적은 분야에만 집중되어야 합니다." 클린턴은 지미 카터가 은퇴 후 막대한 일을 했다는 것을 알았고, "나 자신도 그렇게 할 수 있다고 생각합니다"

---

* 카터 전 대통령은 1978년 9월에 미국 캠프 데이비드에서 안와르 사다트 이집트 대통령과 메나헴 베긴 이스라엘 총리의 만남을 주선했다. 이 만남의 결과로 두 나라는 1979년 3월에 평화 조약을 맺었다.

라고 말했다. 42대 대통령(클린턴)은 박애주의적 노력을 몇 가지 분야로 나누었다. HIV/에이즈 같은 공공 보건 문제와 관련하여 높은 의약품 가격이 해롭다고 생각하여 이와 싸워야 한다고 보는 한편, 어린아이들의 영양 상태에 대해서도 사람들의 관심을 환기해야 한다고 생각했다. 현역 시절에는 잘 보살피지 못했던 실책 분야에 집중하면서, 클린턴 재단은 명확한 비전vision과 진지한 목표를 유지하고 있다.

클린턴에게는 다행스럽게도—워낙 각광 받기를 좋아하는 인물이라—사회 개혁에 집중한다고 해서 일반 대중의 관심이 줄어드는 것은 아니다. '클린턴 글로벌 이니셔티브Clinton Global Initiative'는 이러한, 사람들 눈에 잘 띄는 사업의 구체적 사례이다. 이것은 대규모 연례행사로서, 세계 지도자들, 주요 자본가들, 국제 저명인사들이 유엔 총회 때 한자리에서 만나서 지구촌의 여러 문제들을 해결하기 위해 재정적인 협약을 맺는 기회다. 클린턴은 이때 행사의 주빈, 여론 조성자, 입찰 담당자, 세일즈맨 등 1인 다역을 함으로써 이 행사를 성공작으로 만든다.

2008년 대통령 선거 전까지만 해도, 클린턴의 은퇴 후 처신은 미 상원에 진출한 힐러리 클린턴Hillary Clinton의 처신과 아주 유사했다. 원한이나 적개심을 드러내지 않고 양당 모두의 눈치를 보는 것 등이 주된 특징이었다(클린턴은 한때 "힐러리는 나와 마찬가지로 공화당원들과 함께 일할 수 있다고 생각합니다"라고 말하기도 했다). 공화당 강경파—특히 1994년 "미국과의 계약"*을 주도한 파—의 돌팔매와 화살을 맞고 또 1997년에 미약하나마 탄핵 시도까지 겪은 후, 사람들은 클린턴이 자신의 명성을 지키고자 반격에 나서리라고 예상했다. 하지만 클린턴은 정도를 걸었고 선한 일을 하는 데에만 집중했으며 인신 공격보다는 자선 행위를 선호했다. 하지만 힐러리 클린턴이 2008년에 버락 오바마Barak Obama와 대통령 후보 경선을 벌이면서 클린턴의 또 다른 측면이 드러났다. 선거 정국의 난장판에 복귀하면서, 이 온순한 정치가는 선거 연설에서 분열적이고 비타협적인 언사를 망설이지 않았다. 그것은 결과적으로 힐러리에게 부채가 되어, 클린턴은 아내로부터 자제하라는 주의를 받았다. 그것은 클린턴의 은퇴 후 후광을 흐리는 오점이었다.

전임 대통령이라는 직업

돈을 벌어들인다는 또 다른 분야에서도 빌 클린턴의 영향력은 뛰어났다. 자신이 어떤 기준을 설정한 것은 아니지만 자기 자신이나 남들을 위해 돈을 벌어들이는 능력은 그 기준의 문턱을 한층 높여 놓았다. 퇴직한 이래 단 한 차례 연설에 수십만 달러를 받으며 1억 달러가 넘는 돈을 모았기 때문에 클린턴은 현재 아주 부유한 사람이다. 클린턴은 전직 대통령의 영향력을 행사하여 창의적으로 기금을 모아들인다. 가령 자신의 생일 파티 때 록 그룹 롤링스톤스를 초빙하여 연주하게 하고, 그 행사를 통해 빌 클린턴 재단에 기부금을 내

---

*   1994년에 공화당 하원의원장이었던 뉴트 깅리치가 발표해 공화당의 의석 장악을 이끌어 낸 10개조 공약.

달라고 요청하는 식이다. 기업 모임에 나가서 동기 개발 연설을 해주고 돈을 거두는 행사는 여기에 비하면 아주 촌스럽게 보인다.

클린턴이 이미 보여주었듯이, 전직 대통령들은 지위를 잘 활용하여 좋은 목적에 봉사할 수 있다. 하지만 최근 몇십 년 동안에는 점점 개인적 이익을 위해 모금 활동을 벌이는 경우가 많아지는 듯한데, 이것은 건국의 아버지들의 도덕적 전통을 벗어나는 일이다.

전직 대통령이라는 지위를 이용해 개인적으로 과도하게 치부하는 행위를 제일 처음 시작한 인물은 제럴드 포드Gerald Ford다. 수년간 절제된 중산층 생활을 하다가 자본을 축적할 기회를 잡게 된 포드는 비싼 값을 부르는 기업들에게 이름을 팔아 여러 기업 이사회에 이름을 올렸다. 공직 생활을 하는 동안은 한 번도 화려한 행색을 한 적이 없지만 그 뒤에 수준 높은 생활을 즐기기 시작해서, 팜 스프링스, 베일, 란초 미라지 같은 곳에 집을 사들였다. 이러한 행태로 '대통령직의 특권'을 돈 받고 팔아넘긴다는 비난을 받기도 했지만, 아랑곳하지 않고 그런 수입 창출 방식을 지속했다.

1980년대 후반 로널드 레이건—포드의 강력한 라이벌—은 전직 대통령의 탐욕에 새로운 장을 열었다. 백악관에서 나와서 아직 정신이 맑던 시절에 레이건은 아주 특별한 건수를 하나 올렸다. 1989년에 일본으로 가서 연설을 몇 차례 해주고 200만 달러를 받은 것이다. 이처럼 엄청나게 수익성 높은 관광 여행에 비하면 포드의 탐욕은 약과인 것 같다. 개탄스러운 일이지만, 이 여행은 레이건의 은퇴 생활 중 가장 화려한 순간으로 꼽힌다. 레이건의 후계자인 조지 부시George H. W. Bush는 중앙정보부장을 지내고 대통령직에 오른 인물인데, 재정적 보수에 대해서는 한결 신중한 방식을 선택했다. 부시가 5년 반 동안 고문으로 활동해 온 칼라일 그룹Carlyle Group은 군사 분야와 항공 분야에 집중적으로 투자해 온 회사인데, 부시의 보수 수준을 임의로 발표하지 못하게 되어 있다.

포드, 레이건, 부시, 클린턴의 사례만 염두에 둔다면 전직 대통령들이 늘 이런 부유한 생활을 했다고 생각하기 쉽다. 그러나 사실은 그렇지 않다. 버지니아 출신 대통령인 토머스 제퍼슨, 제임스 매디슨James Madison, 제임스 먼로James Monroe는 경제적인 어려움을 겪었고, 때로는 가난하게 살기도 했다. 가령 먼로는 퇴임 후 5년을, 프랑스 대사 근무 시절 받지 못한 생활비를 환급받으려고 의회 승인을 얻어내는 일에 필사적으로 매달리며 보냈다. 결국 환급을 받긴 했지만, 그 근래 이사한 뉴욕에서 빈털터리가 되어 죽었다. 미국 헌법과 독립 선언의 기안자인 거물들이 그처럼 궁색한 상황으로까지 떨어졌다는 것은 우리 현대인에게는 놀라운 이야기다. 이들 초창기 대통령들이 야인으로 돌아간 시절은 신생국인 미국이 농장 기반 농업 경제로부터 벗어나던 시절이었고, 그런 환경 변화에 적응하지 못한 전직 대통령들의 생계는 위협을 받을 수밖에 없었다.

또한 문화적 변화도 한몫을 했다. 남부 출신 대통령들은 아무리 재정적 어려움을 겪었어도 인적·경제적 부담을 감수하면서까지 노예제도를 고수했다. 조지 워싱턴만이 데리고 있던 노예들을 모두 해방했다(아내인 마사Martha가 사망하던 시점에 속량했음). 그러나 나머지 6명의 전직들—제퍼슨, 매디슨, 먼로, 잭슨, 타일러John Tyler, 포크James Polk—은 노예제도의 부담을 진 채로 은퇴 후 생활을 보냈다. 제임스 매디슨은 퇴임 후 각 주의 권리와 연방의 통치권 사이에 벌어지는 갈등을 해결하기 위해 모종의 법적 구제책을 고안하려 했으나 실패로 끝나고 말았다. 매디슨은 연방의 취약성을 강조하면서 노예제가 정치적으로 부과된 제도가 아니라 그저 생활 방식의 일부일 뿐이라고 설명했다. 그러면서 "우리나라를 이토록 오랫동안 괴롭히고 수많은 사람들에게 절망을 안겨 준 이 끔찍한 재앙"을 해결하는 방법을 다른 데서 찾으려 했다. 그리고 한 가지 방편으로 아프리카에 식민지를 건설해야 한다고 주장했다. 먼로는 이 주장에 적극 동의했는데, 그가 백악관에 있던 시절에 신생 아프리카 국가인 라이베리아의 수도에는 그를 기념하여 먼로비아라는 이름이 주어지기도 했다. 그렇지만 노예제는 여전히 남아서 전직 대통령들의 열악한 농장 생활에 큰 부담을 안겼다.

남북전쟁이 끝날 때까지만 해도 전직 대통령 자격으로 개인적 이득을 추구하는 것은 부적절한 처신으로 여겨졌다. 초창기 공화주의의 철학 때문에 전직 대통령들은 일체의 상업적 기회를 추구해서는 안 된다는 사회적 기대가 높았다. 하지만 남북전쟁 이후 경쟁적인 자본주의가 미국 사회에 뿌리를 내리면서 그런 기대는 변화하기 시작했다. 기업 이사로 등재되거나 대중 간행물에 글을 쓰거나, 연설을 하거나 하는 일이 흔해졌다. 오늘날처럼 높은 보수와 강연료를 받는 풍조는 아직 수십 년은 더 지나야 나타나지만, 전직 대통령들이 자신의 상징적 지위를 이용하여 추가 수입을 올릴 기회는 도금시대*에 들어와 더욱 늘었다.

이러한 발전 방향을 모든 사람이 흔쾌하게 받아들인 것은 아니었다. 20세기 전반에는 이런 사태를 우려하는 의원들이 주기적으로 만나서 전직 대통령에게 연금을 제공하는 법안을 제정하여 이전 지위를 상업적으로 이용하지 못하게 하려고 애썼다. 하지만 이런 법안은 곧 저항에 직면했다. 많은 의원들이 볼 때 연금은 왕족의 특혜나 다름없는 것이었다.

1950년대 중반에 이르러 의견의 추세는 반대 방향으로 돌아서서 전직 대통령들에게 재정적 안정을 도모해주는 쪽으로 나아갔다. 언론인 리처드 로비어Richard Rovere는 이렇게 말했다.

"우리 정치 제도의 커다란 결핍 사항 하나를 고쳐야 할 필요가 있다. 전직 대통령에게 적절한 생계와 위엄 있는 역할을 부여하지 않는 것이다. 은퇴한 정치가는 대개 연금을 받는다. 연금을 받는 퇴직 장성들은 자동차가 있고, 하인을 두며, 많은 종신 혜택을 누린다. 하지만 우리는 행정부 수반 겸 군 최고 사령관을 단 한 푼도 주지 않고 내쳐 버린다. 이것은 어떻게 보면 참으로 고약한 상황이다. 왜냐하면 전직 대통령들이 다른 일반인과 마찬가지로 악착같이 생계를 꾸리는 데 나서다 보면, 그들이 누렸던 최고위직을 더럽힐 우려가 있기 때문이다."

로비어가 이런 우려를 표시하게 된 구체적 계기는 해리 트루먼이었다. 트루먼은 아주 궁핍한 상태로 미주리 주 인디펜던스에 있는 자기 집으로 내려왔다. 트루먼은 하원의장 샘 레이번Sam Rayburn에

---

* Gilded Age. 1865~1890년으로, 마크 트웨인의 소설 《도금 시대》에서 그 이름을 얻었다. 산업 확장으로 인한 투기와 인플레이션, 사회와 개인의 도덕적 타락 및 부정부패 등이 이 시기의 특징이다.

게 이렇게 말했다.

"나는 아주 가난합니다. 오줌을 눌 요강도 없고 그 요강을 비울 창문도 하나 없습니다."

잡화상을 하다가 대통령으로 변신한 트루먼이 우편물 비용조차 감당하지 못한다는 소문이 들려오자 의회는 마침내 행동에 나섰고 1958년에 '전직대통령법'을 제정하여 일정액의 급여와 소수의 직원, 여행 기금, 사무실 같은 특혜를 제공하기로 했다. 나중에 후속 조치가 제정되어 경호 서비스가 추가되었고, 대통령에서 야인으로 돌아가는 데 필요한 이행 자금을 제공했다. 이러한 평생 지원 체계가 확립되면서, 전 대통령직ex-presidency이라는 비공식 직책이 탄생했다.

트로츠키Leon Trotsky는 모든 혁명에는 테르미도르(반혁명), 즉 혁명의 기운이 반혁명의 힘에 굴복하는 순간이 있다는 유명한 말을 남겼다. 1980년대에 이르러 전직 대통령들의 경제 사정이 꾸준히 나아지자 그에 대하여 상당한 저항이 생겨났다. 전직 대통령 내외에게 제공하는 특혜는 결국 납세자의 주머니에서 나온 돈인데 이것이 한도를 벗어났으므로 삭감해야 한다는 비난이었다. 행정부가 새로 들어설 때마다 새로운 비난 사항이 추가되었다. 리처드 닉슨Richard Nixon은 중도 사임을 하는 처지에도 20만 달러의 이행 자금을 받았다. 지미 카터는 1만 2000달러짜리 동양 양탄자를 사들였다. 제리 포드는 승용차 세차비를 지원받았다. 이 모든 비용이 결국은 납세자의 호주머니에서 나온 것이다. 전직 대통령들이 수백만 달러를 벌어들이는 시대에 장관급의 봉급과 특혜까지 제공한다는 것은 시대착

오적인 발상이라는 지적이 제기되었다.

대통령 도서관이라는 신종 사업

전직대통령법이 통과되기 몇 해 전에, 의회는 대통령 기념 도서관을
건립하고 유지하는 반관반민의 합작 사업을 확정했다. 전직 대통령
의 재정적 안정과 유산 보존 문제는 연이어 두 가지 답안을 발견하게
되었다. 한때 대통령의 유물을 수납하던 소박한 장소였던 대통령 기
념 도서관이 일종의 큰 사업이 된 것인데, 별로 놀라운 일도 아니다.

　대통령 기념관이 확산된다는 것은 자신이 백악관에 머물던 시절
의 이야기들을 그대로 보존하고 싶어하는 전직 대통령들에게 기쁜
소식이었다. 1955년 대통령도서관법이 통과되기 이전에는 대통령
관련 자료들을 되는 대로 마구잡이식으로 보관했기 때문에 산실(散
失)이 불가피했다. 체계화된 문서 보관 시설이 없다 보니 여러 대통
령에 관련된 많은 문서들이 영영 사라지기도 했다. 오늘날 대통령
기록물은 국민 소유이고, 뉴욕 하이드 파크에 있는 프랭클린 루스벨
트 도서관에서 캘리포니아 주 시미 밸리에 있는 로널드 레이건 도서
관에 이르기까지, 동부와 서부의 기존 12개 대통령 도서관은 정부
기관인 국가기록원NARA: National Archives and Records Administration의
관리를 받는다.

　초창기 도서관은 그저 대통령 관련 자료들을 보관하는 장소였을
뿐이지만 이제는 그 규모나 중요성이 아주 커졌다. 린든 존슨 문서

들은 텍사스 대학의 창문 없는 건물에 보관되어 있다. 로널드 레이건의 문서는 대통령 전용기를 보관하는 격납고처럼 생긴, 836제곱미터 면적의 시설에 소장되어 있다. 빌 클린턴의 문서는 아칸소 주 리틀록의 '21세기로 가는 다리' 전시장에 보관되어 있다. 이런 거대한 시설을 짓는 자금은 민간에서 나오는데, 거기에는 자금의 투명성 같은 것은 아예 존재하지 않는다. 외국 기업이나 정부는 원한다면 대통령의 임기가 끝나기 전에도 건축 자금을 내놓을 수 있다. 이것은 이해관계의 갈등이라는, 문제가 될 수 있는 상황을 야기한다. 대통령이 자신에게 잘해 주는 기업이나 외국 정부에게 반대급부를 줄 것이 아니냐는 이야기다. 이런 기부 자금을 공공 자금으로 전환하는 법을 만들자는 주장이 나왔으나, 오늘날까지 의회는 그런 쪽으로 별 진전을 보이지 않고 있다.

　조지 W. 부시 대통령 도서관은 댈러스의 남부감리교대학SMU에서 5억 달러 예산으로 건설 중인데, 완공되면 열세 번째 대통령 도서관이 될 것이다. 여기에는 공공 기관이 들어서는데, 그 명칭은 잠정적으로 자유 연구소Freedom Institute라고 지어졌다. 이 기관은 SMU의 학사 일정과는 완전히 별도로 자율적으로 운영될 예정이다. 1980년대에 스탠퍼드 대학에 로널드 레이건 도서관 겸 싱크탱크를 지으려다가 문제가 불거졌고, 또 듀크 대학에 리처드 닉슨 도서관 겸 문서 보관소를 짓는다고 해서 말이 많았던 것처럼, 조지 부시 도서관도 열띤 논쟁과 항의를 불러일으켰다. 결국 레이건과 닉슨은 다른 곳을 알아보다가 서던 캘리포니아 대학에 둥지를 틀었다. 그러나 조지 W. 부시는 논쟁에서 승리해 댈러스에 그대로 남게 되었다. 교수들이 대학 소재 싱크탱크는 인기 없는 대통령과 잘못된 전쟁을 미화하는 역할만 할 거라고 아무리 분노하고 항의했어도, 부시 도서관과 부속 시설들의 매력이 워낙 크다 보니 SMU로서는 거부하기가 어려웠던 것이다.

부시 도서관 건립은 이 사업 기금을 어디서 마련할 것인가 하는 문제를 야기한다. 부시의 낮은 지지율과 공화당의 연이은 추문 때문에 부시 재직 중에는 모금 운동이 지지부진했다. 하지만 대통령 도서관 모금운동을 해본 경력이 있는 한 운동가는 "모금 운동이 그리 어렵지 않을 것"이라고 말했다.

"부시의 전쟁 수행으로 혜택을 본 기업들이 적어도 몇백만 달러는 내놓을 겁니다."

신보수주의의 인기가 하향곡선을 그리고 있어도, 정치평론가 로즈 쿡Rhodes Cook은 보수 세력을 높이 평가한다. "검증된 우익의 힘"이 우파들에게 영향을 미쳐 상당한 액수의 기부금을 내놓게 하리라는 것이다.

"많은 보수주의자들이 계속하여 부시를 존경할 것이고, 의리를 증명하기 위해서라도, 서로 협력하여 돈을 내놓아 부시의 야인 생활을 지원할 겁니다."

대부大夫 또는 킹메이커

앞으로 만들어질 조지 W. 부시의 싱크탱크는 공화당 이념을 간직하는 저장소가 될 것이다. 또한 부시는 공화당을 위해 선거 유세에 나서달라는 요청을 받을 것이다. 지지율이 낮은 대통령—가령 리처드 닉슨이나 지미 카터—은 더러 퇴임 후 기피인물이 된다. 하지만 공화당 전당대회 위원회와 개별 후보들은 선거철이 돌아오면 전직 대통령에게 지원을 요청할 것이다. 그러면 부시는 자연스럽게 정치 무대로 돌아오리라. 철저하게 공화당을 지지하는 보수적 지역구에서는 지체 없이 부시를 찾을 것이다.

19세기 말엽에는 정치적 후보를 위해 유세에 나서는 것이 전직 대통령들의 공식 업무였다. 초창기 미국에서 당과 당파심은 비공화주의적 개념으로 간주되었고, 도덕을 벗어난 행위로 여겨졌다. 하지만 당파주의에 대해 노골적인 반감을 드러냈던 조지 워싱턴 자신도 막후에서는 자기가 총애한 패트릭 헨리Patrick Henry 같은 인물들을 지원했다. 당파주의를 우려한 것은 워싱턴만이 아니었다. 다른 퇴임한 건국의 아버지들도 서신을 비롯한 여러 가지 수단으로 당과 선거에 대한 우려를 표했다.

테네시 주 내슈빌에 있는 자기 농장에서, 앤드루 잭슨은 민주당 후보의 지명을 조종했고 마침내 그 후보에게 대통령직을 안겨주었다. 테네시의 노예 소유주이자 텍사스 합병론자인 제임스 포크가 또 다른 잭슨 추종자인 마틴 밴 뷰런Martin Van Buren을 누르고 후보로 나서 마침내 대통령이 된 것이다. 남북전쟁 동안 생존해 있던 전직 대통령 5명은 하나같이 링컨을 반대했다. 재건 시대와 도금 시대의 전직 대통령들도 대중 연설을 통해 소속 정당에 기여했다. 특기할 만한 사건도 있었다. 골수파 민주당원이었던 그로버 클리블랜드 대통령이, 진보적 개혁가인 윌리엄 제닝스 브라이언이 대통령 후보로 지명되자 탈당까지 감행한 것이다. 테디 루스벨트는 1910년 아프리카 여행기를 펴낸 다음에 소란스럽게 정계에 복귀했다. 루스벨트의 사례는 전직 대통령이 자기가 미는 후보를 위해 적극적으로 선거운동을 펼치는 전통의 시작이 되었다.

테디 루스벨트 이래, 전직들은 동료 당원을 위해 적극적으로 선거운동에 나섰다. 때로는 자신의 정치적 입장에 대한 사람들의 관심을 되살리려고 애를 쓰기도 했다. 가령 허버트 후버는 대공황의 심연과 그에 따른 선거 패배(프랭클린 루스벨트Franklin Roosevelt가 후버를 누르고 당선되었다)로부터 회복하자 그 후 30년의 세월을 공화당 후보들에게 후버식 보수주의에 순응하라고 종용하는 데 보냈다. 전당대회 연설, 라디오 연설, 선거 유세 등 후버는 공화당의 승리를 위해 지칠 줄 모르고 일했다. 공화당이 미국을 구할 수 있는 열쇠는 오로지 나만이 가지고 있다는 신념이 확고했기 때문에 건전한 토론은 거의 불가능했다. 그렇긴 했어도 후버의 반대하는 목소리는 2차 대전이 끝날 때까지 미국 정계에 상존하는 특징이 되었다.

후버는 듣는 사람이 있든 없든 개의치 않고 자기 견해를 마음껏 피력했다. 반면에 해리 트루먼은 퇴임 후에 정치적 현실에 잘 적응하지 못해 애를 먹었다. 1956년과 1960년에 민주당 최종 후보로 낙점된 개혁의 기수들인 애들라이 스티븐슨Adlai Stevenson과 존 케네디John Kennedy를 지지하지 않고 다크호스 후보를 밀었다가 낭패를 보기도 했다. 트루먼은 자신의 존재가 계속 필요하다는 사실을 확인받으려는 듯, 구시대의 재연(再演)을 끈질기게 희망했다.

비록 소수지만 직계 친척을 위해 선거운동을 한 전직 대통령도 있었다. 1824년의 악명 높은 선거에서 아들 존 퀸시 애덤스가 앤드루 잭슨을 누르고 승리했을 때, 80대 후반이었던 아버지 존 애덤스는 정신적 지원 말고는 해줄 수 있는 것이 거의 없었다. 역시 뉴잉글랜드 출신인 아버지 조지 부시 또한 아들의 선거 유세에서 일정한 거리를 유지하면서 가벼운 역할밖에 하지 못했지만, 그의 친구이며 국무장관이었던 제임스 베이커James Baker가 21세기 초에 벌어진 또 다른 악명 높은 선거*에서 아들 부시를 도와주는 것을 보고 감격하기도 했다.

빌 클린턴은 전혀 다른 길을 걸었다. 퇴임 후 클린턴은 말했다.

"내가 지금도 대통령이었으면 좋겠다고 바라면서 여생을 살아가는 그런 사람은 되지 않겠다. 그것은 아주 어리석게 시간을 허비하는 방식이고 또 오만한 방식이기도 하다."

그 대신 클린턴은 자신이 아닌 다른 사람, 즉 자기 아내가 대통령이 되기를 바라면서 시간을 보냈다. 2선 임기가 끝나갈 무렵 클린턴은 향후 20년이 자기 아내의 시대가 되리라고 시사했다. 클린턴은 2006년 힐러리 클린턴의 상원의원 재선 유세에서, 그리고 앞에서 이미 적은 바와 같이 2008년 민주당 대통령 후보 지명전에서도 핵심 역할을 했다. 선거운동원들 중 일부를 따로 떼내어, 힐러리의 적수들을 공격할 수 있는 근거 자료를 샅샅이 찾아내도록 시켰다.

---

* 2000년에 벌어진 조지 부시와 앨 고어의 대선은 너무 치열하여 재검표까지 갔다.

영광이여 다시 한 번

클린턴이 백악관을 떠난 후 끈질기게 나돈 소문은 뉴욕 시장 선거에 입후보하리라는 것이었다. 대통령을 지낸 세계적 정치 지도자가 '미국에서 둘째로 어려운 일'에 도전한다는 이야기는 흥미롭기는 하지만, 현대 미국에서는 황당한 이야기가 아닐 수 없다. 냉전 이후 시대에 선출직에 다시 한번 입후보할 생각을 아주 진지하게 검토한 인물은 오로지 제럴드 포드뿐이었다. 로널드 레이건의 1980년 선거에서 부통령 후보로 나선다는 포드의 계획은 성사 일보 직전까지 갔다가 수포로 돌아갔다.

선출직 공직에 되돌아온다는 것이 늘 예외적인 상황이라고 할 수는 없다. 백악관을 나온 이후에 선출직에 입후보한 경우가 네 명이나 있었기 때문이다. 존 퀸시 애덤스는 급격히 방향을 선회하여 1831년에 하원의원에 당선되었다. 존 타일러는 백악관을 나온 지 16년 후에 불명예스럽게도 남부연합 의원으로 취임했다. 앤드루 존슨은 링컨의 남은 임기 동안 대리로 대통령직을 수행하면서 탄핵에 시달리는 등 힘겨운 세월을 보냈으나 1875년에 상원의원직에 취임했다. 그로버 클리블랜드는 불연속적으로 두 차례 대통령 임기를 마치고 두 차례 퇴임을 맞은 유일한 대통령이 되었다(1888년 클리블랜드가 선거에서 패배하자, 그보다 27세 연하인 영부인은 백악관 하인에게 말했다. "이 집의 가구와 장식을 잘 보살펴 주었으면 해요. 우리가 돌아왔을 때 모든 것이 지금 이 상태였으면 하거든요.").

다시 한 번 백악관에 돌아가려고 엄청나게 노력한 전직 대통령도 여럿 있었다. 마틴 밴 뷰런은 1848년 자유토지당Free Soil Party의 기치 아래 대통령 선거에 입후보했다. 밀러드 필모어Millard Fillmore는 1856년 무지당Know-Nothing Party의 간판을 내세워 선거운동을 펼쳤다. 율리시스 그랜트는 1880년의 공화당 전당대회에서 3선에 도전했으나 불발로 그쳤다(35번째 예비 선거까지는 선두를 달렸으나 그후에 패배했다). 테디 루스벨트는 1912년 '세기의 선거'에서 불 무스Bull Moose 당 간판을 내걸고 대통령직에 다시 도전했지만 승리하지 못했다.

어떤 경우에는, 현실을 좀더 냉정하게 파악할 수도 있었던 전직 대통령이 자기가 다시 대통령에 뽑힐 거라고 망상한 경우도 있었다. 세상을 뜨기 열 달 전인 1923년에도, 쇠약한 우드로 윌슨은 자신의 3선 임기가 거의 손 안에 들어와 있다는 망상을 품었다. 테디 루스벨트는 1920년의 선거전에 또 나갈 계획을 은밀하게 세웠으나 1919년에 갑자기 세상을 떠나는 바람에 그 뜻을 이루지 못했다. 가장 충격적인 것은 허버트 후버가 프랭클린 루스벨트를 상대로 재선거전을 벌일 수 있으리라는 망상을 품었다는 사실이다. 1940년 7월, 필라델피아에서 벌어진 공화당 전당대회에 참석한 후버는, 자기가 관중석에 앉아 있다는 사실조차 잊어버리고 그 해의 다크호스로 자신이 지명될지 모른다는 망상에 빠져 있었다.

낮은 자리에서 국민을 섬기다

꼭 선출직에 나가지 않아도, 현직 대통령의 권유에 따라, 또는 시민 자격으로, 자기들의 지식과 경험을 나누어 주는 방법을 찾아낸 전직 대통령도 많았다. 토머스 제퍼슨이 만년에 이룩한 업적인 버지니아 대학 건립은 후자의 경우(시민의 자격으로 한 일 _ 옮긴이)였다. 모교인 윌리엄 앤드 메리 대학이 너무 종교적 경건함을 강조하는 데 넌더리가 난 제퍼슨은 종교적 교리에 얽매이지 않는 대학을 건립하기로 마음먹었다. 공화국의 허가를 받고 대중 모금으로 지어진 이 대학은 제퍼슨 사망 1년 전인 1825년에 첫 입학생을 받았다. 제퍼슨은 이 새로 건립된 대학에 자신처럼 공민의식이 충만한 사람들이 모여들기를 바랐으나 막상 술 취한 허풍선이들만 가득한 것을 보고 안타깝게도 그들을 비난하지 않을 수 없었다. 이처럼 커다란 실망을 안기긴 했지만, 제퍼슨의 샬로츠빌 사업은 기적이나 다름없는 성취였고, 이 대학은 제퍼슨 정신의 살아 있는 기념탑이 되었다.

그로부터 반세기가 더 지난 후에, 러더퍼드 헤이스는 제퍼슨이 남기고 간 교육의 기치를 높이 쳐들었다. 이번에는 엘리트 자제들이 아니라 노예 후손들의 교육을 추진하는 일이었다. 단임으로 대통령직을 마친 뒤 헤이스는 흑인들의 직업 교육과 일반 교육을 추진하는 재단 설립을 후원했다. 이 재단은 온정주의적 성격을 갖고 있었지만, 재단 기금은 많은 흑인 대학들의 운영에 도움을 주었고 듀보이스W. E. B. DuBois 같은 흑인 지도자는 "흑인에 대한 지칠 줄 모르는 열정으로 헌신한" 헤이스를 칭송했다. 이처럼 고상한 노력을 펼쳤어도 헤이스는 악명 높은 1876년 선거의 오명을 벗지 못했다. 그 밀실 거래의 선거로 인해 재건 시대가 끝나고 헤이스가 대통령직에 올랐던 것이다.

　허버트 후버 역시 오명으로부터 깨달음을 얻었다. 오랜 은퇴 생활을 보내면서도 후버는 20세기 최악의 경제위기(대공황)를 맞아 제대로 대응하지 못했다는 오명을 씻지 못했다. 그 결과 단임 전후에 후버가 벌인 인도주의적 구호 사업은 무시되기 일쑤였다. 1946년만 해도 후버와 그의 구호 사업단은 석 달에 걸쳐 8만 킬로미터도 넘게 여행하면서 유럽의 식량난을 구제하는 사업을 벌였고 유럽 대륙의 기근 위기를 가라앉히려고 애썼다. 그 다음해에는 미국의 학교 급식 프로그램을 고안했고, 그리하여 4만 톤의 식량을 확보하여 아동들에게 350만 끼의 식사를 제공했다. '후버 급식'의 성과가 어떠했든, 미국 역사 사전에 오른 단어는 대공황 시절의 악명 높은 '후버빌 Hooverville'이었고, 이 전직 대통령의 치열한 구호 사업은 대체로 무시되었다.*

부활의 화신, 닉슨

역사가 조앤 호프Joan Hoff는 이런 말을 했다.

---

* 대공황 시절 주로 도시 외곽에 가난한 집들이 집단으로 들어선 것을 말한다. 이 집단촌은 실업자나 무주택자를 위한 임시 거처였고 이 집들이 지어지던 시절의 대통령이었던 후버의 이름을 따서 후버빌이라고 했다.

"퇴임한 대통령들의 이야기에서 지속적으로 발견되는 한 가지 상수(常數)는 평범하거나 실패한 대통령일수록 자신의 유산을 넘어서려는 강력한 의지를 보인다는 점이다."

카터와 클린턴이 보여주었듯이, 인도주의는 페이지를 빨리 넘겨버리는 한 가지 분명한 방법이다. 하지만 다른 대통령들은 다른 방법을 사용했다. 그들 중 가장 대표적 사례가 리처드 닉슨인데, 닉슨은 인도주의적 제스처는 취하지 않고 그 대신 장기적이면서도 일관된 캠페인으로 자신의 오명을 지우려 애쓰며 여생을 보냈다.

닉슨의 퇴임 후 생활에서는 부활이 핵심 주제가 되었다. 한때 "〈오클라호마!Oklahoma!〉*보다 더 많이 리바이벌(부활)된 정치인"이라고 불렀던 닉슨은 워터게이트의 불명예스러운 주역에서 '새들 강의 현자'로 변신하는 커다란 성공을 거두었다. 그리하여 레이건에서 클린턴에 이르는 현직 대통령들에게 실용적 조언을 해주는 현실 정치의 샘이 되었다. (닉슨 대통령 기념 도서관에서 〈결코 포기하지 말라Never Give Up〉라는 영화를 자주 상영한 것도 그리 놀라운 일이 아니다).

외교 업무와 관련된 일련의 지침서를 발간하고, 신문 사설 옆의 의견란에 기고를 하고, 중국, 러시아, 기타 국가 등을 방문하여 주목을 끌면서, 닉슨은 자신을 호의적으로 생각해 주는 사람들에게 신의를 회복했다. 첫 임기 동안 닉슨이 해 준 러시아 관련 조언으로 큰 덕을 보았던 빌 클린턴은 닉슨의 장례식에 장황한 칭송을 바침으로써 은혜에 보답했다.

---

* 〈오클라호마!〉는 리처드 로저스와 오스카 해머스타인이 작곡한 뮤지컬 연극(1934년)으로, 브로드웨이에서 2221회나 상연되었다.

"고인이 전 생애와 전 업적으로 제대로 평가받는 그날이 어서 오기를!"

사망 이후에 닉슨은 완전히 복권되었다.

닉슨을 사면 복권한 제럴드 포드의 퇴임 후 생활은 한결 간접적인 노선으로 자신의 유산을 한층 끌어올리는 방법을 보여준다. 포드의 퇴임 후 생활은 수익 사업과 골프 대회가 주종을 이루었지만, 기존 공화당 정책과는 다른 정치적 입장을 지속적으로 후원하는 경향도 있었다. 포드는 차별 철폐를 후원했고, 남녀평등 헌법 수정안을 지지했으며, 공화당의 경직된 낙태 반대 입장에 의문을 표했다. 카터와 함께 팔레스타인 사람들의 주권을 옹호했으며, 빌 클린턴에 대한 탄핵 시도를 멈추려는 협상의 중개인—비록 성사되지는 않았지만—으로 나서기도 했다. 오늘날 양극화된 이데올로기의 기상도에서 볼 때, 포드는 온건한 중도파의 건전한 목소리로 칭송받을 만도 하다.

회고록은 자신의 유업을 선전하려고 애쓰는 전직 대통령에게 좋은 도구가 될 수 있다. 하지만 이 장르는 한정적인 성공밖에 거두지 못했다. 대통령이 되기 이전 생활을 감동적으로 기술한 율리시스 그랜트의 회고록은 이 분야에서 한 가지 기준을 제시했다고 널리 인정받지만, 많은 다른 회고록들—도무지 읽어낼 도리가 없는 허버트 후버의 4권짜리 회고록을 비롯하여—을 읽는 것은 아주 열성적인 지지자들뿐이다. 파워 정치의 음모를 낱낱이 밝혀주리라는 기대를 받았던 린든 존슨의 회고록, 《유리한 지점 The Vantage Point》은 사소하고 일상적인 화제만 늘어놓은, 기대에 못 미치는 경량급 회고록이 되고 말았다. 하지만 가끔은 변종 회고록이 나와서 대중의 생각에 커다란 영향을 미치기도 했다. 멀 밀러Merle Miller가 해리 트루먼의 구술을 토대로 작성한 전기《솔직하게 말하기Plain Speaking》는, 불신과 냉소가 판을 치던 워터게이트 시대에, 트루먼 시대의 '진실 말하기'에 대한 동경을 불러일으켰다. 후대 사람들은 트루먼의 발언에 시비를 걸고 나섰지만, 이 책은 대중에게 오랫동안 영향을 미쳤다.

조지 W. 부시의 장래

제43대 대통령이 자신의 미래를 어떻게 개척할 것인가 하는 물음은 아직 답이 나오지 않았다.* 자선활동과 돈벌이 사업이 주종을 이루는 현대적 모델에 순응할까, 아니면 새로운 노선을 개척할까? 지구촌의 노여움을 사서 흠집이 난 조지 W. 부시의 대통령 임기는 부시의 인도주의적 활동에 어느 정도까지 지장을 줄까? 인기 없는 전쟁으로 손상된 유업을 회복하는 데는 어떤 수단이 있을까? 고소득의 고문직과 순회 연설이 가장 무난한 장래 노선이 되지 않을까?

2009년 퇴임할 때 62세였던 부시는 다양하면서도 불확실한 미래 앞에 서 있다. 대통령 기념 도서관 사업과 돈벌이에 대한 관심을 표명한 것—부시는 한 언론인에게 "돈궤를 다시 채워야 한다"고 말했다—외에, 부시는 장래 목표에 대해서 언급한 바가 별로 없다. 텍사

---

* 이 책은 부시 대통령이 퇴임하고 오바마 대통령이 취임한 2009년에 쓰였다.

스를 오랫동안 살펴온 루이스 더보스Louis Dubose와 로버트 브라이스Robert Bryce 같은 정치 담당 기자들도 부시의 다음 움직임에 대해서 이렇다 할 예측을 내놓지 못한다. 더보스는 설명한다.

"제가 볼 때 부시의 특징은 성격 변화가 별로 없다는 것입니다. 여기서 주지사로 근무할 때나, 또 1970년대에 휴스턴 시내의 Y 동네에서 가끔 나와 농구를 할 때에 비추어 봐도 달라진 게 별로 없어요······. 부시의 성격은 너무나 변화가 없기 때문에, 오히려 다음 움직임을 예측하기가 정말 어렵습니다."

백악관 시절 부시가 보여준 성격과 기질은 이런 설명과 일치한다. 부시는 대통령직의 스트레스와 고민으로부터 거의 영향을 받지 않는 사람처럼 보였다. 역사가 자신의 옳음을 증명해 줄 것이라는 믿음이 확고한 부시는 해외에서 전쟁을 수행해야 하는 대통령직의 격무—이것은 린든 존슨의 사기를 떨어뜨리고 닉슨에게 고통을 안겨준 정신적 스트레스였다—에도 아랑곳없이 조금도 망설임 없는 독선을 과시했다.

부시가 자신의 장래를 결정하는 데에는 시간이 좀 걸릴 것이다. 그는 댈러스의 부시 도서관 근처에서 살 계획이지만 크로퍼드 목장에서 많은 시간을 보낼 가능성이 높다. "세상일이 따분해지면 자동차를 타고 목장으로 내려가는 생각을 하곤 하지요"라고 부시는 말한다. 하지만 부시가 목장으로 내려가는 것은 1969년 린든 존슨이 목장으로 내려갔던 것만큼 파격적인 변화는 아닐 것이다. ("그 사람은 완전히 농부가 되어버렸어요." 그 당시 존슨의 한 친구가 말했다. "저는 민주당의 정치 활동에 대해서 이야기하고 싶었는데, 그 사람은 돼지 값 이야기만 하더군요.") 부시는 현직에 있을 때에도 현대의 그 어느 대통령보다 사저에서 보낸 시간이 많았다.

조지 W. 부시가 워터게이트의 오점을 씻어내려고 연달아 정책 서적을 펴낸 리처드 닉슨의 길을 따라갈 것 같지는 않다. 부시의 경력이나 배경을 살펴볼 때, 카터나 클린턴식 국제 인도주의 사업을 추구할 가능성도 많지 않다. 또 외교 기록을 놓고 보면, 아이젠하워나 아버지 부시와도 다르게, 가까운 시일 내에 지정학적 정책과 관련하여 자문해달라는 요청을 받을 것 같지도 않다.

전후 대통령들 중에서 부시에게 가장 근접한 모델은 제럴드 포드일 것 같다. 고급스러운 생활을 좋아하는 포드의 취미를 부시가 따라할 가능성이 있다. 그러나 앞에서 지적했듯이, 포드는 죽을 때까지 정치적으로 온건파—일종의 중도 무소속—로 남아 있었다. 부시는 미국식 민주주의를 추진해야 한다는 구호를 높이 외치며, 골수 보수파들을 겨냥한, 대통령 근무 당시의 "행군하는 자유"를 되살리려고 노력할 것이다. 따라서 부시와 가장 가까이 비교할 만한 인물은 펜실베이니아 출신의 코퍼헤드파* 대통령인 제임스 뷰캐넌James Buchanan이다. 뷰캐넌은 퇴임 후 남북전쟁 당시에 저지른 잘못을 사과하지 않고 투쟁을 통해 자신을 옹호하려 한 인물이다.

만약 다음 입법부가 부시 행정부가 권력을 남용했다는 주장을 편다면 조지 W. 부시는 대통령 재임 시절에 외쳤던 "대통령의 통치 행위"라는 말을 또 다시 들고 나올 것이다. 해리 트루먼은 백악관을 떠

---

* 남북전쟁 때 남부에 공감한 북부 민주당원들을 말함.

난 뒤 이 말을 사용한 최초의 대통령이었다. 트루먼은 매카시 시대에 재무부 공무원 해리 덱스터 화이트Harry Dexter White―당시 소련 스파이 혐의를 받은 인물―를 임명한 것에 대하여 증언하라는 의회의 소환을, 대통령의 통치 행위였다는 주장을 내세워 거부했다. 1970년대 후반에 닉슨도 베트남 문제와 관련해 똑같은 주장을 폈다. 의회가 대(對)테러 전쟁 수행과 관련하여 조사를 벌이면 부시는 전임자들과 똑같은 반응을 보일 가능성이 많다.

부시의 미래와 관련하여 한 가지 예측할 수 없는 전망이 남아 있다. 이 보직은 부시가 정치에 입문하기 오래전부터 탐내온 것인데, 메이저리그 야구 연맹MLB의 총재 자리가 그것이다. 1989년부터 1994년까지 텍사스 레인저스 팀의 구단주를 지낸 부시는 오랫동안 야구를 사랑했다. 부시는 말한다.

"대통령이 되겠다는 생각은 해본 적도 없습니다. 청소년 시절에는 윌리 메이스Willie Mays*가 되고 싶었지요."

부시 가문의 친구인 페이 빈센트Fay Vincent는 자신이 1992년 가을 총재직에서 물러난 후, 부시가 자신에게 이렇게 물은 적이 있다고 기억했다.

"페이, 제가 총재직에 오르면 어떻겠습니까? 좋은 총재가 될 수 있을까요?"

부시는 또 당시 총재 대행이고 MLB 집행위원회 위원장이었던 버드 셀리그Bud Selig가 "부시, 자네가 총재가 되는 게 그럴듯해 보이

---

* 호타 준족의 미국 프로 야구 선수.

네. 내가 힘써서 그렇게 되도록 하겠네."라고 했다는 말도 덧붙였다. 그래서 빈센트는 그런 방향으로 움직였는데, 곧 셀리그가 거짓말을 했음을 발견했다. 셀리그 자신이 총재직을 노리고 있었던 것이다.

"셀리그가 자네를 엿 먹인 것 같아."

빈센트는 나중에 부시에게 이렇게 말했다.

만약 부시가 총재직을 제안받았더라면 1994년 민주당의 앤 리처즈Ann Richards를 상대로 주지사 선거전에 나서지 않았을 것이다(만약 부시가 총재가 되었더라면 오늘날의 세상은 어떻게 달라졌을지 궁금해진다). 하지만 부시에게는 아직도 기회가 남아 있다. 버드 셀리그는 2012년 78세의 나이로 MLB 총재직에서 영구 퇴임할 계획이다. 대통령 퇴임 후 약 1000일 만에 부시는 여러 해 동안 탐내 오던 자리를 노려 볼 수 있게 된다. 총재의 보수 역시 간단히 물리칠 수 없을 정도로 매력적이다. 2006년에 셀리그는 150만 달러의 연봉을 받았다. 이 정도 연봉이면 부시는 벡텔 사나 핼리버튼 사의 저녁 식사 모임에 나가 주조 연설을 해야 하는 처지를 완전히 면할 수 있다.

자유세계의 지도자로부터 프로야구연맹의 총재로? 상당히 많은 생각을 불러일으키는 화제이지만 성사되지 않을 가능성이 많다. 최근 엄청난 수익을 올리고 있는 프로야구연맹이 정치적 분열의 위험을 감수하려 하지 않을 터이기 때문이다. 게다가 전직 대통령이 경기를 참관한다면 엄청난 경호 요원이 동원되어야 하리라. 예전에 레이건과 부시의 수석 참모를 지낸 말린 피츠워터Marlin Fitzwater는 부시가 이런 전일제(全日制) 보직을 맡는 상황이 잘 상상되지 않는다고 말했다. 피츠워터는 말한다.

"부시는 많은 선택의 여지를 얻게 될 겁니다. 그 어떤 전직 대통령도 전일제 보직은 원하지 않으리라 봅니다."

그러니 우선은 지켜볼 일이다. 다음과 같은 친근한 격언은 재무펀드에만 적용되는 것이 아니라 전직 대통령들에게도 해당된다.

"과거 실적은 미래의 결과를 보장하지 않는다."

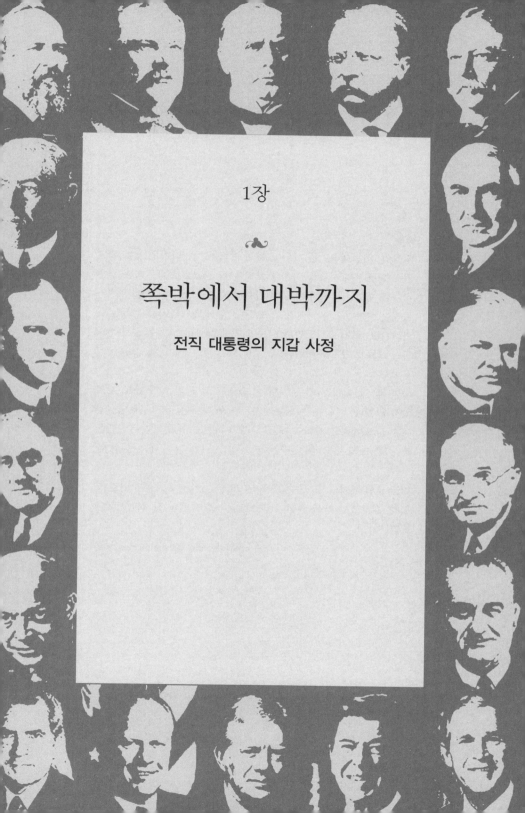

1장

쪽박에서 대박까지

전직 대통령의 지갑 사정

66

우리의 전직 대통령들이 돈이 없어 떠돌아 다니다가 생계를 잇기 위해 모퉁이에 식료품 가게를 차려야 할 지경으로 내몰리는 것은 국가적 수치다……. 우리는 한 사람을 대통령으로 뽑아 놓고, 그가 정직한 사람이기를 기대하고, 또 돈을 많이 벌어들이는 직업을 포기하기를 바란다. 하지만 우리는 임기가 끝나면 그 사람을 은둔과 가난 속으로 방치해 버린다.　　　　　　　　　　　　　　　　－ 밀러드 필모어

나는 백악관을 나서기 전에는 내 명의로 된 금전을 한 푼도 갖고 있지 않았다. 이제 나는 백만장자가 되었다. 워싱턴의 공화당원들이 가장 좋아하는 사람이 되었다. 내가 어떤 아쉬움이 있든 상관없이, 나는 매해 세금 감면을 받는다.　　　　　　　　　　　－ 빌 클린턴

퇴임 후의 제럴드 포드는 말하자면 조 루이스Joe Louis*에 비길 수 있다. 루이스는 생애 말년에 라스베이거스 호텔의 접객원으로 일했다.

　　　　　－ 리처드 코언Richard Cohen,《워싱턴 포스트The Washington Post》

99

---

*　1914~1981년. 복싱 선수로 헤비급 세계 챔피언이었다.

1953년 1월 백악관에서 나와 자비로 기차 여행을 하여 처가로 들어간 해리 트루먼에게 그 여행은 아주 씁쓸한 경험이었다. 연착륙을 보장해 줄 대통령 전용기도 없었고, 야인 생활로의 이행을 도와줄 백만 달러의 이행 자금도 없었고, 관리 직원들이 딸린 호화 사무실도 없었다. 전직 대통령은 우울하고 초라한 귀향을 해야 했다.

그로부터 50년쯤 후, 빌 클린턴의 이임 과정은 트루먼에 비하면 너무나 달랐다. 리틀록을 떠나 뉴욕으로 이사한 클린턴은 다양한 특혜와 자신의 명성을 활용할 폭넓은 기회를 안고 백악관을 나왔다. 클린턴과 아내 힐러리에게는 기록적인 금액을 제공하는 단행본 집필 계획과 전례 없는 강연료(퇴임 후 한 해에만 900만 달러가 넘었다)가 기다렸고, 할렘에는 743제곱미터의 사무실이 마련되어 있었다. 이 사무실은 전 세계적인 모금 활동의 본부가 될 터였다. 과거에는 견디기 어려운 부담이었던 퇴임 후 생활이 이제는 달콤한 인생의 서곡이 된 것이다.

현직과 전직 대통령의 보수 문제는 오랫동안 논의되어 왔다. 이 논의의 첫 신호탄은 1787년의 대륙회의에서 처음 울려퍼졌다. 당시 벤저민 프랭클린Benjamin Franklin은, 대통령이 그 어떤 보수도 받지 말게 하자고 제안했다. 프랭클린은 인간의 억제하기 어려운 열정인 탐욕을 가능한 한 억제하고 싶어했다. 미국 독립혁명 전에 영국을 두 차례 방문한 프랭클린은 영국 정계에 부패가 만연하다고 확신했고, 그래서 보수를 받지 않는 미국 대통령이라는 '유토피아 사상'을 품게 되었다. "행정부에 근무할 적임자를 구하려면 봉사의 대가로 보수를 지불해야 한다"는 것은 잘못된 약속이고, 국가 제도의 태생적 결점을 만들어 낼 것이라고 프랭클린은 주장했다.

하지만 그런 충고를 귀담아들은 사람은 아무도 없었다. 대륙회의*는 군 최고 사령관에게 2만 5000달러의 연봉과 임차료 없는 관저를 제공하기로 결정했다. 이것은 아주 후한 보수인 것처럼 보이지만, 실은 그렇지도 않았다. 의회가 가끔 별도 예산을 배정해 주기는 했지만, 대통령들은 백악관 생활의 그럴듯한 외양—공식 리셉션, 만찬, 설비, 직원 등—을 꾸려 나가려면 개인 자금을 사용해야 했다. 그래서 여러 대통령이 임기 중에 돈을 모으지 못하고 빚을 진 채 백악관을 떠났다. 토머스 제퍼슨은 임기 마지막 해의 청구서만 따져도 8000달러나 적자였다.

부채 문제를 더욱 가중하는 사항이 또 하나 있었다. 퇴임한 대통령들은 경제적으로 도움이 되는 상업적 활동을 기피하는 경향이 있었다. 건국의 아버지들이 주장하고 격려해 온 공화주의의 미덕에 따르면, 상업 활동은 전직 대통령에게 오점이었고 기피해야 할 것이었다. 수십 년 동안, 대다수 퇴임자들은 대통령의 상징적 지위를 이용

---

* 미국 독립전쟁 당시 여러 식민지의 대표가 모인 기구로, 이후 미합중국으로 발전했다.

하여 돈을 버는 행위를 해서는 안 된다는 비공식적 의무 사항을 준수했다.

이러한 전통은 남북전쟁 전까지 이어졌으나 전쟁 후에는 전직 대통령들에 대한 재정적 제약이 마침내 해제되었다. 새로운 자본주의 윤리가 게임의 규칙을 바꾸어 놓았다. 상업적 활동으로 돈을 버는 것은 더 이상 국가적 가치 체계에 어긋나는 일이 아니었다. 자본주의가 급격히 발전하면서 뇌물 수수, 지나친 소유욕, 불평등 같은 부정적 부산물이 생겨나기 시작했고, 이런 경향은 전직 대통령들에게 유리하게 작용했다. 역사가 헨리 그래프Henry Graff에 따르면, "청교도주의 미국이 비교적 손쉬운 부의 축적을 도덕적으로 정당화하는 방향으로 나아갔다." 악덕 자본가, 부패한 사장, 착취하는 산업가 등은 이런 경향을 교묘하게 이용하는 악당들이었다. 나머지 미국 사람들이 볼 때, 합법적인 기업 활동으로 이익을 올리는 것은 부끄러운 일이 아니었다. 따라서 전직 대통령들이 법률, 기업, 유료 연설 같은 분야에서 돈을 벌어 안락한 생활을 추구하는 것은 조금도 비난 받을 이유가 없었다.

버지니아 출신 대통령들의 대차대조표

처음부터 조지 워싱턴은 자신의 그런 운명을 인정하고 받아들였다. 버지니아 출신의 초창기 대통령들 중 유일하게 부채 문제에 시달리지 않은 워싱턴은 1799년에 "지난 4, 5년 동안 5만 달러를 넘는 토지를 처분하여 얻은 부정기적 수입이 없었더라면" 자신 또한 "부채와 곤궁"의 수렁 속으로 빠져들었을 거라고 썼다.

워싱턴이 운이 좋았던 것은 근면함과 통찰력 덕분이었다. 채 스무 살도 되기 전에 서부 버지니아의 셰넌도어 계곡에 있는 땅을 사들였고, 또 프렌치 인디언 전쟁* 기간(1754~1763년)에는 펜실베이니아 투자 건에 관련해서 공부를 좀 했기 때문에, 워싱턴은 토지 투기라는 새로운 사업 분야에 경험이 있었다. 또한 서투르게 도박을 하다가 빚을 지고 감옥에 간 사람들의 개탄스러운 상황을 직접 목격하기도 했다. 헨리 리Henry Lee와 로버트 모리스Robert Morris 같은 이들이 그런 친구들이었는데, 모리스는 그런 운명을 맞기 전에는 '금융의 혁명가'로 높은 칭송을 받던 인물이었다.

퇴임한 워싱턴은 비교적 안전한 모험에만 나섰고 차입금으로 사들인 재산을 담보로 다시 융자를 내는 일은 절대 하지 않았다. 워싱턴은 "내 재산을 투자해 적당한 시간 내에 성사될 가망이 없는 일은 절대로 하지 않는다"고 말했다. 워싱턴의 신중함은 기대한 효과를 발휘했다. 더욱이 워싱턴은 아주 먼 곳에 있는 토지를 원격 관리해야 하는 어려운 문제로 고민한 적이 별로 없었다. 은퇴한 장군 겸 대통령이 농장을 관리하겠다면 늘 곁에서 도와주겠다는 사람들이 있었다. 워싱턴은 현직에 있을 때에는 재정적 이득을 위해 영향력을 행사하기를 싫어했지만 퇴임 후에는 "염치없을 정도로 청탁을 많이 했다. 정부 관리들과 민간인 관련자들에게 소유 토지의 가치를 측량

---

* 영국과 프랑스가 북아메리카의 오하이오 강 상류 지역을 놓고 각각 다른 원주민 부족과 동맹해서 벌인 싸움.

해 달라고 했고, 토지 관측과 개선을 부탁했고, 구매를 원하는 사람들의 신용을 알려달라고 요청했고, 자신이 받을 돈을 대신 좀 받아달라고 부탁하기도 했다."

후임 버지니아 출신 대통령들과 비교해 볼 때 워싱턴은 이재에 밝았고 토지 관리에도 성공을 거두었지만, 그래도 여전히 현금이 부족했다. 돈을 마련하기 위해 종종 토지를 팔아야 했고, 토지 대금을 떼이는 일도 흔했다. 사저인 마운트 버논의 설비를 개비하고 많은 식구들을 먹여야 하는 처지에 부담은 늘어날 수밖에 없었다. 워싱턴은 1797년 귀향했을 때 소유 노예의 절반을 필라델피아에 남겨 두면서 농장 일부를 자유민들에게 임대할 계획이었다. 하지만 이 계획은 성공을 거두지 못했다. 1798년 워싱턴은 현금이 부족해 은행에서 돈을 빌려야 했는데, 이 때문에 스스로 생각하기에도 "아주 부끄러운 조달 방식"*에 의존하지 않을 수 없었다.

워싱턴이 필라델피아를 떠났을 때는 재정적으로 아주 피폐했지만 마운트 버논은 전직 대통령에게 일정한 수입을 제공했다. 퇴임 1년째 되었을 때 워싱턴은 209제곱미터의 양조장을 세워 1만 2000갤런의 옥수수-호밀 위스키와 과일 브랜디를 생산했는데, 이 양조장은 신생 공화국에서 가장 큰 양조장 중 하나였다(초창기 미국인들은 오늘날 미국인보다 세 배나 많이 술을 마셨다).

사망 당시 워싱턴의 재산(주로 토지와 주식)은 50만 달러 이상으로 평가되었고, 그리하여 워싱턴은 미국에서 가장 부유한 사람 중

---

* 노예를 파는 것을 말함.

하나로 꼽혔다. 1799년 여름에 빛을 비추면 무늬가 드러나는 특수 지에 작성된 워싱턴의 27장짜리 유서는 노예들을 해방한다는 내용과 함께 아내가 사망할 경우 및 나이든 노예와 어린 노예에 대한 추가 조항을 담고 있다. 워싱턴의 재정 상태에 대하여 한 권위 있는 역사학자는 이렇게 말했다.

"결국 워싱턴의 가장 위대한 점은, 천성적으로나 후천적으로나 당대 가장 훌륭한 사업가였다는 점이다."

하지만 안타깝게도 워싱턴의 후임자들에게는 같은 이야기를 해줄 수가 없다. 토머스 제퍼슨, 제임스 매디슨, 제임스 먼로, 앤드루 잭슨은 퇴임 후 내내 빚 문제로 시달렸다. 가난한 상태로 영락하지 않으려고 돈을 빌리고, 토지를 처분하고, 개인 소장품을 내다 팔아야 했다. 대규모 노예 소유주였던 전직 대통령들은 농장 생활의 모순과 경제적 경직성에 발목을 잡혔다. 농장에는 방대한 땅과 다수의 노예 노동력이 있었기 때문에 고도의 감독과 투자가 필요했고, 그리하여 많은 사람들이 "자기들 농장의 노예"가 되고 말았다. 효과적인 영농과 수확을 가능하게 해주는 농업 혁신이 아직 도래하지 않은 이 시대에, 제임스 매디슨 같은 젠틀맨 농부들은 노예제와 영농이 양립 불가라는 결론을 내렸다. 그렇지만 노예를 소유한 이 전직 대통령들은 자기들의 인간 재산을 처분하지 않았다.

워싱턴 사후 시대에 버지니아는 엄청난 경제적 변화를 겪었다. 19세기의 첫 4분기 동안에, 지난 200년간 노예를 부려서 담배 같은 현금 작물을 영농하던 수익성 높은 버지니아 생활 방식은 끝나 가고 있었다. 세계 경제가 출현하고 경쟁 주인 켄터키가 부상했으며 목면

이 시장 주도 품목이 된 것 등이 버지니아의 기존 생활 방식을 크게 뒤흔들어 놓았다. 버지니아 주의 인구수는 전체 1위에서 5위로 떨어졌고, 국가의 경계는 팽창하는데 버지니아 주민 수는 거의 늘어나지 않았으며, 주변적인 산업만 발달했다. 이런 특수한 제도적 상황이 버지니아 주의 퇴락을 가속화했고 그리하여 급속한 위상 추락을 야기했다. 초창기 버지니아 출신 대통령은 이런 전환기에 갇혀 재정적 어려움을 겪었다.

기존의 농업적 관습을 뒤집어엎는 상업 세력과 시장의 힘을 의심스럽게 여기던 토머스 제퍼슨은 향반 농부yeoman farmer라는 이상을 철저히 신봉했다. 그리고 북부를 휩쓸던 경쟁적인 상업 경제를 차갑게 경멸했다. 해외에서 현금 작물을 판매하는 새로운 교환 형태를 마지못해 받아들이기는 했지만, 자본주의의 새로운 기관—은행과 주식 시장—을 태생적으로 낯설고 위험한 것으로 여겼다.

버지니아 경제의 변화가 제퍼슨의 재정적 상황을 악화시키기는 했지만, 그것이 제퍼슨의 유일한 고민은 아니었다. 그보다 더 중요하고 직접적인 영향을 미친 것은 제퍼슨이 진 막대한 부채였다. 장인의 토지를 맡고 빌린 돈, 독립전쟁 이전에 영국 회사들로부터 빌린 돈, 고급스러운 생활을 좋아하는 사치벽 같은 것이 막대한 부채의 원인이었다. 제퍼슨은 200명의 노예와 40제곱킬로미터 이상의 토지를 소유했지만, 퇴임 후 생활은 경제적으로 아주 어려웠다.

제퍼슨은 그런 경제적 압박을 첨예하게 느꼈다.

"아무 부담 없이 자유롭게 농장으로 은퇴하여 순일한 행복을 누릴 줄 알았는데."

제퍼슨은 퇴임하면서 후회스러운 어조로 말했다.

"한동안은 일찍이 겪어 본 적이 없는 마음의 예속 상태에 빠져 보내야 할 것 같군."

하지만 제퍼슨은 돈 문제를 해결하려는 노력을 별로 하지 않았다. 체질적으로 과소비를 억제할 능력이 없는 사람이었고, 다방면으로 관심이 많아서 아주 폭넓게 물건을 사들였다. 정부의 부채는 무슨 일이 있어도 피해야 하는 재앙이라고 확고하게 믿었던 그가 개인적으로 그처럼 부채가 많았다니 아이러니한 일이 아닐 수 없다.

"나는 절약을 가장 중요한 미덕 중 하나라고 봅니다. 그리고 공적 부채는 아주 두려워해야 하는 가장 큰 위험입니다."

제퍼슨이 쓴 말이다. 그는 이처럼 국가 재정상의 부채는 두려워했으면서도 정작 개인적인 낭비벽은 제대로 다스리지 못했다.

끊임없이 몬티첼로로 찾아오는 손님들―한 번에 100명도 넘게 손님을 맞을 때도 있었다―은 부담을 가중했다. 게다가 평생 손님들도 꽤 있었다. 제퍼슨은 마사 스켈튼Martha Skelton과 결혼하여 마사 랜돌프Martha (Patsy) Randolph라는 외동딸을 두었는데, 딸의 빈둥빈둥 노는 남편(이 인물의 빚은 심지어 제퍼슨의 빚을 능가했다)과 아이들은 평생 제퍼슨에게 얹혀 살았다. 제퍼슨의 유일한 수입원이자 빚을 가리는 유일한 방법은 토지 매각뿐이었다. 제퍼슨이 은퇴 후 어떤 형태의 유급 노동도 거부했기 때문이었다.

제퍼슨은 만년에 골치 아픈 소송에 휘말려들었다. 에드워드 리빙스턴Edward Livingston이라는 땅 주인이 버지니아 주 리치먼드에서 제퍼슨을 상대로 소송을 걸었는데, 이 지역의 순회 법정은 제퍼슨의 적수이자 6촌 형제인 존 마셜John Marshall이 판사를 맡고 있었다. 소송이 걸린 땅은 제퍼슨이 대통령 재직 당시 연방 보안관에게 지시하여 몰수한, 리빙스턴 소유의 강변 부동산이었다. 몰수 이유는 그 땅이 미시시피 강으로 나가는 공용 도로를 가로막고 있기 때문이었다. 리빙스턴은 그 땅에 대하여 1000달러의 배상금을 요구했지만 실은 그 땅을 도로 찾아가려는 속셈을 품고 있었다. 결과적으로 이 소송은 기각되긴 했지만 제퍼슨은 적지 않은 시간과 노력을 소모해야 했다.

1814년에 이르러 제퍼슨은 재정 상태가 너무 위태로워지는 바람에 애지중지하던 6000권의 장서를 미 의회에 팔아야 했다. 매각 시기는 아주 적절했다. 영국군이 그 얼마 전에 의회 도서관을 불태운 터라 의회는 새로 도서관을 건립해야 하는 처지였고, 제퍼슨은 현금이 절실하게 필요했으니 양측의 필요가 맞아떨어진 것이다. 제퍼슨이 최종적으로 수령한 액수는 2만 4000달러였는데, 시가의 딱 절반 금액이었다. 이 돈의 상당액은 채권자들에게 돌아갔는데, 그 중에는 폴란드 혁명 전쟁의 장군이었던 타데우스 코스키우스코Tadeusz Kosciuszko와 예전의 개인 비서였던 윌리엄 쇼트William Short 등이 들어 있었다. 제퍼슨은 의회 도서관이 부활하는 데 자신이 기여한 공을 내세우지 않았으나, 전기작가 더머스 멀론Dumas Malone은 "전쟁의 잿더미로부터 되살아난 의회 도서관은 본질적으로 제퍼슨이 만든 것"이라고 말했다.

하지만 제퍼슨의 건전한 재정 상태는 지나친 구매욕 때문에 붕괴되었다. 개인 장서를 잃은 것을 너무 괴로워하여 ㅡ "나는 책 없이는 살 수가 없네" ㅡ 제퍼슨은 곧 또 다시 서재를 구축하기 시작했고, 그리하여 의회에 장서를 매각한 대금이 상당히 축나고 말았다. 재정 상태가 아무리 어렵더라도 제퍼슨은 이 모든 일이 곧 지나가리라는 확고한 신념을 갖고 있었다.

"이런 일들은 느닷없이 왔던 것처럼 느닷없이 사라지게 되어 있어. 나는 지금 이 일도 그렇게 되리라고 보네."

제퍼슨은 자신의 경제적 문제를 "태풍 속에 다가오는 파도"라고 보았고, "그 파도가 이미 배 밑을 통과하여 지나간 것처럼, 잘 살고, 잘 먹고, 잘 마시기를" 원했다.

하지만 아무리 제퍼슨이라고 할지라도 그런 신념을 오래 지탱하지는 못했다. 신생 국가가 최초의 국가적 위기인 1819년의 경제 공황에 휩싸이자, 제퍼슨의 오랜 탈출구—토지를 팔아서 현금을 마련하는 방법—는 끝내 막히고 말았다. 버지니아 내에서는 그의 지위 덕분에 지불하지 못하는 외상 대금이 계속 늘어날 수 있었다. 하지만 그것은 자그마한 위안에 지나지 않았다. 비록 친구들의 도움으로 구제를 받기는 했지만, 제퍼슨의 재정 상황은 악화일로로 치달았다. 특히 투자한 제분 공장이 조금도 이윤을 내지 못하자 곤경은 더욱 심해졌다. 게다가 경솔한 판단으로 손자의 장인에게 빌린 돈에 복리 이자를 지불해야 하는 처지였다. 버지니아 대학을 설립하는 엄청난 사업도 빌린 돈으로 추진되었다.

생애 마지막 몇 달은 정신적으로 아주 괴로운 나날이었다. 제퍼슨은 10만 달러에 이르는 부채를 갚으려고 버지니아 주 의회에 탄원서를 제출하여 몬티첼로 사저(거기에 살고 있는 노예들을 제외하고)를 매각할 권리를 달라고 요청했다. 친한 친구이며 현직 버지니아 주의원인 조지프 캐벌Joseph Cabell에게 보낸 편지는 그의 곤경을 잘 말해준다.

"주 의회에다 사저를 처분할 수 있는 권리를 내려 달라고 요청했네…… 만약 사저가 제 값에 팔린다면 빚을 갚고, 나머지 돈으로 노년을 보내고 또 가족에게도 약간은 남길 수 있을걸세……. 사저 처분은 내 생사가 걸린 문제라네."

제3대 대통령을 구제하기 위해 공공 복권을 발행할 계획도 세워졌으나 제퍼슨은 그 대금을 받지 않으려 했다. 마침내 친구들이 돈을 거둬 사저 매각의 치욕으로부터 구해 주긴 했지만, 제퍼슨은 빚투성이에 도산 상태로 생을 마감했다.

생애 마지막까지 제퍼슨은 '토지는 살아 있는 사람들의 것'이라는 믿음을 고수했다. 그러니까 모든 세대는 새로운 법률, 새로운 제도, 그리고 빚을 완전 청산한 재정 상태로, 새롭게 시작해야 한다는 것이었다. 그의 부채는 사후 5년째인 1831년에 가까스로 청산되었다. 제퍼슨의 딸이 채권자들에게 빚을 제대로 갚지 못하는 바람에 몬티첼로와 거기 사는 노예들은 7000달러에 제임스 터너 바클리James Turner Barclay에게 팔렸다. 더머스 멀론이 '자유의 사도'라고 칭송한 제퍼슨이 노예를 팔아 사후의 빚을 청산했다는 것은 역사의 신랄한 아이러니가 아닐 수 없다.

1817년 퇴임한 후, 제임스 매디슨은 몬티첼로로 제퍼슨을 자주 찾아갔다(몽펠리어에 있는 자기 집에서 겨우 48킬로미터 거리였다). 두 전직 대통령은 퇴임 후 비슷한 경로로 어려운 상황을 견뎌야 했다. 버지니아에 전반적인 불경기가 닥쳤고, 매디슨은 일련의 저당 몰수와 은행 파산이 이어지던 1819년의 공황에 무릎을 꿇었다. 그 위기가 지나간 이후의 세월도 어렵기는 마찬가지였다. 매디슨은 과학 영농에 시대를 앞선 관심을 갖고 있었으나, 활기를 잃은 시장과 비협조적인 자연과 농업 환경의 극적인 하락세가 결탁하여 그의 재정 상태에 어두운 그림자를 드리웠다. 매디슨은 10년 동안 아홉 차례나 흉작을 겪었다. 1825년에 병충해, 이른 서리, 홍수 등 일련의 불운을 맛본 후에, 어려운 때를 넘기게 해달라며 니컬러스 비들Nicholas Biddle과 미합중국은행Bank of the United States에 6000달러 융자를 신청했다. 하지만 이 융자 건은 성사되지 않았다.

1820년대 후반에 이르러, 매디슨은 많은 토지와 재산을 처분하여 간신히 예전 생활양식을 유지할 수 있었다. 매디슨은 노예제가 점진적 방식으로 철폐되리라고 믿었기 때문에 사망 이태 전인 1834년까지 노예들을 팔아넘기지 않았고, 그 점을 크게 후회했다. 인종 간 화해란 불가능하다고 확신한 매디슨은 미국 식민협회American Colonization Society의 설립을 후원했으며 이 협회를 통해 해방 노예들을 서아프리카로 보내야 한다고 생각했다. 또한 엄격한 헌법주의자로서, 노예는 법적 재산이고, 그런 만큼 노예 소유주들은 노예를 판매할 때 적정한 보상을 받아야 한다고 주장하기도 했다.

매디슨의 경제적 사정은 또 다른 낭비 요인 때문에 악화되었다. 아내인 돌리Dolley가 전 남편과의 사이에서 낳은 방탕한 아들이 진 부채가 그것이다. 페인 토드Payne Todd는 도박 빚과 낭비벽 때문에 감옥에도 여러 번 다녀왔고, 의붓아버지에게 4만 달러의 미결제 빚을 남겨주었다. 매디슨은 워싱턴에 있는 집을 처분할 생각까지 했다. "남편은 아직도 마지막 수단인 워싱턴 집 이야기를 하고 있어요" 하고 돌리는 탄식했다. 매디슨은 점점 중요성이 더해 가는 문서 하나를 보관하고 있었다. 1787년 대륙회의 토론 사항을 개인적으로 적은 것으로, 건국의 아버지들 생전에는 발표하지 않겠다고 약속한 문서였다. 아무리 재정 상황이 어려웠어도 매디슨은 약속을 지켰고, 문건은 매디슨의 사망 이전에는 발표되지 않았다.

제임스 먼로도 퇴임 후 사정이 별로 좋지 않았다. 본토박이 버지니아 출신으로는 마지막 대통령인 먼로는 7만 5000달러의 빚을 안고 백악관을 나왔다. 한 소식통은 이렇게 전한다.

"그는 비틀거리며 백악관에서 나왔다……. 얼굴에는 깊은 주름이 잡혔고 허리가 굽었으며 나이가 들었고 가난했다."

제5대 대통령은 그런 식으로 치욕적인 생애 말년을 맞이했다. 제퍼슨이나 매디슨과는 다르게—이들은 비틀거리면서도 일부 재산은 유지했다—먼로는 재산을 전부 처분해야 했다.

제퍼슨은 채권자들을 피해 다니며 퇴임 생활을 보내야 했지만 그래도 세속적인 즐거움을 그대로 누렸으며 와인("인생의 필수품")을 마시고 음식("음식을 너무 적게 먹었다고 후회하는 사람은 거의 없다")을 즐기며 살았다. 비록 이런 생활이 경제적 곤궁을 더욱 악화시키기는 했지만 말이다. 이와는 대조적으로, 먼로의 퇴임 후 첫 5년은 정부를 위해 외교 업무를 수행하면서 지불한 돈에 대해 정당한 환급을 받으려는 노력으로 점철되었다. 제퍼슨이 안락한 생활의 즐거움으로 절망스러운 상황을 달래려 했다면, 먼로는 환급을 받아야 한다는 강박관념에 사로잡혀 있었다.

먼로는 주 프랑스 대사로 근무하던 1794～1796년, 그리고 1803～1807년 사이에는 비교적 안락한 세월을 보냈다. 당시에는 화려한 옷을 차려입고 "경쟁적 과시욕에 사로잡힌 채" 해외 생활을 즐겼다. 먼로는 대사 시절 나중에 전액 환급받을 것을 예상하고 정부를 위해 상당한 사비를 썼다. 일반적으로 말해서, 해외 주재 미국 대사들은 형편없는 재정적 지원을 받았다. 유럽에서 근무하는 외교관의 생활비가 높기는 하지만, 그래도 먼로는 적어도 한 해 당 9000달러의 비용은 환급받아야 한다고 생각했다. 토지를 대부분 처분한 상태로 백악관을 떠난 먼로는 오래 미루어져 온 그 환급금이 반드시 필요했다. 새로운 소득을 만들어 낼 수 있는 구멍은 그것밖에 없었다. 그리고 1차 요청이 무시당하자 먼로는 정부에 사기를 당했다고 확신하게 되었다. 그리하여 환급을 받는 것은 생존의 문제를 넘어 명예의 문제가 되었다.

　　먼로의 환급 요구는 1820년대 중반에 미 의회에서 뜨거운 논쟁의 대상이 되었고 의원들은 소속당에 따라 먼로에 대한 입장이 찬반으로 갈렸다. 먼로는 정치적 흐름이 앤드루 잭슨 쪽으로 돌아서고 있다고 느꼈다. 따라서 존 퀸시 애덤스 대통령과 1824년의 "도둑맞은" 선거를 지지했다가는 환급금 지불에 대한 의회의 지지를 얻어내기 어렵다고 보아서, 1826년의 파나마 대회에 참석하기를 거부했고, 1828년에 애덤스의 부통령으로 근무해 달라는 제안을 차갑게 거절했다. 당시 먼로는 정치에 흥미를 잃었고 오로지 자신이 정당하게 수령해야 할 환급금에만 관심이 있었다.

　　먼로는 1826년에 빚을 갚기 위해 앨버말 카운티에 있던 하이랜드

저택을 팔고 버지니아의 오크힐로 이사했다. 다행스럽게도 그해에 의회는 그가 주장한 금액의 절반인 근 3만 달러를 지불하기로 의결했다. 그로부터 4년 뒤, 아내가 별세하고 더 이상 돈이 남아 있지 않은 상태에서, 먼로는 뉴욕 시에 있는 딸과 사위의 집으로 들어갔다. 그리고 거기에 머무는 동안 추가로 3만 달러를 수령하여 당초 요구액보다 더 많이 받았다. 이 돈은 먼로가 빚을 갚는 데는 도움을 주었지만 생활 수준을 끌어올리기에는 충분하지 못했다. 먼로는 이제 가난한 사람이었다. 사망 당시 가족들은 먼로의 시신을 뉴욕에서 버지니아까지 수송할 경비조차 없었다. 먼로가 고향 땅에 다시 묻히기까지는 27년이나 흘러야 했다.

1830년에 하원의원 선거에서 당선된 존 퀸시 애덤스—먼로 행정부에서 국무부 장관을 지냈다—는 매사추세츠에서 워싱턴 D.C.로 가던 길에 뉴욕에 잠깐 들러 병든 먼로를 찾아갔다.

"먼로 씨는 건국 이래 그 누구보다 국가로부터 많은 금전적 지원을 받은 사람이었다. 하지만 그는 현재 72세 나이로 비참한 가난 속에서 죽어 가고 있다."

안정적인 말년: 애덤스 가문의 경우

초창기 대통령들이 모두 버지니아 출신은 아니었다. 애덤스 가문이 배출한 두 대통령은 미국 최초의 북부 출신 대통령이었다. 이들의 퇴임 후 재정 상태는 버지니아 출신 대통령들과 비교할 때 여러 중요한 면에서 달랐다. 존 애덤스와 아들 존 퀸시 애덤스는 금주와 절제를 강조하는 청교도적 분위기의 매사추세츠에서 성장했고, 또 식민지 시대의 노예제도 위주 경제 모델을 지지하지 않았다. 이것이 버지니아 대통령들과의 결정적 차이인데, 이 덕분에 애덤스 부자는 퇴임 후 한결 안락한 생활을 누렸다.

존 애덤스는 자신의 재무 상태를 꼼꼼히 챙겼다. 그 때문에 다른 초창기 대통령들과는 다르게, 1801년에 1만 1000달러의 흑자 상태로 백악관을 나왔다. 그리고 1787년에 사둔 사저로 돌아갔다. 그 집은 맨션, 피스필드Peacefield, 빅 하우스the Big House 등의 별명을 가지고 있는데, 0.3제곱킬로미터의 부지에 세워졌으며 20명 이상의 손님을 한꺼번에 재울 수 있었다.

애덤스는 자신이 정계에 투신하지 않고 변호사로 계속 활동했더라면 큰돈을 벌었을 거라는 생각을 자주 했다. 애덤스가 자주 한 말은 그의 사업을 물려받은 변호사가 "약 20만 내지 30만 달러의 큰 돈을 벌었다"는 것이었다. 미국 예술 및 과학 학술원의 이사회 모임에 참석한 애덤스는 주위 사람들에 대한 부러움을 억누를 수가 없었다. 애덤스의 말에 따르면 그 사람들은 "나를 제외하고 모두 부유했으며" 또 "도시의 저택, 시골 별장, 멋진 정원, 온실 등을 갖고 있었다."

애덤스는 퇴임 후 25년을 더 살았지만, 은퇴한 지 2년째인 1803년에 딱 한 번 재정적 위기를 겪었다. 그 해에 존과 애비게일 애덤스 부부는 아들 존 퀸시의 권유로 어떤 은행에 투자한 돈 1만 3000달러를 거의 대부분 날렸다. 그 은행은 런던에 본부를 둔 버드, 새비지 앤드 버드 사였는데, 미국 국채를 주로 취급했기 때문에 안전한 투자처로 여겨졌다. 존 퀸시는 그 회사가 저당 몰수를 당하자 너무 심한 자책감을 느껴서 보스턴에 있는 자기 집을 팔아서 부모님의 손실 차액을 보전해 드렸다. "판단 착오는 제 책임이었습니다. 따라서 그 고통에 기꺼이 동참하고자 합니다."라고 존 퀸시는 썼다. "현금이 없어서" 고통을 받기는 했지만 애덤스 부부는 퀸시에 갖고 있던 농장에서 나오는 수입과 애비게일이 현명하게도 지난 여러 해 동안 매입해 둔 채권 덕분에 빚을 지지 않고 살 수 있었다.

버드, 새비지 앤드 버드 투자 실패는 존 퀸시의 은퇴 후 생활에도 기다란 그림자를 드리웠다. 제6대 대통령 존 퀸시 애덤스는 1829년에 백악관을 떠나서 1831년 말에 하원의원으로 뽑힐 때까지 2년 반동안 일정한 수입이 없었다. 하지만 당시 하원의원은 회기 중에만 일당을 받았고, 의회가 폐회하면 아무런 수입이 없었다. 아버지에게서 집을 물려받기는 했지만, 애덤스는 수지를 맞추기 위해 보스턴 근처의 토지를 팔아야 했다. 하지만 아들인 찰스 프랜시스 애덤스 Charles Francis Adams가 집안의 투자 포트폴리오를 떠맡아 임대료와 투자 등 모든 것을 감독하게 되면서 존 퀸시의 형편은 안정세로 돌아섰다. 그리고 생애 말년까지 비교적 안정된 생활 속에서 장수를 누렸다.

주머니의 90달러: 잭슨의 경우

1829년에 취임한 앤드루 잭슨은 최초의 국외자 대통령이다. 그는 버지니아 출신 건국의 아버지도 아니고 애덤스처럼 매사추세츠 출신도 아니었다. 그러나 잭슨은 한 가지 중요한 면에서 여러 선배 대통령들과 같은 경험을 했다. 퇴임 후 재정적 문제에 봉착했다는 점으로, 그리하여 테네시 주 내슈빌 외곽에 있는 허미티지 농장에서 재산을 증식하는 데 몰두해야 했다. 잭슨은 이렇게 썼다.

"나는 워싱턴에 갈 때 5000달러를 가지고 갔습니다. 하지만 퇴임 후 주머니에 겨우 90달러가 든 채 돌아왔습니다."

다른 초창기 대통령들과 마찬가지로, 잭슨은 백악관 생활을 유지하기 위해 대통령 봉급의 대부분을 내놓아야 했다. 퇴임 직후 1819년의 경제 공황을 맞이한 매디슨과 마찬가지로, 잭슨은 1837년 백악관을 나오면서 그 해의 대공황으로 직격탄을 맞았다. 방탕한 의붓아들을 가끔 구제해준 매디슨과 마찬가지로, 잭슨은 양아들인 앤드루 잭슨 주니어Andrew Jackson Jr.를 재정 파탄으로부터 거듭 꺼내주었다. (적어도 매디슨은 의붓아들의 방탕함을 알고 있었으나, 잭슨은 아들이 못된 친구들과 어울리다 사기를 당한 것이라고 굳게 믿고 아들의 모자란 성품을 인정하지 않았다.)

전임 버지니아 출신 대통령들과 비슷하게, 잭슨은 주로 유동성 부족으로 고통을 받았다. 잭슨은 수십 명의 노예와 여러 건의 부동산을 소유하고 있었기 때문에 가족의 생계를 위해 그것을 팔기만 하면 되었다. 하지만 노예를 팔지 않으려고 고집을 부린 데다 또 여러 해 거듭해서 흉작을 맞으면서 재정 상태가 불안정해졌다. 목면 수확이 여러 차례 실패를 보자 잭슨은 "남녀노소 150명이나 되는 흑인"을 팔아 치우는 "엄청난 희생"을 고려하게 되었다. 하지만 실제로 성사되지는 않았다. 잭슨은 노예들을 유지하기 위해 온갖 노력을 아끼지 않았다. 심지어 살인 혐의로 소환된 노예 넷을 변호하려고 1000달러를 빌리기까지 했다.

잭슨은 돈 문제 때문에 끝없는 고통을 받았다. 뉴올리언스 전투 승리 25주년을 기념하기 위해 1840년 1월 루이지애나로 여행할 계획을 세운 잭슨은 한 친구에게 이렇게 호소했다.

"나는 돈이 없네……. 돈을 빌리거나 거지 신세로 여행해야 한다면 견딜 수 없을 것 같네."(결국 잭슨은 돈을 빌리지 않고서도 여행 자금을 마련할 수 있었다.)

휘그당은 잭슨의 재정적 어려움을 기화로 삼아 그의 대규모 부채를 비난하고 나섰다. 잭슨이 아무리 "지진만 제외하고, 국가적으로나 개인적으로나 그 어떤 재난이 벌어지든 그 돈을 반드시 갚겠다"고 공언했어도 소용없었다.

이런 재정적 어려움은 생애 말년 마지막 몇 달까지도 앤드루 잭슨을 따라다녔다. 새로 대통령으로 선임된 잭슨의 피보호자, 제임스 K. 포크에게 잭슨은 실상을 털어놓았다.

"가난이 내 얼굴을 빤히 쳐다보고 있어."

잭슨의 사망 이후 아들이 문제를 일으켜, 결국 대통령이 사랑했던 허미티지 사저는 남의 손에 넘어가고 말았다. 그것은 불안한 생활에 따라오는 당연한 결말이었다.

안락한 은퇴 생활

마틴 밴 뷰런과 존 타일러의 퇴임 후 생활은 다른 선배 대통령들의 어려운 생활과는 대조를 이룬다. 밴 뷰런은 20만 달러의 저축을 가지고 워싱턴에 도착했고 백악관을 떠난 뒤에도 비교적 유복한 생활을 했다. 실제로 재정 상태가 아주 좋아서, 백악관을 떠날 때 4년치 대통령 봉급을 고스란히 챙긴 채 떠날 수 있었다. 버지니아의 노예 소유주인 존 타일러는 윌리엄 헨리 해리슨William Henry Harrison의 유고로 대타 대통령에 오른 인물인데, 퇴임 후 타이드워터(버지니아 동부 저지대 _ 옮긴이)의 농장인 4.8제곱킬로미터 넓이의 셔우드 포레스트(노예 수는 60~90명)로 돌아갔다. 밴 뷰런과 마찬가지로 타일러는 퇴임 생활 내내 재정적으로 안정된 상태였고 초창기 버지니아 대통령들 같은 경제적 어려움은 겪지 않았다. 첫째 아내 레티시어Letitia가 1842년에 죽자 타일러는 유복한 여자와 재혼을 했다. 후처인 줄리아 가드너Julia Gardiner는 부유한 뉴욕 가문 출신이었고 남편이 현금이 부족하여 고통 받는 시기에 지원을 아끼지 않았다. 버지니아 출신 건국의 아버지들과는 다르게, 타일러는 농장을 팔 생각을 단 한 번도 하지 않았다. 농장 관리에 깊숙이 관여하고 토질을 개선하기 위해 새로운 영농 방식을 끊임없이 추구했기 때문에, 퇴임 후 1.6제곱킬로미터의 땅을 새로 늘렸을 뿐만 아니라 노예 수도 늘렸다.

타일러의 은퇴 시기에 금광열(金鑛熱)이 온 나라를 사로잡았다. 타일러의 처가 친척들도 새로운 부를 손에 넣기 위해 서부로 바삐 달려갔다. 줄리아는 친정 어머니에게 이렇게 썼다.

"대통령은 캘리포니아 열기에 별 감흥이 없으세요. 그이는 노예들이 많은 제임스 강의 훌륭한 농장이 곧 금광이라고 생각해요."

그러니 타일러가 사망 시에 노예들을 하나도 해방시켜주지 않은 것은 그리 놀라운 일도 아니다. 오히려 타일러는 유언장에 이렇게 명기했다.

"내 아내는 내 아이들(아들들)이 21세 성년에 이르면 각자에게 흑인 소년을 하나씩 별도 재산으로 골라 주도록 하라."

타일러와 마찬가지로, 밀러드 필모어는 휘그당 대통령이 사망하자 대타로 집권했다(필모어의 경우에는 재커리 테일러Zachary Taylor를 대신했다). 또한 타일러와 마찬가지로 첫 번째 아내가 죽은 후 부유한 과부와 재혼했다. 가난한 집안에서 태어난 필모어는 뉴욕 서부에서 잘나가는 변호사 업계에 진출했다가 이어 정계에 투신했다. 2년 반의 대리 임기를 마친 후 변호사 업무로 되돌아가지 않고, 널리 여행을 하면서 고향인 뉴욕 주 버펄로에서 민간 활동을 활발하게 벌이다가 제3당(아메리카당) 후보로 백악관 문을 다시 두드렸으나 실패했다. 대통령 연금제를 주장한 초기 인물들 중 하나인 필모어는 1857년의 공황 때문에 큰 손실을 입었다. 저축액의 대부분을 투자한 철도 채권들이 휴지 조각이 되어 버렸으나 후처인 캐럴라인 카마이클 매킨토시Caroline Carmichael McIntosh가 남편을 구제해 주었다. 필모어는 후처의 재정을 대신 관리해 주는 조건으로 매해 1만 달러를 받는다는 혼전 합의서에 서명한 뒤 건전한 재정 상태에서 안락한 말년을 보냈으며 사망할 당시 20만 달러가 넘는 자산을 남겼다.

필모어의 후임 대통령인 프랭클린 피어스Franklin Pierce의 퇴임 후 생활은 본인의 명쾌한 개인적 발언을 들으면 쉽게 파악할 수 있다. 그는 이렇게 물었다.

"술 마시는 것 말고 백악관을 떠나 할 일이 또 있나?"

알코올은 곧 피어스의 장기를 크게 망가뜨려, 그는 퇴임 12년 후인 1869년 간경화로 사망했다. 피어스는 현명하게도 대통령 봉급의 절반을 저축했고 또 수익이 높은 곳에 투자를 잘 해서, 그 돈으로 비교적 안락하게 퇴임 후 생활을 보냈고, 해외 여행도 자유롭게 했으며, 병든 아내의 간병비도 충당했다. 그는 일찍이 두 아들을 먼저 보냈는데, 대통령 취임 두 달 전에는 13세 된 아이가 갑작스런 철도 사고로 사망했다. 이런 사건들 때문에 그는 알코올에 깊이 탐닉하게 되었다.

에이브러햄 링컨Abraham Lincoln의 전임자인 제임스 뷰캐넌은 퇴임 후 피어스처럼 깊은 우울증에 빠졌다. 그러나 뷰캐넌의 경우는 그 이유가 개인적인 것이 아니라 정치적인 것이었다. 유일한 독신 대통령인 뷰캐넌은 임기 말에서 1868년의 사망시까지 비교적 안정된 재정 상태를 누렸고 대부분의 시간을 정치적 명성을 회복하는 데 바쳤다. 죽기 직전에 그는 휘트랜드 농장의 가치를 조심스럽게 추산하고 "합리적으로 추산해 볼 때, 내 재산은 25만 달러 정도"라고 썼다. 뷰캐넌은 강박증이라고 할 정도로 금전 문제에 까다로웠다. 1만 5000달러 상당 토지를 판매한 후에 매입자에게 이렇게 불평하기도 했다.

"당신 계산에 착오가 있습니다. 수표 액수가 몇십 센트나 모자랍니다."

돈 문제에 조심스럽고 신중했던 뷰캐넌은 여러 친척들의 일을 대행했고, 가난한 동료들에게는 아낌없이 베풀었다. 전직 대통령의 아들이면서 뷰캐넌의 고향인 펜실베이니아의 민주당 의장을 지낸 로버트 타일러가 아주 궁핍하다는 소식을 듣고서, 뷰캐넌은 그에게 1000달러 수표를 보내주었다. 정치적 이념이 다른 것도 개의치 않았다. 뷰캐넌은 타일러에게 "분리주의자들을 지지하는 당신의 노선은 인정할 수 없지만, 당신의 성실한 신념과 순수한 동기는 조금도 의심하지 않습니다."라고 썼다. 뷰캐넌으로서는 용기 있는 행동이었다. 노예제를 옹호하는 로버트 타일러는 북부에서는 경멸받는 인사였고 모의 린치와 모의 교수형으로 위협을 당했다. 급기야 목숨을 구하려고 고향 버지니아로 도망쳐야 했다.

남북전쟁 후 처음으로 백악관을 떠난 대통령인 앤드루 존슨은 1873년의 공황을 맞고도 안정된 재정 상태를 누렸다. 처음에는 도산한 은행에 대규모 투자를 해서 큰 손실을 입었지만, 나중에 손실을 대부분 만회했다. 국채와 부동산의 포트폴리오를 잘 운용해서 비교적 안정된 만년을 보냈다.

그러나 존슨의 운명은 라이벌인 율리시스 S. 그랜트와 선명한 대조를 이룬다. 남북전쟁의 승전 장군이며 수많은 논란 속에 재선 임기를 마친 그랜트 대통령이 임기 후 보낸 생활의 극적인 파란만장함은 감히 따를 자가 없다. 그 비극적인 대단원과, 그랜트의 고통스러운 죽음 뒤에 수익 높은 불사조가 그랜트의 가족을 살려 낸 이야기는 널리 알려져 있다. 비극적이면서도 감동적인 그랜트의 이야기는 전직 대통령들의 온갖 이야기 중에서도 손에 꼽힌다.

아슬아슬한 말년: 그랜트와 헤이스의 경우

율리시스 S. 그랜트는 당대의 위인이요 전쟁 영웅의 자격으로 1869년에 백악관에 입성했다. 그리고 그 8년 뒤 추문에 휩싸인 채 재선 임기를 마쳤다. 그랜트의 행정부는 도금 시대 정치의 부산물인 뇌물수수의 유혹에 깊이 빠져들었다. 전쟁 영웅에서 추문투성이 대통령이 된다는 것은 엄청난 추락이었다. 크레디트 모빌리에 사건*, 인디언 교역 스캔들, 샌본 사건**, 위스키 링*** 등 여러 가지 난처한 사건들이 그의 재임기에 연달아 터졌다. 그랜트는 비록 이런 사건에 개인적으로 연루되지는 않았다 해도 행정부 내에 부정부패가 만연하도록 허용했다 하여 크게 비난을 받았고, 그로 인해 명성에 영영 오점을 남기고 말았다.

퇴임 후 10주째에 그랜트와 아내 줄리아 덴트Julia Dent는 이런 오명을 잊으려고 세계일주 여행길에 올랐다. 그랜트의 재선 임기 초기에 의회는 대통령 봉급을 기존의 두 배인 5만 달러로 올렸고, 그랜트 부부는 그 돈을 잘 모아서 28개월의 여행 비용을 충당할 수 있었다.

그러나 여행에서 돌아온 그랜트 부부는 예기치 않게 쪼들리는 처지가 되었다. 가난한 상태는 아니었지만─소액으로 여러 군데 투자

---

* 유니언퍼시픽 철도의 중역들이 모빌리에라는 자회사를 만들어 하도급 철도공사를 독차지하고 공사비를 부풀려 받아 낸 사건.
** 그랜트의 재무장관인 윌리엄 애덤스 리처드슨은 미납 세수 42만 7000달러를 징수하는 임무를 민간인인 존 D. 샌본에게 맡기고, 징수액의 절반을 지급하기로 했다. 샌본은 21만 3000달러를 자기가 갖고 그중 15만 6000달러를 '조수'인 리처드슨에게 주었으며, 일부는 공화당 선거기금으로 들어갔다.
*** 정부 공무원과 정치인, 위스키 양조·유통업자들이 세수를 빼돌리기 위해 담합한 사건.

하여 약 6000달러의 연간 소득이 있었다ー그랜트는 재정 상태를 개선하기 위해 기업계로 눈을 돌려야 했다. 이제 전직 대통령은 더 이상 호조건의 투자나 관대한 친구들에게 의지할 형편이 못 되었다. 경쟁적 자본주의의 시대가 활짝 피어났고 그랜트는 국가의 확대되는 시장으로부터 이익을 올리기를 기대했다.

퍼디낸드 워드Ferdinand Ward는 월스트리트의 거물 겸 사기꾼으로서, 투자 중개 사무소를 운영하면서 그랜트의 성공한 아들 율리시스 주니어Ulysses Jr.(일명 벅Buck)뿐만 아니라 두루두루 기업들과 관계를 맺고 있었다. 전직 대통령은 벅의 권유를 받아서 그 중개 사무소의 비상근 파트너가 되었다. 그리고 저축 거의 대부분을 그 사무소에 투자했는데, 그것이 재앙이 되고 말았다. 최초 수익은 상당히 매력적이었다. 약속된 수익이 때로는 40퍼센트에 도달했다. 하지만 그 본질은 야바위 놀음이었다. "워드는 융통어음을 남발하여 회사의 자산을 부풀렸고, 동일한 채권을 여러 군데에 담보로 내놓아 여러 건의 융자를 받았다"고 전기작가 진 에드워드 스미스Jean Edward Smith는 설명한다. 이중 장부를 유지하면서 자산 평가를 철저히 조작한 워드의 회사는 끝내 1884년에 도산했다.

워드는 사기로 유죄 판결을 받아 싱싱 감옥의 10년 형에 처해졌다. 이처럼 대규모 사기를 당한 그랜트는 10만 달러의 빚을 지고 말았다(이미 파탄이 난 그의 회계 장부에 최후의 모욕을 가하기라도 하듯이, 그랜트가 최후로 투자한 워배시 철도 채권이 그 철도회사의 파산으로 휴지 조각이 되었다). 군에서 은퇴를 하지 않고 보직을 임의로 사임했기 때문에 군인 연금을 박탈당한 북군의 전쟁 영웅은 이

제 예전 동료 장군이나 친구들의 도움을 받아야 하는 신세가 되었다. 윌리엄 밴더빌트William H. Vanderbilt는 상환 요구 없이 그랜트의 손실을 모두 보전해 주겠다고 제안했다. 달리 방법이 없는 그랜트는 마지못해 그 제안에 동의했으나, 빚을 갚겠다고 고집했다(그랜트는 결국에는 부분적으로나마 빚을 갚았다. 부동산을 팔고 밴더빌트에게 태국 왕이 준 코끼리 상아, 의회의 황금 메달 등을 넘기기도 했다). 죽기 한 해 전, 그랜트는 수입을 늘리기 위해 《센처리 매거진Century Magazine》에 글 몇 편을 써 주기로 했다. 편당 500달러를 받고 남북 전쟁 수필 연작을 써 주기로 한 것인데, 이로 인해 뜻하지 않게 문필업으로 재정적 돌파구를 열게 되었다.

이 대목에서 마크 트웨인Mark Twain이 등장한다. 존경받는 작가인 친구 트웨인의 격려와 지원을 받아, 그랜트는 지난 여러 해 동안 기피해 왔던 회고록 집필을 수락했다. 그리고 이제 가족의 생계가 걸린 위기에서 집필 작업에 돌입했다. 하지만 집필 도중 장군은 자신이 암에 걸렸다는 사실을 알았다. 혀에서 시작한 암은 입과 목구멍으로 퍼졌다(그랜트는 한창 때 하루에 여송연을 20개비까지 피웠다). 고통은 극심해졌고 주치의는 종양에 코카인 용액을 살포하여 간신히 음식을 넘길 수 있게 해주었다. 그랜트는 시간과 혈투를 벌이고 있었다.

연방정부는 전직 대통령을 가엾이 여겼다. 현직 대통령 체스터 아서Chester Alan Arthur는 퇴임하기 몇 분 전에 죽어 가는 그랜트를 장군으로 복직시켰고, 군인 연금의 재정 안전망을 제공했다. 의회 의원들은 모두 기립하여 법안 통과를 경축했다.

율리시스 S. 그랜트는 1885년 7월 23일에 세상을 떠났다. 전쟁 회고록 제2권이자 마지막 권이 인쇄에 들어가기 며칠 전이었다. 트웨인은 그랜트의 《개인적 회고록*Personal Memoirs*》을 계약하여 홍보 활동을 펼쳤고 몇 달 사이에 회고록은 무려 25만 부나 팔렸다. 아내 줄리아 덴트 그랜트를 비롯한 유족은 인세로 약 45만 달러를 받았다. 1차로 받은 수표는 20만 달러짜리였는데, 그때까지 인세로 지급된 액수 중 최고액이었다. 이 베스트셀러 회고록은 미국 문학의 변함없는 고전인 트웨인의 《허클베리 핀의 모험》의 판매 부수를 앞질렀다.

이처럼 극적이지는 않지만, 러더퍼드 B. 헤이스의 퇴임 후 생활도 나름대로 불안정한 측면이 있었다. 헤이스는 단임 임기를 시작할 때부터 이미 빚더미에 빠져 있었다. 부부가 백악관에서 고급 연회를 베풀다 보니 그런 사정은 더욱 악화되었다. 그러나 헤이스는 임기 말까지 재산에 대해서 낙관적이었다. 헤이스는 이렇게 말했다.

"나는 2만 달러에서 2만 5000달러의 빚을 진 상태로 이곳을 떠나게 될 겁니다. 하지만 신용이 좋고 부동산이 많으니, 금전적인 도움이나 동정은 필요하지 않을 겁니다."

그러나 헤이스는 앞날을 제대로 내다보지 못했다. 거액을 투자한 프리먼트 하비스팅 사는 1885년에 부도가 났고, 현금 대부분을 맡겨 두었던 현지 은행은 저당 몰수의 위기에 처했다. 그리하여 재정 상태가 어찌나 악화되었던지 1885년 2월에 열린 워싱턴 기념탑 낙성식에도 참석하지 못할 지경이었다. 기념탑 건설은 헤이스가 직접 주도했던 사업이었다.

이름과 돈을 맞바꾸다

1881년에 헤이스가 퇴임하고 나서 수십 년이 지난 후, 또 다른 전직 대통령이 개인 생활에서 어려움을 겪게 되었다. 아직 대통령 연금 제도가 수립되기 수십 년 전 일이었으므로 전직 대통령들은 과거에 사회적으로 금지되었던 기회를 이용할 수 있었다. 이에 해당하는 사례가 그로버 클리블랜드이다. 클리블랜드는 불연속적인 2차 임기를 마치고 퇴임한 후에 재정적 어려움을 모면했다. 워싱턴 D.C. 외곽에 있던 집을 팔고 뉴저지 주 프린스턴에 있는 안락한 집과 코드 곶의 여름 별장을 사들였다. 클리블랜드의 순 자산은 30만 달러를 웃돌았는데, 한 전기작가는 "수수한 재산"이라고 했고, 다른 전기작가는 "부호라고 할 수는 없으나 상당한 재산"이라고 말했다. 클리블랜드는 재산의 대부분을 증권에 투자한 상태에서, 소득을 늘리기 위해 잡지를 비롯한 간행물 몇 곳에 대통령 시절의 일을 써 주기로 했다. 《센처리Century》, 《어틀랜틱Atlantic》, 《레이디스 홈 저널Ladies' Home Journal》 같은 다양한 잡지들이 파격적인 원고료를 지불했다.

19세기 후반은 상업주의가 확장되던 시기였고, 클리블랜드는 자신이 마주친 경제적 기회를 놓치지 않았다. 미국 보험업계가 급신장하는 것을 보고 에퀴터블 생명보험회사 이사회에 들어갔고, 생명보험사장협회의 협회장에 취임했다. 당시 보험업계는 사기와 뇌물이 횡행하여, 장래 대법관이 될 찰스 에번스 휴스 같은 인물들로부터 개혁을 강요당하고 있었다. 그래서 클리블랜드는 보험업계의 신용을 되찾는 일에 착수했고 보험업계 사장들은 그런 노고에 맞는 보수를 지불했다. 에퀴터블 보험회사는 그의 이사 활동에 대하여 연간 1만 2000달러를 지불했고(이사회에서 클리블랜드만이 유일한 유급 이사였다), 회사의 분쟁 사안을 중재해 주는 보수로 연간 1만 2000달러를 추가로 지불했다. 생명보험사장협회는 연간 2만 5000달러를 지불하여 은행 계좌를 불려 주었다. 이런 보수를 받는다고 비판을 받기는 했지만 그래도 클리블랜드는 사망 당시 가족들에게 충분한 생활비를 남겨 놓았다. 또한 대통령 재임시의 노고를 인정받아 1928년부터 1946년까지 1000달러 지폐에 그의 얼굴이 실리기도 했다.

클리블랜드의 후임자(이자 전임자)인 벤저민 해리슨Benjamin Harrison도 이름과 돈을 맞바꿀 준비가 되어 있었다. 변호사 업무를 재개하면서, 해리슨은 수임료가 적어도 5000달러를 넘는 사건만 맡기로 결심했다. 그리고 인디애나폴리스 전차회사로부터 2만 5000달러의 수임료를 받아서 순 자산을 두 배로 늘렸다. 외국 정부의 수임료는 이보다 더 높았다. 베네수엘라는 전임 대통령을 변호사로 선임하여, 영령 기아나를 두고 영국과 벌어진 영토 분쟁에서 자국의 이익을 변호하도록 했다. 비록 이기지는 못했지만, 해리슨은 이 사건에서 닷새 동안 25시간의 최후 변론을 펼치는 등 열띤 변호에 대한 대가로 8만 달러의 보수를 받았다. 그로버 클리블랜드의 보험회사 한직과는 종류가 다르기는 하지만, 해리슨의 대통령 이력은 퇴임 후에 큰 도움이 되었다. 사망할 당시 해리슨의 순 재산은 40만 달러로 불어났다.

20세기 초에는 대중 연설을 하거나 매체에 글을 쓰는 것이, 변호사 활동이나 기업 활동 못지않게 전직 대통령의 합법적인 경제 활동이 되었다. 시어도어(애칭은 테디 _옮긴이) 루스벨트는 문필 활동을 적극 활용했다. 능숙한 문필가인 루스벨트는 사회 평론부터 네 권짜리 연작 모험물인 《서부의 획득The Winning of the West》에 이르기까지 다양한 종류의 글을 써냈다. 오래지 않아 문필은 주된 소득원이 되었다.

일반 대중의 인식과는 다르게, 루스벨트는 부유하지 않았다. 부모로부터 물려받은 작은 유산이 생계에 도움이 되긴 했지만, 별도의 소득원을 찾아나서야 했다. 백악관을 떠난 직후, 루스벨트는 《아웃룩Outlook》 잡지와 연간 1만 2000달러를 받고 기고 편집자로 활약하는 계약을 맺었다. 정치, 경제, 사회에 대한 기명 논설을 연간 12편 써주고 얻는 돈은 가족들에게 상당한 안전망을 제공했다. 루스벨트는 역사적 통찰과 문학적 재능을 발휘하여 시사 문제에 대한 논평 글을 쓰면서 상당한 수입을 올렸다.

국민의 대변자 겸 모험가로 명성이 높은 루스벨트가 아프리카 여행을 떠난다는 이야기가 나돌자 글을 써달라는 주문이 쇄도했다. 《스크리브너스 매거진Scribner's Magazine》은 5만 달러를 제공하고 전직 대통령의 아프리카 체재 보고서를 게재할 권리를 취득했다(《콜리어스Collier's》가 그보다 두 배 많은 금액을 제시했지만, 루스벨트는 지명도 때문에 《스크리브너스》를 선택했다). 그리하여 루스벨트는 1909~1910년 사이에 1년에 걸쳐 사파리 여행을 하면서 영단어 5000자에서 1만 5000자에 이르는 글을 14편 써냈다. 동아프리카에서 겪은 모험을 아주 상세히 기술한 글이었다. 한 번은 6주에 걸쳐 무려 4만 5000자에 이르는 장황한 글을 쏟아 내기도 했다. 미국의 일반 대중은 루스벨트의 글을 아주 좋아했다. 사자 사냥을 묘사한 글, 코뿔소, 하마, 하이에나, 기린과의 아슬아슬한 만남을 생동감 넘치게 묘사한 글, 500마리 이상의 동물을 죽인 모험을 그린 글 등을 탐독했다. 루스벨트의 친구인 상원의원 헨리 캐벗 로지Henry Cabot Rodge는 이렇게 보고했다.

"국민들은 당신의 아프리카 모험담에 마치 새로운 로빈슨 크루소를 만난 양 열광하고 있습니다."

루스벨트의 글들은 폭발적으로 팔려 나갔다. 《스크리브너스》에 실린 글 모음은 《아프리카의 야생동물 사냥로: 미국 사냥꾼─박물주의자의 아프리카 방랑기African Game Trails: An Account of the African Wanderings of an American Hunter─Naturalist》라는 제목을 달고 1910년에 출간되어, 1년 사이에 4만 달러의 인세를 가져다주었다. 루스벨트가 이런 식으로 큰 돈을 벌었다는 소식을 듣고, 영국왕 에드워드 7세는 전직 대통령에게 어울리지 않는 소득이라며 경멸을 드러냈다. 하지만 루스벨트는 체면 문제로 골치를 썩지 않았다. 책 판매고가 회사의 최고 기록인 20만 달러를 웃돌자 《스크리브너스》 출판사도 체면 따위는 신경 쓰지 않았다. 루스벨트는 잡지 기고를 한때 자신의 피후견인이었지만 지금은 적수가 된 윌리엄 하워드 태프트를 공격하는 수단으로 사용하기도 했다. 그후 선거 정국에 복귀한 다음에도, 루스벨트는 1919년 사망할 때까지 계속 글을 썼다. 생애 마지막 해에도 《캔자스시티 스타Kansas City Star》에 2주에 한 번씩 글을 써주겠다고 응하기까지 했다.

1912년 선거에서는 놀랍게도 우드로 윌슨이 루스벨트와 윌리엄 하워드 태프트를 물리치고 대통령에 당선되었다. 태프트는 백악관을 떠날 때 몸무게가 거의 109킬로그램이었는데, 은행 계좌에는 그에 못지않게 묵직한 10만 달러가 들어 있었다. 태프트의 아내 넬리 Nellie는 백악관 재직 중에 태프트의 연봉 7만 5000달러(대통령의 봉급은 태프트가 취임하던 해에 다시 인상되었다)를 잘 관리하여 상당한 돈을 저축해 놓았다. 백악관을 나온 지 1년 사이에 태프트는 체중을 32킬로그램이나 빼서 77킬로그램으로 전보다 훨씬 날렵해졌다. 한편 봉급도 이처럼 파격적으로 떨어져서, 예일 대학의 법과대학원 교수로 들어가면서 7만 5000달러에서 겨우 5000달러로 줄었다.

태프트는 이 적은 봉급을, 이제는 전직 대통령들의 돈벌이 수단이 된 순회 강연으로 보충했다. 시사 문제("이니셔티브와 국민 투표")에서 진부한 미국적 이야기("시민의 의무")에 이르는 30가지 강연 주제를 가지고 전국을 순회 여행했다. 민간 단체, 여성 클럽, 각종 대회, 문화 강습회 등에 초청받아 1회 강연에 400달러를 받았다. 《새터데이 이브닝 포스트Saturday Evening Post》 같은 대중 잡지에도 글을 써서 1편당 1000달러를 받았다. 그리하여 1921년에는 재정 상태가 한결 안정된 패턴으로 정착되었다. 그리고 이 해에 미국 대법원 원장으로 취임하여 매달 고정된 봉급을 받기 시작했다.

사양지심은 손해지심?

태프트는 백악관을 떠나면서 후임자인 우드로 윌슨에게 대통령이라는 자리에 존재하는 저축 가능성을 언급했다.

"의회가 대통령을 아주 후하게 대우한다는 걸 깨닫게 될 거요. 당신과 부인이 개인적으로 고용한 하인들을 제외하고 나머지 하인들의 교통비는 국가에서 다 내줍니다……. 〔심지어〕 백악관 내의 세탁비까지 공금에서 지불되지요."

건국된 지 1세기가 지나서 마침내 의회는 백악관의 각종 비용을 승인하기 시작했다.

슬프게도 윌슨은 이런 저축 가능성을 누려 볼 기회가 별로 없었다. 1919년 가을에 뇌졸중으로 쓰러져서 신체적으로 회복하지 못했고, 백악관을 나온 후 1000일 동안 아주 위태로운 건강 상태로 고통을 받았다. 하지만 국제연맹League of Nations의 지지를 호소할 때에 쉴새없이 노력한 것처럼, 윌슨은 계속 일을 하려고 했다. 그래서 윌슨 정부의 마지막 국무장관이었던 베인브리지 콜비Bainbridge Colby와 함께 법률 사무소를 차렸다.

콜비는 전직 대통령과 동업을 함으로써 발생할 경제적 이익을 적극적으로 거두어들일 생각이었다. 그러나 윌슨은 자신의 경력을 활용하는 것을 별로 좋아하지 않았다. 체면 문제를 걱정한 윌슨은 F 스트리트에 자리 잡은 법률 사무소에 들어오는 보수 높은 일들을 대부분 거절했다. 한 예로 에콰도르 정부는 미국으로부터 1200만 달러 차관을 얻는 문제와 관련하여 윌슨 사무소의 도움을 받으려 했다. 콜비는 이 일을 "아주 훌륭한 사업"이라고 생각했으나, 윌슨은 외국 정부가 미국의 돈을 얻어 가는 문제는 분명한 이해의 상충이라고 판단하여 거부했다. 단명으로 끝난 서우크라이나 공화국South Ucranian Republic이 국제연맹으로부터 국가로 인정받는 문제와 관련해 윌슨의 도움을 요청했을 때에도 윌슨은 똑같은 태도를 보였다. 금전적 소득과 국제연맹에 대한 윌슨의 열정도 그의 망설임을 끝내 주지 못했다. 콜비는 윌슨의 아내인 이디스 윌슨Edith Wilson에게 불평했다.

"저는 사무실에 앉아서 수십만 달러가 그냥 지나쳐 가는 꼴을 보고만 있습니다. 그 돈이 단 한 푼도 우리 호주머니에는 들어오지 않는 겁니다. 부군(夫君)의 체면 문제 때문에."

윌슨은 건강이 나빠서 재정적으로 도움이 되는 글쓰기도 거부했다. 제1차 세계대전 종전 후 파리강화회의의 역사에 대하여 글을 써 주면 15만 달러를 주겠다는 제안도 거절했다. 예수 그리스도에 대하여 글을 써달라는 제안도 거절했고, 심지어 자서전을 쓰는 것조차 부담스러워했다.

"난 아무것도 쓰지 않겠소."

그는 관련 출판사에 말했다. 윌슨은 마침내 단 한 편의 글을 써냈는데, 볼셰비키 봉기에 대하여 짧은 소회를 적은 글로, 제목은 〈혁명을 피하는 길〉이었다.

윌슨이 현금 부족으로 고통을 받자 친구들이 개입하여 워싱턴의 더폰트 서클 위쪽인 S 스트리트에 있는 조지아풍 벽돌집의 매입을 재정적으로 지원해 주었다. (2년 뒤에는 은행가 버나드 바루크 Bernard Baruch의 주도 아래 이 친구들이 또 다시 개입하여, 전직 대통령에게 1만 달러의 종신 연금을 주기로 하고 그 기금을 각자 분담했다). 아내인 이디스는 남편 사후 37년 동안 이 벽돌집에서 살았다. 하지만 윌슨은 이 새 집에서 그리 오래 살지 못했다. 그는 1924년 워싱턴 D.C에서 사망했고 수도에 묻힌 유일한 대통령이 되었다.

시스템에 발을 맞춰라

캘빈 쿨리지Calvin Coolidge는 윌슨처럼 전직 대통령의 체면을 그리 깊이 생각하지 않았다. 자신의 뉴잉글랜드식 신중함은 어디다 접어 두었는지, 돈 벌 기회를 그냥 흘려보내는 일이 없었다. 퇴임 하루 뒤에, 쿨리지는 잡지사들과 여러 건의 수익 높은 집필 계약을 맺었다고 밝혔다. 《레이디스 홈 저널》과 《아메리칸American》 잡지에 1만 5000달러짜리 원고를 써주기로 했고, 《인사이클로피디아 아메리카나 Encyclopedia Americana》로부터는 2만 5000달러의 연봉 이외에 자기가 쓴 원고에 대하여 단어당 1달러를 받기로 계약을 맺었다. 말수 적은 캘(캘빈의 애칭 _ 옮긴이)은 자서전을 쓰겠다는 계약을 맺었고, 알려진 바에 따르면 선수금으로 무려 6만 5000달러를 받았다고 한다(그가 제출한 자서전 원고는 대통령 재직 기간 1923~1929년을 몽땅 생략한 채 1924년으로 마무리되었다). 쿨리지는 퇴임 첫 해에만 글쓰기로 11만 달러를 챙겼다. 그 다음 해는 사정이 더 좋아졌다. 전국의 여러 신문에 게재되는 칼럼인 "캘빈 쿨리지는 말한다"를 쓰기로 했다. 평론가들에게는 진부한 이야기라는 혹평을 받았으나, 이 칼럼은 대공황 초창기에 20만 달러가 넘는 수익을 가져다주었다.

쿨리지는 퇴임 후 다른 방식으로도 계좌를 불렸다. 그는 주요 은행가들과도 각별한 관계를 유지한 덕분에 주식 매입으로 상당한 이익을 올릴 수 있었다. 내부자 정보에 의거하여—당시에는 이것이 아직 불법이 아니었다—J. P. 모건 주식 수천 주를 시세보다 낮은 가격으로 사들였다. 쿨리지는 이런 특별 대우가 전임 대통령이라는 경력의 직접적 결과임을 알고 있었다. "이 사람들은 캘빈 쿨리지의 호감을 사려는 것이 아니라 미국 전 대통령의 호감을 사려 한다"고 쿨리지는 말했다. (해리 트루먼과 드와이트 아이젠하워도 나중에 이와 비슷한 심정을 토로했다).

이런 특혜성 투자 수익까지 올렸으면서도 인색한 쿨리지는 매사추세츠 주 노샘프턴에 있는 월세 32달러짜리 집으로 은퇴했다. 그러나 엿보는 기자들과 관광객들에게 끊임없이 노출되자, 40만 달러의 저금을 일부 인출해 코네티컷 강 상류에 있는 한적한 4만 달러짜리 집을 사들였다.

"미국의 비즈니스(중요한 일)는 비즈니스(기업 활동)다"라는 명언을 남긴 것도 쿨리지였다. 후임자인 허버트 후버는 그 말에 선뜻 동의하지 않겠지만, 후버 역시 미국의 친기업적 환경을 이용하여 소득을 올렸다. 마흔 살 무렵에는 광산 엔지니어로서 뛰어난 성공을 거두어 400만 달러의 순 자산을 모았다. 그 당시까지 대통령이 된 사람 중에서 가장 부자였던 후버는 퇴임 후에도 가장 부유한 전직 대통령이 되었다. 후버는 아이오와 주 웨스트 브랜치에 있는 방 3칸짜리 가난한 오두막집에서 태어났으나, 스스로 노력하여 이처럼 큰 성공을 거두었다.

후버는 퇴임 후 뉴딜 정책을 공격하는 것을 더 좋아해서, 본격적인 광산업으로 되돌아가지 않았다. 어느 정도만 관여하면서 간접 투자하는 것으로 만족했다. 주로 미국 서부의 광산과 중부 아메리카의 원광석 광산에 투자했다. 보험업계와 관계를 맺은 클리블랜드처럼, 후버는 뉴욕생명보험회사의 이사로 등재되었다. 재미있는 것은,

1928년 대통령 선거 때 자신에게 패했던 앨 스미스Al Smith와 공동 이사가 되었다는 사실이다.

후버는 워싱턴 D.C.의 S 스트리트에 있는 자택과 캘리포니아주 팰로앨토에 있는 별장에서 안락한 삶을 살았다. 프랭클린 루스벨트가 1940년 3선에 성공하자, 후버 부부는 워싱턴의 집을 팔고 맨해튼의 고급 호텔인 월도프-아스토리아의 31-A 스위트 룸으로 영구 이사했다. 거기서 후버 부부는 이란의 국왕, 네덜란드의 줄리아나 Juliana 여왕, 더글러스 맥아더Douglas MacArthur 장군, 콜 포터Cole Porter* 등을 이웃으로 삼아 함께 살았다. 후버는 월도프의 이사로도 활동했는데, 이것은 좀 흥미로운 일이 아닐 수 없었다. 퀘이커 교도였던 그는 금주법(禁酒法)을 강요하여 통과시킨 사람이었기 때문이다. 이제 후버는 자신이 "세상에서 가장 큰 바"를 관리하는 사람이 되었다는 농담을 즐겨 했다.

연금: 자존심과 품위 유지

제2차 세계대전 종전 후에 자수성가한 백만장자라는 허버트 후버의 이미지에다 전직 대통령들의 재정적 기회가 확대되면서, 전직 대통령에게 연금을 주자는 미해결 문제는 그런 대로 넘어가는 듯했다. 전직 대통령에게 종신 연금을 주어야 한다는 문제는 벌써 여러 해

---

* 1891~1964년. 미국의 유명한 작곡가.

동안 일반 대중과 국회의원들 사이에서 논의 대상이 되어 왔다. 어떻게 미국 대통령이 최소한의 은퇴 자금도 없이 퇴직할 수 있는가? 입법부와 사법부 사람들에게는 이런 혜택이 주어진 지 이미 오랜데도 말이다.

하지만 처음부터 연금 안에 반대하는 사람들이 있었다. 건국 초기에 미국 사람들은 국민의 권유에 따라 대통령을 지낸 사람이 종신 연금을 받는 것은 부적절하다고 생각했다. 두 차례 임기를 마치고 다시는 대통령직에 돌아오지 않은 조지 워싱턴의 각별한 교훈은 미국 사람들에게 깊은 감동을 주었다. 대통령직을 떠났으면서도 계속 봉급을 받는다는 이야기는 워싱턴이 몸소 실천했던 봉사의 철학과는 모순되는 듯했다.

어떤 사람들이 볼 때, 퇴임 대통령에게 정식 연금을 준다는 것은 왕족의 특혜를 연상시켰는데, 많은 미국인들은 그것이 싫어서 유럽의 선조들과 헤어져서 신대륙으로 왔던 것이다. 실제든 상상이든 이런 왕족 신분에 대한 공포 때문에, 건국 후 1세기 동안 연금 문제는 물밑에 잠겨 있었다. 퇴직금에 대한 산발적인 언급이 있기는 했으나―가령 밀러드 필모어는 1만 2000달러의 연금을 제시했다―19세기 후반 마지막 25년에 들어서야 비로소 연금 논의가 급물살을 타기 시작했다.

건국으로부터 시간이 많이 흘러갔고 또 미국과 영국의 관계가 많이 바뀌었기 때문에 대통령제가 군주제로 변질되는 것이 아닌가 하는 공포는 많이 희석되었다. 독립전쟁 후 영국군이 뉴욕에서 철수한 날을 기념하는 축일인 철수일도 어느덧 사라졌다. 전직 대통령이 왕권 비슷한 권력을 가지는 게 아닌가 하는 두려움이 사라지자, 미국인들은 새로운 사실을 깨닫게 되었다. 연금이 중요한 기능을 발휘할 수 있다는 것이었다. 연금이 제공되면 전직 대통령이 손쉬운 돈벌이에 몰두하여 대통령직의 명성에 먹칠을 하는 일을 막을 수 있었다.

연금 제공이라는 폭넓은 문제는 그로버 클리블랜드 대통령 시절에 정치적 게임의 하나로 등장했다. 클리블랜드는 링컨 대통령 시절에 제대 군인을 위해 만들어진 연금국(年金局)이 자격 없는 신청자들에게 나눠 주는 공화당의 비자금 창구로 변질되었다고 확신했다. 그래서 연금국의 제안을 개인적으로 일일이 검토하겠다고 주장하고 나섰다. 이 문제에 대하여 비타협적인 태도로 일관했기 때문에 클리블랜드는 1888년 대통령 선거에서 벤저민 해리슨에게 패배했다.

클리블랜드는 전직 대통령에게 재정적 안전망을 제공하는 안을 강력하게 지지했지만 군인 연금에 대하여 깊은 좌절감을 느끼고 있었기 때문에 재직 중 이 문제를 강력하게 밀어붙이지 못했다. 퇴임한 후에는 대통령 연금이라는 생각 자체는 적극 옹호했지만, 여전히 이 문제를 군인 연금과 동일시하는 것은 거부했다. 군대에서 근무하지 않은 대통령에게 군인 비슷한 연금을 준다는 것은 그 연금 자체를 위태롭게 만든다는 논리였다.

클리블랜드는 비유적으로 말해보자면 동그라미와 네모꼴을 서로 일치시키려 한 셈이다.

"나는 재무부의 지원을 필요로 하지 않는다."

"국가는 모든 유사한 사례에 확정적이고 후한 연금을 제공해야 한다."

전직 대통령은 아직도 "일정한 위신"을 지켜야 하고 그래서 시장이 제공하는 상업적 기회를 마음대로 활용하지 못하기 때문에, 클리블랜드는 "기회의 삭감과 그에 따른 보상이 상호 균형을 이루어야 한다"고 주장했다. 그리고 프랑스의 사례를 들면서 그런 특혜가 "미국의 전직 대통령들에게 위엄 있고 당당한 미래를 보장할 것"이라고 지적했다. 전직 대통령에게 봉급을 제공하되, 국가의 발전에 기여하는 행동 외의 다른 행동은 하지 못하게 하는 방법이 있을까?

그 문제는 의회가 결정하게 되었다. 오래전부터 대통령 연금 문제를 거론해온 매사추세츠 출신 공화당 의원 윌리엄 크로드 로버링은 1902년 전직 대통령에게 2만 5000달러의 연봉을 제공하자는 법안을 발의했으나, 그 법안은 곧 사장되었다. 몇 년 뒤 또 다른 법안이 제출되었으나 이것 역시 경멸을 받았다. 한 신문은 물었다.

"왜 저들은 일반 국민들처럼 벌이를 하지 못하는가? 전직 대통령이라는 명성 때문에 그들은 무슨 글을 써도 그 글 가치의 두 배도 넘는 보수를 받는다."

하지만 모든 사람이 그 법안을 경멸한 것은 아니었다. 《보스턴 포스트》는 이런 논평을 했다.

"대통령이 퇴임을 했다고 시장에 나와 있는 고소득 일자리 중에서 아무거나 고를 수 있는 것은 아니다."

시장이 내놓은 일을 아무거나 다 받아들이면 그 자신의 명성에 먹칠을 하고 대통령직을 더럽힌다는 사실이 지속적인 관심사가 되었다.

의회의 논의는 1910년에 전직 대통령 부인의 예우 문제를 놓고 부활했다. 해리슨 부인과 클리블랜드 부인이 그처럼 곤경을 겪었는데도 제안된 연금 법안은 통과되지 않았다. 당시 전직 대통령으로는 유일하게 시어도어 루스벨트만이 살아 있었는데, 러프 라이더Rough Rider*로 명성 높은 루스벨트가 자기 생활비 앞가림을 못하리라고는 아무도 생각하지 않았다. "루스벨트는 은퇴자 명단에 올라가는 것을 칭찬이라고 생각하지 않을 것"이라고 《로스앤젤레스 타임스Los Angeles Times》는 썼다.

"우리는 그가 미국 국민들이 제공하는 연금을 받고 살아가는 생활에 동의하지 않으리라 본다."

이런 상황이다 보니 연금 문제는 별로 진척을 보지 못했다.

그러나 1912년 가을, 철강왕이며 박애주의자인 앤드루 카네기Andrew Carnegie가 그 논의에 수류탄을 한 발 던져넣었다. 의회가 전직 대통령에게 적정한 연금을 제공하지 않는 것이 직무 유기라고 생각한 카네기는 의회의 논의에 불을 댕기기 위해, 살아 있는 전직 대통령이나 혼자되어 재혼하지 않은 영부인에게 연간 2만 5000달러의 연금을 개인 돈으로 지불하겠다고 제안했다. 카네기는 그로버 클리블랜드가 순전히 돈 때문에 보험회사 일을 맡았고 또 많은 전직 대통령들이 가난 속에서 비참하게 삶을 마감했다는 이야기를 듣고 충격을 받았다고 전해진다. 이러한 제안 뒤에 숨은 의도는 의회에 창피를 안겨 주어 행동에 나서게 만들려는 것이었다.

산업 자본가에게 이처럼 한 수 가르침을 받은 다수의 상원의원들

---

* 1898년에 윌리엄 매킨리William McKinley 미국 대통령이 소집한 1250명의 의용 기병대로, 아직 대통령이 되기 전의 시어도어 루스벨트가 이 연대에서 중령을 맡았다.

이 분노를 터뜨렸다. 부유한 철강왕이 대통령 은퇴 기금을 내놓는다는 발상은 많은 의원들에게 불쾌한 것이었고, 의원들 중에서 본토 출신 미국인이었던 이들은 스코틀랜드 출신 이민자가 그런 제안을 했다는 점을 더욱 불쾌하게 여겼다. 조지아 주 상원의원 호크 스미스Hoke Smith는 이렇게 소리쳤다.

"이런 것을 제안하면서 깊이 생각해 보라고 한 카네기의 처사는 뻔뻔스럽기 짝이 없다."

아이다호 주의 윌리엄 E. 보라William E. Borah는 이런 말을 덧붙였다.

"카네기 연금을 받으려고 하는 사람은 그 행동 자체로 인해 대통령 자격이 없음을 보여주는 본보기가 될 것이다."

상원의원 토머스 고어Thomas Gore(고어 비달Gore Vidal*의 외할아버지)는 이렇게 결론내렸다.

"카네기 연금이 우리나라 전직 대통령의 공로를 빛나게 해주리라 생각하지 않는다. 이런 연금을 받는 전직 대통령이 미국 국민들의 지속적인 존경을 받을 것이라고 확신할 수도 없다. 공공 업무에 대한 그들의 지식과 경험을 얻기 위해 전직 대통령의 미망인들에게 연금을 주자는 발상은 아마도 농담일 테고, 그나마 그리 재미있는 농담도 아니다."

만약 성사된다면 카네기 연금의 첫 수혜자가 되었을 윌리엄 하워드 태프트는 중도 노선을 걸으려 했다. 그는 뉴욕에서 연설하면서

* 1925~. 미국의 유명한 작가이자 각본가 겸 정치 활동가.

의회는 전직 대통령들에게 생활급을 제공할 의무가 있다고 말했다.

"대통령이 퇴임 후 안락하게 살기 위하여 재임 중에 열심히 저축하도록 만드는 것이 의회의 정책이 아닌 한, 대통령은 은퇴 후에도 봉급을 받으며 살아야 합니다."

곧 퇴임하게 되어 있는 태프트는 연금을 두고 고민할 특별한 이유가 있었다. 비어 있는 대법관 자리들을 대부분 재직 시에 자신이 임명하여 메웠기 때문에, 자신이 변호사로 나설 경우 그런 대법관들 앞에서는 변호를 할 수가 없는 것이었다.

태프트는 끝내 카네기 연금을 거부했다. 하지만 10년 뒤, 카네기가 죽고 나서, 허스트Hearst 계열 신문들*은 전직 대통령이 카네기가 남긴 연금 1만 달러를 받았다고 발표했다. 태프트는 그 일을 아내 탓으로 돌렸지만—"아내가 그것을 받기를 원했고 수령자는 내 아내다"—그 연금은 태프트에게 윤리적 문제를 제기했다. 당시 태프트는 이미 대법원장이 되어 있었다. 그는 사랑하는 대법원("내 아내와 자식을 빼고 내게 가장 소중한 기관")에 누를 끼칠까 우려하여, 카네기의 유언에 따라 나온 모든 재정적 지원을 예일 대학에 기부했다.

카네기 제안이 나오던 시기에, 연금 주창자에게 긍정적인 홍보물이 발견되었다. 새로이 발굴된 1869년 편지에서 에이브러햄 링컨의 아내 메리 토드 링컨Mary Todd Lincoln이 의회에 간절한 청원을 제출했음이 알려진 것이다. 건강 회복을 위해 독일을 방문 중이던 그녀

---

* 윌리엄 랜돌프 허스트(1863~1951)가 설립한 신문사들. 선정적인 보도와 판촉으로 '옐로 저널리즘'이라는 말을 낳았다. 허스트는 전성기인 1935년 미국 전역에 걸쳐 28개 신문사와 18개 잡지사, 라디오방송, 영화사, 통신사를 소유했다.

는 이렇게 말했다.

"저는 국가를 위해 목숨을 희생한 미국 대통령의 미망인입니다…… . 부디 연금을 제공하여 제 금전적 고민을 덜어 주었으면 하는 것이 제 희망입니다."

이 편지를 보낸 지 1년 후에 전 영부인에게는 연금이 수여되었고 그리하여 1882년 사망할 때까지 연간 3000달러가 지불되었다. 링컨 부인의 편지는 우연히 발견되었을 뿐이고, 연금법 통과에는 별 영향을 미치지 못했다. 그 편지가 발견된 지 2주도 안 되어, 의회 예산위원회는 전직 대통령에게 연간 1만 7500달러와 종신 하원의원직을 주자는 법안을 각하했다.

1920년대 초에 뉴욕 출신 상원의원 윌리엄 M. 콜더Willam M. Calder와 미주리 출신 하원의원 리어니더스 C. 다이어Leonidas C. Dyer는 새로운 연금 법안을 발의했다. 이번에는 겨우 연봉 1만 달러를 지급하자는 내용이었고, 《시카고 데일리 트리뷴Chicago Daily Tribune》이 "전직 대통령들에 대한 넉넉한 연금"을 강력하게 지지했으나 여전히 법안은 앞으로 나아가지 못했다. "우리의 대통령을 게으르고 무기력한 생활에 처박는다는 것은 미국적이지 못하다"고 또 다른 신문은 논평했다. 연금 문제는 또 다시 제자리를 맴돌았다.

그로부터 20년이 지난 뒤 의회 내에서 재차 진지한 토론이 벌어졌다. 1945년 하원 공화당 총무인 매사추세츠 주의 조지프 W. 마틴 주니어Joseph W. Martin Jr.는 연금 2만 5000달러 안을 다시 내놓았다. 이 안건은 나중에 오하이오 주 상원의원인 로버트 태프트Robert Taft가 다시 꺼내 들었다. 태프트는 전직 대통령이 품위 있는 방식으로 생활해야 한다는 그로버 클리블랜드의 주장을 옹호하면서 고액 연금제를 지지했다. 그 후 10년에 걸쳐서 오랜 논의와 토론이 이루어지는 동안 다수의 법안이 의회 내에서 부침을 겪었지만, 결정적으로 연금법이 통과된 배경은 퇴임 후 미주리 주 인디펜던스의 집으로 귀향한 해리 트루먼의 재정적 곤궁이었다.

별로 돈이 없던 트루먼은 엄청난 우편물을 처리해 줄 비서 하나 고용할 자금이 없었다. 트루먼은 과연 생계를 이어갈 수 있을지 의문스럽다며 드러내놓고 걱정을 했다. 평생을 재정 문제로 고민해 왔으니 과연 고민할 만도 했다. 제1차 세계대전 전에는 아연 광산에 투자하여 실패를 보았고, 잡화상도 도산을 맞은 데다, 공직 생활을 하는 동안에도 별로 돈을 모으지 못했던 것이다. 워싱턴 D.C.를 떠나 미주리로 돌아갈 때는 기차표도 자기 돈으로 지불해야 했다(오늘날에는 퇴임 생활로의 연착륙을 지원하기 위해 대통령 특별 전용기가 파견된다).

의원들은 트루먼의 곤경을 동정하긴 했지만 자기들끼리 한바탕 싸움을 벌인 후에야 법안을 통과시켜 아이젠하워 대통령의 서명을 받으러 백악관에 보냈다. 그 법안에 반대한 사람들은 전직 대통령 집무실이라는 비공식 사무실을 인정하는 것이 헌법에 어긋난다고 주장했다. 최초의 특혜를 어느 정도 삭감하여 관철시킨 하원의원 오거스트 조핸슨August Johansen은 "있지도 않은 보직을 둘러싸고 관료제를 구축하는 일의 시작이 될 것"이라고 주장했다. 또 "미국 역사상 처음으로 비보직 시민이 연방 공무원을 항구적으로 거느리는 셈이 된다"는 말도 했다. 연금 법안이 마침내 통과된 것은 하원의장 샘 레이번, 하원 야당 총무 조지프 W. 마틴 주니어, 상원 여당 총무 린든 존슨이 계속 밀어붙인 덕분이었다.

그리하여 건국 이래 171년이 지나 마침내 전직 대통령 연금법이 마련되었다. 1958년 8월 25일 드와이트 D. 아이젠하워 대통령이 서명한 전직대통령법the Former Presidents Act은 최초로 전직 대통령의 종신 급여, 사무실 직원 급여, 여행비, 전화비, 사무실 운영비를 비롯한 기타 비용을 인정한 공식 법률이었다. 이때까지 대통령은 퇴직금이 없는 사실상 유일한 연방정부 관리였다. 이 법안이 통과되기 전에 군 최고 사령관직을 거쳐간 27명의 대통령은 근무에 대하여 아무런 퇴직 후 보장을 받지 못했다. 오로지 트루먼의 입장을 생각해 준다는 이유 때문에 이 연금을 받은 허버트 후버는 그 법안에 서명한 아이크Ike(아이젠하워의 애칭 _ 옮긴이)를 칭송했다. "대통령으로 근무해서는 그 누구도 상당한 저축을 할 수가 없다"고 그는 적었다. 그런 다음 자신을 약간 치켜세우는 이런 발언도 했다.

"나는 우리 정부에 근무하면서 받은 개인적 보수를 전액 공공 기관이나 자선단체에 기부한다는 원칙을 지켜 왔다."

이제 연금과 관련 특혜가 법으로 확정되었으므로, 전직 대통령이라는 비공식 보직이 탄생했다. 그 후 몇 년 사이에 전직 대통령의 특혜 목록이 더 늘어났다. 1960년대 초반 의회는 대통령 이행법을 제정하여 퇴임하는 대통령이 민간 생활에 연착륙할 수 있도록 '이행 비용'을 제공했고, 그 직후에는 전직 대통령과 그 배우자 혹은 미망인에게 종신 경호를 제공한다는 조항도 추가했다. 불과 몇 년 전만 해도 전직 대통령들이 아무것도 없이 서 있던 그 자리에, 마침내 특혜 보따리가 주어진 것이다.

과도한 특혜를 삭감하라

이미 예상된 일이었지만, 그 후 여러 해 동안 전직 대통령들이 납세자의 돈으로 누리는 과도한 특혜에 조명이 비춰졌다. 《유에스 뉴스 앤드 월드 리포트U.S. News&World Report》는 너무 지나친 사례들을 폭로하는 것을 신문사의 사명으로 여겼다. 가령 지미 카터의 애틀랜타 사무실에 들어간 1만 2000달러짜리 아시아산 양탄자, 제리 포드의 3만 4000달러에 이르는 전화요금, 리처드 닉슨의 서류함 열쇠를 교체하는 데 들어간 400달러(그리고 전기 골프 카트 수리비) 등을 폭로했다. 존슨 미망인이 친구들과 함께 그리스 섬으로 휴가를 갔을 때 12명의 경호원이 24시간 경호하는 데 들어간 비용 100만 달러를 의회가 추가 예산으로 통과시키자, 뭔가 조치를 취해야 한다는 사실이 분명해졌다.

1980년대 초, 의회는 크게 불어난 전직 대통령 사무실의 비용을 개혁하고자 일련의 법안을 도입했다. 공격의 선봉에 나선 플로리다 상원의원 로튼 차일스Lawton Chiles는 "새로운 제왕적 전직 대통령의 시대"를 비웃었다. 특별 직원과 급여, 평생 24시간 경호 서비스를 비롯한 온갖 혜택들이 말이나 되느냐는 이야기였다. 1987년에 이르러 전직 대통령에 관련된 비용은 연간 2700만 달러까지 치솟았다. 차일스는 이렇게 불평했다.

"우리는 전직 대통령들과 그 아내들을 돌보기 위해 현직 대통령 집무실에 지불하는 것보다 더 많은 돈을 지불하고 있다."

차일스는 정부가 대통령 회고록 인세의 일부를 가져가고, 경호 서비스의 연한을 제정하고, 사무실 규모에 대해 더 엄격한 기준을 제시해야 한다고 주장했다.

하원은 핵심 특혜의 일부를 제한하는 법안을 재빨리 승인했다. 그 법안을 지지하면서, 플로리다 주 하원의원인 빌 넬슨Bill Nelson은 이런 논리를 폈다.

"우리는 전직 대통령들이 납세자의 돈으로 제왕처럼 살아서는 안 된다는 분명한 메시지를 보내야 한다."

넬슨의 계획에 따르면, 연금 자체는 그대로 두되(연금은 장관 봉급 수준으로 고정되어 있었다), 전직 대통령이 백악관 떠난 기간이 길어질수록 혜택의 삭감 폭은 더 커져야 했다.

인디애나 주의 하원의원인 앤드루 제이콥스Andrew Jacobs는 거기서 한 발 더 나아가기를 바랐다. 그는 하원에 나가서, 전직 대통령이 더 이상 특별대우를 받아야 할 이유는 없다면서, 연봉 이외의 특혜는 모두 삭제하자고 제안했다. 제이콥스는 이렇게 말했다.

"이 사람들은 연금만 가지고서도 그 연금을 뒷받침하기 위해 세금을 내는 동료 미국인 97퍼센트보다 더 많은 개인적 소득을 올리고 있다."

제이콥스는 "전직 대통령 예우는 이제 그쯤 해두고 납세자를 안도시키는 1983년의 법안"이라는 다소 짓궂은 이름이 붙은 법안을 제출하면서 이렇게 물었다.

"미국 국민들은 한 번에 전직 대통령을 몇 명이나 감당할 수 있는 가?"

가장 낮은 봉급을 받는 직원보다 10배 넘는 봉급은 받지 않겠다 고 맹세한 아이스크림 제조업체 벤 앤드 제리 사의 사장과 마찬가지 로, 제이콥스는 전직 대통령에 대한 예우가 4인 가족 최저생계비의 10배가 넘어서는 안 된다고 주장했다. "그들은 회의의 장식물, 기호 품, 모임 장소에 놓아 두기 좋은 사람에 지나지 않는다"고 제이콥스 는 비꼬았다.

제이콥스의 법안이 지지를 받으리라고는 아무도 생각하지 않았 지만, 차일스의 좀더 진지한 법안도 진전을 보지 못하기는 마찬가지 였다. 차일스는 우후죽순처럼 생겨난 대통령 기념 도서관 예산에 대 해서 약간이나마 삭감을 실시하기는 했지만, 다른 특혜에 대해서는 손을 대지 못했다. 전·현직 대통령들의 단단한 유대가 집단 이익을 보호했다. 전직 대통령인 포드와 카터는 힘을 모아 상원 여당 총무 하워드 베이커Howard Baker에게 압력을 넣어서 법안을 통과시키려 는 의원들의 의지를 약화시켰다. 이어 레이건 행정부가 개입하여 상 원을 상대로 아예 그 법안을 의제에서 제외하라고 압력을 가했다. 비록 법안이 상원 정부 관련 위원회를 통과하기는 했지만, 레이건이 막후에서 손을 쓰는 바람에 상원 전체 회의에는 붙여지지 못했다.

이 논의는 1990년대 중반에 다시 불붙었다. 이번에는 전직 대통 령에게 5년간 사무실과 직원 비용을 제공한다는 내용으로 법안이 성공적으로 수정되었지만, 법안이 발효되기 직전에, 제럴드 포드— 론초 미라지의 사무실을 유지하기 위해 안달이 난—가 다시 한 번

제동을 걸었고, 수정안은 빛을 보지 못했다. 수정안 지지 의원들을 달래기 위한 조치로, 1997년 이후 대통령직을 수행한 퇴임자의 경호 서비스는 퇴임 후 10년으로 제한되었다. 앤디 루니Andy Rooney는 나중에 이런 농담을 했다.

"누군가가 대통령을 너무 미워하여 위해를 가하고 싶은 심정이라면, 그런 증오를 10년 동안은 삭혀 두는 게 좋겠다."

조지 W. 부시는 납세자의 돈으로 10년간 경호를 받게 되는 첫 대통령이 된다.

새로운 돌파구: 텔레비전과 출판

너무 가난하여 전직대통령법을 끌어내는 계기가 되었던 해리 트루먼은 결국 끝이 좋았다. 나중에 알려진 바이지만, 전직대통령법이 발효되던 그해에는 거액을 받고 에드워드 R. 머로Edward R. Murrow의 텔레비전 프로그램 〈지금 봅시다See It Now〉에 출연하기로 합의했고, 그리하여 이 혁명적인 새 매체에 출연한 최초의 대통령이 되었다. 하지만 트루먼은 전임자들과는 대조될 정도로 근검절약했으며, 기업 이사회의 이사 등재, 상업용 광고, 자문 역할 등을 일체 거절했다.

"나는 전직 대통령의 위신과 체통을 상업화시키는 일에는, 아무리 근사한 일이라 할지라도, 결코 응하지 않았다."

하지만 후임자들은 다르게 생각했다.

드와이트 아이젠하워는 1961년 퇴임한 지 몇 달 되지 않아 거액을 받고 CBS의 월터 크롱카이트Walter Cronkite와의 텔레비전 인터뷰에 응했다. 또 1964년에도 같은 텔레비전 방송국의 인터뷰에 나갔다. 아이크는 대통령에 취임하기 전에도, 1948년에 발간된 베스트셀러 전쟁 회고록의 인세(해리 트루먼 덕분에 면세가 되는 수입원이었다) 덕분에 재정적으로 여유로운 편이었다. 백악관을 나온 후에는 펜실베이니아 주 게티스버그의 농장으로 은퇴하여 대통령 시절에 대한 추가 회고록을 냈는데, 책이 잘 팔려 꽤 많은 인세를 받았다. 1960년 사망 당시 재산은 100만 달러 정도로 추산되었다.

허버트 후버와 마찬가지로 퇴임 후 잘나간 대통령인 린든 존슨은 가난한 집안에서 성장하여 크게 출세한 인물이었다. "나는 가난하다는 게 어떤 것인지 잘 안다"고 존슨은 취임한 직후에 말했다.

"나는 한동안 실업자였다……. 소년 시절에는 구두닦이를 했다. 하루 1달러를 받고 새벽부터 늦은 밤까지 고속도로 요원으로 일하기도 했다."

백악관을 떠난 후 존슨은 텍사스 방송회사를 포함한 통신 제국과 1만 5000에이커에 달하는 농장을 소유하여 경영했다.

린든 존슨의 재산은 백악관을 나온 후 급격히 불었다. 닉슨이 취임한 직후, 그와 버드 여사는 100만 달러가 넘는 책 집필 계약을 맺었다. 아이크와 마찬가지로 존슨도 월터 크롱카이트와 인터뷰를 했고, 미리 정해진 7가지 화제를 두고 토론하는 조건으로 30만 달러를 받았다(대부분의 보수는 텍사스-오스틴 대학교의 존슨 행정대학원에 기부되었다).

그러나 1972년에 존슨은 텔레비전 방송국을 매각해야 했다. 미

연방통신위원회FCC에서 한 소유주가 동일 시장에서 케이블 회사와 텔레비전 방송국을 동시에 소유하는 것을 금지했기 때문이다. 방송국은 900만 달러에 매각되었다. 존슨의 미디어 관련 업체를 대신 경영했던 레너드 마크스Leonard Marks는 전직 대통령의 이재술(理財術)에 대해서 아주 분명하게 말했다.

"만약 대통령을 지내지 않았더라면 이 세상에서 가장 큰 재벌이 되었을 인물이다."

존슨의 재산이 그토록 엄청났는데도—총 2000만 달러가 넘는 것으로 추산되어 후버 이래 가장 부유한 전직 대통령이 되었다—존슨 미망인은 2007년 사망할 때까지 영부인 자격으로 연금을 받았다(대통령 미망인은 다른 모든 연금 수령 혜택을 포기하면 연간 2만 달러의 연금을 받을 수 있었다).

리처드 닉슨은 치욕 속에 백악관을 떠나던 1974년에는 그리 엄청난 재산을 가진 사람이 아니었지만, 그렇다고 해서 현금에 쪼들리는 사람도 아니었다. 캘리포니아 주 샌클레멘트에 있는 서부 저택으로 이사하면서 운 좋게도 20만 달러의 이행 자금을 받았다. (닉슨은 아슬아슬하게 이 자금을 받았다. 전임자들은 탄핵받거나 유죄 판결을 받지 않은 상태에서 이 자금을 수령했다. 탄핵 위협 앞에서 하야를 결심한 닉슨이 백악관을 떠나기로 한 것이 반드시 그 때문만은 아니었겠지만, 아무튼 하야를 결정한 덕분에 이 반가운 이행 자금을 받을 수 있었다.)

모든 의원들이 이런 조치를 만족스럽게 여긴 것은 아니었다. 하야한 후에 닉슨의 연금과 직원 보조를 박탈하려는 시도가 여러 번 있었으나 성공하지 못했다. 시간이 흘러가면 대부분의 상처는 치유된다. 1978년 여름, 상원은 무려 89 대 2로 닉슨에게 제공되는 일체의 혜택을 유지하기로 결정했다. 여러 해 뒤, 죄책감 때문이었는지 혹은 작은 정부에 대한 신념 때문이었는지, 닉슨은 혜택의 일부를 자발적으로 포기했는데, 그중에는 가장 돈이 많이 들어가는 연간 300만 달러짜리 경호 서비스도 들어 있었다.

닉슨은 불명예 속에 퇴진해도 돈을 벌 수 있는 능력에는 별 장애가 없음을 알게 되었다. 닉슨이 퇴임 후 재정적 소득을 올릴 기회는 1977년에 찾아왔는데, 닉슨-프로스트Frost 인터뷰 건이었다. 백악관을 나와 최초로 한 그 인터뷰 조건으로 닉슨은 60만 달러와 이득의 일정 비율을 보장받았다. 네 차례 대화에 대한 보수치고는 나쁘지 않은 소득이었다. (심지어 가장 말을 잘한 공로로 에미상까지 받았는데, 대통령으로는 최초의 사례였다.) 이 자금은 아주 긴요했다. 왜냐하면 닉슨은 하야하고 처음 몇 해 동안 60건이 넘는 엄청난 소송에 시달리고 있었기 때문이다. 그는 프로스트 인터뷰에서 나온 돈을 전액 변호사와 대리인에게 넘겨주었다.

닉슨은 작가 에이전트인 스위프티 러자르Swifty Lazar 덕에 회고록 집필 선인세로 250만 달러를 받아 더 형편이 좋아졌다. 그것은 출판사 쪽에서도 잘 둔 수였다. 회고록은 발간 첫 6개월 동안 35만 부가 팔려서 대통령 회고록들 중 베스트셀러가 되었다. 무려 1100쪽에 이르는 회고록은 집필 보조 작업을 하는 직원들에게 엄청난 고생을 안겨 주었는데, 그 직원 중에는 예전 백악관 보조 직원이었던 다이앤 소여Diane Sawyer도 있었다. 퇴임 기간 중 닉슨은 회고록 외에 8권의 책을 집필했는데 대부분 베스트셀러가 되었다.

딸들 근처에 있고 싶어서 처음에 뉴욕으로 이사한 닉슨은 곧 허드슨 강을 건너가 뉴저지 주 새들 강에서 한적한 삶을 영위하고자 했다. 그래서 그곳에 120만 달러를 주고 부지 2만 제곱미터에 방이 15칸 있는 집을 사들였다. 이 보수적인 전원 교외 지역에 사는 사람들에게 "그는 밤중에 손에 플래시를 들고 개를 산책시키는 외로운 인물"이었다. 1984년에 닉슨은 파크 애비뉴 72번가에 있는 방 12칸짜리 아파트를 180만 달러를 주고 사들일 뻔했다. 아내인 팻 닉슨Pat Nixon이 두 번째 뇌중풍을 맞았고, 닉슨 부부는 아파트에 살면 생활이 한결 간편할 것이라고 생각했다. (일부 냉소적인 사람들은 뉴욕 이주가 전직 대통령의 활동을 더욱 민첩하게 하기 위한 것이라고 조롱했다.) 그런데 그 아파트의 주민이면서 J. M. 카플란 기금의 창업주 겸 아파트 공제회 이사인 93세의 제이콥 카플란Jacob Kaplan이 닉슨의 입주를 막는 가처분 명령을 받아 냈다. 카플란은 이웃 주민들에게 이런 편지를 보냈다.

"우리 주위에는 괴상한 사람들이 있습니다……. 개중에는 닉슨을 해치려는 사람도 있을지 모릅니다. 우리의 목숨을 위태롭게 할지도 모르는 이런 위협에 우리가 노출되어야 하겠습니까?"

카플란은 또한 "하나밖에 없는 우리 엘리베이터"가 경호 요원들의 차지가 되어 버릴 것을 우려했다. 아파트 공제회에서는 닉슨의 입주를 결국 허가했지만, 닉슨 부부는 여론을 우려해 결국 이사 계획을 포기했다.

포드 대통령 주식회사

리처드 닉슨이 자신의 악명을 이용하는 것을 아주 조심스럽게 여겼다면, 닉슨의 잔여 임기를 채운 제럴드 포드는 할 수 있는 한 돈을 벌려고 애를 썼다. 퇴임 후 몇 주 만에 포드는 윌리엄 모리스William Morris 대행사의 출연 제의를 받아들여 100만 달러를 받고 NBC 텔레비전에 출연하기로 서명했다. 또 자신과 아내의 회고록 집필조로 100만 달러를 받는 데 응했다. 포드 행정부에서 공보 담당관이었던 제럴드 터호스트Gerald terHorst는 그것을 "전직 대통령의 놀라운 판촉 행위"로 보았다. 포드의 뻔뻔한 행각에 경악한 터호스트는《워싱턴 포스트》에 "포드 대통령 주식회사"라는 공격 기사를 실었다. 백악관으로 들어갈 때 무일푼 상태여서 운영 자금 1만 달러를 빌려야 했던 포드가 "전직 대통령 가족을 일종의 기업"으로 탈바꿈시켰다고 주장하는 기사였다. 25년도 넘도록 버지니아 주 교외의 조용한 집에서 중산층 수입에 별 특징 없는 공직자로 살던 포드가 우연히 굴러 들어온 복인 895일(대타 대통령 시절)을 그토록 적극적으로 판촉하는 것을 보고 사람들은 경악했다. 포드의 "좋은 친구" 이미지는 "팜스프링스 저택의 문턱에 쌓이는 돈다발 뒤에 가려져 점점 보이지 않게 되었다"고 터호스트는 말했다.

포드는 이제 집이 세 채였다. 캘리포니아 주 란초 미라지에 있는 주택 겸 사무실, 콜로라도 주 베일에 있는 스키 별장, 로스앤젤레스에 있는 커다란 아파트였다. 대통령 재임, 의원 재임, 군대 경력 등으로 해서 세 군데에서 연금을 받아 그것만 해도 연간 30만 달러가 넘었다. 포드가 빈번하게 강연을 나가던 시절에는 연간 경호 요원 비용만으로도 400만 달러가 들어갔다. 로튼 차일스는 포드를 두고 연설을 하고 강연료를 받지 말고 "집에 가만 앉아서 그냥 미국 납세자들이 주는 돈을 받으라"고, 그편이 훨씬 싸게 먹히겠다고 농담을 하기도 했다.

비판자들에 대한 포드의 반응은 명쾌했다.

"나는 현재 일개인이고 민간인 신분이다. 이건 다른 누구와도 상관없는 일이다."

포드는 "이것이야말로 자유 기업의 본질이다"라고 고집했다. 그가 이사로 등재된 주요 기업들의 입장에서 볼 때, 그것은 물론 기업의 위신과 관련된 것이었다. 포드는 전직 대통령 중에 가장 많은 기업의 이사회에 이사로 등재되는 기록을 세웠다. 아메리칸 익스프레스, 샌터페이 인터내셔널, 텍사스 상업은행, 타이어 인터내셔널, 뉴저지의 베네피셜, 20세기 폭스 영화사(이 회사는 포드에게 연간 5만 달러를 지급했다) 등. 1983년에 대인기 텔레비전 연속극인 〈다이너스티〉에 카메오 출연하면서―이 드라마는 과시적 소비를 부추기는 것으로 유명했다―포드는 이제 완벽하게 성공한 사람들의 반열에 올랐다.

포드의 이러한 행동은 전직 대통령이 돈이 없어서 대통령직을 훼손할지 모른다고 우려한 전직대통령법의 취지를 전적으로 무색케 했다. 리처드 닉슨은 자신을 사면해준 포드의 돈벌이 행각에 대하여 가끔 불만을 토로했다. "그 사람은 다른 사람들과 마찬가지로 큰 돈을 벌려고 바쁘게 연설을 다닙니다"라고 닉슨은 말했다.

"나는 1952년 이래 연설을 해주고는 돈을 받아본 적이 없어요. 물론 그런다고 해서 내 공로를 인정해 주는 사람도 없습니다만……. 돈벌이의 유혹은 강력하기는 하지만 그게 옳은 길은 아니지요."

대통령 경력은 상품이 아니다

돈벌이에 관한 한, 포드는 땅콩 농장주인 조지아 출신 후임자와 이루 말할 수 없을 만큼 달랐다. 포드가 주요 기업들의 이사회 명단에 이름을 빌려준 반면, 지미 카터는 퇴임 후 돈벌이의 유혹을 멀리하고 인도주의적 분야에 집중했다. 카터 정부에서 유엔 대사를 지낸 앤드루 영Andrew Young은 카터가 자신에게 죄책감을 안겨 준다고 탄식했다. 왜냐하면 영은 기업 이사회에 이름을 올렸는데, 카터는 그런 일을 기피했기 때문이다. 카터는 대통령 경력을 돈벌이 수단으로 삼기를 단호히 거부했다. "순수하고 성실한 일만 하겠다"고 말했고, 퇴임 후 그 약속을 지켰다. 전직 카터 행정부 관리들의 모임에서 교통부 장관을 지낸 닐 골드슈미트Neil Goldschmidt는 카터에게 경의를 표했다.

"당신은 미국 대통령의 위엄과 기품을 한껏 드높였습니다. 그 높은 곳에는 이런 팻말이 걸려 있습니다. '파는 것이 아님.'"

그것은 쉬운 일이 아니었으리라. 퇴임 초기에 카터는 아주 까다로운 재정적 문제를 겪고 있었기 때문이다. 오랫동안 농장 생활을 성공적으로 영위해 왔던 카터 부부는 워싱턴으로 떠나기 전에 자기들의 재산을 백지 위임했다. 카터 동생 빌리의 부실한 관리에 한발까지 들어 카터의 땅콩 농장은 어려움을 겪었고 100만 달러의 부채를 떠안게 되었다. 카터 부부는 엄청난 이자 부담에서 벗어나기 위해 농장을 팔아야 할 처지였다. 로절린 카터Rosalynn Carter는 아쉬워하며 이렇게 말했다.

"20년에 걸친 정치 생활이 막 끝나려는 시점에 우리는 지난 23년간 열심히 일하고 돈을 모으고 다시 재투자한 농장 역시 사라져 버렸음을 알았다."

창고를 아처 대니얼스 미들랜드Archer Daniels Midland에게 약 60만 달러에 매각함으로써 가족 농장을 팔아야 할 처지를 벗어나자 카터는 그 농장을 다른 사람에게 임대했다. 그리고 이제 부채를 갚기 위하여 회고록 집필이라는 단골 경로로 나섰다. 카터는 재임 중에 인기가 없었는데도 백악관을 나서기 전부터 출판 제안을 받기 시작했고 1981년 여름에 이르러, 카터와 로절린은 각자 책을 쓴다는 계약을 맺었다(카터는 출판 계약서에 선인세의 규모를 외부에 밝히지 않는다는 조항을 넣은 것으로 알려졌는데, 대략 100만 달러에서 200만 달러 사이일 것으로 추정된다). 카터의 대리인인 윌리엄 모리스는 강연으로 한몫 벌 생각을 가지고 있었다.

"만약 카터 내외가 동시에 출연한다면, 부부는 하룻밤에 2만 5000달러를 받을 수 있다."

하지만 전직 대통령은 빚만 지지 않으면 된다는 입장이었다.

"1년에 얼마나 버느냐는 내게 그리 중요한 문제가 아닙니다. 나는 앞으로의 생활이 나와 사회에 의미 있는 것이기를 바랍니다."

카터는 자산을 처분하고 최초로 선인세를 받은 후에, 자기 인생 제2막을 사로잡을 문제들에 관심을 기울였다.

카터 퇴임 초창기에 출판이 그에게 가장 커다란 수입원이 되리라고는 아무도 예상하지 못했다. 하지만 그는 스무 권 이상의 책을 써냈고 그 다수가 베스트셀러가 되었으며 책의 종류도 소설, 시, 회고록, 중동정치, 나이 듦에 관한 것 등 다양했다. 상당한 재산을 갖고 있으면서도, 카터는 조지아 주 플레인스에 있는 1961년에 지어진 비교적 수수한 단층집에서 살고 있다. 카터는 이렇게 말한다.

"나는 여전히 농부입니다. 매일 아침 다섯 시에 일어납니다. 피곤해질 때까지, 그러니까 아침 열 시나 열한 시까지 글을 쓰고, 그 다음에는 6미터 떨어진 곳에 있는 목공소에 가서 가구를 만들고, 그림도 그립니다."

대박을 치다: 레이건, 클린턴, 부시의 경우

백악관을 나와서 정신이 맑던 몇 년 동안 로널드 레이건은 제리 포드식, 즉 돈 버는 데 몰두하는 전직 대통령이 될 것으로 예상되었다. 퇴임한 지 아홉 달 만에 레이건은 퇴임 대통령의 과도한 사례를 하나 연출했다. 철저한 보수주의를 기반으로 하는 일본 미디어 재벌인 후지산케이 통신 그룹에 귀빈으로 초대받은 레이건은 20분짜리 연설을 두 차례 하고 몇 차례 행사에 얼굴을 비치는 보수로 200만 달러를 받았다. 후지산케이는 레이건을 수행한 20명(낸시 레이건

Nancy Reagan과 미용사 줄리어스 등)에 들어가는 추가 비용 500만 달러도 지불했다. 그 보수에 깜짝 놀란 지미 카터는 이렇게 말했다.

"나는 다른 전직 대통령을 결코 비난하지 않는다고 언론에 말해 왔다. 하지만…… 다음 번에 그런 계약이 또 있다고 한다면 내게도 좀 알려 달라. 나는 이상주의와 실용주의가 함께 간다고 생각한다."

그러나 레이건은 받은 보수만큼 일을 해주었다. 일본의 투자가 미국 내에서 보호주의적 반작용을 불러일으키던 시기에, 레이건은 국경 개방의 트럼펫을 크게 불어제쳤다. 레이건은 말한다.

"만약 미국이 좋은 투자처로 보인다면, 우리는 기뻐하고 자랑스러워해야 한다. 다른 사람들이 투자하고 싶어한다는데 우리가 뭐라고 배 아파하는가?"

레이건의 관대한 발언은 초청자들을 만족시켰으리라. 그들은 전직 대통령의 그런 지원을 노렸던 것이다. 후지산케이가 소유한 방송국에 출연한 레이건은 그 시기의 집중적인 관심사였던 소니의 컬럼비아 영화사 인수에 대해 질문을 받았다. 레이건은 자신이 전에 활동했던 분야(영화)에 대하여 조금도 가책을 느끼지 않고 이렇게 대답했다.

"내 생각일 뿐일 수도 있지만, 할리우드가 거기서 만들어지는 영화에 예의와 품위를 도입하려면 국외자가 필요할 것도 같습니다."

일본인 '국외자들'은 겨우 200만 달러를 지불하고서 거물의 입을 통해 자기들이 하고 싶은 말을 전달했다.

레이건이 돈을 밝힌 것은 재정적 어려움 때문이 아니었다. 레이건이 대통령이 되기 전에 투자했던 돈은 큰 수확을 올렸다. 20세기 폭스 영화사에 자신의 집을 근 200만 달러에 팔았을 뿐만 아니라(그 집은 당초 그 20분의 1 가격에 사들였던 것이다), B급 배우로 활동했던 기간에 모았던 돈을 잘 투자했다. 그는 이미 1940년대에 연간 평균 15만 달러의 소득을 올렸다. 대통령 시절 레이건의 재산을 백지위임 받았던 조지 샤펜버거George Scharffenberger의 도움으로, 회고록과 연설문 단행본에 대해 500만 달러의 선인세를 받은 것으로 알려졌다. 낸시도 회고록을 쓰는 조건으로 200만 달러를 별도로 받았다. 레이건은 퇴임 후 캘리포니아 주 벨에어에 있는 670제곱미터 넓이의 집에서 살았다.

레이건이 회고록 등을 써서 수백만 달러를 벌게 되었다는 말이 나왔을 때, 조지 H. W. 부시는 전임자가 대통령 재직 시절을 이용하여 돈벌이를 한다고 생각하느냐는 질문을 받았다. 부시는 날카롭게 대꾸했다.

"그것을 이용한다고 말해야 합니까? 나는 모든 대통령이 회고록을 써서 인세를 받는 것이 당연하다고 생각합니다……. 그랜트는 50만 달러를 받았습니다. 당시 50만 달러는 정말 큰 돈이었습니다."

물론 1989년 당시에도 대부분의 미국인에게 50만 달러는 여전히 "정말 큰 돈"이었고, 지금도 그렇다. 하지만 부시의 역사 지식은 정말 잘못되었다. 그랜트는 예외적인 경우였고 테디 루스벨트 이전에 회고록을 쓴 유일한 대통령이었다. 게다가 죽기 며칠 전에야 회고록을 완성했으므로, 그 상당한 수입은 그의 가족에게 돌아갔지 그랜트 자신이 누린 것은 아니었다.

그런데 희한하게도 현대의 대통령들 중 회고록을 쓰지 않은 인물은 부시가 유일하다. 대신 부시는 백악관의 상징적 힘에 기대어 돈을 버는 다른 방법을 사용했다. 퇴임 첫 몇 해 동안에 부시는 기업 이익의 마차에 올라탔다. 부시는 해외 연설에 회당 10만 달러를 받으면서 수십 군데 회사들의 이익을 위해 일했는데, 주로 아시아로 많이 나갔다. 특히 중국에는 퇴임 후 첫 몇 년 동안 여덟 번이나 갔다. CIA와 석유산업에 경력이 있는 최초의 전직 대통령으로서, 또 사우디 왕족과 친밀한 관계를 유지하는 인사로서, 부시는 레인메이커*에 아주 적임자였다. 이런 친밀한 관계 때문에 마이클 루이스Michael Lewis가 말한 "접근 자본주의"도, 윌리엄 파워William Power가 말한 "순환도로 연금술: 전 지구촌에 걸친 연줄을 황금으로 바꾸기"도 해낼 수 있었다.

접근 자본주의의 가장 그럴듯한 사례는 칼라일 그룹이라는, 아주 비밀스럽고 아주 성공한 사모 증권회사private equity firm의 경우다. 1987년에 창립된 칼라일은 원격통신과 첨단기술 분야에 주로 투자하는데, 오늘날 이 회사의 주된 명성은 항공회사와 방위업체를 주로 매입하면서 쌓아 올린 것이다. (칼라일은 미국 내 상위 15개 방위산업체에 든다.) 《포춘Fortune》지가 명확히 정의한 바에 따르면, 칼라일의 활동은 전직 정부 관리들을 내세운 투자 권유('로비'와는 반대되는 개념)를 바탕으로 규제가 없는 상황을 적절히 활용하여 돈을 버는 것이다.

"이 회사는 부시와 기타 정부 고관들을 등에 업고 큰 회사다. 정

---

* 돈벌이가 되는 사업을 가져다주는 사람.

부 고관들은 칼라일에 이름을 빌려주고, 높은 곳에서 근무하는 친구들의 황금 연줄을 제공하고, 정부의 작동 방식을 일러 준다."

　실제로 칼라일은 대서양 양안의 정치적 거물들을 영입했다. 레이건의 국방장관 프랭크 칼루치Frank Carlucci, 전 영국 총리 존 메이저John Major, 조지 H. W. 부시의 국무장관이었던 제임스 베이커, 아버지 부시 본인(1998년 5월~2003년 10월 근무) 등이 그들이다.

　2001년 9월 11일 공격이 있고 나서, 칼라일이 빈라덴bin Laden 가문과 연결되어 있다는 사실이 밝혀지면서 이 사모 투자 그룹의 이름이 널리 알려졌다. 이 회사의 주선 아래, 조지 H.W. 부시는 사우디아라비아의 빈라덴 가문을 적어도 1998년과 2000년에 두 차례 방문했고 빈라덴 가문은 칼라일 펀드에 수백만 달러를 투자했다. 빈라덴 가문이 미국의 급증하는 대테러 전쟁에서 이득을 올린다는 사실은 엄청난 비난의 메아리를 울리게 했고, 그러자 2001년 10월 후반에 이르러 빈라덴 가문의 칼라일 투자금은 모두 빠져나갔다. 빈라덴 가문과 연계를 맺은 전직 대통령은 부시만이 아니었다. 9/11 이전에 지미 카터는 오사마 빈라덴의 형제들 10명과 저녁 식사를 하고서 카터 연구소에 기부금 20만 달러를 확보했다.

　칼라일에서 조지 H. W. 부시는 칼라일의 상근 파트너이자 자신의 절친한 친구인 제임스 베이커만큼 거액의 보수를 받지는 않았다. 하지만 아시아의 관문을 열고 투자자들을 유치하는 아시아 담당 수석 고문으로서, 부시는 투자 유치 모임에서 멋진 연설을 해서 보수를 두둑이 받았고 그 보수를 다시 칼라일 펀드의 주식으로 재투자했다. 얼마나 받았는지는 알 수가 없는데, 칼라일은 그의 보수와 소득을 비밀로 지켜야 할 의무가 있기 때문이다. (칼라일의 공동 창업자인 루벤슈타인David Rubenstein은 부시가 "시장 가격에 따라" 보수를 지급받는다고만 말했다.) 정치와 재무의 경계가 너무 흐릿하지 않느냐는 질문에, 칼라일 그룹은 부시가 청중을 대상으로 연설만 하고, 구체적으로 투자액을 요청하는 것은 칼라일 임원이 한다고 대답했다. 달리 말해서, 부시는 금전적 거래는 비껴간다는 이야기였다. 아들 부시 행정부가 바그다드를 폭격하기 7개월 전에 아버지 부시는 칼라일 고문직에서 사직했다. 칼라일이 그를 해외 고문으로 영입하기 전에도, 부시는 재산이 2000만 달러 정도인 것으로 알려졌다.

부시의 칼라일 근무는 커다란 소득을 올리기는 했지만, 퇴임 후 가장 큰 금전적 소득은 단명으로 끝난 이동통신회사인 글로벌 크로싱에 투자한 것이었다. 이 회사(회사의 공동 회장은 부시의 친구다)를 위해 일본에 가서 강연해 달라고 초청받은 부시는 8만 달러의 강연료를 이 회사의 주식으로 재투자했다. 닷컴 골드러시가 폭발하던 시기에 부시의 주식은 서류상으로 무려 1400만 달러까지 값어치가 나갔다. 하지만 이 회사는 단 한 푼의 소득도 공시한 적이 없었고 몇 년 사이에 도산하여 인터넷 거품의 한심한 대표 사례가 되었다. 부시가 회사 도산 전에 얼마나 건졌는지는 알려지지 않았다.

부시의 퇴임 후 소득은 대체로 투명하지 않지만, 빌 클린턴의 퇴임 후 첫 몇 년간 소득이 부시를 능가하는 것만은 분명해 보인다. 클린턴이 강연료만으로 벌어들인 막대한 돈—2001년에서 2007년 사이에 5000만 달러 이상을 벌었다—은 이 유명한 전직 대통령을 특수한 사례로 만들었다. 비록 소송과 스캔들 한복판에서 백악관을 떠났고 또 소송 비용으로 1100만 달러의 빚을 지고 있었지만, 클린턴과 아내 힐러리는 각각 1000만 달러와 800만 달러의 회고록 선인세 덕분에 빚에서 벗어나 아주 부유한 사람의 반열로 올라섰다.

클린턴이 벌어들인 돈은 정직하게 번 것이었다. 부유한 개인이나 기관에 연설을 해주었고, 한 회에 20만 달러 이상을 받는 경우가 많았다. 클린턴은 연설 대상을 거의 가리지 않았다. 바이오테크 회사, 종교 단체, 컨트리 클럽, 생명보험회사, 대학, 은행 등 다양했다. 클린턴은 심지어 미국청소년클럽Boys and Girls Club of America에도 연설료로 15만 달러를 요구했다. 전체적으로 봐서, 이 기간에 클린턴이 받은 연설료의 3분의 2는, 사우디 투자회사에서 두 번 연설하고 60만 달러를 받는 등 해외에서 벌어들인 것이었다. 때때로 클린턴은 아내인 힐러리의 상원의원 및 대통령 선거전에 큰돈을 기부한 회사들의 초청을 받아 연설을 했는데, 골드만 삭스와 시티그룹이 그러한 예다. 일반 대중이 이런 사실을 알게 된 것은 힐러리 클린턴이 상원의원으로서 가족의 소득을 공개해야 할 의무가 있기 때문이다.

클린턴의 연설 능력은, 몇몇 예외적인 경우를 제외하고는, 전임 공화당 대통령들과 연계가 깊은 기업 세계에도 침투할 수 있게 해주었다는 점에서 자신에게 큰 도움이 되었다. 클린턴의 자문이 큰 효과를 발휘한 놀라운 사례는 친한 친구 론 버클Ron Burkle과의 관계에서였다. 버클은 수퍼마켓을 운영하여 재산을 모은 캘리포니아의 억만장자인데, 클린턴의 박애주의 활동과 대통령 기념 도서관 건립에 주요 모금 책임자 겸 기부자로 나섰다. 2002년부터 2007년까지 클린턴은 버클의 유카이파 회사에 소속된 사모 펀드 두 곳에 선임 고문으로 참여하면서 그 펀드들의 수익에 일정 지분을 갖게 되었다. 클린턴의 임무는 좋은 투자 기회를 알아내고, 그런 투자 노력에 합법성을 부여하고, 그 과정에서 자연스럽게 거물 레인메이커로 활동하는 것이었다. 클린턴의 실제 소득을 측정하기는 어렵지만—클린턴은 이런 회계 문제를 다루기 위해 유한회사를 설립했다—2007년까지 전반적인 자산이 1200만 달러에서 1500만 달러 정도였다고 알려져 있다.

클린턴은 퇴임 후 사무실 공간 문제로도 뉴스 거리를 제공했다. 퇴임 후 클린턴은 가장 비싼 상업지구인 맨해튼 중심부 서부 57번가에 사무실을 얻을 계획이었다. 하지만 연간 80만 달러라는 비싼 임대료에 놀라 그 생각을 접었다. 토니 모리슨Tony Morrison이 "최초의 흑인 대통령"이라고 불렀던 남자는 그 대신 도시 북부의 할렘으로 가서, 14층에 있는 펜트하우스를 사무실로 얻었다.* 할렘 사무실은 맨해튼보다는 값이 싸지만 연간 임대료가 50만 달러로, 전직 대통령이 사무실 비용으로 납세자에게 요구한 금액 중 최고 가격이다.

---

* 1993년 노벨상을 수상한 아프리카계 미국인 작가인 토니 모리슨은 클린턴을 "최초의 흑인 대통령"이라고 불렀다. 그러나 이후 민주당 경선에서 힐러리 클린턴이 아닌 버락 오바마를 지지하여 과거의 발언을 철회하는 것이냐는 질문을 받자, 클린턴이 재직 당시 스캔들로 인해 정계에서 핍박당하는 것이 미국에 사는 흑인의 처지와 비슷하다는 뜻으로 한 말이라고 해명했다.

2장

❧

역사를 다시 쓰는 법

대통령 기념 도서관

"

대통령 기념 도서관에 결점이 있느냐고요? 물론, 미국이라는 나라와 마찬가지로 결점이 있습니다. 하지만 처칠이나 드골 기념 도서관에서는 프랭클린 루스벨트 도서관에서처럼 자유롭게 문서 열람을 할 수 없습니다. 히로히토 기념 도서관에서는 오로지 한 사람만이 천황의 일기를 볼 수 있다고 하더군요.

― 스티븐 앰브로스Stephen Ambrose

존 F. 케네디 기념 도서관에서 느껴지는 이미지는 너무 강력하고 너무 매력적이다. 그 때문에 나로서는 자료를 객관적으로 보기가 어렵다.

― 로버트 댈릭Robert Dallek

역사가 나의 주장을 입증해 줄 것이다. 특히 내가 그 역사를 직접 쓸 때에는 더욱 그러하다.

― 윈스턴 처칠Winston Churchill

"

역사를 살펴보면 기념 건축물은 어떤 지도자를 기리고 그 지도자의 위대한 업적을 부각하기 위해 세워졌다. 이집트에는 피라미드, 그리스에는 신전, 인도에는 타지마할이 있다. 미국의 대통령 기념 도서관은 영웅을 숭앙하는 공식 무대를 제공한다. 황제, 군주, 파라오가 없는 미국에서 가장 강력한 선출직 공무원인 대통령은 퇴임 후에 자신의 기념 도서관을 개인적 사당으로 삼았다.

프랭클린 델러노 루스벨트가 자신의 문건들을 자발적으로 내놓으며 조촐하게 시작했던 대통령 기념 도서관은 현대에 들어와 거대한 사업이 되었고, 백악관의 타원형 집무실Oval Office에서 근무한 사람들을 찬양하는 아주 커다란 건물로 구체화되었다. 고대 기념물의 주인공과 달리, 대통령은 도서관 건설의 구상에서 실제 시공에 이르기까지 모든 일을 공유하면서 자신을 신성화하는 과정에 적극적으로 참여했다. 공사 설계, 기금 조성, 건설, 역사적 해석까지 모두 관장했다. 제왕적 대통령직의 상징인 이 건축물은 관련 문서와 전시품을 정성 들여 보존하는 공간으로서 이제 전직 대통령의 특징적 유산이 되었다.

최근에 들어와 대통령 기념 도서관은 규모와 비용 면에서 계속해서 전임자를 능가하면서 문자 그대로 성장 산업이 되었다. 전직 대통령 우상화의 최근 사례로, 댈러스의 남부감리교대학교SMU에서 공사 중인 조지 W. 부시 대통령 기념 도서관은 놀랍게도 5억 달러의 예산이 들었다는 소문이 돌고 있다. 부시가 제안한 공공문제연구소와 함께, 부시 기념 도서관은 아칸소 리틀록에 있는 빌 클린턴 기념 단지의 3배, SMU에서 남쪽으로 세 시간 거리인 텍사스 콜리지 스테이션에 있는 아버지 부시 기념관의 6배(그간의 인플레이션도 감안해야 하겠지만), 미주리 주 인디펜던스의 해리 트루먼 기념 도서관의 50배 되는 건축비가 소요될 것으로 예상된다.

이런 웅장한 도서관들은 쌍둥이 건물이라 할 수 있는 대통령 박물관의 핵심 부분을 차지한다(이제 대통령 기념 도서관이라는 용어는 일반적으로 도서관과 박물관 양쪽을 동시에 가리킨다). 대통령 박물관은 일방적으로 당사자를 지지하는 전시품을 전시하여 그 명성을 홍보함으로써, 새로이 탄생하는 전직 대통령들이 역사를 고쳐 쓰는 핵심 수단이 되었다. 도서관 단지를 방문하는 사람들이 학자가 아니라 주로 관광객이기 때문에—최근의 숫자에 따르면 200만 명의 관람객 중에서 연구자들은 1만 명 정도다—공식 기념 도서관에서 보여주는 대통령의 생활과 경력은 여론을 형성할 수 있는 잠재력을 갖고 있다.

문서와 기념품을 공들여 수집한 프랭클린 루스벨트는 도서관의 공공 박물관 기능을 수립하는 데 큰 영향을 끼쳤다. 루스벨트는 자신의 도서관을 인기 높은 관광지로 구상하면서, 자신과 관련된 분야에 대하여 많은 자료를 종합하여 오락성과 교육성을 동시에 제공했다. 많은 전직 대통령과 가족이 루스벨트의 선례를 따라 도서관 구축과 조직에 깊이 관여하여 사실상 비공식 큐레이터가 되다시피 했다.

대통령 기념 도서관은 큐레이터가 일정한 목표 아래 관련 이야기를 꾸미며 주장을 내세운다는 점에서 여느 박물관과 다르지 않다. 하지만 이 기관은 보통 박물관이 아니다. 납세자들의 세금으로 운영되는 중요 기관이며 미국 역사에 대한 민중의 생각에 영향을 미치기 때문이다. 역사적으로 얼룩을 남긴 사건은 어쩔 수 없이 이 도서관에서는 홀대를 받는다. 로널드 레이건 기념 도서관에서는 이란-콘트라 스캔들*이 거의 언급되지 않으며, 클린턴 기념 도서관에서 모니카 르윈스키와의 성추문은 난외 사항에 지나지 않는다. 더 유명한 사례로, 한때 개인 소유였던 닉슨 기념관에서는 워터게이트 범죄를 아예 다루지 않았다. 국가기록원에서 대통령 기념 도서관의 보조 기록 문서계원으로 근무하는 샤론 포셋Sharon Fawcett—대통령 기념 도서관 시스템의 선임 관리자—은 아주 분명하게 말했다.

"대통령 기념관의 전시품은 인공적으로 가미된 역사 유물입니다. 그것은 대통령이 자신의 치적을 꾸미는 시각을 보여줍니다."

그런 점에 비추어볼 때, 기념 도서관의 개관식에서 조지 H. W. 부시가 내놓은 주장은 순진하지만 진지한 점도 있다.

"우리가 일을 제대로 했는지 혹은 더 잘할 수 있었는데 그렇게 하지 못했는지 여부를 떠나서, 이 도서관의 매력적인 측면은…… 역사

---

* 레이건 행정부가 레바논의 친이란파 무장단체에 납치된 미국인들을 구한다는 명목으로 적대국인 이란에 무기를 판매하고 그 대금으로 니카라과의 콘트라반군을 지원했다 발각된 사건.

가 그런 결정을 내리도록 했다는 점을 보여준다는 겁니다."

하지만 '역사'라는 추상적인 힘은 결코 이런 결정을 내리지 못한다. 언론인이나 역사가뿐만 아니라 대통령과 그 참모 등 피와 살을 가진 인간이 의사 결정의 과정을 시작해야 비로소 역사가 가동되는 것이다.

대통령 기념 도서관: 공공재인가 사유물인가

대통령 기념 도서관은 비교적 최근의 작품이다. 1938년 12월에 프랭클린 루스벨트가 자신의 문서를 관리하는 공식 문서보관소를 세우겠다고 발표한 지 17년이 지나서, 미국 의회는 도서관 시스템을 법으로 제정했다. 1955년의 대통령기념도서관법PLA: Presidential Libraries Act은, 대통령이 건축 비용을 모금하고, 문서를 정부에 넘기고(문서의 법적 소유권은 대통령에게 귀속된 채로), 그 보답으로 정부가 건물 유지를 맡는 민관 협력관계를 수립했다. 루스벨트가 세웠던 하이드 파크 기념관은 이러한 상호 보상 관계를 촉진했다. 역사에 민감했던 루스벨트는 이렇게 주장했다.

"이런 자료들은…… 흩어져서는 안 됩니다. 고스란히 보관해야 합니다. 경매에 내놓아서도 안 됩니다. 후손들의 손에서 사라져서도 안 됩니다."

법을 제정하기 전까지, 대통령 자료의 취급 상태는 엉망이었고 대통령 문서는 개인 소유물로 여겨졌다. 대통령은 집무실을 떠나면서 문서를 함께 실어 나르고, (가족과 더불어) 어떻게 처리할지 결정하는 최종 결정권자가 되었다. 문서는 종종 부주의한 후손의 무관심 탓에 산실되었고, 화재와 곰팡이 때문에 세상에서 사라지곤 했다. 가끔 시장 세력이 개입하여 최고 입찰자에게 매각될 때도 있었다. 중요한 문서가 없어지고 무시되고 숨겨지고 잊혀지기도 했다. 전직 대통령 23인의 문서는 의회 도서관으로 넘어갔지만 수집 상태가 불완전하고, 마치 흰개미가 갉아먹은 것처럼 중요한 곳들이 구멍난 상태였다. 이런 비조직적인 자유방임 때문에 문서의 손실이 엄청났다.

대통령 문서의 역사적 중요성은 이미 초대 대통령도 인정했던 만큼, 그 문서들의 기구한 운명은 더더욱 놀라운 일이다. 조지 워싱턴은 다소 자부심에 찬 어조로 그것들은 "나의 손에서 성스럽게 보관되고 있는 일종의 공공 재산"이라고 말했다. 워싱턴은 문서를 보관할 건물을 세우고 싶어했지만 그 전에 세상을 떠났다. 의회 도서관은 워싱턴의 문서뿐만 아니라 그 밖에 초창기 버지니아 출신 대통령들의 서류를 기꺼이 받아들였다. 의회 도서관으로 옮기고 나자, 워싱턴 관련 문서는 6만 5000건이었지만 제퍼슨 관련 문서는 2만 5000건, 매디슨은 1만 2500건, 먼로는 겨우 4000건에 그쳤다. (이와 대조적으로 윌리엄 하워드 태프트는 단임으로 그쳤으면서도 70만 건의 문서를 남겼다.)

대통령 문서에 대한 접근이 이제 공식적으로 법의 통제를 받게 되었지만, 얼마 전까지만 해도 대통령과 가족들은 문서 컬렉션을 어느 시기에 공개할 것인가 하는 문제에 관해 결정적인 발언권을 가지고 있었다. 에이브러햄 링컨의 아들 로버트 토드 링컨Robert Tod

Lincoln은 아버지의 문서 중 사소하다 싶은 것은 쳐낸 뒤, 1947년 이후에 공개하라는 조건을 달아 의회 도서관에 넘겼는데, 그 시점(1947년)은 토드 링컨이 사망하고 나서 21년이 지난 해였다. 애덤스 부자의 문서는 무려 100년 이상 미공개로 남아 있다가 매사추세츠 역사학회의 간청으로 1950년에나 가서야 공개되었다.

이보다 더 나쁜 상태도 있었다. 앤드루 잭슨과 존 타일러 정부의 기록 문서들은 대부분 불타 버렸다. 마틴 밴 뷰런은 재직 당시 다량의 문서를 없애버렸다. 체스터 앨런 아서는 임종의 자리에서 개인 문서 대부분을 불태우라고 지시하고 또 확인했다. 남편 워런 하딩 Warren Harding의 외도로 오랫동안 고통을 겪은 미망인 플로렌스 하딩Florence Harding은 남편 관련 기록을 절반이나 불태웠다. 러더퍼드 B. 헤이스는 대통령으로서 유일하게 문서를 신중히 개인 도서관에 보관시켰는데, 그것이 오로지 그런 목적을 위해 세워진 최초의 대통령 기념 도서관이 되었다. 참으로 선견지명이 있는 행동이었다.

1916년, 헤이스의 도서관 설립 소식을 듣고서 전직 대통령 윌리엄 하워드 태프트는 공개적으로 우려를 표했다. 대통령이 문서를 개인적으로 소유한다 함은 "행정부의 역사 중 가장 흥미로운 일부 문서"를 공식 기록으로부터 빼내 갈 수도 있다는 것이었다. 하지만 태프트는 그런 우려를 구체적 행동으로 옮기지는 않았다. 프랭클린 루스벨트가 혜안을 가지고 기념 도서관 프로젝트를 추진한 것은, 아주 진보적인 뉴딜 시대에, 정부의 생산적인 능력과 공적 접근의 긍정적인 장점을 믿었던 시대적 철학이 있었기 때문에 가능했다. 전임자의 자료를 엉망으로 만든 난맥상과 혼란을 깨달았던 루스벨트는 일반 대중이 한곳에서 모든 대통령 문서에 쉽게 접근할 수 있는 장소가 필요하다고 생각했다.

루스벨트 대통령의 후임인 해리 트루먼은 대통령기념도서관법에 따라 관련 문서를 넘겨준 최초의 전직 대통령이었다. 당시 대통령 도서관을 유지하는 데 드는 연방정부의 비용은 6만 달러 남짓했는데, 문서 자료를 안전하게 보관하면서도 개방적으로 접근할 수 있게 해 준다는 효과에 비해 본다면 큰 돈이 아니었다. PLA에 서명한 아이젠하워는 1962년에 자신의 도서관을 개관했고, 3개월이 지난 뒤에는 아이오와의 웨스트 브랜치에서 허버트 후버의 기념관이 문을 열었다. 1964년, 국가기록원은 4개의 대통령 기념 도서관을 거느린 채, 대통령도서관국局을 개설하여 장래에 그 수가 더 늘어날 도서관을 관리하게 되었다. 대통령도서관국은 미래 대통령 기념 도서관의 규모에 대하여 어떤 제한을 두지 않았지만, 그처럼 천문학적으로 커질 것이라고는 누구도 상상하지 못했다.

텍사스 오스틴 대학의 린든 베인스 존슨 기념 도서관과 박물관은 초창기 기념 도서관들의 비교적 수수한 규모에서 처음으로 벗어난 건물이었다. 1971년에 헌정된 존슨 기념 도서관은 대통령 본인 못지않게 덩치가 컸다.* 존슨의 의회 시절부터 대통령직에 이르기까지 3100만 건의 문서 컬렉션은 예전의 그 어떤 대통령 문서 보관소보다 큰 규모였다. 시사 평론가 로버트 휴스Robert Hughes는 린든 존슨 기념 도서관이 "대통령 기념 도서관 시스템의 무리한 원칙 적용"

---

* 린든 존슨은 180센티미터가 넘는 거구에 기골이 장대했다.

사례라고 지적하면서 "파라오의 기념물"이라고 다소 신랄하게 비판했다. 휴스의 이러한 비판은 존슨 기념관이 앞으로 세워질 유사 기념관의 원형임을 미리 꿰뚫어 본 것이었다.

2년이 지난 뒤, 워터게이트 스캔들은 대통령 기념 도서관의 전환점을 알렸다. 리처드 닉슨은 대통령직에서 하야함으로써 확실시되던 탄핵과 유죄 판결을 피했을 뿐만 아니라, 포드에게 사면을 받던 달에, 자신의 문서 처리와 관련하여 연방정부의 총무부GSA: General Services Administration와 편리하게 담합했다. 닉슨은 자신의 문서를 GSA에게 양도하지 않고 잠정 보관시킴으로써, 3년이 지난 뒤에 모든 문서의 통제권을 다시 얻을 수 있도록 조치했다.

일반 대중은 그런 담합에 어안이 벙벙했다. 의회는 워터게이트 사건의 연장선상에서 곧바로 대응하여, 국가기록원으로 하여금 닉슨의 기록물, 테이프, 여러 소지품의 통제권을 재확보하게 하여 그 자료를 워싱턴 D.C. 내에 보관하라고 명령했다. 정부는 닉슨 문서의 소유권이 아닌 관리권을 얻었지만, 이 조치는 닉슨의 막판 뒤집기 작전을 무산시키고 파손될 뻔한 자료를 보존하는 데 성공했다.

워터게이트 파동과 닉슨 시대의 제왕적 대통령제에 대한 반발로서, 정부는 대통령 문서의 소유권 문제에 대응하지 않을 수 없었다. 대법원은 1977년에 첫 조치를 취하면서, 닉슨의 문서와 테이프를 압수한 의회의 조치가 합법적이라고 판결했지만, 문서의 법적 소유권은 미결 사항으로 남겨두었다. 이듬해, 의회는 획기적인 대통령 기록물법Presidential Records Act을 제정하여 그 문제를 마무리했다. 그 법은 이렇게 규정했다.

"국가는 대통령 기록물의 소유, 보관, 통제에 대하여 완벽한 권리를 보유한다."

대통령 기록물은 이제 공적 재산이 되었다. 대다수 문서들은 대통령에서 물러난 지 5년이 지난 뒤에 열람할 수 있고, 비밀 정보는 그 후 또 다시 7년 동안 공개를 유보할 수 있다.

하지만 닉슨의 경우, 문서 소유권에 대한 싸움은 시작이었을 뿐이다. 한 방 맞고 난 뒤, 닉슨은 곧 프라이버시를 내세우며 문서 공개 금지를 요구하는 소송을 제기했고, 대통령 자료 소송은 그 후 20년을 끌었다. 그는 소송을 성공적으로 매듭지을 수 있다고 낙관하여, 1980년대 듀크 대학교에 자신의 기념 도서관을 세우려고 시도했다. 그리고 그것이 실패로 돌아가자 개인 도서관으로 1991년 캘리포니아 주 요버린더에 '리처드 닉슨 기념 도서관과 생가'를 설립했다. 이 기념 도서관은 국가기록원의 사법적 관할에서 벗어나 있었다. 여기에는 대통령 재직 시절의 문서는 없고, 대신 대통령 전후 시절의 닉슨 관련 서류들만 소장되었다.

대통령 문서에 대하여 닉슨 가족은 최후의 승리를 거두었다. 닉슨 사후 6년인 2000년, 미국 법무부는 이제 그 서류를 닉슨의 재산으로 인정하여, 25년 전에 "점유한" 그 재산에 대한 보상으로 1800만 달러를 유족에게 수여했다. (항소 법원은 1992년에 이미 이 건을 닉슨에게 유리하게 판결한 바 있었다.) 깜짝 놀란 국가기밀자료실 National Security Archive*의 피터 콘블러Peter Kornbluh는 이제 소유대명

---

* 조지 워싱턴 대학교에 있는 비영리 민간 연구기관으로, 기밀 해제된 정부 문서를 수집, 분석, 출판한다.

사를 정부에서 "그들"로 바꿔 사용하면서 이렇게 말했다.

"유감스러운 일입니다. 납세자들이 이제 '그들의 것'으로 판명된 자료에 대하여 돈(보상금 _ 옮긴이)을 내야 하다니 말입니다."

20년도 넘게 법정 다툼을 한 끝에, 닉슨의 두 딸, 트리시어 닉슨 콕스Tricia Nixon Cox와 줄리 닉슨 아이젠하워Julie Nixon Eisenhower는 이제 개인 도서관의 자료와 연방기록보존소의 닉슨 자료를 통합하여 요버린더로 이전할 수 있었다. 하지만 몇 가지 장애물이 남아 있었다. 1998년에 닉슨의 절친한 친구 베베 로보조Bebe Robozo에게서 닉슨 도서관 운영과 관련하여 유증받은 1900만 달러를 두고 반목했던 자매는 이제 부친 도서관의 적절한 감독 문제를 두고 다툼을 벌였다. 트리시어는 도서관을 가족 중심으로 운영하고 싶어했으나, 줄리는 한층 공식적인 이사회 시스템을 추진했다. 2007년, 닉슨 기념 도서관은 공식적으로 국가기록원의 일부가 되었다. 30년이 지난 뒤, 닉슨의 대통령 자료들은 메릴랜드의 콜리지 파크 창고에서 연방정부가 관리하는 캘리포니아의 요버린더 닉슨 기념 도서관으로 이전했다. 닉슨 도서관의 큰 구멍을 메우기 위해 그동안 절실히 요청되던 조치가 마침내 이루어진 것이다.

커져 가는 도서관 규모와 관리비

이처럼 오래 끈 닉슨 도서관 이야기가 연방정부 산하의 대통령 기념 도서관이 안고 있었던 유일한 문제점은 아니었다. 폭등하는 도서관 관리 비용도 또 다른 문제점이었다. 플로리다의 로튼 차일스 상원의원은 은퇴 대통령의 특권과 도서관 시스템의 급증하는 비용에 반대하는 의회 내 개혁운동을 주도했다. 동료인 아칸소의 데이비드 프라이어David Pryor 상원의원은 나중에 아칸소 대학교의 클린턴 공공업무대학원의 초대 대학원장이 되었는데, 차일스의 노력에 동참하여 "미국인은 점점 늘어나는 정부 비용에 신경을 많이 쓰고 있다……. 그런 관심사에서 대통령 기념 도서관 시스템도 예외가 아니다"라고 강조했다.

1955년의 대통령기념도서관법은, 지출이 소규모이고 대통령 기념 도서관이 몇 곳 안 되던 시절에 제정되었기 때문에, 그 도서관에 어떤 재정적 또는 미학적 제약을 가하는 것을 일부러 피했다. 하지만 30년이 지나자 사정이 달라졌다. 관련 비용을 억제하려는 개혁주의자들은 1500만 달러라는 연간 예산에 경악하면서 비명을 터뜨렸다. 차일스는 정부가 대통령 기념 도서관이라는 마약을 완전히 끊어야 한다고 주장하며 6년 동안 투쟁했다.

차일스가 이러한 노력을 펼친 결과물인 1986년의 대통령기념도서관법은 로널드 레이건이 서명하여 법으로 제정되었다. 새로운 법은 앞으로 세울 도서관의 재정과 규모를 제한하고, 기부금을 많이 얻어 정부의 유지 비용을 경감할 것을 요구했다. 더 나아가, 도서관에서 시행하는 교육과 그 밖의 프로그램은 대개가 이런 기부금으로 운영되어야 했다. 하지만 치솟는 지출을 기부금으로 충당할 수 있다는 생각은 환상에 불과했다. 사실, 그런 기부금은 일반 운영비조차 대지 못했다. 2004년, 이 법의 적용을 처음 받았던 텍사스 A&M의 조지 H. W. 부시 기념 도서관은 450만 달러의 기부금을 거두어 거기에서 나오는 연간 이자 수입이 약 20만 달러에 이르렀는데, 이는 도서관의 연간 운영비 300만 달러에 턱없이 못 미치는 돈이었다. 법의 규제에 따라, 6500제곱미터를 초과하는 도서관은 훨씬 더 많은 기부 금액을 모아 와야 한다. 이 조항은 오히려 교묘한 회피 방안만 촉발했을 뿐이다. 이를테면 클린턴 재단은 1만 4121제곱미터의 건물을 세웠지만, 기록보존소와 도서관에는 6410제곱미터만 배정하고, 절반 이상의 공간을 다른 목적으로 사용한다. 조지 H. W. 부시 도서관은 정확히 6457제곱미터를 사용하고 있다.

오늘날 납세자들은 대통령 기념 도서관을 유지하기 위해 약 6000만 달러의 비용을 지불해야 한다. 이 비용의 일부에는 엄청난 수로 늘어나는 문서를 보관하는 비용이 들어 있다. 루스벨트 기념 도서관은 1700만 건의 문서를 소장하고 있다. 클린턴 기념 도서관에는 그 4배의 문건이 들어 있다. 또한 최근 도서관들은 모든 전자 문서를 저장해야 할 의무가 있는데 이것도 간단한 일이 아니다. 가령 클린턴 도서관 하나만도 4800만 페이지의 이메일을 보유하고 있기 때문이다. 아무튼 이에 따라 관리 비용은 더욱 늘어나고 있다.

비판자들이 기록보존소의 확장 규모를 우려하고 있지만, 문서 보관과 제공은 여전히 대통령 기념 도서관의 핵심 사업이다. 한편 도서관 단지의 또 다른 요소―로널드 레이건 골프공, 흰 독수리 풍경(風磬), 엘비스 프레슬리Elvis Presley와 함께 찍은 닉슨 사진의 복제품을 팔고 있는 소매점―는 사람들에게 회의적인 시선을 받고 있다. 왜 납세자들이 싸구려 물품 판매 시설에 돈을 대주어야 하는가? 이미 살펴보았듯이, 대통령 도서관 단지의 지나친 거대화를 규제하려던 노력은 제한적으로만 성공을 거두었고, 오히려 대통령기념도서관법이 제정된 1986년 이후부터 이런 반관반민 사업이 더욱 확대되었다. 앞으로 이런 사업을 더 진지하고 절제 있게 규제하는 대책이 나올 수 있을까?

대통령 기념 도서관을 통합하자는 이야기가 몇 년 전부터 흘러나왔다. 여러 곳에 흩어진 대통령 기념 도서관들을 워싱턴 D.C.로 이전하여 국가기록원이나 의회 도서관의 한 지붕 아래 통합하고, 역사광과 연구자들이 한군데에서 모든 일을 볼 수 있도록 하자는 것이다. 지리적으로 떨어진 곳에 있는 학자들은 동부에 편중될 것이 확실한 이 계획에 반대하겠지만, 이런 통합이 엄청난 비용을 절감해줄 것임은 분명하다. (한 가지 예를 들면, 대통령의 타원형 집무실 모형을 도서관마다 설치하는 일은 없어질 것이다.) 통합 관리는 또한 학문의 일관성을 독려할 것이다. 전임 트루먼 기념 도서관장 래리 해크먼Larry Hackman이 주장하듯이, "도서관들이 뿔뿔이 흩어져 있지 않다면 연구자들은 아주 균형 잡힌 지식을 획득할 수 있다." 1986년의 대통령기념도서관법은 실제로 "대통령들의 박물관"을 제의했지만, 이 중앙 집중적인 발상은 실패로 돌아갔으며 그리 놀라운 일도 아니다.

물론, 기존 도서관의 복잡한 사정—자금, 계획된 사업, 그 사업에 들어가는 마케팅—때문에 여러 도서관들의 완전 이전과 통합은 사실상 불가능하다. 오히려, 어떤 사람들은 앞으로 생겨날 도서관을 규제하는 새로운 모델을 요구했다. 즉 미래의 대통령들이 개인적 사당을 세우려는 계획을 "단호히 거부하도록" 격려하고, 그들의 기록물을 워싱턴의 국가기록원 기록보존소에 배치하고, 소지품과 기념품만 전시하는 간단한 공간을 제공하자는 것이다. 그렇게 되면 별개의 요란스러운 박물관을 열고 싶은 사람들은 개인적으로 자금을 조달해야 하리라. 기록보존소를 옹호하는 리처드 콕스Richard Cox는 이것을 현실화하려면 '현명한 대통령'이 필요하다고 말한다. '대통령 연구소'를 추진하면서 강력하게 자신의 유산을 형성하고자 했던 전임 대통령들의 과시욕에 완강하게 저항할 수 있는 그런 대통령이 나와야 한다.

그렇지만 기념 도서관의 분산을 옹호하는 유명 인사들이 있다. 역사가 아서 M. 슐레진저 주니어Arthur M. Schlesinger Jr.는 기념관의 지방 분산을 일관되게 옹호했고, 현재대로 하는 것이 "가장 좋다"고 생각했다. 평소의 중앙 집중적 뉴딜 시각과는 다르게, 슐레진저는 도서관들이 워싱턴의 거대한 보관소에 흡수되기보다는 전국적으로 흩어져 있는 편이 일반 대중에게 더 유익하다고 주장했다. 슐레진저가 볼 때, 대통령 기념 도서관은 앤드루 잭슨의 풀뿌리 민주주의의 구체적 사례이다. 그러나 기존의 대통령 기념 도서관 시스템을 예리하게 비판하는 사람들조차도 내부 개혁의 필요성을 배제하지는 않는다. 대통령 기념 도서관 학자 벤저민 허프바우어Benjamin Hufbauer는 이렇게 촉구한다.

"고쳐서 쓸 일이지 없앨 일은 아니다."

도서관의 전반적 규모를 제한하는 입법을 하자는 것과, 전직 대통령과 가족들에게 최종 발언권을 주지는 않으면서 대통령의 집무기간에 대하여 더욱 심층적인 읽을거리를 제공하자는 것은 전혀 별 개의 생각이다. 확실히, 대통령직에서 물러난 지 오래될수록, 성인으로 미화하는 데서 벗어나 한결 공평무사한 역사 해석으로 나아가게 된다.

부자들이 사랑하는 도서관

개혁과 관련된 제안들 중에서 가장 시급한 것은 기부금 납부자와 규모를 공개하도록 하여 투명성을 높여야 한다는 것이다. 대통령 집권 중에 기금을 모으는 것이 더 쉽기 때문에, 영향력을 대가로 도서관 기부금을 받으려는 해괴한 행태는 이해관계의 상충이라는 심각한 우려를 자아낸다. 《워싱턴 포스트》의 정기 기고자인 리처드 코언은 이런 신랄한 주장을 폈다.

"미국 대통령 기념 박물관은 대통령이 재직 시절에 부자들과 얼마나 친하게 지냈는가를 보여 주는 대표적 건물이다."

이것은 극단적인 주장이지만, 아무튼 도서관의 규모와 비용이 급증하기 때문에, 기금 조성 압력은 신임 대통령을 짓누른다.

미국 선거자금법은 기부자가 지침을 엄격히 지키도록 하고 기업과 외국 기관이 입후보자에게 기금을 내지 못하도록 금지하고 있다. 이 법과는 다르게, 대통령 기념 도서관에 기부하는 것은 극소수의 제한 규정이나 정보 공개 요구를 따르면 된다. 이렇게 하여, 대통령 기념 도서관은 외국 정부나 다국적 기업이 미국 대통령에게 호의를 전하는 훌륭한 수단이 된다. 또한 모금에 앞장서는 대통령 재단(財團)에 기부하는 국내 기부자들은 기부금에 대해 세법상 제한 없이 소득 공제를 받을 수 있다. 기부자 이름이 새겨진 금판은 도서관 입구의 통로를 장식하지만, 투명성 의무가 없기 때문에 불가피하게도 기부의 상세한 내역은 일부만 공개될 뿐이다.

전임 빌 클린턴 재단의 이사장인 스킵 러더퍼드Skip Rutherford, 국가기록원 대통령도서관국의 샤론 포셋 같은 도서관 옹호자들은 정보 공개 확대 요구가 기부 행위에 "찬물을 끼얹는 효과"를 가져온다고 주장한다. 그들이 보기에, 많은 기부자들은 그늘진 곳에 남기를 선호한다. 왜냐하면 기부자의 명단이 알려질 경우, 다른 모금 담당자들과 개발 책임자들이 한꺼번에 몰려와 기부를 요청할까 봐 두려워하기 때문이다. 기부자의 면면을 밝히면 기념 도서관의 자금 조달 환경에 엄청난 부작용이 생길 것이라는 주장도 나오는 형편이다.

투명성 확대를 옹호하는 리처드 콕스는 그런 주장이 헛소리라고 일축한다.

"저는 기록 관리자이지만 그보다 먼저 시민이고 납세자이기도 합니다. 찬물을 끼얹는다는 생각은 여태 들어본 이야기 중에서 가장 어리석은 소리예요. 기록보존소는 기억과 역사뿐만 아니라 책임도 중시합니다."

공공부패방지센터에서 일한 바 있는 찰스 루이스Charles Lewis는 한 발 더 나아가 이렇게 말한다.

"만약 기부자가 대통령의 영원한 명성을 드높이기 위해 수백만 달러를 기부했다면, 그것도 대통령이 현직에 있을 때 그렇게 했다면, 그 반대급부로 얻는 권력의 크기는 아주 엄청날 것입니다."

기금을 모을 수 있는 시간이 비교적 짧고 또 다른 계획 수립의 필요성, 토지를 확보할지 여부, 시당국과의 협상, 국가기록원과의 거래, 경제 발전의 판단 등 여러 문제가 있기 때문에, 대통령 임기 중에 기념 도서관을 위한 세금 면제 민간 재단이 설립되고 있다. 이런 과정에 공익과 사익이 충돌을 일으키고, 불가피하게 "정치적 판단에 커다란 영향력을 끼치게 된다."

최근, 기업 기부자들은 외국 정부의 거액 기부에 밀리고 있다. 특히 중동 지역에서 많은 기부가 들어오는데, 이 경우 지지 정당과의 연계 문제가 기부 의사 결정에 별로 문제가 되지 않는다. 예전의 클린턴 모금 담당자가 설명하는 바에 따르면 외국 정부는 단 한 가지 이유 때문에 민주당과 공화당에 똑같이 기부금을 낸다. 다시 말해 부를 골고루 분배하는 것이 윈윈 게임이라는 것이다. 현직 대통령에게 자금을 대면, 그것이 곧 차기 대통령에게도 후원금을 낼 수 있다는 신호가 된다. 이를테면 사우디아라비아와 쿠웨이트 정부는 조지 H. W. 부시와 빌 클린턴 기념 도서관 두 군데에 상당한 기부금을 냈는데, 사우디 정부는 각 도서관에게 약 1000만 달러를 기부했다. 그리고 아들 부시 대통령에게도 똑같이 기부할 것으로 보인다.

이런 기부 행위의 투명성은 기업이나 외국 정부의 기부가 대통령 정책에 어떤 영향을 미치는가를 판단하는 데 도움을 준다. 전국에 걸쳐 있는 대통령 기념 도서관에 제공하는 연방 예산(납세자의 주머니에서 나온 돈)은 상세한 내역이 공개된다. 그런데 왜 민간 기부에 대해서는 똑같은 요구를 하지 못하는가? 누가 얼마를 기부했는지가 상세히 알려진다면, 그것이 오히려 공익에 더 도움이 될 것이다. 그렇지 않다고 말하는 이유를 이해하기 어렵다.

9/11: 안보와 투명성을 저울질하다

대통령 자료에 공적으로 접근하는 것은 일련의 서로 다른 투명성 문제를 일으키고 있다. 2001년 9월 11일의 여파로 국가 안보를 위해 기밀을 합법화하는 새로운 규제가 통과되어, 대통령 기록물에 대한 접근은 새로운 기밀 조치의 대상이 되었다. 알베르토 곤잘레스 Alberto Gonzales 법무장관의 제안에 따라, 조지 W. 부시는 기밀로 분류된 문서의 미공개 기간을 12년 연장하는 대통령령에 서명했다. 대통령기록물법의 조항과 정신에 위배되는 대통령령 13233호는, 미공개 기간이 경과한 뒤에도 민감한 자료의 공개를 보류할 권한을 현직 대통령과 모든 전직 대통령에게 부여한다. 작고한 대통령의 지정 대리인이 이런 조치를 취할 수 있도록 허용한 것은 논란의 여지가 크다. 대통령 기록 관리자 샤론 포셋은 보류된 자료의 분량이 아주 적다는 사실에 동의하지만, 대통령의 사망 이후에도 그 가족들에게 권한 연장을 허용한 것은 문제라고 지적한다. 이것은 학자들에게 큰 문제다. 또 다른 사람들은 문서의 공적 소유권이 위태롭게 될 수 있다고 말한다. 벤저민 허프바우어는 말한다.

"그 문서들은 공공의 재산입니다. 그런데 아무도 그것들을 볼 수 없다면 정말로 공적 소유라고 할 수 있겠습니까?"

연구자들은 어떤 문서의 열람을 신청하면 그 신청을 검토하여 승인하는 데 다시 6개월이 걸린다고 불평한다. 하원은 투표에 의해 압도적으로 대통령령을 무효화시켰지만 2008년 연말 현재, 상원은 여전히 대통령령에 대한 투표를 실시하지 않고 있다.

이렇게 대통령 문서에 접근하지 못하도록 규제한 것은 9/11 사태 이후의 일만은 아니다. 아버지 부시는 연방 규제를 회피하려는 꼼수를 부렸다. 1993년에 백악관에서 퇴임하기 전날, 부시의 변호사들은 부시 컴퓨터에 저장된 모든 기록물을 부시가 완전히 통제한다는 계약을 국가기록원과 맺었고, 나중에 클린턴 행정부의 법무부는 이 계약을 지지했다. 또한 국가기록원장 돈 윌슨Don Wilson은 텍사스 A&M의 부시 도서관장으로 임명되어 이런 계약에 도움을 주었다. 1996년 연방 법원은 부시에게 유리한 조건들에 맞서, 국가기록원이 대통령 기록물을 넘겨줄 권한이 없고, 그 계약이 대통령기록물법을 어겼다고 판결했다. 이렇게 하여 대통령기록물법의 정당성이 입증되었다. 하지만 아들 부시의 대통령령이 다시 그것을 뒤집어엎었다.

초기의 도서관들: 루스벨트, 트루먼, 아이젠하워

대통령 기념 도서관 시스템은 프랭클린 루스벨트의 원대한 비전과 강박적인 수집가 정신에 뿌리를 두고 있다. 미국이 제2차 세계대전에 참전하기로 결정하기 5개월 전, 루스벨트 기념 도서관은 전 세계에서 개방 사회가 위축되는 현상과 극명하게 대조를 이루었다. 루스벨트 자신은 이렇게 선언했다.

"국민에 의한, 국민의 정부가 사방에서 공격을 받는 현 상황에서, 이와 같은 최신 미국 기록보존소를 추가 개관합니다."

프랭클린 루스벨트의 결정은 역사관을 가진 사람들에게는 하나의 승리였고, 루스벨트는 오래전부터 기록 보존 분야에서 많은 사람들의 영웅으로 찬사를 받았다. 물론, 그런 행동에는 한층 현실적인 동기—루스벨트는 회고록을 준비하면서 문서를 한데 모을 공간을 원했다—가 있었지만 그렇더라도 그 결정의 중요성이 떨어지는 것은 아니다.

아마추어 건축가인 프랭클린 루스벨트는 지역의 자연석으로 지을 1층 규모의 네덜란드 식민지풍 도서관 설계도를 직접 작성했다. 루스벨트의 건축 취향은 분명히 정치 성향만큼 진보적이지는 않았다. 루스벨트 도서관은 날씬한 현대적 최첨단 설계보다는 양차 대전 사이에 미국 건축의 특징이었던 역사적 복고풍에 더 많이 기울었다. 또한 루스벨트는 전임자 토머스 제퍼슨의 전통주의에서 영감을 얻었다.

대통령 기념관 사업과 관련하여 최초의 주춧돌을 놓은 인물은 루스벨트였지만, 1955년의 대통령기념도서관법 아래에서 가장 먼저 세워진 기념관은 트루먼 기념 도서관이다. 최근 대통령들의 훨씬 더 크고 상업화된 도서관과 비교하면, 트루먼의 수수한 건축물은 마치 외계인의 도서관 같다. 원래 가족 소유지에 세우려 했던 도서관은 결국은 1.6킬로미터 떨어진 다른 부지에 세워졌다("그까짓 도서관에 좋은 농토를 허비할 필요가 있습니까"라고 트루먼의 동생은 말했다).

트루먼은 자신의 도서관을 방문하는 것을 일과로 삼았다. 건강 문제로 방문을 그만둔 1960년대 중반까지, 주중에는 늘 그곳에 나가 일종의 시민 감독으로 봉사했다. 고등학교 학생들을 가르치면서 견학 기회를 제공하고 자신의 역사관과 세계관을 들려주기도 했다. (지금까지 내렸던 가장 어려운 결정이 무엇이냐는 질문을 받으면 트루먼은 한결같이 "한국"이라고 대답했다.) 전직 대통령의 골동품으로 가득 들어찬 도서관 덕분에 트루먼은 과거의 공직 생활이 남겨준 유물들 사이에서 은퇴 생활을 보낼 수 있었다. 하지만 많은 개인 문서가 트루먼 사후에도 공개되지 않아 수십 년 동안 학자들을 실망시켰다.

해리 S. 트루먼 기념 도서관 재단은 도서관을 세우는 데 필요한 비용―200만 달러에 조금 못 미치는 비용―의 모금을 책임졌다. 당시 권력 관계를 보여주는 거액의 기부금은 페르시아 만의 석유 부국들이 아니라 오히려 노조 지도자들과 단체―연합철강노조United Steel Workers, 통합 의류 노조, 노조 거물 존 L. 루이스John L. Lewis―에서 나왔다. 아마추어 건축가가 아니었던 트루먼은 도서관의 외관이 루스벨트의 신식민지풍 건물처럼 단순하거나 훨씬 더 부담 없는 할아버지의 집 같은 것이었으면 하고 바랐다. 하지만 도서관의 최종 설계안은 현대적 건물이었고, 어떤 사람들에게는 프랭크 로이드 라이트Frank Llyod Wright의 작품을 연상시켰다. 트루먼은 투덜거렸다.

"그 친구(라이트)의 특징이 너무 많이 들어가 있어 내게는 어울리지 않는군."

1957년 7월, 트루먼 도서관은 드와이트 아이젠하워의 2차 임기 중에 개관했다. 언론인 리처드 로비어는 두 대통령의 반목 관계를 감안할 때, 그 개관식이 "미국 역사에서 위대한 화해"의 장을 제공할 수 있으리라고 생각했다. 하지만 그렇게 되지 않았다. 여러 명사들—엘리너 루스벨트Eleanor Roosevelt, 얼 워런Earl Warren*, 린든 존슨, 에버럴 해리먼Averell Harriman**, 딘 애치슨Dean Acheson***—이 자리를 빛내 주었지만 아이젠하워는 끝내 참석하지 않고, 가지 못해 유감스럽다는 간단한 편지를 보냈을 뿐이다. 어떤 익살꾼은 이렇게 촌평했다.

"만약 아이크가 도서관에서 야간 당직을 서줄 총무부 직원을 보냈다면 트루먼과의 냉담한 관계를 더 신랄하게 표현할 수 있었을 텐데."

유일하게 생존했던 또 다른 전직 대통령인 허버트 후버는 "하느님의 개입이나 악인의 소행이 없는 한" 참석하겠다고 했고, 약속을 지켰다.

그로부터 5년 뒤인 1962년 5월, 아이젠하워 자신의 도서관이 개관했다. 약 1200만 건의 문서를 소장한—트루먼의 비용보다 거의 2배가 들었다—아이크 기념관은 퇴임 후 거주지인 펜실베이니아의 게티스버그에서 멀리 떨어진 캔사스의 어빌린 인접 부지에 세워졌다. 그는 생전에는 도서관을 자주 찾지 않았지만 죽어서는 어빌린에 있는 교회 마당에 묻혀서 그곳에 아예 상주하고 있다.

아이젠하워 기념 도서관의 개관식은 어빌린 역사에서 가장 많은

---

* 미국의 14대 대법원장으로, 캘리포니아 주지사로 3차례나 선출되었다.
** 미국 민주당 소속 정치가이자 사업가, 외교관.
*** 미국 국무차관을 지낸 정치가로, 제2차 세계대전 전후에 중요한 외교 사절로 활동했다.

인파를 그러모았다. 1960년대의 문화적 혁명 분위기가 막 태동하던 시절에 아이젠하워는 개관식이라는 기회를 이용하여 국민의 도덕성이 땅바닥에 떨어진 것을 한탄했다.

"만약 되돌아온 개척자 조상들이 우리가 미뉴에트가 아니라 트위스트를 추는 모습을 본다면 무슨 생각을 할지 궁금합니다."

현대 미술도 아이크가 경멸하는 대상이었다.

"오늘날, 미술은 소형 싸구려 자동차에 찌그러진 페인트 통에서 떨어지는 페인트로 그려놓은 것입니다."

축제에 불참한 허버트 후버, 해리 트루먼, 존 F. 케네디 대통령은 그 설교를 듣지 않아도 되었다.

허버트 후버 기념 도서관: 반공의 깃발을 휘날리다

아이젠하워가 도덕성의 추락을 개탄한 지 3개월이 지난 뒤, 허버트 후버는 소년 시절을 보낸 아이오와 주 웨스트 브랜치 근처에 자신의 도서관을 열었다. 하지만 전임자들과 달리, 후버의 복합 건물은 곧 정치와 음모에 휩싸이게 되었다.

후버는 자신이 어린 시절 11년을 보낸 웨스트 브랜치가 대통령 기록을 보관하는 장소가 되리라는 생각을 추호도 해본 적이 없었다. 오히려 스탠퍼드 대학교 교정에 세운 싱크탱크인 후버 연구소에 맡길 것을 기대했다. 1895년에 스탠퍼드를 최우등으로 졸업한 후버는 그로부터 25년이 지난 뒤, 대학교에 5만 달러의 발전 기금을 내어 후버 전쟁 자료실(나중에 '후버 전쟁·혁명·평화 연구소'라고 개명)을 세우고 전쟁과 혁명의 근본적 원인을 분석하도록 당부했다. 후버의 정치적 확신에 따라 후버 연구소는 오랫동안 연구와 정치에 관한 한 보수적인 경향(후버는 연구소에 "카를 마르크스 이론의 사악함을 밝히는 선봉"이 되어달라고 요청했다)을 유지했고, 프리드리히 하이에크Friedrich Hayek와 밀턴 프리드먼Milton Friedman 같은 저명한 우익 인사들이 연구소의 취지를 실현하는 데 기여했다.

하지만 대통령기념도서관법이 통과한 1950년대에 이르러, 후버 연구소와 설립자 사이에 긴장이 불거졌다. 후버는 일부 직원들이 점점 반공 노선에서 벗어난다고 우려했다. 게다가 스탠퍼드 역사학과 교수진은 마르크스 이론에 대항하려는 설립 목적을 명시한 연구소의 모금 책자를 문제 삼았다. 교수들은 연구소가 어떤 역사적 쟁점을 미리 판단해서는 안 되고, 객관성이 유일한 기준이 되어야 한다고 비판했다.

후버에게는 도서관 사서 같은 수집벽이 있었다. 조지프 매카시Joseph McCarthy가 사망한 직후인 1957년, 후버는 자신과 사이가 좋았던 위스콘신 상원의원(매카시)의 문서를 입수하려 했다. 하지만 당시 후버는 연구소 교수진을 매우 불신하여 매카시 문서를 다른 곳에 보관하라고 지시했다. 그것들은 "내 개인 문서보관소에 넣어 둬. 그곳에는 좌익분자들이 없으니까" 하고 그는 고함을 질렀다. 이렇게 하여 후버는 연구소의 자율을 침해했고, 머지않아 대통령 문서의 영구 보관 장소로 다른 곳을 물색하기 시작했다. 역설적으로 이 보수주의의 화신은 결국 연방정부에 의존하여 문제를 해결했다. 후버의 대통령 문서는 팰로앨토에서 약 30년 동안 보존된 뒤, 그가 소년 시절을 보냈던 웨스트 브랜치에 새로 설립된 허버트 후버 고향 재단으로 옮겨졌다.

1962년 8월에 열린 후버 기념 도서관 개관식에는 해리 트루먼이 참석했다. 후버는 5년 전 트루먼 도서관의 건립을 도운 바 있었다. 88세의 후버는 8월의 무더위도 아랑곳없이 찾아온 4만 5000명의 군중이 지켜보는 가운데 개관식을 주도했다. 그 무렵 정치적 상황은 다소 진정되어 있었다. 웨스트 브랜치의 아이오와 재단과 협상하면서 W. 글렌 캠벨W. Glenn Campbell—나중에 레이건 기념 도서관 논쟁에서 두각을 나타내는, 거침없이 말하는 보수주의자—은 후버 연구소를 완전 장악하여 정치적 일탈을 우려하는 후버의 근심을 진정시켰다. 그리하여 전직 대통령은 드디어 스탠퍼드에 대한 분노를 가라앉히고 1억 달러 기금 캠페인의 명예 위원장직을 받아들였다.

도서관과 그 수집품의 역사적 가치가 어떻든 간에, 대공황 때 얼룩진 후버의 이미지 때문에 후버 도서관의 공적 활약상은 제약을 받고 있다. 최근에 그의 고향 주인 아이오와가 대통령 후보 예비선거에서 중요한 도시로 떠올랐지만, 그 어떤 현대 유세전의 후보도 불명예스러운 전직 엔지니어(후버)와 관련되는 것을 반기지 않았다. 2008년 대통령 선거 때 많은 후보들은 후버 도서관 바로 건너편의 사설 요양원에서 유세했지만, 몇 걸음만 가면 나오는 후버 대통령의 연방 기념관은 피해 갔다.

제2의 파문: 린든 B. 존슨

존 F. 케네디가 암살된 뒤, 후버의 뒤를 이어 케네디 기념 도서관이 지어질 차례였지만 부지 선정에 대한 논쟁이 몇 년을 질질 끌었다. 케네디 가문은 하버드 부속의 케네디 기념 도서관을 매사추세츠의 케임브리지에 세우기를 바랐지만, 주민들은 '지식인을 압도하는 무식쟁이들'과 '관광객의 침공'을 두려워하여 반발했다. 이 때문에 케네디 도서관의 개관은 건축가 I. M. 페이I. M. Pei가 백색 콘크리트와 유리로 우뚝 솟은 1400만 달러짜리 건물을 완공한 1979년까지 미루어졌다. 그것도 케임브리지가 아니라, 보스턴의 도체스터 만을 굽어보는 곳에 세워졌다.

대통령 사당이라는 파문을 2차로 촉발한 경우는 케네디의 뒤를 이은 린든 존슨의 기념 도서관이다. 규모, 예상, 비용, 목적 같은 면에서 전임자들과 사뭇 다른 존슨 도서관과 공공업무대학원은 대통령 기념 도서관의 역할과 기능을 둘러싼 논쟁을 재점화했다.

린든 존슨의 일상생활은 대통령에서 물러난 뒤에 바뀌었다. 그는 퇴임 후 여생―4년에서 하루 모자라는 기간―을 반성으로 보내면서 술을 끊고(끊었던 담배는 다시 피웠다) 구원을 희망했다. 장발을 기르기로 유명했던 존슨은 오랜 친구 존 코널리John Connally의 말마따나 "삶 자체에서 물러난" 것 같았다. 회고록을 저술하는 시간을 제외하면, 존슨이 진지하게 전념한 일은 도서관 설립을 지켜보는 것뿐이었다.

대통령 재직 때, 존슨은 여러 군데 후보 지역을 살펴보았다. 조상의 이름을 딴 고향인 존슨 시티도 분명히 그중에 있었고, 대학생 시절 자주 가던 샌 마르코스의 사우스웨스트 텍사스 대학도 후보지로 떠올랐다. 하지만 두 군데 다 존슨이 거리로 나서서 기금을 모아야 한다는 것이 문제였다. 이와는 대조적으로, 아내와 딸의 모교인 텍사스 대학교UT: University of Texas는 건축비의 대부분을 부담할 준비가 되어 있었다. 거절하기 어려운 제안이었다. 1965년, 존슨과 텍사스 대학은 합의에 이르렀다.

닉슨 도서관과 레이건 도서관을 각각 듀크와 스탠퍼드 교정에 유치하려는 계획이 교수진의 고함에 무너졌음을 기억하는 사람들은, 텍사스 대학 교수진이 린든 존슨 기념 도서관의 텍사스 대학교 유치 결정을 사전에 들어보지도 못했음을 알고 깜짝 놀랐다. 도서관장 베티 수 플라워스Betty Sue Flowers에 따르면, 대학교 이사회의 그런 결정은 "처음부터 예정된 것이었다." 1968년 초에 이르러, 낮은 월세의 집들과 지저분한 길로 뒤덮인 30에이커의 땅이 도서관과 린든 존슨 공공업무대학원 용도로 굴착되기 시작했다. 존슨이 재선에 나서지 않겠다고 발표한 봄, 도서관 건축 작업은 속도를 두 배로 높였다.

자신의 정치적 유산—특히 민권에 대한—에 몰두한 린든 존슨은 기록물을 정정당당하게 전시하고 싶어했다. 존슨은 휴버트 험프리 Hubert Humphrey 부통령에게 자유로운 정보 교환을 촉진하겠다며 이렇게 말했다.

"[흑인 지도자] 스토클리 카마이클Stokely Carmichael과 랩 브라운 Rap Brown을 초대하여 난상 토론을 벌였으면 하오. 진짜 자유 연설이 어떤 건지 보여주고 싶소."

뛰어난 흑인 인권 지도자들을 초대하는 것 말고도 존슨은 나름대로 꿈이 있었다. 자신의 이름을 딴 연구소에서 '주재 정치인'으로 임명되어 학위를 지닌 엘리트 학자들에 대한 열등감을 떨쳐버리고 싶은 것이었다. 하지만 이 꿈은 무산되었다. 텍사스 대학은 존슨에게 단지 명예 교수직을 제의했고, 존슨은 거절했다.

존슨 복합 기념관이 개관되던 1971년 5월, 베트남 전쟁은 여전히 치열했다. 합리적인 선정은 아니었지만, 전직 대통령이라는 지위 때문에 리처드 닉슨이 기조 연설자로 나섰다. 민중 시위가 벌어질 것으로 예상되었으나, "지하 언론인 《텍사스 옵서버Texas Observer》와 수백 명의 장발 시위대원들"은 저지당했다. 대다수 텍사스 주민들은 이 복합 단지를 세우기 위해 자신들이 세금을 냈으리라고 생각조차 못했다. 개관식에서 존슨은 "여기에는 모든 것이 생생하게 전시되어 있다"고 선언하면서 박물관의 객관성을 칭찬했다. 회의적인 시각을 품은 언론인 몰리 아이빈스Molly Ivins는 그 주장을 확인하기 위해 도서관에서 베트남 전쟁을 비판한 흔적이 있는지 찾아보았지만 헛수고였다. 아이빈스가 찾아낸 가장 분명한 사례는 유명한 오케스트라 지휘자 레오폴드 스토코프스키Leopold Stokowski가 존슨을 가볍게 질책한 것뿐이었다.

초기의 대통령들이 도서관의 현대적 설계를 싫어했던 반면, 린든 존슨은 그런 설계를 적극적으로 받아들였다. 당시로서는 초현대적이었던 시카고 건축회사 스키드모어, 오윙스 앤드 메릴SOM의 고든 번샤프트Gordon Bunshaft가 수석 건축가였다. (바우하우스의 대가 미스 반 데어 로에Mies Van der Rohe의 제자들인 SOM 건축가들은 신랄한 반대자들로부터 "세 마리 눈먼 미스*"라는 별명을 얻었다.) 번샤프트는 도서관 건물의 외형에 남성적인 린든 존슨의 특성을 살리려 했다. 그는 이렇게 말했다.

"알다시피 그는 대단히 강한 사람입니다……. 그에게는 '비겁한' 면이 전혀 없어요."

존슨 전기작가 로버트 케이로Robert Caro는 나중에 경멸조로 동의하며 이런 논평을 했다.

"거대하고, 획일적이며, 창문이 없는 건축물은…… 그 남자에 관해 많은 것을 말해줍니다."

건축 비평가 에이다 루이스 헉스테이블Ada Louise Huxtable은 그 도서관이 "파라오 같은 과시적 특성"을 갖고 있다고 말했다. 실제로, 시사만화가 허블록Herblock은 파라오 모습으로 앉은 린든 존슨을 만화로 그리고 "오스틴에 대(大) 피라미드 완공"이라는 제목을 붙였다. 석회화(石灰華)—당대의 모더니스트에게 대단히 좋은 재료였던 구멍 많은 석회암—로 장식된 크림색 8층 대건축물은 당시에는 현대풍으로 보였지만 유행을 타는 건축물이 으레 그렇듯 곧 낡은 것이 되어버렸다.

존슨은 관광객을 유치하는 데 신경과민 증세를 보였다. 오전 7시에 문을 열고 간식용 무료 도넛을 제공하자는 말까지 했다. 건강이 편치 않았던 1972년 12월, 존슨은 민권운동 심포지엄에 참석했는데, 그것이 도서관과 중요한 공식 행사에 보인 마지막 모습이었다.

---

* 영국 전래동화에 나오는 three blind mice, "세 마리 눈먼 쥐"라는 표현에서 mice(쥐)를 발음이 비슷한 미스 반 데어 로에의 'Mies'로 바꾼 조롱조 표현이다.

허약한 몸으로 참석을 강행한 것이었다. 보좌관 잭 밸런티Jack Valenti
는 이렇게 회상했다.

"관중이 뻔히 쳐다보는 가운데…… 〔린든 존슨은〕 니트로글리세
린 알약을 입안에 털어 넣었다."

존슨은 그래도 한참 동안 유창하게 연설하면서 훈계했다.

"백인 사회에서 흑인으로 산다는 것은 수준과 입장이 똑같지 않
습니다."

"내가 '검은'이라고 말할 때는, 솔직히 표현하자면…… 피부색이
나 전통 때문에 차별 당하는 갈색, 황색, 홍색 인종을 비롯한 모든
사람을 의미하는 것입니다."

1965년의 셀마 위기* 때 전국적으로 텔레비전 방송된 자신의 말
을 다시 인용하면서 존슨은 이렇게 끝을 맺었다.

"우리가 극복할 것을 확신합니다."

그 6주 뒤에 존슨은 세상을 떠났다.

도서관게이트: 닉슨의 또 다른 악몽?

존슨 도서관이 한창 건설 중이었을 때, 리처드 닉슨은 휴버트 험프
리와 조지 월리스George Wallace를 근소한 차이로 물리친 지 몇 달 만
에 대통령 기념 도서관 재단을 설립했다. 그 조치는 남은 임기를 생

---

* 셀마 몽고메리 행진. 미국 민권운동사에서 중요한 사건으로, 1965년 앨라배마 주 셀마의
  흑인들이 투표권 쟁취를 위해 몽고메리로 세 차례 행군을 벌였다.

각해 볼 때 전례 없이 빠른 것이었다. 《뉴욕 타임스New York Times》는 앞으로 다가올 일을 미리 예상하며 경종을 울렸다.

"연방 감독 기관의 영향력과 정부 조달 계약의 규모를 생각해 볼 때, 부유한 기업가를 비롯해서 민간인이 닉슨 대통령이 설립하는 재단에 돈을 기부하는 것은 옳지 않다."

자금과 영향력, 특히 현직 대통령의 영향력이라는 문제를 가지고 이 공신력 있는 신문은 대통령 기념 도서관의 문제를 공식적으로 제기했다.

처음부터 이처럼 비판을 받았는데도, 산업계의 거물 레너드 K. 파이어스톤Leonard K. Firestone을 이사장으로 영입한 재단은 닉슨 기념 도서관 부지를 알아보기 시작했다. 이듬해 여름, 캘리포니아의 휘티어 시는 닉슨에게 120에이커의 무상 토지를 제공하면서 이 문제에서 선두주자로 나섰다. 닉슨이 휘티어 고등학교와 휘티어 대학을 졸업했고 닉슨 재단이 최근에 그의 유년기 구전(口傳) 이야기를 함께 전시할 곳으로 모교를 선정했기 때문에, 휘티어는 가망 있는 후보지로 꼽혔다.

하지만 1000일이 지난 뒤에도 공식적인 결정은 이루어지지 않았다. 워터게이트의 광풍이 몰아치던 시절에도, 절반 이상의 휘티어 대학생들은 닉슨 도서관의 현지 유치를 옹호하는 탄원서에 서명했다. 국가의 주요 지도자로서, 그리고 특히 대통령으로서 닉슨이 유익한 기여를 했다고 주장하면서, 대학생들은 반대론자들에 맞서 닉슨을 변호했다. 탄원서는 이렇게 말했다.

"당신은 과거에 목소리 큰 사람들로부터 심각한 중상모략을 당했습니다. 이 협박으로 점철된 시대에서, 우리 휘티어 대학 총학생회의 대표들은 당신에게 관심을 쏟고 후원하고자 합니다."

대학생들이 이처럼 지지를 보냈어도, 휘티어의 제안은 스캔들이 터진 그해 늦게까지 지지부진한 상태였다. 공사는 아직 시작되기 전이었지만 캘리포니아 주 당국은 닉슨 면세 재단의 자금이 어디로 흘러갔는지 의문을 품기 시작했다. 재단 이사회에는 워터게이트 사건의 삼총사인 존 D. 얼릭먼John D. Ehrilichman, H. R. 홀드먼H. R. Haldeman, 존 미첼John Mitchell이 모두 들어 있었고—세 사람 다 행정부를 떠났고 곧 투옥되었다—허버트 W. 캄박Herbert W. Kalmbach은 이미 불법 선거 자금을 받았기 때문에 수감되어 있었다. 재단의 기금 서류를 살펴보면, 닉슨의 동생 에드워드 닉슨Edward Nixon이 워싱턴의 시애틀 컨설턴트 자격으로 2만 1000달러를 받고 6군데 후보지를 조사한 것이 드러났는데, 재단의 세금 기록에 이 돈은 누락되어 있었다. 파이어스톤은 도서관 후보지의 "정서적 혹은 미학적" 측면을 판단하기 위해 대통령 동생과 계약을 맺었다고 말했다. 하지만 에드워드 닉슨의 아내인 게이Gay는 남편의 역할을 그리 크게 보지 않았다.

"남편이 이곳을 떠나 돈을 받으며 빈둥빈둥 노는 동안, 나는 혼자…… 학교에서 가르치며 아이 둘을 키우고 있어요. 다시 말하지만 나는 너무 고달프게 살고 있어요."

닉슨은 또 다른 문젯거리를 안고 있었다.

파이어스톤은 리처드 닉슨 대통령 기념 도서관을 설립하려는 작업이 아무 지장 없이 추진될 것이라고 약속했지만 그것은 희망적인 관측에 지나지 않았다. 1974년 말, 재단 이사들과 파이어스톤은 닉슨 자신의 암묵적 지지를 받으며 재단을 폐쇄할지 여부를 고려했다. 1975년 4월, 닉슨이 사임한 지 8개월 후 재단은 공식적으로 해체되었다. 그 다음 주, 서던 캘리포니아 대학교USC: University of Southern California는 중앙 교정에 닉슨 기념 도서관을 설립한다는 계획을 발표했다. 닉슨의 기록이 어떻게 될지 알 수 없는 운명 속에서 그 대학의 제안은 아무래도 실현되지 않을 것 같았다.

닉슨의 사임은 일련의 사건을 촉발했고 기록보존소 선정과 그 보존에 대한 전망을 바꾸어 놓았다. 의회가 그의 대통령 문서, 기록 자료, 테이프를 몰수한 뒤, 국가기록원과 연방기록보존소Federal Archives and Records Center에 보관시켰다. 이것은 서둘러 통과된 1974년의 대통령 기록물과 자료 보존법의 보호 아래, 전직 대통령이 어떤 공문서든 (더 이상) 파기할 수 없도록 보장하려는 것이었다. 법에 따라 연방정부는 3700시간의 기록물과 약 4000만 페이지의 문서를 보관하게 되었다.

닉슨 문서의 새 거처를 다시 논의하려면 색다른 민주당 인사가 등장해야 했다. 듀크 대학교 총장이자 예전의 노스캐롤라이나 주지사(나중에 상원의원이 되는) 테리 샌퍼드Terry Sanford는 듀크 대학교 이사회의 동의를 받아, 대학교 인근 부지를 미래의 닉슨 도서관에 기증하기로 합의했다. "대통령 문서 컬렉션 중 닉슨 컬렉션은 앞으로 100년 동안 더욱 활발하게 연구될 것 같습니다"라고 샌퍼드 총장은 단정했다. 총장은 존 F. 케네디와 닉슨의 1960년 대통령 선거 때 케네디를 열렬하게 지지했지만 닉슨 문서를 확보하면 닉슨이

1937년에 법학박사 학위를 받았던 듀크 대학의 명성을 국제적으로 떨칠 수 있다고 보았다. 그러나 총장의 이러한 목표는 더럼(듀크 소재지) 교정이 지금까지 보았던 것 중 가장 험악한 분규 사태에 불을 댕기게 되었다.

듀크 대학교 교수진은 오랫동안 닉슨과 갈등을 겪어 왔다. 닉슨이 부통령으로 재직하던 1954년, 교수진은 닉슨에게 명예박사를 수여하기 위한 초청장을 철회했다. 닉슨이 이미 그 제안을 받아들인 뒤였으니 상당히 강경한 조치였던 셈이다. 1971년, 교수진은 닉슨에게 명예박사 학위를 주려는 2차 시도를 막았다. 이제 1981년에, 많은 교수들은 해트 트릭(3연속 골)을 기록하고 싶어했다.

듀크 대학교가 닉슨 기념 도서관을 위하여 2500만 달러의 개인 기부금을 모은다는 것은, 특히 국가기록원 기록물 문제가 해결되지 않았고 자료에 대한 소송이 진행 중인 상태였으니, 아주 어려운 싸움이 될 터였다. 닉슨을 거부한다는 의사 표시는 계속 이어졌다. 예전에 트루먼의 보좌관이었던 명예 이사 찰스 S. 머피Charles S. Murphy는 도서관을 받아들이면 대학교가 닉슨의 정치를 묵인하는 것이 된다고 우려하면서 항의 사퇴했다. 역사학과장 대행인 리처드 왓슨 Richard Watson은 닉슨 박물관이 아니라 도서관이라면 받아들이겠다는 의견을 내놓았다. 악당 알 카포네Al Capone의 문서는 받아들이더라도 알 카포네의 박물관은 받아들일 수 없다는 논리였다. 왓슨은 닉슨의 개인적 시각으로 그의 삶을 이야기하는 개인 기념 시설은 거부했다.

닉슨 편에서는 이런 항의에도 아랑곳없이 박물관을 필수 조건으로 내세웠다. 교섭하는 사람들은 1만 3935제곱미터의 건물을 원했지만 닉슨의 자료를 보관하기 위해 필요한 공간은 2787제곱미터면 충분했다. 나머지 80퍼센트의 공간에는 박물관이 입주할 예정이었고, 많은 사람들은 그곳이 37대 대통령의 평판을 좋게 가공하는 용도로 쓰일 것을 우려했다. 닉슨 자료를 학문적으로 보관하는 것과, 수치스러운 대통령의 명예를 회복하기 위한 자매 건물을 세우는 것은 별개 문제였다.

듀크 대학교 교수진은 대학교의 학사위원회에 의견을 제출했다. 공식 투표에서 위원회는 35 대 34의 표결로 도서관을 거부했다. 그 투표는 상징적인 의미밖에 없었다. 결정권은 위원회가 아니라 이사회에게 있었고, 집행 이사들은 도서관을 추진하려는 샌퍼드 총장의 편에 섰다. 듀크 역사학과의 한 교수는 이렇게 한탄했다.

"이날은 듀크 대학교의 슬픈 날입니다. 교수진은 그 문제로 완전히 분열되었고, 닉슨 기념 도서관 설립을 추진한다는 오늘의 결정─그것을 막으려는 교수진의 결의에도 아랑곳없이─은 앞으로 지속적인 반감을 불러일으킬 것입니다."

영문학과 교수 조지 윌리엄스George Williams는 그 소란스러운 문제와 관련하여 가상의 질문을 던졌다.

"당신이라면 칼리굴라의 문서를 거절하겠는가? 훈족 아틸라의 문서는? 아돌프 히틀러의 문서는? 어디쯤에서 선을 그어야 하는가?"

윌리엄스는 자신을 "부도덕한 소수의 일원"이라고 분류하면서 닉슨 문서가 "부패 과정에서 아직 알려지지 않은 공포와 혐오를 있는 그대로 기록했기를 바란다"고 주장했다. "닉슨 컬렉션이 가치 있다고 단정적으로 말하기는 어렵지만 그래도 어딘가에 소장되어야 한다. 좋든 싫든, 닉슨 도서관은 닉슨 씨의 것일 뿐만 아니라 우리의 것이기도 하다"라는 의견을 내세웠다.

동료 교수 에드윈 H. 케이디Edwin H. Cady는 한술 더 떴다.

"대규모 기록보존소를 손에 넣는다는 것이 대학교에게 무슨 의미인지 모르는 교수들에게 그것을 설명할 수 있다고는 보지 않습니다."

어떤 신문에서는 듀크 대학교가 "성인보다 악당이 더 생생한 역사를 보여준다는 그 이유 하나만으로도" 문서를 받아들여야 한다고 비꼬았다.

닉슨 진영과의 협상은 계속되었지만, 도서관 건립 계획은 혼란에 빠졌다. 교수진의 투표—"듀크 역사에서 가장 중요한 순간의 하나"라고 어떤 역사가는 회고했다—는 듀크 대학교 공동체에 힘을 불어넣었고 1981년 연말에 이르러 듀크 이사회는 박물관을 포기하기로 결정했다. 몇 달 뒤, 경제 악화와 정치적 압력을 이유로 들면서 듀크 대학교는 어떤 비판가가 "변명용 도서관library cum apologeum"이라는 별명을 붙인 리처드 닉슨 도서관을 포기했다.

닉슨은 평소의 그답게 곧 치고 나왔다. 그로부터 1년이 지나기 전에 전직 대통령은 캘리포니아 오렌지의 채프먼 대학과 협상하여, 닉슨의 '서부 백악관' 지역인 샌클레멘트에 대학 부속 도서관을 짓는다는 계획을 세웠다. 위치 선정을 추진하던 지역 은행가는 이렇게 말했다.

"나는 유럽 전역을 여행했는데, 샌클레멘트를 언급할 때마다 사람들은 먼저 닉슨을 이야기합니다. 그는 이 마을이 유명해지는 데 도움을 주었어요……. 워터게이트 사건이 터졌을 때도 마을 사람들은 그를 이곳에 오게 하여 문제를 잊도록 해주었습니다. 나는 그가 마음속으로 이 마을에 애정을 가지고 있다고 생각합니다."

이런 따뜻한 마음이야 어찌됐든, 지방 공무원들은 도서관과 박물관에 대한 공식 허가를 내줄지 여부를 두고 언쟁을 벌였다. 휘티어의 경우와 마찬가지로, 몇 년 동안 싸움이 벌어진 후 닉슨 가족은 또다시 두 손을 들었다.

도서관을 세우지 못한 채 몇 년이 지난 뒤―처음에는 출신 대학교, 그 다음에는 박사 학위를 받은 법과대학원, 마지막으로 닉슨이 사랑하는 캘리포니아 요새까지 포기하고서―닉슨은 결국 캘리포니아의 조용한 고향 요버린더에서 도서관 부지를 발견했다. 그곳은 프랭크Frank와 한나 닉슨Hannah Nixon 부부가 레몬 과수원 터 안에 있었던 흰 떡갈나무 통나무집에서 미래의 대통령을 임신한 곳이었다. 닉슨은 그곳에서 2000마일 떨어진 뉴저지의 새들 강에 은신했지만, 그가 아홉 살 때까지 살았던 오렌지카운티 마을에 도서관을 세우는 일은 상징적 의미의 귀향이었다.

2100만 달러의 비용으로 1990년 7월에 낙성된, 디즈니랜드에서 몇 분 거리에 위치한 리처드 닉슨 기념 도서관과 생가는 닉슨의 대통령 재임 전후 시절에 관련된 문서를 소장하고 있었다. 이 건물은 닉슨 가족이 운영하는 민간 시설이었다. 어떤 사람들은 닉슨 대통령 임기 때의 지독한 공격에 비추어 볼 때 도서관이 "너무 단순하면서도 우아하다"고 생각했다. 또 다른 사람들은 납세자들의 돈이 도서관 관리 비용에 들어가지 않는다는 데 안도했다.

개막식 날 포드, 부시, 레이건 대통령이 참석했다. 대통령 동아리 중에서 지미 카터만은 초대를 거절했다. 닉슨은 자신이 5년 전 카터 기념 도서관의 개관식에 불참했으면서도 카터의 불참에 잔뜩 화가 났다.

"나는 카터가 우리 도서관 개막식에 빠질 것이라고 생각하지 못했네. 이렇게 쩨쩨한 이야기를 들어본 적이 있는가?"

3만 명이 참석한 가운데, 닉슨은 자신에게 "많은 기억들이 있는데 어떤 것은 좋았지만 어떤 것은 그리 좋지 못했다"고 허심탄회하게 말했다.

몇 년 동안 치열하게 법정 소송을 벌이고 나서 2006년 가을에, 리처드 닉슨 대통령 기념 도서관과 박물관은 마침내 국가기록원의 소속 기관이 되었다. 약 15년간의 민간 기구 시절을 보낸 뒤 연방정부가 도서관의 초대 관장으로 임명한 사람은 존경 받는 냉전 역사가인 티모시 내프탤리Timothy Naftali였다. 닉슨 박물관이 역사를 심각하게 왜곡하고 삭제했기 때문에—닉슨의 집무실 테이프가 "기계적 장애" 때문에 그 악명 높은 18분 30초의 공백이 생겼다고 말하는 등—그것을 시정해야 한다는 분위기가 무르익었다. 내프탤리는 말했다.

"나는 경험주의자입니다. 지지든 반대든 리처드 닉슨에 대해서는 아무런 개인적 감정이 없어요."

의회 도서관의 샤론 포셋은 도서관 개선 작업이 "무에서 출발할" 것이라고 약속했다.

닉슨이 집무실 대화를 녹음했다는 충격적인 사실을 폭로하여 일시적으로 유명해졌던 알렉산더 버터필드Alexander Butterfield는 일찍이 워터게이트 위원회에게 말했다.

"내가 볼 때, 녹음기가 후세―닉슨 기념 도서관―를 위해 설치되었다는 사실은 의심할 여지가 없습니다."

35년이 지난 뒤, 버터필드는 이 테이프에 사악한 목적이 없었고, 단순히 문서 기록을 위해 만들어진 것이었다고 재확인했다. 사악하든 그렇지 않든, 그 문서 기록은 드디어 닉슨 기념 도서관의 일부가 되었다.

1980년대의 대통령 기념 도서관: 포드와 카터

닉슨 기념 도서관의 파란만장한 전설에 비하면 제럴드 포드의 대통령 기념 도서관과 박물관 설립은 그야말로 일사천리였다. 포드는 박물관에서 도서관을 분리한 유일한 대통령이었다. 1981년 4월, 미시건 대학교에서 도서관을 개관했고 5개월이 지난 뒤에는 소년 시절 고향인 그랜드 래피즈에 박물관을 세웠다. 부지는 둘로 나뉘었지만, 두 기구는 단일 기관이고 관장도 한 사람이었다.

미시건 대학교는 원래 포드가 스피로 애그뉴Spiro Agnew의 후임으로 리처드 닉슨의 부통령이 된 직후에 포드의 의회 문서를 소장하려 했다. 1976년 대통령 선거에서 지미 카터에게 패배한 뒤, 포드는 공식적으로 자신의 모든 서류―의회, 부통령, 대통령의―를 앤아버로 보낼 예정이고, 박물관은 고향에 세우겠다고 발표했다. 포드 기념 도서관의 기록 관리인에 따르면, 이렇게 분리 설치함으로써 쌍둥이

기구는 대통령 기념 도서관의 지나친 비대화를 공격하는 측의 비판을 비껴갈 수 있었다. 그래도 포드의 건물은 루스벨트의 도서관보다 50퍼센트 더 크다. 재임 기간은 루스벨트의 6분의 1에 지나지 않는데도 말이다.

포드 기념박물관 개관식에는 포드의 전임자나 후임자가 아무도 참석하지 않았다. 포드는 말했다.

"나는 내 대통령 재직 기간에 초점을 맞추고 싶었습니다. 그리고 만약 전직 대통령 한두 명이 이곳에 참석한다면…… 관중의 관심이 제럴드 포드에게서 벗어나게 되겠지요."

그렇긴 했어도, 도서관 준공식에서는 비록 이름이 거론되지 않았지만 닉슨의 존재가 은연중에 암시되었다. 포드는 1976년 선거에서 그랬던 것처럼, 자신의 유산을 공식적으로 시작하는 자리에서 닉슨의 그림자가 너무 강하게 드리워지지 않도록 신중을 기했다.

카터는 대통령 기념 도서관을 설립하여 '나를 기념하는 비'를 세우는 일에 관심을 기울이지 않았다. 오히려 '활동적인' 기구를 원했으며, 그 결과 카터 대통령 기념 도서관은 특이하게도 훨씬 더 유명한 이웃 기구인 카터 연구소의 그늘에 가리게 되었다. 린든 존슨, 부시, 클린턴이 세운 정책대학원들은 모두가 활발한 기구들이지만, 결코 관련 도서관들의 역할을 약화시키지 않는다. 그러나 카터 연구소는 대통령 복합 건물을 완전히 압도한다. 3억 달러의 기부금을 확보하고 있는 카터 연구소는 카터 도서관장이 인정하듯이, '거대 고릴라'가 되고 말았다. 사실, 카터 기념 도서관은 민간 모금 재단을 두지 않은 유일한 대통령 기념 도서관이다. 오로지 연방정부 단독으로

이 도서관을 후원하고 있다. 한마디로, 지미와 로절린 카터 부부가 다른 곳에 열정과 관심을 바치고 있기 때문에 도서관은 서자 취급을 당하고 있다.

애틀랜타에서 2마일 떨어진 곳에 세워진 2500만 달러짜리 지미 카터 기념 도서관과 박물관은, 일본식 정원과 인공 호숫가에 세워진 네 동짜리 담황색 원통형 건물 중 한 동에 입주해 있다. 건립 기금의 약 4분의 1을 외국인 기부자가 담당했고 약 절반을 조지아 주민이 부담했다. 도서관 단지 개발에 문제가 없지는 않았다. 조지아 매그놀리아 들판을 갈라놓는 4킬로미터짜리 4차선 도로 설치 문제가 큰 장애물로 등장했다. 카터 보좌관들은 방문객이 많을 테니 접근 도로가 필요할 거라고 생각했고, 카터 자신도 이 도로를 설치하지 못한다면 도서관을 다른 곳에 세우겠다고 위협했다. 항의자들은 조롱하듯이 카터 도서관을 "땅콩 봉지"라고 불렀고*, 접근 고속도로express way에는 엑스 프레즈 웨이**라는 별명을 붙였다. 지역 주민은 이웃 토지가 잘려 나가는 것을 막기 위해 열심히 싸웠다. (역설적으로 카터는 조지아 주지사 시절, 인근의 비슷한 간선도로 개발을 막기 위해 투쟁했고 이겼다.)

카터 도서관은 아직 전용도로 문제(1993년까지 질질 끌었다)가 해결되기 한참 전인 1986년 10월 1일에 개관했다. 카터의 61세 생일에 맞춰 치러진 개관식에서, 6년 전 카터의 재선을 봉쇄했던 레이건은 기념식에 참석하여 마음 넓게 축하해 주었다. 카터는 그답게 겸

---

* 카터가 땅콩 농장주였다는 데 착안한 조롱 표현.
** Ex-Prez way, 전직 대통령을 위한 길이라는 뜻.

손한 반응을 보였다.

"나는 어째서 당신이 1980년 11월 선거에 승리하고 내가 패배했는지 전보다 더 분명히 이해하게 되었습니다."

스탠퍼드, 후버의 계승자를 거부하다: 레이건 기념 도서관

지미 카터가 도서관을 더 적극적인 활동의 곁가지로 여긴 데 비해, 로널드 레이건은 자신의 위상에 걸맞은 복합 도서관 설립을 주요 목표로 삼았다. 레이건은 재임 기간 중에 도서관을 설립하는 최초의 대통령이 되고 싶었을 뿐만 아니라 도서관 부속 싱크탱크를 세우는데도 최초가 되고 싶었다. 싱크탱크 설립에는 자신의 정치적 유산 중 이념을 정중앙에 놓고 싶은 의도도 있었다.

골드워터Barry M. Goldwater*의 뒤를 이어 보수주의의 수호성인이된 로널드 레이건은 1980년대에 미국 우익의 방향타를 틀어쥐고 보수 정신을 강력하게 되살리려 했다. 공격적인 냉전 수행, 작은 정부, 규제 완화 같은 기치를 내세우면서 정치 담론에 패러다임의 변화를 가져왔고, 자유주의적인 공화당원과 민주당원을 모두 압도했다. 레이건의 정치사상은 스탠퍼드 대학 후버 연구소의 온실 환경에서 배양된 보수 사상에 크게 힘입은 것이다. 그는 후버 연구소를 가리켜 "싱크탱크의 별자리 가운데 가장 빛나는 별"이라고 칭송했다. 그러

---

* 1901~1998년. 미국 현대 보수주의의 창시자 겸 대표격 인물로, 상원의원을 지내고 1964년에는 공화당 대통령 후보로 나섰다.

한 찬양은 서로 주고받는 것이었다. 후버 연구소의 1981년 연례 보고서는 노골적인 기쁨을 표시하면서 이렇게 말했다.

"지난해의 가장 중요한 사건은 로널드 W. 레이건이 미국 대통령으로 당선된…… 선거였다."

이미 25톤에 이르는 레이건의 주지사 재임 및 선거 관련 서류를 소장하고 있던 후버 연구소는 1975년에 레이건을 명예 연구원으로 임명했다. 마틴 앤더슨Martin Anderson, 마이클 디버Michael Deaver, 리처드 앨런Richard Allen을 비롯하여 레이건의 절친한 조언자 몇 명은 레이건의 제1기 정부에 참여했을 때부터 싱크탱크와 오랫동안 유대 관계를 맺었다. 1960년부터 후버 연구소장인 글렌 캠벨은 레이건이 대통령에 취임하자마자 편지를 보내 후버 연구소에 도서관을 세울 의사가 있는지 타진했다. 레이건 팀은 곧 그 초대에 응했고, 그런 사실에 놀라는 사람은 별로 없었다.

캠벨은 후버 연구소가 허버트 후버의 대통령 문서 관리권을 아이오와의 웨스트 브랜치 기념관에게 빼앗긴 것을 오랫동안 가슴 아프게 생각해 왔다. 그래서 스탠퍼드 대학에 레이건 도서관을 유치하는 일은 그의 개인적 과업이 되었다. 캠벨은 공격적인 성향에 지독한 반공주의자로 널리 알려진 자유 시장 경제학자였다. 그리고 캘리포니아 주지사에 의해 캘리포니아 대학교 이사로 임명된 1960년대부터 레이건과 가까이 지냈다. 그런 입장이었으므로, 캠벨은 베트남 전쟁 반대 시위자를 엄격하게 단속하는 레이건을 적극적으로 지지했다.

레이건이 대통령에 당선되면서, 후버 연구소와 레이건 정부의 상호 협력은 이제 절정에 이르렀다. 레이건 정부 공직자들 중 29명이 후버 연구소와 인연이 있었다. 캠벨은 레이건의 해외 정보 자문위원회에 참여했고 뒤이어 레이건 도서관 재단의 이사장이 되었다. 레이건은 후버 연구소의 이사회를 칭송하면서 캠벨이 "다른 어떤 연구소보다 자신의 선거운동"에 많은 지원자들을 보내 주어 고맙다고 했다. 당연히, 캠벨은 레이건 연구소와 대통령 문서를 그의 싱크탱크로 유치하려 했고 또 그러기에 이상적인 처지였다. 캠벨이 나중에 이야기했듯이, "대통령과 영부인이 공공 문제 센터를 후버 연구소에 맡겨 관리하는 데에…… 대단히 관심이 많았다는 것"은 아무도 의심하지 않았다.

대학 교정에 자리 잡은 정책 연구소와 정부의 긴밀한 관계는 스탠퍼드 공동체 사람들의 심기를 건드렸다. 1983년 후반, 후버 연구소는 교수진과 대학생들이 양쪽(연구소와 정부)의 관계를 격렬히 비난하면서 벌인 탄원 운동의 표적이 되었다. 스탠퍼드 대학의 정치학 교수는 말했다.

"우리는 레이건 정부의 공직자 개개인을 반대하지는 않습니다. 문제는…… 연구소 전체가 당파적으로 정치에 참여한다는…… 움직일 수 없는 증거가 있다는 겁니다."

대학생들은 곧 레이건 대학교에 맞서는 스탠퍼드 공동체Stanford Community against Reagan University의 두문자를 따서 SCARU라는 신조어를 만들어 냈다.

반면에, 스탠퍼드 출신 민주당 상원의원 3명을 포함한 상원의원 7명은 도서관 유치를 중시하여 적극 후원했다. 《월스트리트 저널Wall Street Journal》은 "존경해 마땅한…… 싱크탱크에 맞서 소규모 선동자들이 실력 행사를 하려 드는 것"에 경악하면서, 교정에서 시위하는 반대자들의 행위를 "학원 테러리즘"이라고 낙인찍었다. 어떤 사람들은 하버드 대학 출신의 고관들이 많은 케네디의 카멜롯 정부와, 후버 연구소의 영향을 받는 레이건 행정부 사이에 어떤 차이점이 있느냐고 질문을 던졌다.

이러한 갈등이 빚어졌어도, 글렌 캠벨은 총장인 도널드 케네디 Donald Kennedy에게 도서관 설립에 대한 레이건의 긍정적인 반응을 보고했다. (후버 연구소는 반半자치적인 기구이지만 절차상 스탠퍼드 이사회에 보고를 했다.) 케네디 총장은 곧 교수 위원회를 열어서, 스탠퍼드 대학교에 레이건 도서관과 공공정책 센터를 유치하면 좋을지 여부를 살펴보게 했다. 약 1년 동안 조사 작업을 벌이고 교수진과 더 넓은 대학 공동체의 의견을 참고한 뒤, 교수 위원회는 도서관이 스탠퍼드에게 확실히 유리하지만 정책 연구소는 "대학 당국의 관리"를 받아야 마땅하다고 보고했다. 달리 말해, 만약 레이건 재단이 후버 연구소에 싱크탱크를 세우고 싶다면, 후버 연구소의 방침이 아니라 스탠퍼드 대학교의 일반적인 임명과 운영 지침을 따라야 한다는 것이었다. 당연히 싱크탱크의 보직 임명은 대학 위원회의 승인을 받아야 하고 합리적인 고용 절차를 지켜야 했다.

좋게 말해서, 글렌 캠벨은 그런 제안에 별로 매력을 느끼지 못했다. 레이건을 위한 협상에 선두로 나섰던 레이건의 조언자 에드 미즈Ed Meese(나중에 레이건 행정부의 법무장관이 되는) 또한 마찬가지였다. 미스는 이렇게 말했다.

"만약 후버 연구소가 아니었더라면 스탠퍼드 대학교는 레이건 문서 소장처 후보에도 오르지 못했을 것이다."

캠벨과 미스는 제안된 레이건 정책연구소와 후버 연구소의 호혜적 관계를 마지못해 포기하면서, 그 대신에 레이건 연구소가 후버 연구소와 스탠퍼드 대학교 양쪽으로부터 독립되어야 한다는 또 다른 제안을 내놓았다.

스탠퍼드 이사회의 이사들은 투표를 실시하여 이 제안을 압도적인 표차로 부결시켰다. 하지만 도서관과 부속 소규모 박물관은 지지했다. 후버 연구소가 이 시설을 개발하는 데 책임이 있기는 하지만, 도서관과 박물관이 결국에는 연방정부의 관할을 받게 되리라고 내다본 것이었다. 후버 연구소가 직접 관장하는 정책 연구소와는 다르게, 연방 도서관(레이건 도서관)에 대한 후버 연구소의 책임은 제한적일 것이라는 시각이었다. 그러자 레이건 팀은 어쩔 수 없이 레이건 싱크탱크를 캠퍼스 바깥에 세우기로 결정했다.

도널드 케네디는 제2차 위원회를 설치하여 기념 도서관 부지, 위치, 대학교와의 전반적인 관계 등 세부 사항을 살펴보도록 했다. 위원회는 세 군데 지역을 제안했다. 그 직후 레이건 재단은 그중 한 곳을 선정했다. 스탠퍼드 교정을 내려다보는, 풀로 뒤덮인 언덕의 아주 멋진 곳이었다. 스탠퍼드 이사들이 승인했고 레이건이 직접 서명했다. 뉴욕의 시티코프 타워와 필라델피아의 베테란 스타디움을 맡았던 건축가, 휴 스터빈스Hugh Stubbins가 고용되어 스페인 선교시설 양식의 건축물을 설계하기로 정해졌다.

그리하여 레이건 기념 도서관을 막 추진하려 하는데 새로운 장애물이 등장했다. 후버 연구소와 레이건 정부의 밀접한 관계에 대하여 의혹이 급속히 번지는 것과 더불어, 눈에 너무 잘 띄는 도서관 부지와 그 설계에 대한 우려가 표명된 것이다. 이 문제를 해결하기 위한 특별 위원회가 구성되었고, 레이건 기념 도서관에는 새로운 지침이 부여되었다. 그 지침에 따르면 복합 건물은 교정에서 "최소한으로만 눈에 띄어야" 하는데, 제안된 "2층짜리 연결 건물군"은 그러한 지침을 따르기가 어려웠다. 설상가상으로 휴 스터빈스는 레이건 도서관에는 스탠퍼드 교정에 사용된 "대단히 보기 흉한" 사암(砂巖) 대신에 "고급" 자재를 사용하겠다고 말하는 실수를 저질렀다. 대학생 공동체는 케네디와 카터 기념 도서관을 둘러싼 분규를 환기시키면서, 교통 혼잡 문제, 특히 도서관 접근 도로 근처에 사는 주민들에게 큰 고통을 준다는 문제를 들고 나왔다.

레이건 기념 도서관 계획은 와해되기 시작했다. 교수진은 이제 도서관 지붕선을 바꾸어야 한다는 결의안을 통과시켰다. 뒤이어 교수 회의는 압도적인 표 차이로 도서관을 언덕에 세우지 말도록 결정했다. 스탠퍼드 역사학과 교수 데이비드 애버네시David Abernethy에 따르면 상징성도 한 가지 고려 사항이었다. 교정에서 가장 높은 건물은 후버 탑인데 이제 레이건 기념 도서관이 둘째로 높은 건물로 들어서면 스탠퍼드는 완전히 보수주의의 중심지로 굳어질 위험이 있다는 것이었다.

레이건은 양보하고 싶은 생각도 있었다. 대통령 임기가 2년이 채 안 남았기 때문에 어떻게 해서라도 성사시키고 싶었다. 레이건은 할리우드에 갖고 있는 인맥에 도움을 청하여, 지미 스튜어트Jimmy Stewart를 해결사로 채용했다. 하지만 골수 공화당 지지파인 이 영화

배우의 영향력은 너무 늦게 투입되어 아무 소용이 없었고, 스탠퍼드 기념 도서관 계획은 실패로 끝났다. 마지막 치명타는 교수 회의가 만장일치로 투표하여 스탠퍼드 대학교는 "레이건과의 관계"를 "자랑스러워 해야 한다"는 글렌 캠벨의 의견을 비난한 것이었다. 당시 스탠퍼드의 이사회 회장을 맡고 있었던 워런 크리스토퍼Warren Christopher(미래의 클린턴 행정부 국무장관)는 민주당 배경을 지녔으면서도 이런 최종 결정을 유감스럽게 생각했다.

"나는 레이건 기념 도서관을 스탠퍼드 교정에 유치하는 사업을 적극적으로 지지했고 결과적으로 그렇게 하지 못해서 실망했습니다."

1987년 5월, 레이건 재단은 스탠퍼드 대학교를 포기하고 다른 곳을 알아보기 시작했다.

에드 미즈에 따르면, 너무 많은 사람이 그 계획에 반대한다면서 스탠퍼드 계획을 단념하기로 마음먹은 것은 레이건 본인이었다. 마틴 앤더슨의 회상에 따르면 레이건은 어깨를 으쓱하며 이렇게 말했다.

"인생은 너무 짧습니다."

도널드 케네디는 레이건 진영의 스탠퍼드 철수를 "사려 깊은 편지를 통해서가 아니라 언론 보도로" 알게 되었다. 이렇게 하여 몇 년 동안 끌었던 소동은 결국 흐지부지 끝나고 말았다. 20년이 지난 뒤에도 이 문제는 여전히 격렬한 논쟁을 불러일으켰다. 케네디는 주장했다.

"미국의 법무장관[에드 미즈]은 공직을 떠나기 전에는 대통령의 개인적 일을 대행해서는 안 되었습니다."

그는 글렌 캠벨을 특히 경멸했다.

"내가 지금까지 만났던 사람들 중에서 가장 성격이 좋지 않고 불쾌한 인물이었습니다. 낸시 레이건조차 같이 있고 싶어하지 않았을 정도입니다."

더 푸른 목장을 찾다가, 레이건 기념 도서관 재단은 곧 서던 캘리포니아 벤투라 카운티의 시미 밸리로 눈길을 돌렸다. 그곳은 미국의 어떤 도시보다 가구당 보유 차량 수가 많은 지역이었다. 지방 부동산 회사가 너그럽게 기증한, 완만한 구릉 지역에 자리잡은 무상 토지 100에이커는 그 거래를 매력적으로 보이게 했고, 계약을 촉진시켰다. 토지 사용의 문제가 좀 있었지만, 스탠퍼드 분규에 비할 정도는 아니었다. 1988년에 이르러 시미 밸리 부지에서 공사가 시작되었다.

3년이 지난 뒤, 6000만 달러 건축비를 투입한 1만 4214제곱미터의 로널드 레이건 대통령 재단과 도서관─당시까지 최고의 비용이 든 최대의 건물─이 정식 개관했다. 건축가 휴 스터빈스의 선교시설풍 설계도는 원래 스탠퍼드 교정을 위해 계획된 것이었지만, 시미 밸리 부지에 그대로 사용되었다. 개관식 행사 덕분에 특별한 사진 촬영 기회가 생겼다. 역사상 처음으로 5명의 대통령이 동시에 참석했는데, 전직 대통령 리처드 닉슨, 제럴드 포드, 지미 카터, 로널드 레이건과 현직 대통령 조지 H. W. 부시였다.

시미 밸리는 레이건 기념 도서관을 건설하기에 적절한 곳이었다. 도서관의 초대 관장, 랠프 C. 블레드소Ralph C. Bledsoe는 그곳의 특징을 이렇게 설명했다.

"지역 주민 대다수가 보수적일 뿐만 아니라 인근 풍경이 수려하여 많은 고전적 할리우드 서부 영화에 무대를 제공합니다."

그런 부지 선정 덕분에 레이건 자신은 물리적으로 도서관과 가까워졌고, 그곳 행사에 더 쉽게 참석할 수 있었다. 또 다른 이점도 있었다. 만약 스탠퍼드 대학교로 도서관 부지가 결정되었더라면, 2005년에 개관한, 인기가 대단한 3000만 달러짜리 공군 1호기 전시관은 공간 부족 때문에 함께 세우지 못했으리라. 또한 레이건 부부가 사후에 도서관 부지에 묻히기로 결정했기 때문에, 두 사람은 팰로앨토의 자유스러운 구역보다 진정 레이건에 우호적인 지구에서 훨씬 더 편안하게 영면할 수 있을 것이다.

조지 H. W. 부시의 전쟁·자동차·말 박물관

싱크탱크를 세우려는 레이건의 꿈이 날아간 반면, 뒤를 이은 조지 H. W. 부시는 그것을 최우선 순위로 삼지 않았다. 겸손해서였는지 아니면 이념적 욕구가 부족해서였는지는 몰라도, 부시는 대통령 기념 도서관 개발에 좀더 신중하게 접근하여 복잡하지 않은 계획을 세웠다.

부시는 일찍이 모교인 예일 대학교에 도서관을 설립하는 데 관심을 보였지만 그런 생각은 성사되지 못했다. 언론 보좌관 말린 피츠워터가 회상하듯이, 예일 대학교는 대통령이나 부시 재단의 제안에 그리 호의적이지 않았다. 피츠워터는 말한다.

"그들은 부시가 대통령으로 재직할 때도 그를 야유하며 냉대했고 처음부터 환영하지 않았습니다. 그들은 공화당원과 가까이 하지 않으려 했어요."

《이코노미스트Economist》가 신랄하게 지적했듯이, "대학생들이 불지르려고 덤비는 곳보다는 그렇지 않은 곳에 도서관을 세우는 게 더 낫다."

부시는 곧 생각을 바꾸었다. 1991년 봄, 라이스 대학교와 휴스턴 대학교의 합동 제의가 수포로 돌아간 뒤, 부시 측은 주 최초의 공립 고등교육 기관인 텍사스 A&M과 계약을 맺었다. 칼리지 스테이션 대학교는 유리한 점이 많았다. 넓은 땅(예전에 돼지 농장 겸 돼지 연구소였던 땅 96에이커를 제공했다), 모금을 돕겠다는 의욕(이 대학교는 주머니가 두둑한 석유업자들을 많이 배출했다), 부시 자신과의 정치적 연대(텍사스 A&M에는 지방 최대의 공화당 단체가 있다), 대학교 총장과 부시의 개인적 친분, 석유업계와 목축업계에서 이름을 날리고 있는 졸업생들, 부시의 휴스턴 집과 145킬로미터밖에 떨어져 있지 않은 캠퍼스 등, 텍사스 A&M은 탁월한 선택이었다.

8300만 달러짜리 3층 석회암 복합 건물은 비용 면에서 이전의 레이건 기념 도서관을 능가했다. 그 건물에는 텍사스에서 둘째로 세워진 전직 대통령 기념 공공정책대학원인 '조지 H. W. 부시 공공행정대학원the George H. W. Bush School of Government and Public Service'이 들어가 있다. (도서관 비용은 4000만 달러, 대학원 건축비는 4300만 달러.) 건설비는 텍사스 A&M과 1000여 명의 기부자들이 분담했다. 기부자들 중에는 아랍에미리트 대통령인 세이크 자이에드 빈 술탄 알-나이얀Sheik Zayed bin Sultan al-Nahayan, 쿠웨이트 과학진흥재단 등이 끼어 있었고, 그 외에 16명이 100만 달러 이상을 냈다. 장기 주미 사우디 대사이고 부시 가문과 오랜 친구인 반다르Bandar 왕자는 일곱 자리 숫자의 금액을 기부했고, 개막식에도 참석했다. 워싱턴 타임스 재단으로 위장한 문선명 통일교 신자들조차 지갑을 열어서 통크게 100만 달러를 냈다.

1997년 11월 개관식에는 전직 대통령인 포드와 카터, 현직 대통령인 클린턴, 그리고 예전 영부인 낸시 레이건을 비롯하여 약 2만 명이 참석했다. 전시품에는 부시가 코네티컷의 그리니치에서 텍사스로 이사하면서 몰았던 1947년형 스투드베이커 자동차, 전시에 조종했던 TVM 어벤저 비행기, 도서관 전면 광장에 설치한 4마리의 말 조각상이 포함되어 있었다. 어떤 언론인은 그 도서관을 "조지 부시 전쟁·자동차·말 박물관"이라고 불러도 괜찮겠다는 농담을 했다.

당시에는 장래의 퇴임 때(2001년)만큼 아버지 부시에게 우호적이지 않았던 빌 클린턴 대통령은 축사에서 "뛰어난 예절과 감수성으로 우리나라를 잘 섬긴 훌륭한 인품의 조지 H. W. 부시가 미국에 있었고, 이것은 부시 도서관이 대대로 후세에게 전할 이야기"라고 말했다. 또 다른 이야기도 있었다. 부시가 공직을 떠나고 11개월이 지난 뒤, 도서관은 부시가 사면해 준 남자의 아버지, 에드윈 L. 콕스 Edwin L. Cox로부터 10만 달러 내지 25만 달러의 기부금을 받았다. 그로부터 몇 년 뒤 클린턴은 어떤 인사를 사면해 주기도 '전'에 도서관 기부금을 받아서, 신문의 제1면 기사를 장식했다. 부시의 경우 사면 덕분에 기부금을 받았다는 주장은 곧 자취를 감추었다.

윌리엄 J. 클린턴의 미래로 향하는 다리

조지 H. W. 부시의 복합 건물의 두 배 비용이 들어간 빌 클린턴 기념 도서관은 규모가 거대했으며, 아칸소 주 리틀록의 지역 경제를 극적으로 활성화시켰다. 도시의 리버 마켓 구획 중, 인적 없는 대규모 공공시설 부지에 자리 잡은 클린턴 기념 도서관은 0.1제곱킬로미터의 아칸소 강가를 따라 불사조처럼 우뚝 솟아났다. 클린턴은 이 프로젝트의 가치를 힘주어 주장했다.

"비용이 얼마가 들더라도, 지금부터 100년 뒤에라도 사람들이 이곳을 찾아온다면…… 우리는 이 투자를 크게 기뻐하게 될 것입니다."

공식적으로 윌리엄 J. 클린턴 대통령 기념 도서관이라고 알려진 이 시설은 리틀록 역사상 최대의 개발 프로젝트였다.

재선 임기를 시작한 직후, 클린턴은 아칸소 대학교에 자신의 복합 도서관을 세운다는 계획을 발표했다. 리틀록 시가 부지를 기증할 예정이었지만 건설에는 막대한 비용이 들어갈 터였고, 그래서 클린턴은 선례를 따라 재직 중에 장기적인 모금 운동을 시작했다. 친구인 테리 매컬리프Terry McAuliffe는 공식적으로 모금 운동을 감독하게 되었지만, 모금활동의 중요한 기수로 떠오른 인물은 클린턴의 말 잘하는 또 다른 친구, 제임스 '스킵' 러더퍼드였다. 1970년대부터 클린턴과 친구로 지낸 러더퍼드는 홍보, 전략적 커뮤니케이션, 광고 분야에서 사장직을 맡은 경력이 있었다. (그는 나중에 대학교에서 이른바 커뮤니케이션, 정계와의 관계 형성, 인맥 활용을 강의하게 된다.) 1997년, 러더퍼드는 윌리엄 제퍼슨 클린턴 재단의 이사장이 되었고 곧 기부자들을 그러모으는 일에 착수했다.

1997년부터 2002년까지, 재단의 유일한 목적은 클린턴 기념 도서관의 건축자금을 조달하는 것이었다. 그렇게 한 뒤에야 비로소 세계의 보건과 개발을 후원하자는 원대한 취지를 내세울 수 있었다. 클린턴은 가까이 지내던 지구촌의 친구와 동료들을 상대로 손을 벌렸지만 그래도 모금 운동은 만만치 않았다. 클린턴이 입에 달고 다니던 "미래로 향하는 다리"는 1억 6500만 달러가 필요한 초대형 사업이었기 때문이다.

클린턴의 재선 임기가 끝나갈 무렵, 재단은 약 1400만 달러를 모금했다. 목표에는 턱없이 부족하여 앞으로 더 많이 모아야 했지만 아무도 클린턴의 모금 능력을 의심하지 않았다. 아무리 탄핵 청문회 추문으로 뒤덮여 시달리는 끔찍한 한 해(1998년)를 보냈어도, 클린턴은 여전히 재발명에 탁월한 능력을 지닌 정치적 마술사였다. 하지만 재선 임기가 끝나갈 무렵 스캔들이 다시 터졌다. 클린턴이 공직을 떠나기 얼마 전 한밤중에 재가했던 사면의 몇 가지 사례들은 그가 예상하지 못한 악몽 같은 결과를 초래했고, 일시적으로 모금 활동의 가능성을 위태롭게 했다.

클린턴이 승인했던 140건의 사면 인사들 중에는 도피중이었던 무역업자 마크 리치Marc Rich가 끼어 있었다. 미국에서 탈세와 공갈 혐의로 조사받다가 기소되자 17년 전에 스위스로 도주한 인물이었다. 그런데 리치의 전처인 데니즈 리치Denise Rich가 그 몇 달 전에 클린턴 기념 도서관 재단에 45만 달러를 기부한 사실이 밝혀져, 클린턴의 사면을 황당무계한 행위로 만들어 버렸다. 가장 열렬한 클린턴 옹호자들조차 노발대발했고, 퇴임 대통령의 후광을 활용할 수 있는 모금 기회마저 날아가 버렸다. 5000달러 이상의 모든 기부금과 약속에 대해서는 즉시 소환장이 발부되었고, 클린턴 기념 도서관 모금 기계는 작동을 멈추어 먼지가 가득 쌓였다.

이처럼 시기를 잘못 잡은 정치적 자충수를 어떻게 설명할 수 있을까? 클린턴의 한 절친한 친구는 아칸소 정치의 자유분방한 환경에서 그 해답을 찾을 수 있다고 진단했다. 클린턴 부부가 아무리 워싱턴 정치 환경에 둘러싸여 있더라도, 그들의 정치적 뿌리는 리틀록이라는 이야기다. 클린턴 부부가 이해 상충 관계를 무시하는, 무엇이든 허용하는 리틀록의 정치적 거래에 익숙하다는 설명이다.

클린턴은 변호사의 보고서 같은 기명 논평 페이지를 《뉴욕 타임스》에 게재함으로써 자신을 변호하고 나섰다. 그 사면에 "대가성이 없었고," I. 루이스 리비I. Lewis Libby와 같이 "뛰어난 공화당 검사" 조차 지지했던 조치였음을 주장했다. 그러나 루이스 리비는 15년 동안 마크 리치의 변호사였고 나중에 딕 체니Dick Cheney의 수석 보좌관이었다가 유죄 선고를 받은 인물이었다. 이듬해 클린턴은 그 사면이 과오였음을 시인하면서도 정치적인 수사로 얼버무리려 했다.

"정치적으로는 서투른 행위였지만 내 명성에 해를 끼칠 만한 것은 아니었다."

낙천적인 클린턴 지지자인 스킵 러더퍼드조차 사면을 쉽게 받아들이지 못했다. 도서관 기금을 모으는 책임자로서 러더퍼드는 거센 역풍을 체감했다. 몇 년이 지난 뒤 그는 이렇게 회상했다.

"거액 기부자들이 모금 대열에서 이탈한 것은 아니었지만, 신규 거액 기부자들이 새로 생겨나지는 않았습니다."

클린턴이 공직에서 물러난 첫 해는 모금 활동에 박차를 가해야 했지만 나쁜 소식은 계속 이어졌다. 빌 클린턴의 이복형제인 로저 클린턴Roger Clinton과 힐러리의 남동생 휴 로댐Hugh Rodham 등이 연루된 사면 스캔들이 동시에 터져 몇 달 동안 뉴스의 쟁점으로 떠올랐다.

클린턴 대통령을 못마땅해하며 내내 공격하고 싶어하던 공화당 의회에게 사면 스캔들은 좋은 먹잇감이었다. 인디애나 공화당원 댄 버튼Dan Burton—클린턴의 숙적—이 위원장을 맡은 하원 개혁위원회는 청문회를 빨리 시작하지 못해 안달이었다. 클린턴과 데니즈 리치의 친구이고, DNC(민주당 전국위원회) 재정 책임자로서 민주당에게 거금을 모금해 준 베스 도조레츠Beth Dozoretz는 데니즈 리치에게서 몇십만 달러를 받아 내려 한 인물로 지목되었다. (도조레츠는 의회로부터 증언하라는 요청을 받았을 때, 미국 수정헌법 제5조를 내세워 묵비권을 행사했다.) 버튼 위원회는 주로 데니즈 리치의 기부금이 전 남편의 사면과 관련되는지 여부에 관심을 기울였다. 무엇보다도 도망자가 정치적 이유로 기부금을 내는 것은 불법이기 때문이었다. 버튼 위원회는 끝내 데니즈 리치의 불법 행동을 밝혀내지 못했지만, 2001년 3월에 제출된 장문의 보고서, 〈훼손된 정의: 클린턴 백악관의 사면 결정〉은 데니즈 리치가 남편의 사면을 위해 로비 활동을 벌인 핵심 인물임을 입증했다.

클린턴 재단은 리치 스캔들 때문에 모금 기간에서 1년 정도를 허송세월했다. 2004년 가을에 개관한다는 일정이 잡혀 있었으므로 거액의 기부금을 조속히 모아야 했다. 이 어려운 때에 외국 정부가 모금에 앞장섰다. 한 모금 담당자의 말에 의하면, 두바이에서 두 장의 수표로 3000만 달러를 보내 온, 배짱이 어마어마하게 큰 아랍 토후들이 있었다. 클린턴의 절친한 친구 케이시 워서먼Casey Wasserman은 로스앤젤레스의 워서먼 재단에 600만 달러에서 700만 달러 사이의 금액을 지급하도록 지시했다. 멕시코 이동통신 업계의 거인인 카를로스 슬림Carlos Slim은 100만 달러를 보탰고, 리틀록의 알텔 코퍼레이션의 조 포드Joe Ford는 125만 달러를 냈다.

스킵 러더퍼드는 클린턴 기념 도서관이 리틀록 경제에 얼마나 크게 기여하는지를 잘 알았다. 지방에서 8위의 거대 도시 지역—이 도시가 역사에 남긴 다른 족적은 1957년에 주 방위군이 흑인 학생을 보호한 조치가 유일했다—인 리틀록은 문화적 유산의 개척이 부족한 곳이었다. 클린턴의 유산 설립은 그 모든 것을 바꾸기 시작했다. 러더퍼드는 진정 21세기적인 반관반민 도시 개조 프로젝트로 도시 중심지와 해안도로 재개발을 확정하겠다고 약속했다. 도서관을 개관한 지 1년이 지난 2005년 말, 10억 달러의 투자가 도시로 쏟아져 들어왔다. 미국 간선도로에서 교통량이 가장 많은 도로에 속하는 주간 고속도로 30번 인근에 있고, 멤피스에서 두 시간 거리이며 공항에서 10분 거리인 도서관은 2006년에 30만 명도 넘는 방문객을 끌어들였다. 레이건 기념 도서관에 이어 그 해의 관람객 동원 순위 2위였다.

정평이 난 건축 회사인 뉴욕의 폴셰크 파트너스가 설계한 클린턴 기념 도서관은 내부 전시공간이 더블린의 트리니티 대학 도서관을 본뜬 것이 특징이다. 외부에서 보면, 강철과 유리를 외팔보(한쪽 끝은 받쳐지고 다른 끝은 받쳐지지 않은 보 _ 옮긴이)로 돌출시킨 대형 건축물로서 클린턴이 자랑하는 미래로 향하는 다리를 떠올리도록 설계되었다. 러더퍼드는 건축가인 에로 사리넨Eero Saarinen이 설계한 세인트루이스의 관문 아치를 예로 들면서 이렇게 설명했다.

"이것은 우리의 아치입니다."

이제 건축은 다른 예술형태와 마찬가지로 잠재적인 마케팅 현장이 되었다. 그래서 어떤 비평가는 클린턴 기념 도서관을 이렇게 논평한다.

"건축은 정치 분야에 참여하여 능란한 솜씨로 많은 유권자들을 만족시키고 다양한 관점들을 수용한다."(하지만 이렇게 우호적이지 않은 다른 비평가들은 클린턴의 건물을 "죽마(竹馬)에 실린 트레일러"라고 조롱했다.)

클린턴은 매월 1주일에서 10일가량 도서관 꼭대기의 천장 전체가 유리로 덮인, 186제곱미터의 펜트하우스에서 지내고 싶다고 말했지만 아직까지 그 계획을 지키지 못했다. 최근 몇 년 동안에는 한 달에 한두 번 며칠씩 도서관을 방문했고 이곳에 내려올 때면 주로 휴식을 취하면서 골프를 쳤다. 클린턴은 도서관 및 박물관과 더불어 이 부지에 있는 1899년에 설립된 철도역을 리모델링하여 그곳에 클린턴 공공업무대학원the Clinton School of Public Service을 세웠다. 스킵 러더퍼드는 아칸소 상원의원 출신인데, 초임 대학원장인 데이비드 프라이어가 물러난 후 이 대학원의 원장으로서 업무를 총괄하고 있다. 조지 H. W. 부시와 같이, 클린턴은 자신의 이미지를 제고하기 위한 정책 연구소를 설립하지 않고 대학원 프로그램을 개발하기로 선택했다. 레이건의 비참한 스탠퍼드 경험이 42대 대통령에게 교훈이 된 셈이다.

2004년 11월의 클린턴 도서관 개관식에는 두 전직 대통령인 지미 카터와 조지 H. W. 부시, 그리고 현직 대통령인 조지 W. 부시가 참석했다. 지금 뉴욕의 상원의원인 힐러리 클린턴은 "이곳 전시품들은 동료들을 사랑하는 한 남자의 이야기를 말해준다"고 선언했다. 아일랜드 팝 그룹 U2의 보노Bono와 디 에지The Edge는 병든 제리 포드를 대신하여 〈선데이 블러디 선데이(일요일 피의 일요일)〉를 연주했다. 존 케리John Kerry는 고작 2주일 전에 그 해의 블러디 튜스데이(피의 화요일) 대통령 선거에서 패배했으나 그래도 개관식에 참석했다.

·

텍사스는 부시를 좋아해: 조지 W. 부시

로널드 레이건을 영웅시하는 조지 W. 부시는 기념 도서관 옆에 온전한 정책 연구소를 세운다면 부시 행정부의 유산을 가장 잘 보존할 수 있으리라고 생각했다. 부시는 이렇게 말했다.

"사람들이 자유와 해방, 그리고 드 토크빌Alexis de Tocqueville*이 미국에서 보았던 민주주의 모델에 대해 이야기하는, 그런 곳이 되어야 한다."

* 1805~1859. 프랑스의 정치가 겸 역사가.

정책 연구소를 세우려는 부시의 생각은 연임을 시작한 뒤에 분명하게 드러났다. 텍사스 A&M이 도서관을 유치하는 데 관심을 보인 2005년, 대통령의 막냇동생 마빈Marvin, 부시의 전임 상공장관이고 도서관 부지 선정 팀의 팀장인 도널드 에번스Donald Evans 등은 대통령의 계획을 분명히 밝힌 편지를 대학 측에 보냈다.

"연구소의 임무 중에는 필요한 프로그램 개혁, 열정적인 보수주의, 자유와 민주주의의 세계적 확산, 테러리즘 격파를 비롯한 부시 정부의 국내외 목표 달성을 촉진하는 일도 있습니다."

한창 이라크 전쟁을 치르면서도 부시 측은 바삐 아들 부시 정부의 미래 유산을 준비하고 있었다.

텍사스 A&M은 아버지 부시 대통령의 복합 단지를 이미 갖추었으면서도 결코 본격적인 경쟁자가 되지 못했다. 여러 다른 대학교들이 나서서 막후에서 협상하고 홍보 캠페인을 펼치며 조건을 제시했다. 조지 W. 부시 기념 도서관을 위한 웨스트 텍사스 연합이라고 자칭하던 그룹은 텍사스 테크, 미들랜드 칼리지, 여러 지방 정부가 합동으로 유치에 나선 경우였다. 웨스트 텍사스 연합은 텍사스의 '카우보이 시인', 레드 스티걸Red Steagall이 해설자 역할을 맡은 8분짜리 비디오를 만들었지만 승산은 적었다. 어느 정당도 편들지 않는 대학교인 텍사스 테크는 침례교 계열의 댈러스 대학교, 가톨릭 베일러 대학교, 남부감리교대학교 등 다른 세 군데의 텍사스 경쟁자에 비하면 불리한 위치에 있었다. 텍사스 연합의 책임자인 데이비드 밀러David Miller는 "〔그들의〕 프로젝트를 기도에 담았다"고 말했지만 기도는 응답을 얻지 못했다.

2006년 4월, 부시는 복합 도서관의 일부로 싱크탱크를 짓기로 결심하고, 부시 진영이 '전국 순회tour d'horizon'를 하던 시기에, 보수적인 싱크탱크 가운데 가장 뛰어난 후버 연구소를 방문했다. 후버 연구소에서 식사하던 중에, 그곳의 장기 연구원으로 1980년대 레이건 기념 도서관 논쟁을 겪은 역전의 용사인 마틴 앤더슨Martin Anderson은 대통령에게 직언을 했다.

　"기념 도서관을 대학교에 세우지 마십시오."

　레이건의 스탠퍼드 분규에 아직도 마음이 쓰라린 앤더슨은 레이건이 마침내 시미 밸리 부지에 성공적으로 도서관을 설립한 사실을 들어 43대 대통령(아들 부시)에게 캠퍼스가 아닌 곳을 선정하도록 적극 권유했다. 또 다른 대학 싸움에 말려들지 말라고 경고하면서, 대학교 선정에는 "제약이 너무 많다"고 지적했다.

　앤더슨이 이처럼 조언했는데도, 남부감리교대학이 곧 승산 있는 후보지로 떠올랐다. 부시 가족이 퇴임 후에 거주할 계획을 세운 멋진 교외에서 멀지 않은, 가로수가 즐비한 노스 댈러스 지역에 자리잡은 이 대학은 유리한 고지를 차지했다. 이것은 이 대학이 영부인 로라 부시Laura Bush의 모교이기 때문은 아니다. 1968년 이 대학의 도서관학과를 졸업한 로라 부시는 이사회에 들어갔고, 남편은 대통령에 취임한 직후 이 대학교에 '로라 부시 길'이라는 산책로를 만들라며 25만 달러를 기부했다. 이 대학 졸업생으로 학교 이사이며 부시와는 집안끼리 친구이기도 한 댈러스 석유업계 거부 레이 헌트Ray Hunt는 대학교에 수천만 달러를 기부했고 부시 기념 도서관 협상의 막후에서 강력한 영향력을 발휘했다. 게다가 동료 감리교 신자이며

대학 이사인 딕 체니와 이 대학을 졸업한 카렌 휴스Karen Hughes, 해
리엇 마이어스Harriet Miers 등이 부시 행정부에서 활약하고 있었으니
이 대학교의 선정은 처음부터 결정된 것이나 다름없었다.

기록보존소와 박물관 외에, 남부감리교대학이 애초에 제안한 내
용은 텍사스 A&M에 개설된 조지 부시 공공행정대학원과 비슷한 정
책대학원을 포함하는 것이었다. 하지만 정치학 교수이고 원래 계획
위원회에 속해 있던 제임스 홀리필드James Hollifield에 따르면, 부시
측은 대학 측의 제안을 즉석에서 거절했다. 텍사스에는 이미 부시 대
학원이 있을 뿐만 아니라 아버지 부시의 대학원 및 도서관의 상호 관
계가 애초에 문제 아니었느냐는 것이 그들의 주장이었다. 따라서 홀
리필드가 덧붙인 바에 따르면 부시 위원회가 정책 연구소를 추진할
것이라고 기대한 이는 아무도 없었다. 하지만 각 대학의 유치 신청을
받아들일 무렵, 정책 연구소 발상은 금과옥조나 다름없었다.

2006년 가을, 남부감리교대학의 도서관 유치 계획은 마침내 교정
에서 논쟁을 불러일으켰다. 당시 퍼킨스 신학대학원의 두 교수는 교
내 신문에 "조지 W. 부시 기념 도서관: 자산인가 골칫거리인가?"라
는 제목으로 짤막한 의견을 발표했다. 그 논설은 대학 측의 제안과
관련된 공개 토론이 없는 데 의문을 제기하면서 투명성을 제고하라
고 호소했다. 또한 부시 프로젝트 전체를 문제 삼았다. 그 글은 이런
질문을 던졌다.

"반대 의견을 사실상 받아들이지 않는 부시 정부의 은밀한 행태
를 감안하면, 도서관에 소장하는 대통령 문서의 선택 과정을 어떻게
신뢰할 수 있을까?"

이 논평 때문에 대학 공동체는 일제히 치열하게 의견을 교환하기 시작했고 언론의 격렬한 논쟁이 촉발되었다. 조는 듯이 조용하던 남부감리교대학은 갑자기 전국적 뉴스의 초점이 되었다.

2006년 12월에 이르러, 부시 측은 오로지 남부감리교대학과만 협상 중이었다. 부시 측근이 "자유 연구소"라고 부르던 정책 연구소는 이 대학의 일반적 학사 행정과는 무관하게 운영될 계획이었다. 그런데 이것이 논쟁의 빌미가 되어 스탠퍼드의 레이건 기념 도서관 분규를 되풀이하게 했다. 어떤 교수들은 대통령을 맹목적으로 인정하는 대학교의 시각에 반대하는 한편, 더 많은 교수들은 대학교의 학사 행정과 별도로 운영되는 싱크탱크를 유치한다는 발상에 고민했다. 유치 반대파인 정치학 교수 칼 질슨Carl Jillson은 부시 관련 자료가 작은 사립 대학교에 확실한 연구의 금광이라고 여겼기 때문에 도서관 개념은 받아들였지만, 독립적인 싱크탱크는 원칙적으로 반대했다. 그의 말에 따르면, "정책 센터를 이용하여 부시 유산을 가장 좋은 시각으로 홍보하려는 그 어떤 노력도 장기적으로 곤란, 논쟁, 당혹스러운 사태를 가져올 것이다. 대학교는 공개 토론을 할 준비가 되어 있지만 부시 연구소는 대통령의 이미지 개선을 촉진하는 데 집중할 것이다."

부시 진영이 볼 때, 장래의 공공문제 연구소를 대학에서 독립시키는 일은 생존에 필수적인 것이었다. 부시는 연구소가 대학교의 학사 행정을 받아들여야 하는 학위 수여 기관이 되는 것은 원하지 않았다. 대학 총장에게 연구소의 운영권을 준다면 부시 측은 행동 범위에 많은 제약을 받게 될 터였다. 장차 벌어질 수 있는 분규의 한 사례는 대학과의 협상 과정에서도 터져 나왔다. 2007년 가을, 스탠퍼드 대학의 총장과 학장은 전임 국방장관 도널드 럼스펠드Donald Rumsfeld가 후버 연구소의 저명한 초빙 연구원으로 임명된 사실을, 후버 연구소가 언론에 발표한 뒤에야 알게 되었다. 이렇게 뒷구멍으로 연구원이 임명되는 과정을 지켜본 교수라면 누구라도 자기 대학에 닥칠 일이 무엇인지 심사숙고할 수밖에 없었다.

종신 재직권이 없는 남부감리교대학 역사학 교수 벤 존슨Ben Johnson은 대학 교정에 파벌적 연구소를 유치하려는 운동에 대해 불만의 논거를 제공하고 또 관련 이야기들을 기록하기 위해 부시 기념 도서관 블로그를 시작했다. 그는 말했다.

"나는 도서관을 막기 위해 철로에 드러눕는 사람이 있을 거라고는 생각하지 않지만, 연구소를 막기 위해 드러누울 사람들은 분명히 많을 거라고 생각한다."

존슨은 또한 어마어마한 사업 자금 조달을 우려했다. 남부감리교대학 총장 제럴드 터너R. Gerald Turner는 도서관과 싱크탱크를 위한 모금이 대학교와 별개 문제라고 약속했지만, 존슨은 믿지 않았다.

"어차피 기부자의 명단이 겹치기 때문에 그러한 구분은 언젠가 무의미해지고 말 것이다."

존슨을 비롯한 교수들은 연구소 운영에 대해 교수 투표 실시를 요구했다. 170명의 학자들이 그 안건을 지지하는 성명서에 서명했지만, 교수회의는 부결시켰다. 2개월이 지난 뒤, 똑같은 기구가 장래 세워질 부시 연구소의 명칭과 설립 현장에서 남부감리교대학의 명칭을 빼라는 결의안을 압도적으로 통과시켰다. 교수진은 싱크탱크의 일반적 운영에 뭔가를 요구하고 싶지 않았지만, 그 기관이 대학교의 이름으로 행동하는 것도 바라지 않았다. 비록 대학 교정에 위치한다 해도, 부시 연구소는 명칭도 규약도 독립적으로 움직여야 한다는 것이었다. 역사학과의 한 교수는 이렇게 말했다.

"연구소는 자체의 업적에 따라 흥하거나 망할 것이고, 후버 연구소의 경우와 마찬가지로 그 업적에는 성공과 실패가 뒤섞이게 될 것입니다. 하지만 연구소는 '남부감리교대학 부시 연구소'가 아닙니다. 연구소는 홀로 서야 하고 그에 따라 적절하게 평가될 것입니다."

제임스 홀리필드는 연구소의 성공을 확신한다.

"만약 연구소 옆에 훌륭한 가치를 가진 강력한 대학교가 있다면, 그건 이점이 될 것입니다."

홀리필드는 부시 정책연구소가 제대로 관리되지 못할 거라는 우려를 일축한다.

"만약 부시 진영 사람들이 강력한 연구소를 만들고 싶어한다면, 연구소는 대학교의 존재를 더욱더 필요로 할 것입니다. 대학이 연구소를 필요로 하는 것 이상으로 말입니다."

홀리필드는 이 까다로운 문제에 대하여 독특한 관점을 갖고 있다. 1980년대 초에 듀크 대학교의 대학원생이었던 그는 직접 닉슨 논쟁을 목격했다. 몇 달간의 소요 사태를 겪었던 그는 닉슨 기념 도서관을 수용하지 않은 듀크 대학이 진정한 패자라고 확신했다.

"만약 닉슨 기념 도서관이 듀크 대학교에 왔다면…… 도서관은 훨씬 더 일찍 연방정부의 대통령 기념 도서관 시스템에 통합되었을 것입니다. 결국 듀크 대학교의 고결한 반대는 학문의 대의를 망치고 말았습니다."

그는 남부감리교대학에서는 그런 실패를 답습하지 않겠다고 결심했다.

홀리필드의 동료 정치학 교수인 매튜 월슨은 더 도전적인 태도로 정책 연구소를 변호했다. 월슨은 교정을 더럽힐까 두려워하여 당파 싸움에서 꽁무니를 빼지도 않았고, 연구소 건립 발상이 몹시 소란스러운 교육 과정에 당연히 수반되는 자연스러운 현상이라고 판단했다. 편파적이라는 비난에도 아랑곳하지 않고, 그는 후버 연구소, 미국기업연구소, 브루킹스 연구소 등을 살펴볼 때 "이념적 편향"이 싱크탱크의 구성 요소라고 진단한다. 그는 이렇게 주장한다.

"사람들의 시각에 상관없이, 이런 사람들이 교정에 들어와 초빙 강의를 하거나 공개 토론회에 참석하거나 심지어 강단에 선다면 대학생들에게 분명히 혜택을 가져다줄 것이다."

당연히 남부감리교대학 이사회의 의장인 칼 시웰Carl Sewell도 그에 못지않게 적극적으로 복합 도서관을 추진하려 했다. 그는 말한다.

"부시는 역사상 가장 많이 연구되는 대통령 중 한 사람이 될 것이고 우리 대학은 부시 대통령을 연구하려 하는 전 세계의 학자들을 끌어들일 것입니다."

빌 클린턴 공공업무대학원의 원장인 스킵 러더퍼드는 시웰의 낙관주의를 뒷받침한다.

"그건 분명히 플러스 요인입니다. 남부감리교대학 사람들은 [이라크] 전쟁을 우려하지만 나는 좀더 폭넓은 시야로 사태를 보라고 말씀드리고 싶습니다."

2007년 봄, 도서관과 연구소가 현실화될 가능성이 분명해지자 교수진의 반대 목소리는 점차 잦아들었다. 듀크 교수진이 닉슨 기념 도서관을 반대하며 목소리를 높이던 때와 대략 비슷한 기간—6개월—이 지나고, 부시 복합 기념관은 일사천리로 확정되었다(하지만 공식 발표는 2008년 2월이 되어서야 나올 예정이었다). 역사학과 교수 알렉시스 매크로센Alexis McCrossen은 많은 교수들이 느끼는 양가감정이 중요한 요소였다고 생각한다. 칼 질슨이 볼 때 교수진은 적극적으로 행동하려는 "자신감이 부족했다." 예전에 비슷한 싸움을 겪었던 제임스 홀리필드는 당연히 앞날을 길게 내다보았다. 사상을 자유롭게 교환하는 대학교는 원래 뒤죽박죽, 백가쟁명의 장이라고 여기는 그는 "대학 교정에서 어느 정도 정치와 당파적 행동을 견뎌내지 못한다면" 아주 유감스러운 일이라고 생각했다.

논쟁에 대한 결론은 문제에 가장 열심히 참여했던 이 대학 역사학과 과장인 제임스 홉킨스James Hopkins에게서 나왔다.

"나는 오스틴의 텍사스 대학교 대학원생으로서, 또 베트남 전쟁을 본능적으로 비난했던 참전 용사 출신으로서, 린든 존슨 대통령과 존슨 기념 도서관에 대한 비방을 가까이에서 지켜보았습니다. 그건 반지성주의의 전형적 사례였습니다. 변화의 한 세대를 겪고 난 오늘날, 존슨 도서관은 텍사스 대학교에서 가장 중요한 연구소로 손꼽힙니다. 나는 결국 남부감리교대학의 부시 기념 도서관도 그렇게 될 것이라고 봅니다."

부시 복합 기념관이 남쪽 200마일 떨어진 곳에 있는 린든 존슨 기념 도서관에 필적할 수 있을까 하는 질문을 받자, 린든 존슨 도서관장 베티 수 플라워스는 장난기 어린 대답을 내놓았다.

"이 언외(言外)의 뜻을 읽을 수 있을지는 모르겠지만, 나는 정말로 우리의 모델을 좋아합니다."

미국의 정당 체제

미국이 독립하고 헌법을 제정할 당시에 '정당'이라는 조직은 없었다. 1776년 당시 영국의 식민지 상태에 있던 13개 주의 대표가 '대륙회의'를 구성하고 독립을 선언했는데, 이때 참여한 사람들을 가리켜 '**건국의 아버지들**Founding Fathers'이라고 한다.

1787년 주의 대표들은 헌법 제정 회의를 구성했고, 이들이 만든 연방헌법을 지지하는 사람들은 스스로를 '연방주의자Federalist'라고 하면서, 헌법을 비판하는 이들을 싸잡아 '반연방주의자'라고 했다. 건국의 아버지들 중 알렉산더 해밀턴, 제임스 매디슨, 존 제이 등이 연방주의의 지도자들이었고, 패트릭 헨리, 새뮤얼 애덤스 등은 반연방주의자였다. 반연방주의자들은 기본권 조항이 빠져 있는 연방헌법이 중앙 권력을 강화하고 각 주의 독립성을 약화시키며, 개인의 자유를 제한할 것이라고 보았다. 1788년 기본권 조항이 수정 조항 형태로 헌법에 포함되면서 13개 주 가운데 11개 주가 헌법을 비준했고, 1789년 헌법에 따라 첫 대통령 선거가 치러졌다.

제1대 대통령인 조지 워싱턴은 대통령이란 정치적 당파와는 거리를 두어야 한다고 믿었다. 그러나 연방주의자인 재무장관 알렉산더 해밀턴이 워싱턴의 행정부를 주도했으며, 제1대 부통령이자 제2대 대통령이었던 존 애덤스 역시 연방주의자로 건국 초기 12년은 **연방파**의 집권기라 할 수 있었다.

해밀턴이 경제 계획을 주도하면서, 연방파가 국민 전반이 아닌 부유한 엘리트의 이익을 대변하며, 부패한 18세기 영국 정부와 마찬가지로 권력에 집착한다고 인식하는 사람들이 생겨났다. 연방주의자의 일원이었던 제임스 매디슨과 토머스 제퍼슨을 비롯한 이들은 '**공화파**Republicans(혹은 민주공화파)'라는 반대파를 조직했다(이들은 현재의 미국 공화당과는 관계가 없다).

그러나 연방파와 공화파 모두 스스로를 '정당'으로 인식하지 않았으며, 다른 정파가 존재할 권리도 인정하지 않았다. 이 시기의 정치 체제를 미국 역사의 '제1차 정당 체제first party system'라 한다.

미국에 최초로 전국적인 '정당'이 등장한 것은 제7대 앤드루 잭슨 대통령 시기였다. 지역이나 계급의 특권을 배격하고 (백인 남성에 한해) '평등한' 민주주의를 주창한 잭슨 지지 세력은 '**민주당**Democrats'을 형성했고, 잭슨을 반대하는 세력은 '**휘그당**Whigs(혹은 국민공화당)'이라는 이름으로 모였다.

1840년대 이후로 미국 남부와 북부의 경제적 이해관계가 대립하기 시작했다. 북부에서는 산업혁명을 겪으며 도시화가 급속히 진행되었지만, 남부는 노예를 이용한 농업 경제 구조를 유지하고 있었다. 1854년 노예제 폐지를 주장하는 일부 휘그당원들이 '**공화당**Republican Party'을 창당했다. 북부와 서부에 흑인 노예가 유입되지 않기를 바라는 백인 노동자들이 공화당을 지지했고, 휘그당은 차츰 소멸되었다. 이로써 오늘날까지 이어지는 '제2차 정당 체제'가 성립되었다. 이때부터 자유토지당(1848~1854년), 무지당(1849~1856년), 인민당(1891~1896), 진보당(1912, 1924, 1948) 등 제3당이 나타났다 사라지곤 했지만, 미국 정치사는 대체로 민주당과 공화당의 양당 체제로 이루어져 왔다.

참고문헌

강준만,《미국사산책 2》, 인물과사상사, 2010. 케네스 데이비스 지음, 이순호 옮김,《미국에 대해 알아야 할 모든 것, 미국사》, 책과함께, 2004. 앨런 브링클리 지음, 황혜성 외 옮김,《있는 그대로의 미국사 1》, 휴머니스트, 2011.

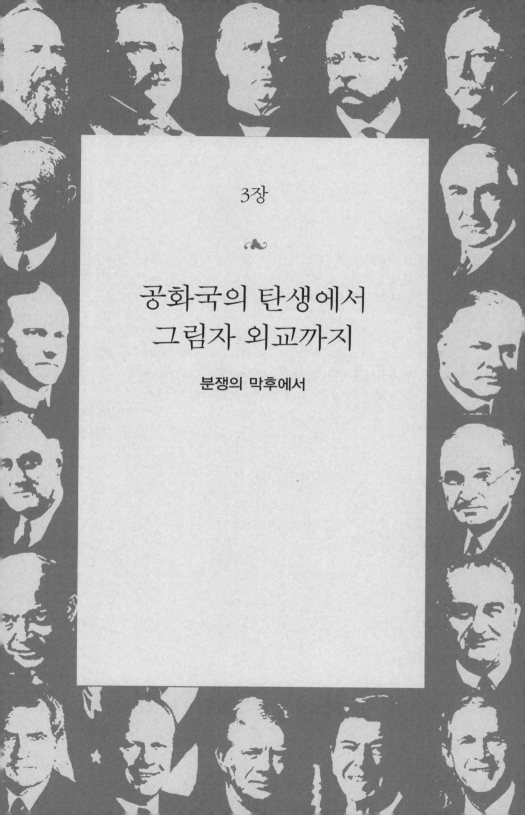

3장

☙

공화국의 탄생에서
그림자 외교까지

분쟁의 막후에서

대통령이었을 때, 나는 부드럽게 말하며 힘을 과시했다는 이야기를 들었습니다. 윌슨에 대해 말하자면, 그는 호언장담을 일삼으며 지저분한 행주를 휘두른다고 할 수 있습니다.

― 시어도어 루스벨트

제1차 세계대전은 우리에게 한 가지 교훈을 가르쳐 줍니다. 우리는 사상이나 이념을 기관총으로 쓸어버릴 수 없습니다……. 그것들은 옳음이나 그릇됨이 증명될 때까지 살아남습니다.

― 허버트 후버

백악관 재직 시절 조지 W. 부시는 적어도 한 명의 전 대통령, 다시 말해 자기 아버지에게서는 전혀 비난을 받지 않았다. 조지 H. W. 부시의 보좌관을 지냈던 인물 몇 명은 이라크 전쟁을 비판했지만, 41대 대통령은 아들 부시 정부의 편을 들면서 8년 임기의 중요한 사건이었던 전쟁을 공개적으로 비난하지 않았다.

혈연관계를 제쳐두면, 아버지 부시가 왜 그런 신중한 입장을 유지했는지 헤아리기가 쉽지 않다. 한때 아버지의 동료였던 많은 사람들은 '현실적으로' 접근하는 국제관계를 지지했다. 그들은 외교 정책의 초석으로 '민주주의 촉진'을 강조하던 아들 부시의 선교사 같은 열정을 목청 높여 노골적으로 반대했다. 예상된 일이지만, 전임 대통령은 아들의 정치적 동기나 선택을 공개적으로 비판하지 않고, 전쟁에 대해 침묵하는 편을 선호했다. 가끔 드물게 자신의 의견을 알리는 경우, 아들을 비난하는 사람들에 맞서 으레 열변을 토했다. 2007년 11월 인터뷰에서 아버지 부시는 코웃음 치며 이렇게 말했다.

"이 비판자들은 사담 후세인을 되살리고 싶은 겁니까? 이전의 상태로 되돌아가겠다고요? 사담이 아직 그곳에서 계속 설치면 중동 사람들이 더 살기 편해지리라고 생각하는 겁니까?"

전쟁이 발발하기 전, 빌 클린턴도 조지 W. 부시가 2003년 3월에 내린 이라크 침공 결정을 지지했다. 하지만 2005년, 클린턴은 전쟁을 '큰 잘못'으로 여기게 되었다.

"우리는 충분한 군대를 보내지 못했고, 이라크의 국경을 봉쇄하거나 통제할 만큼 충분한 군대가 없었습니다."

클린턴이 볼 때, 아들 부시 정부는 "이라크 권력 구조의 완전한 해체"를 경솔하게 밀어붙이며 잘못을 저질렀다. 아버지 부시와 마찬가지로, 클린턴 역시 가족 관계 때문에 자기 의견을 다소 수정할 수밖에 없었다. 아내인 힐러리 클린턴의 2008년 대통령 후보 선거운동을 할 때, 전쟁을 지지한 힐러리의 결정을 옹호하면서 클린턴은 그 문제를 이런 식으로 정리했다.

"〔전투 행위를 승인하는 의회의 결의안에〕 찬성표를 던진 사람들이 전쟁을 원했다고 말하는 것은 공정하지 않습니다."

그 후 클린턴은 자신의 개인사를 뜯어고치려고 하면서 자신이 "처음부터 이라크에 맞섰다"고 주장하고 있다.

이와는 대조적으로, 지미 카터는 처음부터 이라크 전쟁에 분명하게 반대했다. 이라크 전쟁 발발 몇 달 전인 2002년 초가을에 카터는 노벨 평화상을 수락하는 연설에서 선제공격이라는 발상을 큰 목소리로 반대했다(요란한 전쟁 주장을 공격하기에 대단히 적절한 곳이었다). 그리고 카터는 그 후에도 반대의 목소리를 낮추지 않았다. 카터는 관타나모 수용소의 감금을 비롯하여 가정 도청에 이르기까지 부시 정부의 정책을 비판했으며, 일관되게 반전 입장을 취했다. 그는 이라크 전쟁을 "우리가 베트남에서 겪었던 것과 비슷한 수렁"이라고 부르면서 일반 대중의 점증하는 불안을 대변했다. 사람들은 부시의 이라크 정책이 미국이 9/11사태 이후에 얻은 국제적 지지를 땅에 떨어뜨렸을 뿐만 아니라 미국과 세계 사이의 틈을 위험하게 갈라놓았다고 느꼈다. 인권을 미국 대외 정책의 한 부분으로 만든 인물로 기억되는 카터 전 대통령은 "2001년부터 미국 정부가 인권의 수호자 역할을 포기했다"고 낙담한 어조로 말했다.

제럴드 포드는 43대 부시 대통령의 외교 정책을 바라보는 카터의 입장에 온건하게 공감했지만 그러한 의견은 그가 2006년 12월에 세상을 떠날 때까지는 공개적으로 발표되지 않았다. 사후에 공개된 포드의 비평은 전직 대통령이며 공화당 동료로서의 강한 질책이었다.

"나는 참전해서는 안 된다고 생각합니다. 경제 제재든 규제든 어떤 것이든 최대한 노력을 기울여 다른 해결책을 찾아야 합니다."

포드는 자신의 행정부에서 백악관 비서실장을 지낸 딕 체니와 국방장관을 지낸 도널드 럼스펠드가 군사적으로 입장을 선회하여 이제 "호전적 인물"이 되었다고 비난했다. 포드는 공화당 주류의 현실주의적 태도에 공감했다.

"우리나라의 국가 안보와 직접 관련이 없는 것이라면, 우리가 세계 전역의 사람들을 해방시키려고 일부러 지옥에 가서는 안 된다고 생각합니다."

제럴드 포드가 사후에야 자신의 논평을 발표하도록 지시한 것은 전시에 현직 대통령의 정책 결정을 비판해서는 안 된다는 비공식 전통에 따라서였다. 하지만 전임 대통령들 모두가 그런 기준을 지킨 것은 아니다. 사실 어떤 사람들은 나름대로 외교 정책에서 주도권을 발휘하기도 했다. 그들 중 몇몇은 의심할 여지 없이 부시 대통령을 지지했고 또 다른 사람들은 선거구민이나 정치인에게 구애를 받지 않고 자유롭게 행동했다. 어떤 전임 대통령은 기질적으로 '민간인' 신분을 넘어서는 행태를 보였고, 몇몇은 백악관을 떠난 지 몇 년이나 몇십 년이 지난 뒤에도 영향력을 발휘하여 적극적으로 여론을 이끌었다. 특히 전쟁과 분쟁이 이어질 때, 전임 대통령들은 후임자들에게 전략적 권고와 조언을 해주었고 비판을 하기도 했다.

공화국의 초창기

건국의 아버지들은 안정을 중시했다. 반식민의 기치 아래 7년 동안 가혹한 독립전쟁을 치른 뒤, 경쟁하는 사회 세력들이 받아들일 만한 헌법 구조를 설계하려고 고뇌하던 신생 공화국은 허약한 존재였고 끊임없이 불안을 자아냈다. 초창기의 전임 대통령들이 볼 때, 프랑스는 그런 불안의 근원이었다.

　당초 프랑스는 미국 혁명의 중요한 동맹이었다. 하지만 워싱턴은 공직을 떠나는 1797년에 이르러, 점점 프랑스가 미국의 정치와 사회에 개입할지 모른다면서 초조해했다. 익명의 프랑스 외교관이 미국 사절을 받아들이기 위한 필수조건으로 뇌물을 요구했던 XYZ사건(당시 프랑스 협상단 세 사람을 외교 문서에서 X, Y, Z로 지칭했던 데 따른다 _ 옮긴이)은 그해의 미국과 프랑스 관계를 심각하게 손상시켰고 2년에 걸쳐 두 나라 사이에 비공식적인 전쟁을 일으켰다. 이미 영국과 전쟁 중이던 프랑스는, 워싱턴이 연임하면서 미국과 영국의 무역 특권을 설정하는 제이 조약Jay Treaty을 체결하자 격노하여 미국 상선 나포에 나섰다.

퇴임한 워싱턴은 프랑스의 해상 적대행위에 반발하며 대통령 재직 시절보다 더 극단적인 연방주의 노선을 지지했다. 1798년 여름, 그는 이러한 단호한 어조를 사용했다. "프랑스의 첩자와 지지자들"은 노골적으로 "우리의 분열을 조장하고 있으며, 인민이 정부에 대한 판단력을 잃고 분노하게 하는 것(정부에 변화를 일으키려 하는 것)이 그들의 유일한 목적이다." 워싱턴은 프랑스가 미국을 지배할지 모른다는 편집증에 사로잡혀, 존 애덤스의 악명 높은 외국인 선동법Alien and Sedition Acts을 화려한 미사여구로 지지했다. 이것은 프랑스와 손잡은 제5열을 두려워하여 촉발된 조치였다. 위헌과 독재로 물든 이 법은 대통령과 의회에 대한 온갖 비판 행위를 범죄 행위로 만들어 버렸다. 제퍼슨 대통령 임기 중에 악법으로 비난받아 대부분 폐지된 이 법은 연방주의자들에 대한 역사적 평가와 미국 초창기 역사에 오점으로 남았다.

워싱턴은 임기 중이었다면 이렇게 노골적으로 비민주적인 법에 서명하지 않았을 것이다. "애국적인 융합"을 지지하던 그는 부통령 존 애덤스에게 이런 편지를 보냈다. 이주민은 "우리와 뒤섞여 그들 자신이나 그 후손들이 우리의 관습, 규칙, 법률에 동화될 수 있도록" 미국 생활과 하나가 되어야 하며, "요컨대, 즉시 한 국민이 되어야 한다."는 내용이었다. 하지만 프랑스와의 분쟁이 위기로 치닫자 워싱턴은 음모론에 휘둘려 머리가 혼미해졌다. 그는 점점 "분명히 우리나라 사람들의 정신을 해칠 목적으로" 이민자들이 이 새로운 나라로 쏟아져 들어온다는 두려움에 사로잡혔다.

어쩌면 프랑스가 침공해 올까 봐 점점 경계심을 높이던 워싱턴은 필요하다면 군대를 동원해야 한다는 존 애덤스와 국방장관 제임스 맥헨리James McHenry의 의견에 동조했다. 워싱턴은 정치에 복귀하기를 망설였듯이 이러한 개입에 대해서도 망설였다. 그는 "포도나무와 무화과나무 그늘에 앉아 있고" 싶다는 이야기를 즐겨 되뇌곤 했다. 하지만 국가에 대한 봉사의 임무를 불가피한 것으로 여기고, "만약 위기가 도래하여 선택의 여지가 없다면" 봉사에 나서겠다고 다짐했다.

그러한 봉사의 요청은 곧 내려왔다. 1798년 여름, 존 애덤스는 임시 군대를 설립할 권한을 의회로부터 위임받고, 이 문제에 관해 내각과 상의도 하지 않은 채, 은퇴한 워싱턴을 소환하여 미 육군 중장으로 임명했다. 군사 작전을 그만둔 지 15년이 지났으나, 워싱턴은 신기에 가까운 전술적 능력과 자신이 발휘할 수 있는 상징적인 힘을 지니고 되돌아왔다. 군 지휘에 나선 전임 대통령은 애덤스와 충돌하여 만약 애덤스가 부하 장군들의 임명에 대한 자신의 의견을 받아들이지 않는다면 사임하겠다고 위협했다. 워싱턴은 또한 아무도 "프랑스의 조치를 편들지 않도록" 하기 위해, 연방주의자들로 부하 장교를 뽑아 달라고 요구했다. 게다가 알렉산더 해밀턴Alexander Hamilton을 군의 제2인자로 임명해 달라고 주장하여 애덤스를 더욱 당황하게 만들었다. 결국, 그런 난처한 협상과 정치공작은 모두 쓸데없는 것이 되었다. 1798~1800년의 준(準)전쟁Quasi War은 육지가 아니라 순전히 해상에서만 벌어졌기 때문이다.

19세기 초, 신생 국가는 1801~1805년과 1815년에 벌어진 바버리 전쟁Barbary Wars* 등 소규모 분쟁으로 고통을 받았다. 하지만 미국이 열망하던 신인도를 높이며 국제적 위세를 세울 수 있었던 것은 1812년의 전쟁, 즉 '매디슨의 전쟁'** 덕분이었다. 프랑스와의 동맹을 두려워하여 전쟁을 반대한 연방주의자 동료들(이들은 외교 수단으로 양보안을 받아낼 수 있다고 생각했다)에게 등을 돌린 전직 대통령 존 애덤스는 매디슨 전쟁을 지지했다. 미군 병사가 영국 해군에 징집되어 복무하고 영국이 미국의 무역에 일련의 제재를 가하는 상황에서(프랑스 경제를 무력화시키기 위해), 애덤스의 결심은 굳어지기만 했다.

또한 애덤스는 그 전쟁이 자기 정책의 정당성을 입증하고 토머스 제퍼슨의 정책을 질책해 줄 것이라고 여겼다. 전쟁이 일어난 첫 해, 미국이 많은 실수를 저지른 것은 국가적 준비 부족 탓으로 돌려졌다. 애덤스는 부적절한 소규모 해군의 개선을 정부의 핵심 사업으로 추진했지만 그 후에 들어선 제퍼슨 대통령은 곧 국책 사업의 방향을 바꾸어 전함 건조를 줄이고 선박을 매각했다. 4대 대통령 매디슨이

---

* 바버리는 지금의 리비아, 튀니지, 알제리, 모로코 등 북아프리카의 지중해 연안 지역을 아우르는 옛 이름이다. 바버리 지역을 기반으로 지중해에서 활동하던 해적들이 미국 상선들에 공물을 요구하며 협박하자, 미 정부 군대가 바버리의 해적 기지 도시들을 공격해 양보를 이끌어 냈다.

** 1806년 나폴레옹이 영국을 경제적으로 고립시키려고 대륙봉쇄령을 내리자 영국도 이에 맞서 프랑스의 모든 항구를 봉쇄하고, 중립국 선박들의 항해를 방해하며 영국의 항구에서 관세를 내도록 했다. 이에 당시 중립을 선언했던 미국이 반발해 1812년 미-영 전쟁이 일어났다.

1812년 전쟁 기간에 국가의 약화된 해군력을 강화하겠다고 약속했을 때, 애덤스는 짐짓 칭찬하는 척했다.

"아! 현명하구나! 그는 저 당당한 의회에 나타나 앞뒤를 내다보고, 오른쪽과 왼쪽을 내다보고, 남북을 내다보고, 동서를 내다본다."

제퍼슨으로 말하자면 그는 1812년에─퇴임한 뒤 애덤스와 장문의 편지를 활발하게 주고받기 시작하던 해─애덤스에게 해군을 축소하려던 자신의 결정이 신중하지 못했다고 인정했다. 전쟁 옹호자였던 제퍼슨은 해군의 결정력을 알아보는 선견지명이 있었다며 애덤스를 칭찬했다.

강력한 통일국가를 유지하는 데 전념했던 애덤스는 결코 뉴잉글랜드 연방주의자들의 주장을 참아줄 수 없었다. 그들은 전쟁을 반대할 뿐만 아니라 내내 영국과 무역을 지속했고 심지어 연방에서 분리해 나가겠다고 위협했다. 애덤스는 그런 분쟁에서 살아남은 미국의 능력이 곧 국력의 크기라고 생각했다. 독립국가로서 수행한 첫 대규모 전쟁이 잘못 관리되고, 자금 조달이 형편없었고, 인기가 몹시 낮았고, 별로 성공을 거두지 못했다는 사실은 국력의 과시에 비하면 그리 중요한 사항이 아니었다.

멕시코 전쟁에서 남북전쟁까지

1812년 전쟁은 세계에 미국의 존재를 부각시켰지만, 정작 국경을 넓힌 것은 제임스 포크의 확장주의적 멕시코 전쟁이었다. 그 전쟁에 힘입어 미국은 일련의 서부 지역을 새로이 영토에 추가, 기존의 절반에 해당하는 영토를 새로 얻었다. 포크는 1846년 멕시코-텍사스 경계 충돌을 선전 포고의 구실로 삼았고, 의회는 대다수의 민주당원과 남부인이 단호하게 대통령의 대륙주의적 입장을 지지하는 상황에 밀려 전쟁을 적극 지지했다. 하지만 전쟁에 반대하는 사람들도 있었는데, 그들 가운데 다수의 휘그당원과 북부인은 그것을 노예제도를 확산시키기 위한 정책의 일환이라고 여겼다.

비록 허약하고 무질서했지만 이 반전 운동—랠프 월도 에머슨Ralph Waldo Emerson, 헨리 데이비드 소로Henry David Thoreau, 윌리엄 로이드 개리슨William Lloyd Garrison을 비롯하여 저명한 뉴잉글랜드 사상가들이 이끌던 운동—은 하원의원으로 변신한 존 퀸시 애덤스 전임 대통령이 자발적인 투사로 등극하는 계기가 되었다. 애덤스는 동료 휘그당 의원인 에이브러햄 링컨의 지지를 받아 1846∼1848년의 전쟁을 꿋꿋이 반대했으며 자신이 보기에 "가장 부당한 전쟁"과 포크의 노예제도 수용을 맹렬히 비난했다. 애덤스는 전쟁을 지휘한 8명의 장군들에게 명예 메달을 주기 위한 투표를 거행하기 직전에 마지막으로 중요한 연설을 했다. 연설 도중 하원 마룻바닥에 쓰러진 애덤스는 며칠 뒤에 하원의장의 회의실에서 세상을 떠났다.

확장주의자들 중에도 전쟁을 문제 삼는 이들이 있었다. 존 타일러 전 대통령은 현직 대통령을 공개적으로 비난하지 않기 위해 비공식적으로 의견을 내비쳤지만, 친구들 사이에서는 터놓고 포크 대통령의 무력 전략과 영토 확장을 통한 제국 건설을 반대했다. 타일러의 전기 작가는 이렇게 썼다.

"그는 정복의 전리품은 환영했지만 포크가 영토를 취득한 방법에 대해서는 한탄했다."

마침내 포크는 타일러 자신이 오래전에 열망했던 목표를 이룩했다. 미국 국경을 드디어 태평양까지 넓히게 된 것이다.

멕시코-미국 전쟁은 나중에 남북전쟁에서 싸우게 되는 많은 미국 병사들에게 실전 경험을 제공했다. 하지만 포크의 전쟁은 시민들에게 정치적 단층선에 대한 준비를 시킬 수 없었고 그것은 결국 "억누를 수 없는 내전"으로 치닫게 되었다. 피비린내 나는 내전이 시작될 때, 무려 5명이나 되는 전임 대통령들은 무기력하게 지켜보기만 했다.

전쟁을 저지하고 싶었던 전임 대통령들은 통일국가를 유지하기 위해 일찍이 두 가지 노력을 시작했다. 평화 계획을 세우려고 열망하던 존 타일러는 노예주와 자유주로 구성된 12개 주가 회의를 열도록 버지니아 의회에 제의했다. 하지만 더 전반적으로 초청 범위를 넓히는 쪽으로 계획이 바뀌어, 14개 자유주와 7개 노예주를 합친 21개 주가 평화 회담을 위해 워싱턴에 대표를 보내기로 합의했다.

71세가 된 타일러는 워싱턴의 윌러드 호텔에서 열리는 회의의 사회를 맡았다. 1861년 2월 4일, 회의는 131명의 대표들이 참가한 가운데 열렸다. 결론이 나올 때까지 3주 동안, 타일러는 기대 이상의 관심을 한 몸에 받았다. 전임 대통령은 의미 있는 모임을 만들기 위해 애쓰며 동료들에게 간청했다.

"하느님 같은 건국의 아버지들은 우리가 길이길이 지켜야 할 연방을 만들어 냈습니다."

하지만 어느 지역도 진정한 타협에 관심을 기울이지 않으려 했고, 회의의 중간 노선 결의안은 의회에서 즉각 거부당했다. 타일러는 회의에 참석하기 위해 현장에 도착했을 때만 해도 아직 마음의 결정을 내리지 않았지만, 점점 분리주의 쪽으로 기울어졌다. 더욱이 대통령 당선자 링컨은 호텔(일리노이 공화당원인 링컨이 3월 4일 취임식을 올리기 몇 주 전에 머물렀던 곳)에서 공개 회의를 연 뒤, 타일러를 비롯한 대표들에게 노예제의 확산을 막기 위해 헌법 조항에 의존하겠다고 분명히 밝혔다. 링컨은 경고했다.

"나쁜 것들 중에서 하나를 선택해야 할 경우, 전쟁은 늘 최악이 아닙니다."

평화를 추구했던 타일러는 번개를 맞은 심정이었다.

회의가 일시 중단된 지 24시간이 지난 뒤, 타일러는 자신의 고향 버지니아 주에게 연방에서 분리해 나가자고 요구했다. 그 직후 타일러는 남부연합 의회 의원으로 선출되었다. 북부 대표들은 처음부터 전임 대통령 타일러의 동기를 의심하고, 그를 "빌빌대고 핏기라곤 하나도 없는 산송장"이라고 부르면서 "지금까지 백악관을 차지했던" 그 어떤 사람보다 "더 진심으로 경멸했다." 그들의 불신은 남부의 사태 추이를 보고받으면서 더욱 커지기만 했다. 회의가 열리고 있는 중에도, 이미 정식으로 연방에서 탈퇴한 남부의 7개 주는 앨라배마의 몽고메리에 모여 정식으로 남부연합을 세웠다. 백악관에서 태어나 이제 19세가 된 타일러의 손녀는 새로운 남부연합 깃발을 깃봉에 게양했다.

1861년 5월, 알코올 중독에 시달리던 민주당 출신 전임 대통령 프랭클린 피어스는 시민 유지들의 격려를 받아서, 전직 대통령 동료들을 한데 모아 전쟁의 평화적 대안을 찾아보려고 했다. 남북전쟁이 두 달째에 접어들고 있었다. 피어스는 북부의 노예제도 폐지론자와 궁극적으로 반목했기 때문에 그들의 책임이 크다고 비난했는데, 놀랄 일도 아니었다. 피어스 정부에서 국방장관을 지냈던 그의 친한 친구 제퍼슨 데이비스는 이제 남부연합의 대통령을 맡고 있었다. 하지만 피어스는 통일국가를 구하기 위해 기꺼이 전직 대통령의 상징적 역할을 수행하려 했다. 그는 전직 대통령 동료인 마틴 밴 뷰런에게 편지를 보내어 이런 질문을 던졌다.

"연방의 두 분파 사이에서…… 무력 분쟁을 막는 것이 인력으로 가능할까요?"

그는 살아 있는 다섯 전직 대통령에게 헌법 도시 필라델피아에서 만나자고 제의하면서 가장 선임인 밴 뷰런에게 사회를 맡아달라고 호소했다.

"당신 말고는 이 회의를 소집할 적임자가 없습니다."

1860년 대통령 선거에서 링컨이 아니라 스티븐 더글러스Stephen A. Douglas에게 투표했던 밴 뷰런은 국가적 분쟁이 심해지는 과정에서 링컨을 지지해야 할 필요성을 인정하기 시작했고, 그 회의에 자신이 참석하려면 피어스가 먼저 회의와 그 목적에 대해 링컨의 동의를 얻어야 할 것이라고 생각했다. (밴 뷰런은 분리주의자들에게 노골적으로 반대하고 또 뉴욕 엘리트들이 링컨에게 협력하도록 배후에서 영향력을 행사했다. 이런 것은 그가 대통령 재직 시에 남부에 지나치게 유화적으로 행동했던 데 대한 반성 조치였다.)

하지만 피어스가 에이브러햄 링컨에게 다가가 회의를 인정해 달라고 요청할 가능성은 별로 없었다. 전직 대통령들 중에서 피어스와 타일러는 단호하게 링컨과 그의 전쟁 옹호 정책에 반대했다. 타일러와 달리, 피어스는 분리를 실행 가능한 대안으로 보지 않았기 때문에 링컨에게 변절한 남부연합주의자들과 협상해서 전쟁을 끝내라고 권고했다. 피어스는 또한 목소리를 높여 링컨의 노예 해방 선언을 반대하면서 그것은 각 주의 권리를 박탈하는 위법 행위라고 해석했다. 노예제 폐지론자들이 대통령을 "앞잡이 수단"으로 삼아 국가에 이 모든 재난, 모든 타락, 모든 만행, 황폐와 폐허를 가져왔다고 그는 비난했다.

피어스와 마찬가지로 제임스 뷰캐넌―당시 은퇴해 펜실베이니아 휘트랜드의 자택으로 물러나 있던―은 종종 도우 페이스dough face (남부에 동정적인 북부인)로 치부되었다. 사실, 뷰캐넌 내각의 대다수 각료는 노예 소유자들이었다. 뷰캐넌 자신은 엄격한 연방주의자로서 분리를 비헌법적이라고 공격했지만, 연방 분리 위기와 관련해서는 노예제에 대한 북부인의 비타협적 자세를 비난했고, 노예 해방 선언에 반대하는 피어스의 의견에 동조했다. 일각에서는 뷰캐넌의 서투른 의사결정을 전쟁 발발의 직접적 원인으로 보았고, 따라서 그에게는 협박 편지가 쇄도했다. 일부 공화당 신문들은 만약 뷰캐넌이 1860~1861년의 분리 위기 때 군대를 사우스 캐롤라이나로 보냈다면 내전을 막을 수 있었으리라고 주장했다. 휘트랜드에서 은퇴 생활을 하는 동안 뷰캐넌은 드문드문 위험한 상황에 처했기 때문에, 폭력 사태를 막기 위해 헌신적인 프리메이슨단이 자택을 지키도록 허용했다. 그는 자신의 행동을 정당화하려는 해명조의 회고록, 《반란 전야 뷰캐넌 씨의 정부*Mr. Buchanan's Administration on the Eve of the Rebellion*》를 쓰면서 뷰캐넌 정부의 연방 옹호 시도를 변명하노라고 여생을 보냈다. 남북전쟁이 끝난 지 1년 뒤에 출판된 그 회고록은 "공화당의 악영향"과 노예제도 반대자들의 악의를 애써 강조했다.

또 다른 전직 대통령의 경우, 종전 이후에도 분쟁은 끝나지 않았다. 밀러드 필모어는 남부연합의 패배를 당연시했지만, 전쟁이 끝나자마자 남부의 권리를 회복하기 위해 목소리를 높였다.

"반군을 정복하고 그 지도자를 축출하고 나면 가능한 한 모든 우호적인 행동을 확대하고 헌법에 명시된 그들의 모든 권리를 회복하여…… 우리의 도량과 관대함을 보여줍시다."

필모어는 결코 분리주의자가 아니었지만 이런 회유적인 언사는 그에게 코퍼헤드라는 오명을 안겨 주었다. 고향 버펄로와 기타 지역의 열렬한 연방주의자들이 계속 필모어에게 그런 비난을 퍼부었기 때문에 그는 평생 그 오명을 씻지 못했다.

제국주의와 고립주의

남부 재건의 대호황시대가 지나간 뒤, 미국의 대기업과 중소기업은 세계 문제에 국력으로 압박을 가할 새로운 자원과 기회를 발굴했다. 이러한 압박 정책은 쿠바가 스페인에게서 독립하는 과정과, 필리핀, 푸에르토리코, 괌을 다스리던 스페인 식민지 통치가 점점 쇠퇴하면서 촉발한 스페인-미국 전쟁으로 절정에 이르렀다. 스페인-미국 전쟁은 미국의 외교 정책에서 공격적인 새 시대의 여명을 알렸지만, 팽창주의를 노골적으로 밀어붙이던 순간에도 미국의 제국주의에 반대하는 사람들이 있었다. 그들은 팽창주의를 위헌적이고 비윤리적이라고 여겼으며, 쿠바를 스페인에게서 해방한다는 생각은 단지 스페인 영토를 미국 영토로 바꾸려는 핑계라고 보았다. 특히 영토 합병을 강력히 비난한 사람들 중에는 앤드루 카네기도 있었는데, 쿠바 섬 주민들의 교육 수준이 낮아 미국 정치 시스템에 효과적으로 참여할 지식이 없다고 판단했기 때문이었다.

미국의 해외 역할에 대해 양가감정을 지닌 전임 대통령 벤저민 해리슨은 카리브 해의 문제에 대해 우물쭈물하는 현직 대통령 윌리엄 매킨리를 못마땅하게 여기는 사람들 중 하나였다. 해리슨은 공화당원이었고 또 쿠바의 곤경에 동정적이었지만, 미국이 "세계 전역에서 학대받는 사람들을 해방하라는 신의 명령"을 받았다는 이야기를 믿지 않았으며, 필리핀 통제가 "세계의 나머지 지역을 가만히 놔두라"는 먼로 독트린을 노골적으로 위반하는 것이라고 생각했다.

매킨리의 바로 전임자이고 민주당 출신인 그로버 클리블랜드는 해리슨의 회의적인 생각에 동감했다. 고립주의자인(당시에는 이런 용어가 없었지만) 클리블랜드는 윌리엄 랜돌프 허스트William Randolph Hearst의 정기간행물 《뉴욕 월드New York World》가 여론을 조작하고 전쟁을 부추기는 상황에 망연자실했다. 미국 선박 '메인' 호가 아바나 항구에서 폭발하여 266명의 승객과 승무원이 죽은 뒤에도 클리블랜드는 "선전 포고를 한다면 불법"이라고 보았고, 어째서 미국이 쿠바인과 협력해야 하는지 의아하게 생각했다. 그는 그 사건을 "세계에서 가장 비인도적이고 야만적인 살인 행위"라고 묘사했다. 마침내 미국의 참전을 막으려는 열망은 클리블랜드의 판단력을 흐려놓았다. "전쟁을 피할 방법이 있으리라는 생각을 지울 수 없습니다"라고 그는 썼다. 이것은 몇십 년이 지난 뒤에 허버트 후버가 내보인 착각의 예고편이었다. 후버는 엉뚱하게도 제2차 세계대전의 발발 가능성을 아주 낮게 보았고, 전쟁을 막을 수 있다고 생각했다.

클리블랜드는 미국인들이 많이 죽게 될 것이고, 그러면 "이 전쟁의 정당성과 필요성을 따져보는 전반적으로 불길한 조사"가 이어질 것이라고 경고했다. 하지만 그는 거칠고 과감한 전직 뉴욕 경찰청장인 테디 루스벨트의 문화적 충격을 과소평가했다. 루스벨트의 카리스마, 진정한 영웅적 행동, 그에 따른 과도한 애국적 국수주의는, 미국의 제국주의를 비판하는 민주당과 좌파 세력을 가볍게 제압했다. 하지만 클리블랜드는 전쟁에 대한 유보적 입장을 거두지 않았다.

15년이 지난 뒤, 이제 성미 급한 전직 대통령이 된 테디 루스벨트는 이웃 국가와의 분쟁에서 미국 정부가 분명한 입장을 밝히라고 재촉했다. 1912년 대선에서 일대 파란을 일으킨 끝에 2등을 한 루스벨트는 새로 선출된 우드로 윌슨이 라틴아메리카 정세에 어떻게 대응할지 공개 질문을 던졌다. 그는 멕시코 혁명에 특별한 관심을 기울였고, 특히 혁명의 와중에 미군이 납치, 살해당하는 일이 빈발한 점을 주목했다. 루스벨트는 프란시스코 마데로Francisco Madero 대통령(일찍이 독재자 포르피리오 디아스Porfirio Diaz를 몰아냈던)을 암살한 쿠데타에 뒤이어 등장한 빅토리아노 우에르타Victoriano Huerta의 살인 정부를 윌슨이 인정하지 않은 태도를 문제 삼았다. 미국의 많은 동맹국들과 달리, 윌슨은 우에르타 정부를 합법으로 인정하지 않았으며, 영국에게 멕시코 원조를 줄이라고 압력을 가하면서 그런 조치가 우에르타를 굴복시켜 자유선거를 가져올 것이라고 믿었다. 하지만 루스벨트는 윌슨의 우에르타 거부가 혁명 세력을 도와줄 뿐이고 지속적인 국경 침범과 불법 행위를 낳을 거라고 주장했다. 결국에는, 윌슨의 베라크루스 항구 포격과 점령조차도 과도하게 흥분한 루스벨트를 진정시키지 못했다. 루스벨트는 《뉴욕 타임스》에 이런 글을 기고했다.

"윌슨 대통령은 너무 온건하게 개입하여 우리와 그 밖의 외국인과 멕시코 사람들에게 최대한의 해를 입혔고, 누군가에게 최소한의 득을 주었다. 그는 타격을 가하긴 했지만 너무 약했다. 피할 수만 있다면 아무도 타격하지 않는 것이 좋다. 하지만 일단 타격을 해야 한다면 약하게 타격해서는 죽도 밥도 안 된다."

루스벨트의 비판은 아픈 곳을 건드렸다. 멕시코에서 자치정부와 국민의 의지가 나타나기를 원했던 윌슨의 소망은 확실히 타당성이 있었다. 하지만 그는 혁명 세력이 우에르타 정부에 항거하여 폭력적으로 봉기하는 상황을 원하지도 않았다. 윌슨은 마음 한구석이 거북한 상태에서 루스벨트에게 분쟁의 조정자로 나서달라고 부탁했다. 루스벨트는 물론 거부했다. 그는 분명히 반대 진영에 남아 있는 편을 선호했다. 그렇게 해야, 나중에 멕시코와 전쟁을 할 때, 또 그보다 더 뒤에 제1차 세계대전의 재앙이 벌어질 때 윌슨에게 모든 책임을 물을 수 있을 터였다.

제1차 세계대전과 루스벨트

루스벨트가 장전한 온갖 미사여구에 불을 댕긴 것은 제1차 세계대전 때였다. 1914년, 독일이 벨기에를 공격한 뒤—루스벨트는 이것을 최초의 노골적인 전쟁 행위라고 간주했다—전직 대통령은 미국이 개입해야 한다는 입장을 드러내기 시작했다. 루스벨트의 사고방식은 그의 영향력을 얻으려 했던 수많은 정계와 문화계의 중요 인물들에 의해 형성된 것이었다. 한편에서는, 하버드 대학교의 저명한 심리학자이고 친독파인 후고 뮌스터베르크Hugo Münsterberg가 현실을 직시해야 한다는 견해를 루스벨트에게 선전했다. 또 다른 편에서는 영국 소설가 러디어드 키플링Rudyard Kipling이 루스벨트에게 편지를 보내, 독일의 침공을 받은 벨기에 사람들의 비극적 상황을 피투성이라는 말로 묘사했다. (키플링의 외아들은 루스 전투에서 전사했다.) 영국 외무장관인 에드워드 그레이Edward Grey 경조차 루스벨트에게 연락하여 영국의 의로운 입장을 주장했다.

루스벨트는 곧 독일의 끔찍한 호전성을 확신하고("나는 반독주의자가 아니다"라고 선언하긴 했지만), 이른바 '전시 대비' 정책이라는 것을 촉진하기 시작했다. 전직 해군장관(루스벨트)은 군대의 즉각적인 확장과 개선을 요구했으며 일반 대중에게 전쟁 가능성을 받아들이고 준비를 갖추라고 설파했다. 연설, 기사, 저서(《미국과 세계대전America and the World War》), 심지어 미국이 전쟁을 준비하지 않으면 어떻게 될지를 고찰하는 영화, 〈평화의 고함 소리The Battle Cry of Peace〉 같은 막후의 기여를 통해, 루스벨트는 윌슨 대통령이 비겁자이며 독일의 적대 행위에 줏대 없이 대응한다고 비판했다.

미국 여론은 참전을 피하려는 윌슨을 옹호하는 입장이었다. 루스벨트는 이런 여론에 엇박자로 나가면서 참전을 강력하게 주장했다. 윌슨의 중립 정책에 대해 호통을 치면서, 만약 자신이 정권을 잡고 있다면 독일로부터 벨기에를 보호하기 위해 중재에 나설 것이라고 강조했다. 루스벨트의 주장은 이런 국가적 위기에 자신이 아니라 윌슨이 대통령을 맡고 있다는 사실에 대한 분노 표출이었다. 그는 해가 지날수록 점점 윌슨을 강하게 공격했다.

스승처럼 열광적이지는 않았지만, 루스벨트의 제자 윌리엄 하워드 태프트 또한 전쟁의 추이에 깊은 관심을 기울였다. 태프트는 국제연맹의 전신이고, 공통 목표―강력한 국제 조직만이 전쟁을 확실히 피할 수 있다는 전제―를 중심으로 결합된 조직인 '평화촉진동맹 League to Enforce Peace'을 공동 설립하여 초대 의장이 되었다. 이 동맹의 지침은 이렇게 언명했다.

"조인 국가들은 어떤 회원국이 다른 회원국에 적대 행위를 저지르거나 전쟁을 일으킬 경우, 경제력과 군사력을 사용해 공동 대응한다."

겨우 3년 동안 존속한 이 동맹은 나름대로 비판자들을 갖고 있었다. 루스벨트와 그의 절친한 친구인 헨리 캐벗 로지 상원의원은 윌슨이 종전을 위해 내세운 1916년 평화 협상 계획을 동맹 국가들이 지지하고 나서자 격분했다. (미국은 그 이듬해 참전했다.) 그들은 평화촉진동맹이 평화 협상에 개입하는 것을 반대했는데, 동맹이 평화 환경에서만 활동을 벌여야 한다고 확신했기 때문이다. 루스벨트는 비록 동맹의 적절한 기능을 두고 논쟁을 벌이기는 했지만 전 세계적인 국가들의 연합이라는 발상을 결코 직접적으로 반대하지는 않았다. 그보다 몇 년 앞서 노벨 평화상 수락 연설 때(그는 1906년에 수상했지만 1910년까지 상을 받으러 가지 않았다), 루스벨트는 헤이그 국제사법재판소 강화를 요구했고(루스벨트가 첫 번째로 관련 사건을 그곳에 보냈다), 전쟁 발발을 막기 위해 세계 조직을 만들어야 한다고 제의하기도 했다.

1917년 윌슨이 선전 포고를 하고 나서, 루스벨트는 거의 강박관념에 사로잡힌 듯이 윌슨의 행동을 조목조목 비판했다. 그는 윌슨의 전쟁 행위가 비난받을 소지가 많으며, 특히 적절치 못한 준비 노력과 달팽이같이 굼뜬 동맹 국가들에 대한 원조 제공이 도무지 틀려먹었다고 비난을 퍼부었다. 루스벨트는 이런 가혹한 비난—그는 전시의 대통령을 반역자라고 부르기 일보 직전의 위태로운 지경까지 갔다—을 하면서 적을 많이 만들었다. 루스벨트의 적들은 "전시에 최고 사령관에게 야유를 보내지 말라"고 경고했다. 루스벨트의 반응은 직설적이었다.

"이런 상황에서는 비판하지 않는 것이 오히려 비애국적이다."

전쟁 초에는 태프트와 루스벨트의 사이도 나빴다. 태프트는 루스벨트의 소란스러운 태도를 문제 삼았고, "그런 태도가 상황을 잘못 전달하고" "사기가 높아야 할 국민감정을 떨어뜨리기만 한다"고 주장했다. 자발적으로 모여든 보병부대—일종의 돌아온 의용 기병대—를 지휘하도록 자신을 프랑스로 보내달라는 루스벨트의 기상천외한 간청 때문에, 태프트는 의회와 백악관으로부터 징병제도를 승인받으려 하는 자신의 노력에 차질이 빚어질까 봐 우려했다.

두 전임 대통령은 윌슨에 대한 공통된 불만에 힘입어 서로 뭉치게 되었다. 1918년 5월, 몇 년 동안 서로 경멸하며 불신하던 두 사람은 어느 정도 화해에 이르렀다. 시카고의 블랙스톤 호텔에서 만났을 때, 루스벨트는 의회 선거에 나선 후보들을 위해 유세하는 중이었고 태프트는 전국전시노동국National War Labor Board을 대신하여 순회 연설을 다니는 중이었다. 태프트는 혼자 식사 중인 루스벨트에게 다가갔다. 서로 반갑게 인사를 한 뒤(식사하던 주위 사람들도 모두 박수를 치면서 격려했다), 두 전직 대통령은 자리에 앉아 30분 동안 대화를 나누었다. 그 만남을 요약하면서, 루스벨트는 윌슨이 전쟁에 잘못 대응하고 있다는 점에 전적으로 의견이 일치했다고 말했다. 태프트와 루스벨트는 중간선거에서 공화당이 승리를 거두도록 노력하자고 약속했다. 하지만 그처럼 화해하긴 했어도 두 사람은 함께 유세를 다니지 않았고, 루스벨트는 선거가 끝난 지 몇 달 만에 세상을 떠났다.

해가 지나자, 태프트는 우드로 윌슨이 구상하는 국제연맹에 시선을 돌렸다. 연맹을 헌신적으로 후원했던 태프트는 윌슨이 1919년 1월 파리강화회의의 위원으로 자신을 임명하지 않자 상심했다. 그곳에서 연맹 제안이 논의될 예정이었는데, 자신은 아무런 역할도 할 수 없었기 때문이다. 그런 무시를 당해도 태프트는 의욕이 꺾이지 않았고 국제연맹 안의 상원 통과에 힘을 쏟았다. 태프트는 의회에 나가 국제 조직에 얽힌 많은 오해를 지적하면서 두 시간 동안 연설을 했다. 연맹이 "각국의 어떤 영향력도 받지 않고," "주권을 침해하지 않으며," 국제 정책을 "명령하는 게 아니라 제안한다"는 점을 명확히 밝히면서 사실과 허구를 구분하고자 했다. "만약 윌슨 대통령이나 여당이 신망을 쌓는 데 유리한가 여부를 가지고…… 국제연맹을 판단한다면 당신은 애국 시민의 의무를 어기는 것"이라고 주장하면서 상원의원들에게 당파적 대결에서 벗어나 연맹을 지지해 달라고 간청했다.

"만약 오늘날 조지 워싱턴이 환생하여 우리가 직면한 상황과 마주친다면, 그는 국제연맹에 찬성할 것입니다."

사실, 태프트가 연맹을 지지한 것은 정치적 관점에서가 아니라 법률적 판단에 바탕을 둔 것이었다. 태프트는 전쟁에 대한 입장이 중립에서 개입 쪽으로 옮겨 갔지만, 언제나 국제 분쟁을 비폭력적인 재판으로 해결하는 쪽에 관심이 많았다. 공화당원인 태프트는 개인적으로 민주당 소속 대통령을 싫어했지만, 윌슨을 위해 발로 뛰는 활동가 역할을 자청한 것은 이런 비폭력 신념 때문이었다. 그는 윌슨 개인은 그다지 좋아하지 않아서 "그 고집 세고 속 모를 인물, 백악관에서 살고 있는, 이기심이 덕지덕지 붙은 인물"이라고 다양한 형용사로 묘사했다.

원래 논의되던 14개 조항에 비하면 가짓수가 줄어들기는 했지만, 윌슨은 파리강화회의에서 국제연맹을 승인받을 수 있었다. 하지만 국제연맹 안은 국내의 강경한 반대에 부딪혔다. 상원은 미국이 침공받는 조인 국가들의 안전을 보장하는 문제에 난색을 표명하면서 제10조*를 빼자고 제안했다. 어떤 의원들은 "약간의 유보 사항"을 둔 채 그 조항을 비준하자는 타협안을 제시했지만, 윌슨은 민주당 의원들에게 그처럼 심하게 물타기된 제안을 찬성할 바에야 차라리 부결시키라고 했다. 1919년의 뇌중풍으로 더욱 강고해진 듯한 윌슨의 비타협적인 태도 때문에 국제연맹 안은 결국 의회에서 부결되었다.

윌슨이 계속 싸울 수 없다는 사실을 깨닫고, 태프트는 오하이오 출신 공화당원 워런 하딩이 국제연맹 안의 비준을 좀더 신중하게 다룰 것이라고 굳게 믿으며 하딩을 차기 대통령 후보로 밀었다. 하지만 태프트의 희망은 꺾이고 말았다. 대통령이 된 하딩은 관심을 딴 곳으로 돌렸으며, 연맹이 설립될 기회는 사라졌다.

제2차 세계대전과 후버

20여 년이 지나 유럽 하늘이 두 번째 세계대전의 먹구름으로 어두워질 무렵, 허버트 후버는 유일하게 살아 있던 전직 대통령이었다. 미국인들에게 가장 먼저 파시즘을 어렴풋이 알려준 인물은 후버였다. 유럽에 체류하던 1938년 겨울, 그는 개인적으로 독일 총통 관저에서 아돌프 히틀러Adolf Hitler를 만났으며, 베를린 교외의 저택에서 헤르만 괴링Hermann Goering과 함께 유쾌한 저녁 시간을 보냈다.

---

* 국제연맹규약 제10조의 전문은 다음과 같다. "회원국은 모든 회원국의 현존하는 정치적 독립성과 영토가 침범되지 않도록 존중하고 보전할 것을 약속한다. 그러한 침범 행위가 일어나거나 일어날 우려가 있을 경우, 상임위원회는 회원국의 의무 이행 수단에 대해서 권고한다." 영문으로는 아래와 같다.

The Members of the League undertake to respect and preserve as against external aggression the territorial integrity and existing political independence of all Members of the League. In the case of any such aggression or in case of any threat or danger of such aggression the Council shall advise upon the means by which this obligation shall be fulfilled.

독일이 오스트리아를 합병하기 72시간 전인 3월 8일, '반들반들한 장화를 신고 나치 기장을 단 카키색 상의와 검은색 바지를 입은' 히틀러는 후버와 주독 미국 대사 휴 R. 윌슨Hugh R. Wilson을 환영하는 만찬에 나타났다. 한 시간쯤 만나는 동안, 후버와 히틀러는 상대국의 경제적·사회적 성과를 살펴보았고, 후버는 "독일 전역의 낙관적이고 활기 넘치는 분위기에 감탄했다." 대화가 좀 곤혹스러운 화제—민주주의, 공산주의, 유대인—로 넘어가자, 히틀러는 국가 사회주의의 상투 어구를 늘어놓았다. 후버의 강경한 반좌익 사상 덕분에 두 사람은 공산주의를 이야기하다가 공통된 의견에 이르렀다. 확고부동한 고립주의 사상을 갖고 있는 후버는 독일 총리에게 "미국이 정치적으로 유럽과 사뭇 다르고 결코 유럽의 정치적 문제에 개입하고 싶어하지 않을 것"이라고 말했다. 후버의 보좌관이자 절친한 친구였던 에드워드 리커드Edward Rickard는 그 만남에 대한 전임 대통령의 회상을 이와 같이 글로 옮겼다. 후버는 면담을 끝내면서 독일이 전쟁을 준비하지 않고 있고, 만약 전쟁이 일어난다 해도 "서쪽이 아니라 동쪽과 남쪽에서" 벌어질 것이며, "전반적인 평화를 해치는 일은 없을"거라고 확신했다.

후버가 총통을 만난 뒤, 유명한 독일계 미국인 지도자의 이름을 따서 명명된 칼 슈르츠Carl Schurz 협회에서 연회가 열렸다. 후버는 독일 국립은행장 히잘마 샤흐트Hjalmar Schacht가 개최한 축하연에 참석했다. 샤흐트는 손님들에게 "후버 씨가 대단히 인간적이고 이상적인 관점에서 구상한 사업을 개인적으로 완수할 수 없었던 것은 어떤 의미에서 비극이고, 우리는 이 존경스러운 손님에게 아직도 큰 역할을 기대할 수 있다"고 이야기했다. 이런 찬사는 부분적으로 후버가 대통령으로 재직하는 동안 독일의 재정 파탄에 채무 유예를 선언해 준 덕분이었다. 후버는 그런 환대를 고마워했고, 필요한 시기에 독일을 도울 수 있어서 기쁘다는 뜻을 전했다.

다음날, 후버는 더 느긋하게 화려한 수렵 별장에서 히틀러의 부총통인 헤르만 괴링과 만나 산업과 군사력에 관한 의견을 나누었다. 후버와 손님들은 융숭한 대접을 받았다. "16명의 트럼펫 연주자들이 화려한 의상을 입고 〈지크프리트Siegfried〉의 사냥 노래를 연주했으며, 하인들은 프리드리히 대왕의 보병들이 입었던 제복을 차려입고 백포도주와 적포도주를 따랐다." 대형 점심 식탁에서 그는 "보석이 박힌 순금 흉상…… 괴링의 첫 부인의 기념물을 발견했다. 그 흉상의 버튼을 누르면…… 반면상(半面像)이 여러 각도로 돌아갔다."

미국으로 귀국한 뒤, 후버는 프랭클린 루스벨트가 펼친 뉴딜 정책의 그늘에 가린 공화당을 되살리기 위해 애썼다. 후버는 과거에 공화당 충성파를 자처하지는 않았지만, 대통령에서 물러난 지금은 전국을 순회하며 당을 위해 연설하고 거액을 공화당에 기부했으며, 가끔씩 기자회견도 열었다. 대공황의 오명이 내내 그의 신뢰성을 떨어뜨리는 시점에도, 후버는 자신의 의견을 널리 알리기 위한 활동을 멈추지 않았다.

유럽 상황이 악화되자, 후버는 미국의 개입주의(참전을 주장하는 견해 _ 옮긴이)에 맞서서 고립주의 세력을 규합했다. 후버는 독일의 지도자와 단독으로 대면하고 나치의 폴란드 유대인 학대를 직접 목격한 다음에도 영국, 프랑스, 또는 가장 미심쩍은 상대인 러시아와 동맹을 맺는 것은 파시스트의 물결을 막는 적절한 방법이 못 된다고 확신했다. 유럽에서 귀국한 지 며칠이 지난 뒤, 후버는 방어적 동맹을 맺으면 "문명사회에서 일어날 수 있는 최악의 상황…… 정부의 신념과 이념 사이에 벌어지는 싸움을 촉발하게 될 것"이라고 분명히 밝혔다. 서로 간섭하지 말고 공존하자, 라고 후버는 조언했다.

"다른 나라 사람들이 자기들의 운명을 개척하면서 겪는 정부 형태는 우리가 책임질 일이 아니다. 우리는 전쟁의 용병을 동원해서는 결코 세상을 정의의 길로 데려갈 수 없다."

진주만이 습격당하기 1년 전, 후버는 미국이 현재 위험 상태에 있지 않다고 강력하게 선언하면서도, 공화당 지명자 웬델 윌키Wendell Willkie보다 루스벨트에 의해 앞으로 미국이 "더욱 더 참전 쪽으로" 말려들리라고 내다보았다.

후버는 끊임없이 미국의 유럽 무대 진출을 경고했다. 연합국에 전쟁 물자를 공급하기로 한 프랭클린 루스벨트의 1941년 3월 무기 대여법을 극구 비난하면서, 후버는 그 규정을 약화시키기 위해 맹렬하게 로비를 벌이고, 로버트 태프트와 토머스 듀이Thomas Dewey와 같은 공화당 비개입주의자들이 힘을 합치도록 압력을 가했다. 진주만 사건이 터진 뒤에는 적어도 말로나마 미국의 참전을 지지했지만, 사상적인 관점만 두고 보자면 결코 고립주의를 벗어나지 않았다. 전쟁이 어쩔 수 없이 미국에 들이닥친 것을 공개적으로 받아들였지만, 후버는 평소의 고립주의적 생각을 버리지 않았다. 만약 미국이 일본의 자산을 동결하지 않고 좀더 우호적인 경제 관계를 추구했더라면 진주만 공격을 피할 수 있었으리라고 믿었다.

허버트 후버와 전후 세계

해가 지나면서 후버의 입장은 서로 모순된 방향으로 해석되는 일이
잦았고, 그리하여 후버는 좀 엉뚱해 보이는 지지 세력을 얻게 되었
다. 미국의 군사적 모험주의를 비판하던 태도 때문에 후버는 일부
신좌익 역사가들 사이에서 어느 정도 우상으로 떠올랐지만, 다른 사
람들은 안정된 세계질서 유지를 중시하는 후버의 태도를 지적하면
서 그가 정말로 고립주의자인지 의심했다. 후버 자신은 더 큰 쟁점
을 흐리게 만드는 쓸데없는 것이라고 간주하면서 이런 분류를 거부
했다. 한국전쟁이 벌어졌을 때, 후버는 전쟁 억제 정책을 옹호하면
서 "'고립주의자나 국제주의자'의 비타협적인 고함, 그리고 명령을
내리는 사람들의 더러운 도구가 된 비방과 편향적인 보도로는 건전
한 정책을 수립할 수 없다"고 단호히 주장했다. 하지만 나중에 그가
주장한 뜻을 잘 살펴보면 한 가지는 확실하다. 고립주의로 일관한
후버 자신의 진술은 애매한 점이 전혀 없었다.

제2차 세계대전이 끝난 뒤, '봉쇄containment'라고 알려진 새로운
원칙이 미국 대외 정책의 지배적 이데올로기가 되었다. 1950년대 초
까지, 후버는 미국의 해외 참전 규모와, 서반구에서의 방어력 강화를
줄이라고 줄기차게 요구했다. 미국의 안보가 제1순위라고 생각하면
서 해외 주둔 군사력의 불균형을 수정하라고 권고했다. 유럽 국가들
은 분쟁 지역에서 제 역할을 다하지 않고 있는데 유독 미국만 그런
지역에서 지나치게 많은 부담을 지고 있다는 게 후버의 주장이었다.
(후버는 마셜 계획에 대해서도 반대의 목소리를 높이면서 미국이 단

독으로 주관하지 말고, 많은 국가들이 참여하여 세계은행으로 하여금 자금을 대고 그 과정을 감시하도록 하자고 제의했다.) 후버의 비판은 시의적절한 것이었다. 한국전쟁에서 상황이 반전되면 미국인들이 아시아 개입의 타당성을 재고하게 될 것이라고 그는 내다보았다. 후버는 트루먼이 "엉터리 구실을 들이대며" 한국전쟁에 참전했다고 공격했다.

《로스앤젤레스 타임스》는 사설에서 이렇게 논평했다.

"그가 아무런 성과도 올리지 못했다는 이야기도 있지만, 그래도 후버 씨는 트루먼 정부에게 뒤죽박죽으로 꼬인 대외 정책을 일목요연하고 일관성 있게 추진하도록 밀어붙인 공로가 있다."

냉전

해리 트루먼은 후버와 다르게 상황을 바라보았다. 대통령 시절, 그는 국방 예산을 500억 달러도 넘게 늘리며 미국의 극적인 군비 증강—특히 공군력—을 지원했다. 트루먼은 "공산주의를 온건하게 대한다"는 공화당의 비난에 맞서면서, 연방정부 내부의 이른바 위험 세력을 근절하기 위해 충성 선서 프로그램을 만들기까지 했다. 공직을 떠난 1953년, 트루먼은 아이젠하워가 공산주의와 제대로 싸우지 않는다고 생각했고, 정부가 전면적으로 국방력을 감축한 행위를 혹평했다. 트루먼은 이렇게 조롱했다.

"돼지가 일요일이 뭔지 모르듯이 장군은 정치가 뭔지 모른다."

아이젠하워는 자신의 행위를 냉정하게 설명했다.

"단 1달러만이라도 분수에 넘게 쓴다면 허리가 휘어지기 시작할 것입니다."

아이젠하워는 나중에 공직을 떠나면서 '군산 복합체'의 위험을 강력하게 경고했는데, 이런 절약 태도는 그런 취지를 미리 보여준 것이었다.

역사학자들은 아이젠하워 대통령의 유산을 두고 많은 논쟁을 벌였다. 그는 대체로 한가하고 무능한 국가수반이었는가 아니면 파벌 근성을 최소화하기 위해 의도적으로 초연한 태도를 취하며 신중하게 책임을 위임한 막후의 지배자였는가? 프레드 그린스타인Fred Greenstein의 1982년 연구서, 《숨은 손의 대통령: 리더로서의 아이젠하워The Hidden—Hand Presidency: Eisenhower as Leader》는 아이크가 정치적으로 능란했다는 수정주의적 입장을 취한다. 이러한 평가는 1967년 초에 언론인 머리 켐튼Murray Kempton에게 지지를 받았다. (《에스콰이어Esquire》지에 실린 아이크의 회고록 논평에서 켐튼은 이렇게 썼다. "우리는 겉에 드러나지 않은 그 교묘함을 결코 알지 못했다.") 아이젠하워의 후임자 존 F. 케네디나 린든 존슨이 그를 몽유병에 걸린 지도자로 여겼는지 교활한 책략가로 여겼는지는 알 수 없지만, 두 대통령은 군사적 · 외교적 분쟁이 돌발하는 순간이면 그에게 의존했다. 물론 아이젠하워는 최고 조언자는 아니었다. 그렇지만 두 대통령에게 비공식적으로 영향력 있는 조언을 해주었고, 그들이 궁극적으로 집행했던 정책을 형성하도록 도왔다.

케네디가 당선자 시절 아이크를 만나 당시 쿠바와 동남아 정책을 논의했다는 것은 유명한 이야기다. 그 뒤부터 케네디는 대통령 임기 내내 자기 바로 전임자를 대외 정책 그룹에 끌어들였고, 아이젠하워의 조언뿐만 아니라 반응 역시 정책에 적극적으로 반영했다. 어떤 역사학자는 이렇게 말했다.

"케네디는 아이젠하워에게 사람을 놀라게 하는 점이 있다고 보았으며, 이렇게 인기가 높은 사람의 뒤를 잇는 것은 정치적으로 위험하다고 생각했다……. 어떤 정책에 대하여 아이크의 찬성이 반드시 필요하지는 않더라도 반대로 공개적 비난은 치명적일 수 있었다."

아이젠하워의 진중함과 상징적 힘은 집권 1000일 동안 케네디에게 상당한 무게를 지웠다.

미국이 후원하던 쿠바 난민들이 피그스 만에서 붙잡힌 1961년 4월*, 케네디는 조언을 구하기 위해 아이크를 즉각 캠프 데이비드로 초대하여 전략 회의를 열었다. 난민 상륙이 완전히 대실패로 끝났으며 제대로 알지 못하고 벌인 일이라고 케네디가 시인하자, 아이젠하워는 몇 가지 점에서 대통령을 날카롭게 비판했다. 국가안보회의의 총역량을 동원하여 작전의 실상을 논의하지 않은 것, 침공할 때 공중 엄호를 충분히 하지 못한 것, 미국의 역할을 숨긴 채 작전을 완수할 수 있다는 환상을 품은 것 등을 문제로 지적했다. 당선되기 전에 케네디의 외교 지식이 부족한 점을 우려하던 아이젠하워는 젊은 대통령이 초보적인 잘못을 저지른 데 별로 놀라지 않았다. 케네디는 나름대로 아이크의 지적을 감수하면서 좋은 교훈으로 받아들였다.

* 미국은 피델 카스트로의 공산 정권을 붕괴시키기 위해 쿠바 난민들에게 게릴라 훈련을 시켜 1961년 4월 15일에 쿠바 상륙작전을 벌였으나 실패했다.

캠프 데이비드에서 회의할 때, 케네디 참모 중 어떤 사람은 침공 계획이 실제로 아이젠하워가 지켜보는 가운데 시작되었다고 주장했다. 아이크는 그런 혐의를 극구 부인했다. 그는 쿠바와 관련된 것으로 분류된 정부 문서를 예전의 보좌관 고든 그레이Gordon Gray의 도움으로 회수했다. 그레이의 기록은 군사 계획 수립에 관한 논의가 있었음을 알려주지만, 아이크는 그레이의 해석을 단호하게 부정했고, 실제적인 "계획 수립" 자체가 아예 없었다고 주장했다. 아이젠하워는 심지어 문서의 기록을 바꾸려 하면서, "나는 사실을 정확하게 반영하기 위해 이 페이지를 다시 쓸 것입니다"라고 말했다.

아이젠하워가 집권 시절에 쿠바 망명자들을 훈련시켜 피델 카스트로를 몰아내려는 쿠데타를 검토한 것은 사실이지만, 아이크는 상황이 무르익지 않았다고 판단하여 승인을 내리지 않았다. 아이젠하워는 케네디 재임 시에도 상황이 적절하지 않다고 생각했다. 설사 카스트로 전복 쿠데타가 성공하더라도 카스트로를 대신하여 권력을 쥘 수 있는 강력한 야당 지도자가 떠오르지 않았기 때문이다. 아이젠하워는 내내 피그스 만 작전에 대하여 유보적인 태도를 취했지만, 그래도 국내외 정책 문제를 두고 젊은 대통령과 상의했고, 가끔씩 어떤 법안을 지지하기 위해 케네디를 대신하여 의원들을 상대로 로비를 벌일 때도 있었다.

쿠바 미사일 위기가 터졌을 때, 케네디는 아이젠하워의 군사적 통찰력에 크게 의존하게 되었다. 존 매콘John McCone CIA 국장을 통하여 막후에서 의사소통을 하던 아이젠하워는, 흐루쇼프Nikita Sergeevich Khrushchyov와 어떻게 협상할지 케네디에게 전술적으로 조언하면서, 미국의 계획은 "봉쇄하고 정찰을 강화하는 것이어야 하며, 만약 소련이 미사일 제거를 거부한다면 군사 작전을 실시하겠다는 의도를 발표하라"고 권고했다.

케네디 진영은 아이젠하워에게 열심히 정보를 제공했고, 쿠바에 소련 미사일이 존재한다는 사실을 일반 대중에게 밝히기 몇 시간 전에도 그와 여러 차례 상의했다. 위기 사태에 관하여 아이크의 의견을 얻겠다는 목적도 있었지만 그것은 사실상 면피용이기도 했다. 케네디는 전직 대통령에게 최신 정보를 제공함으로써 아이젠하워가 쿠바 정책을 납득해 주기를 바랐고, 그 결과 장래의 당파적 공격 가능성을 막으려 했다. 중간 의회선거에서 쿠바 위기가 정치적 미결 문제로 사용될까 봐 케네디가 우려하는 것에 대응하여, 아이젠하워는 심지어 ABC텔레비전 인터뷰에까지 나가 쿠바 미사일 위기를 선거 쟁점으로 제기해서는 안 된다는 의견을 공식적으로 표명했다. 후임 정부를 비판해서는 안 된다는 관례를 결코 받들지 않았지만—실제로 아이크 자신은 케네디가 선거 유세를 다니다가 내세운 어떤 정책을 거리낌 없이 비판했다—아이젠하워는 소속당인 공화당에게 케네디 행정부의 과거 행위에 집중해야지 현재의 위기를 파고들어서는 안 된다고 조언하기도 했다.

케네디는 미사일 위기의 암울한 순간에 다른 전직 대통령인 허버트 후버와 해리 트루먼으로부터 고무적인 이야기를 들었다. 트루먼은 평소와 마찬가지로 거친 말투로, "우리가 무력으로 러시아인을 밀어붙이면 저쪽은 늘 물러섭니다"라고 케네디에게 말했다. 후버는 좀더 신중했다.

"공산주의가 공격해 오는 이 위기에서 미국인들에게는 단 한 가지 길이 있을 뿐입니다. 그건 대통령이 물러서지 않고 꿋꿋이 저항하도록 밀어주는 것입니다."

미사일 위기 이후에도 케네디는 아이젠하워의 여러 조언을 중시했지만, 아이크는 케네디가 흐루쇼프와 맺은 거래—미사일 철수의 대가로 미국이 쿠바를 공격하지 않겠다고 합의한 것—를 비현실적이라고 생각했다. 그래도 케네디는 계속하여 또 다른 외교 문제들, 가령 제한적 핵실험 금지 조약 관련 협상을 비롯하여 미국의 베트남 개입에 이르기까지 다양한 정책적 문제에 아이젠하워를 참여시켰다.

베트남 전쟁과 아이젠하워

아이젠하워 시절에 시작된 베트남 전쟁은 내리 세 명의 후임자를 거치는 동안 계속되었고, 케네디, 존슨, 닉슨은 각자 미국의 베트남 개입을 심화시켰다. 사실 트루먼에게도 개입의 책임이 있다. 그는 프랑스의 인도차이나 식민주의를 지지하고 남베트남에 대한 물자 공급을 약속한 탓으로 이 전쟁에 대해 어느 정도 책임을 떠안았다.*

1954년, 아이젠하워는 냉전의 필연적 상황에 자극받고 "중국을 공산주의자에게 빼앗긴 아픔"을 가슴에 새긴 채 베트남으로 고문관

---

* 제1차 베트남 전쟁은 1946년부터 1954년까지 베트남의 민족주의적 공산주의 세력(베트민)이 프랑스의 식민 지배에 항거해 벌인 독립전쟁이다. 이 전쟁의 결과 베트남은 독립하지만 남북으로 분할되고, 남베트남에는 친미적인 응오딘지엠 정권이 들어선다.

들을 파견하기 시작했다. 그는 동남아시아조약기구SEATO(시토) 결성을 주도적으로 후원했고, 미국과 비공산주의 동남아 국가들 사이에 '상호 방위' 시스템을 세웠다.

남베트남의 전략적 중요성을 크게 보던 존 F. 케네디는 사이공의 고문관 숫자를 1만 6000명 이상으로 늘렸고, 응오딘지엠 남베트남 대통령을 축출한 1963년 11월 1일의 쿠데타에도 관여했다. 베트남 전쟁이 본격적으로 벌어진 지 몇 주 뒤에 대통령 직책을 물려받은 존슨은 분쟁의 원인과는 무관한 사람이었다. (훗날 그는 청중에게 이렇게 말했다. "내가 여러분을 베트남에 끌어들인 게 아닙니다. 미국은 이미 10년 전부터 베트남에 말려들어 있었습니다.") 처음부터 전임자들의 제한적 개입 정책을 이어 가던 존슨은 1965년에 이르러 무제한으로 남베트남에 병력을 투입하고, 지상전을 훨씬 더 확대하기 시작했다.

존슨은 베트남의 대재앙에 대처하는 최선의 방법을 찾고자 전문가 집단에게서 정기적으로 조언을 구했는데, 이 집단에 드와이트 아이젠하워도 있었다. 특히 존슨은 자신의 곤란한 상황에 도움 되는 교훈을 얻고 싶어서 아이크가 한국전쟁을 끝낸 이야기를 열심히 경청했다. 전 대통령의 베트남 정책 찬성이 일반 대중에게 상당한 영향력을 발휘하리라 판단하여, 존슨 정부의 고위직들은 신중하게 아이크의 역할을 상향 조정했다. 결국 아이크는 존슨의 전시 내각에서 비상근 각료나 다름없게 되었다.

그러나 트루먼은 이야기가 달랐다. 대통령 시절 트루먼은 한국전쟁의 큰 부분을 수행했지만 존슨 시절에는 권력의 회랑 밖에 머물렀고, 가끔씩 공적인 의견을 진술하여 존슨을 지지하는 정도에 그쳤다. 트루먼은 당연히 나오는 한국과 베트남의 비교를 거부하면서 미국 전함을 공격한 북베트남에게 보복한 것은 "존슨의 올바른 결정이었다"고 주장했으나 재빨리 이렇게 한 마디 덧붙였다. "내가 대통령이었더라면…… 어떻게 했을지는 비교하지 않겠다." 그리고 80세의 트루먼은 나중에 이렇게 다시 덧붙였다.

"존슨은 어떤 일을 해야 할지 알고 있고, 어떤 일을 피해야 할지 알고 있다……. 이런 상황에서 그는 모든 사람들의 신뢰를 받을 만하고 또 받아야 한다."

아이젠하워가 존슨과 협조하여 1965년에 파병을 확대한 것 같지만—사실 그는 대통령 시절에도 매파였다—그가 생각하는 전망은 세부적 뉘앙스에서 차이가 있었고, 존슨이 자신은 도저히 따라갈 수 없다고 여겼던, 오랜 군사 경험으로 쌓아 올린 미묘한 신중함이 있었다. 1966년, 존슨은 아이크에게 말했다.

"나는 대통령이 내려야 하는 의사 결정과 관련하여 당신의 지혜, 판단력, 당신만이 이해할 수 있는 깊이와 진지한 고뇌 등이 필요합니다."

아이젠하워는 개인적으로 린든 존슨의 팬이 될 수 없었지만—그는 한때 린든 존슨을 두고 "그 어떤 도덕적 용기도 없는 인물"이라고 말한 적이 있었다—그래도 존슨을 위해 기꺼이 전략적 조언을 제시했다. 아이크는 군사적 타격이 "이야기의 일부에 지나지 않고…… 평화로 가는 길을 준비하는 것"이라고 설명하며, 존슨이 오직 무력에만 의존하는 것을 질책했다. 당연히 전후 베트남의 국가 재건이 어렵고, 안정된 정부 조직을 발전시키는 것이 복잡하다고 강조하면서, 아이젠하워는 이렇게 조언했다.

"우리는 남베트남이 사이공과 지방에서 효과적으로 통치할 수 있을 만큼 강력해질 때까지 내내 압력을 가해야 합니다."

아이젠하워는 또한 대통령이 남베트남의 사기뿐만 아니라 미군의 사기를 높여야 하고, 베트남의 현황을 일반 대중에게 신중히 알려야 한다고 강조했다. 아이젠하워가 볼 때, 해외 전쟁의 상황을 신속히 알려주고 해명하는 의무를 게을리하는 것은 국내에 재난을 불러오는 첩경이었다.

아이크가 처음에 존슨을 공개적으로 비판하기를 꺼렸던 것은 상호협력 정신 때문이었다. 아이크가 백악관 주인이었을 때 린든 존슨이 상원에서 보내준 지지는 대단히 귀중했고, 따라서 그때 진 신세를 갚으려는 마음이 있었다. 하지만 역사적 기록에 관련된 문제라면 아이크는 존슨의 역사관을 공유할 마음이 조금도 없었다. 피그스 만 계획이 자신이 지켜보는 가운데 수립되었다는 케네디의 주장을 극력 부정했던 것처럼, 아이젠하워는 존슨의 군사 작전이 자신에게서 비롯된 게 아님을 적극적으로 밝혔다. 1965년 8월 아이젠하워는 기자회견을 열고, 대통령 시절 자신이 SEATO(시토)의 한계를 벗어나 남베트남을 군사적으로 지원하기로 했다는 존슨 정부의 주장을 적극적으로 반박했다. 그는 1950년대에 "우리는 해외 원조를 말했을 뿐, 군사 프로그램을 이야기하지 않았다"고 설명했다. 존슨의 참모는 수단 방법을 가리지 않고 아이크가 남베트남을 군사적으로 지원하려 했다는 증거를 찾아내려 했지만, 그 어떤 것도 일반에 알려지지 않았다.

1960년대가 다 지나갈 무렵, 아이젠하워는 점점 존슨의 베트남 정책을 의심하게 되었다. 아이크는 린든 존슨이 승리하기 위해 전쟁 규모를 확대하는 게 아니라 전쟁을 점진적으로 수행하는 그릇된 길을 가고 있다고 생각했으며, 존슨에게 자신의 입장을 분명히 밝혔다.

"일단 어떤 국가를 군사적으로 원조하거나 국제적 상황에 무력 개입을 했다면, 전력을 기울여 싸워야 합니다!"

그는 베트남 전쟁이 결국은 이겨야 하는 전쟁임을 상기시키면서, 존슨에게 "할 수 있는 것은 다 하라"고 조언했다. 아이크는 존슨에게 탁상공론을 일삼는 전술가보다 현장의 군사 지휘관들을 더 믿으라고 거듭 당부했다. 그리고 '빈곤과의 전쟁'과 달 탐사 경쟁 등 최우선 국내 정책을 잠시 뒤로 돌리더라도, 베트콩을 물리치는 데 필요한 에너지와 자원을 적극 지원하라고 조언했다.

당연히 아이크는 반전 운동을 벌이는 군중을 멸시했다.

"현재의 소란스러운 대결은 명예로운 반대의 목소리를 넘어서고 있다……. 그것은 폭동이고, 반역이나 다름없다."

존슨이 자라나는 반전 정서에 굴복하여 1968년 대선에 출마하지 않겠다고 발표하고 대부분의 북베트남 폭격을 동결하자 아이젠하워는 격분했다. 아이크가 아무리 짜증을 부려도 존슨은 계속 그를 찾았다. 1968년, 존슨은 리처드 닉슨에게 이렇게 말했다.

"대통령인 내게 아이젠하워만큼 도움을 준 사람은 아무도 없었습니다."

닉슨의 몰락과 부활

미국이 베트남에 쏟아붓던 개입 규모를 줄이자, 미국인들은 국내 분야로 시선을 돌렸다. 일반 대중의 관심은 떠들썩한 1960년대 이후의 폭넓은 문화계 변화, 워터게이트 악몽의 불행한 영향, 점점 심각해지는 경제적 혼란에 사로잡혔다. 하지만 이런 사태에 뒤이어 미국 시민이 이란에서 인질로 붙잡히자, 미국이 국제무대에서 취약하다는 사실을 곧 인정하게 되었다. 본국의 미국인들은 경계심을 품은 채 긴장 완화 이후 소련과의 거래를 예의 주시했다.

국제 문제의 현장에서 많은 경험을 쌓았던 리처드 닉슨 전 대통령은 공화당 동료의 시선에서 서서히 되살아나는 복권의 기회를 간파했다. 특히 이른바 제2세계, 다시 말해 중국 및 소련과 관련하여 닉슨의 옹골진 실용주의는 꾸준하게 열성적인 지지자를 확보했다. 하지만 사람들의 존경을 얻으려는 닉슨의 끈질긴 여정에는 상당한 시간이 걸렸다. 불명예스럽게 공직에서 물러난 지 2년 뒤, 닉슨은 떠들썩한 선전 속에 베이징 방문 기념 4주년 여행을 떠났다. 닉슨은 중국에서 "거의 대통령급에 가까운 대우"를 받았고 모택동 주석과 회견을 갖는 등 일종의 공식적인 데뷔를 했다. (그 방문은 나름대로 독자적인 대외 정책을 추진하려 했던 포드 정부와 궁합이 잘 맞지 않았다.) 이어 닉슨은 공격적으로 자기 홍보 활동을 펼쳤다. 여러 권의 에세이집, 인터뷰, 많은 대외 정책 이론과 주장이 담긴 자신의 지정학적 전문 지식을 권력층에게 늘어놓으며 선의를 가지고 대외 문제에 적극적으로 기여하는 것이 자신의 합법적 복귀를 앞당기는 진정한 길이라고 생각했다.

닉슨은 입을 다문 채 가만히 있지는 않겠다고 분명히 밝혔다.

"나는 여러 문제에 대해 터놓고 말하겠습니다. 그러다 보면 누군가를 적으로 만들어 잃게 될 테고 또 어떤 사람들은 입 닥치라고 하겠지요. 하지만 나처럼 뭔가를 믿는다면…… 용기를 내어 말해야 합니다. 그것이 바로 내가 하려는 일입니다."

결심이 굳건했던 전직 대통령은 그 약속을 지켰다. 닉슨은 민간 행위와 정치 행위의 국제적 기준을 "인권의 공허한 수사(修辭)" 위에 확립하려는 카터 대통령의 야망을 비판하면서 이른바 가치에 바탕을 둔 외교 정책을 주문했다. 닉슨은 이란 국왕이 몰락*한 책임을 카터에게 돌리면서, 민주당 정부에는 의지박약한 "도덕적 제국주의자들"만 가득하다고 경멸했다. (사실 이란 국왕은 카터의 엄격한 인권 기준하에서도 합격점을 받았다.) 닉슨은 숨가쁘게 말했다.

"사우디아라비아가 절대군주국이 아니라고 생각하여 칼리드 왕이나 파드 왕자에게 이렇게 말할 사람이 있습니까? '이보시오, 당신이 여자들의 베일을 벗길 때까지…… 우리는 당신네 기름을 사지 않겠소.' 절대로 아닙니다. 중국의 인권은 어떨까요? 그들에게 인권이 없다고 하여 중국 정책을 바꿔야 할까요? 절대 아닙니다!"

카터는 닉슨의 가혹한 비판을 대수롭지 않게 받아넘겼으며, 심지어 닉슨에게 등소평을 환영하는 백악관 만찬 초대장을 보내기도 했다. 카터는 워터게이트 사건이 이제 역사의 일부이고 닉슨을 초대하

---

* 1979년 2월 이란혁명이 일어나 친미적인 팔레비 왕조가 무너지고, 이슬람 시아파의 지도자 호메이니가 정권을 잡고서 이란이슬람공화국을 선포했다.

는 것이 "공정하고 적절한 일"이라고 지체 없이 설명했다. 어쨌든 닉슨 전 대통령과 만나게 해 달라고 먼저 요청한 것은 중국 대표단이었다.

냉전이 끝나갈 무렵, 닉슨은 국제정치에 관한 지식을 폭넓게 활용하여 로널드 레이건에게 많은 자문을 해주었다. 닉슨에게는 다행스럽게도, 레이건은 임기 중에 전직 대통령 세 명 중에서 닉슨에게만 조언을 구했다. 레이건은 처음부터 카터에게서 아무것도 바라지 않는다고 분명하게 밝혔고, 그래서 국가 만찬에도 초대하지 않았으며 심지어 카터 부부의 초상화가 백악관에 걸릴 때도 부부를 백악관으로 초청하지 않았다. 레이건과 포드의 관계 또한 그다지 친밀하지 않았다. 미시건 공화당원이었던 포드는 1980년대에 계속 따돌림을 당했다. (포드 측에서도 애초부터 레이건을 좋아하지 않았다. 포드는 1976년 공화당 대통령 예비선거에서 자신─현직 공화당 대통령─에게 도전하고, 공화당 지명을 획득한 뒤에도 미미한 지원을 보낸 레이건에게 단단히 화가 났다.)

1981년 10월, 레이건은 안와르 사다트*의 장례식에 닉슨을 초대하여 카터와 포드와 함께 가도록 했다. 그것은 닉슨이 앞으로 정계에서 발언권을 높이도록 길을 닦아 준 조치였다. 기자들은 닉슨의 장례식 참석이 적절한지에 대해 공개 질문을 던졌다. 하지만 《워싱턴 포스트》의 메리 맥그로리Mary McGrory가 볼 때, 닉슨은 그 여행 덕분에 "명예 회복respectability으로 가는 왕복표"를 얻었다. 동료 기자

---

* 1918~1981년. 이집트의 3대 대통령으로 과격파 이슬람 원리주의자인 칼리드 이슬람 불리의 총에 맞아 암살당했다.

인 헤인스 존슨Haynes Johnson은 그것을 "엘바 섬*에서의 귀환"이라고 불렀다.

카터의 그림자 외교

사다트 장례식은 대통령에서 물러난 사람들끼리 특이하지만 유익한 관계를 맺는 무대를 마련했다. 1976년 대선에서 맞붙었던 지미 카터와 제럴드 포드가 그 행사를 계기로 아주 친해진 것이다. 귀국길에 오른 대통령 전용기(닉슨은 개인적 이유 때문에 사우디아라비아로 갔다)에서 두 전직 대통령은 정치적 협력 관계와 개인적인 우정을 쌓았고, 그 관계는 포드가 2006년에 사망할 때까지 이어졌다. 두 사람은 이미 과거에 공동 전선을 펼친 적이 있었지만(이를테면 포드는 공화당 상원의원들을 그러모아 카터의 강경한 파나마 운하 조약을 비준하도록 도와준 적이 있었다), 새로운 협력 관계는 훨씬 더 영향력이 큰 의제에 관한 것이었다. 귀국한 뒤, 선택된 몇몇 언론인과의 기자회견에서 포드는 이런 의견을 내비쳤다. 당시 미 국무부에서 불법 조직으로 간주하던 팔레스타인해방기구PLO를 인정하고 대화하는 일은 불가피하며, 앞으로 비극적 순간을 그냥 기다리기보다는 이런 노선에 따라 일을 추진하면 더 좋을 것이라는 의견이었다. 카터는 포드의 의견에 동의하면서 이렇게 덧붙였다.

---

* 나폴레옹이 유배되었던 섬.

"이스라엘은 팔레스타인 문제를 해결하지 않고서는 영구적 평화를 확보할 길이 없습니다."

사실 이 기자회견에서 밝혀진 카터와 포드의 입장은, PLO가 정식으로 이스라엘의 생존권을 인정할 때까지 PLO와의 회담을 금지한 헨리 키신저Henry Alfred Kissinger의 1975년 규약에서 그리 많이 벗어난 것은 아니었다. 포드와 카터의 대화에서 제시된 새롭고도 대담한 조치는 상징적 여운을 남겼고, 그리하여 PLO와 회담을 재개하도록 압력이 가해졌다. 카터와 포드는 안와르 사다트의 비극적 운명을 계기로 중동의 여러 국가들이 고립을 이어 갈 게 아니라, 상호 이해를 확대해야 한다고 생각했다. 그들이 암시하는 대로, PLO는 팔레스타인 사람들을 대표하는 유일하게 합법적인 조직이었다. 결국 그들 말고 그 누가 믿음직한 협상 상대가 될 수 있겠는가? 포드는 이렇게 설명했다.

"우리가 팔레스타인 사람들을 테러분자로 분류하는 게 잘못이라고 생각합니다. 평화를 달성하려면 PLO와 협상을 시작해야 합니다."

1년이 좀 지난 뒤, 카터와 포드는 《리더스 다이제스트Reader's Digest》에 공동 명의로 글을 발표하고, 이스라엘이 1978년 캠프 데이비드 협정을 준수하지 않고 오히려 계속 정착촌을 건설하면서 점령지구에서 팔레스타인의 부동산을 몰수하고 있다고 주장했다. 지미 카터는 이런 공개적인 논평만 한 것이 아니라 중동으로 직접 여행하여 아랍과 이스라엘 지도자를 똑같이 만났다. 카터가 1983년 3월 여행에서 아라파트Yasser Arafat와 만날 가능성(카터는 《펜트하우스Penthouse》와의 인터뷰에서 그런 의도를 내비쳤다)을 알게 된 레이건 대통령은 곧 카터에게 PLO 지도층과의 면담 약속을 포기하라고 압력을 가했다. 카터는 정부의 요구에 응해 결국은 실무자급의 PLO 대표단과 만났다. 카터는 신문 기자들에게 말했다.

"나는 아라파트를 만나지 않을 것입니다. PLO가 이스라엘의 생존권을 인정하지 않는다면, 아라파트와 이야기하는 게 부적절하다고 생각합니다. 하지만 가자와 요르단 강 서안의 여러 팔레스타인 지도자들은 만날 것입니다."

이번에 카터는 중동 정책에 관한 백악관의 명령을 기꺼이 받아들였지만 그 후 몇 년 동안 점점 더 자기 목소리를 높여 나갔다.

레이건이 재임하던 시대에 워싱턴과의 관계가 거의 차단된(한 가지 두드러진 예외는, 레이건이 AWAC 미사일을 사우디아라비아에 판매하기 위해 카터의 의회 로비를 요청하여 그 안건을 통과시킨 경우였다) 카터는 1980년대 거의 내내 카터 연구소를 발전시키고 세계 곳곳의 선거를 감시하면서 독자 양식으로 외교를 펼쳤다. 온건하게 말해도, 레이건 정부는 카터의 활동을 선의로 해석하지 않았다. 그들이 볼 때 카터의 활동은 민중을 선동하는 협박이나 다름없었고, 레이건 정부가 전략적으로 집중했던 중남미와 중동 같은 지역에서 그림자 정부 노릇을 하는 것이었다.

카터는 결코 레이건 쪽의 적개심을 부인하지 않았다.

"내 이미지와 목표는 레이건 대통령의 그것과 충돌할 때가 더러 있었고, 그래서 현직 대사들에게서 어떤 지원도 받지 못했습니다. 사실 그들은 내 앞길에 일부러 재를 뿌릴 때도 있습니다."

카터는 한 가지 사례를 말했다. 1983년에 카터의 중남미 여행을 반대하던 국무부는 여행이 안보에 위험을 초래하고 "정부 입장을 곤란하게 만들 것"이라고 주장하면서 그것을 막고자 압력을 가했다. 여행을 강행한 카터는 코스타리카에 도착하자, 힘들게 이끌어 낸 모든 약속이 자신도 모르는 사이에 미국 대사들에 의해 취소되었음을 알게 되었다.

카터가 평화를 모색하는 과정에서 더 많은 빈틈을 찾기 위해 1987년에 중동과 북아프리카 방문을 계획했을 때, 레이건 정부는 여행 일정에 시리아가 고려되고 있음을 파악했다. 미국과 시리아 공직자 간의 고위급 회담이 금지된 상태였기 때문에 정부는 카터가 민간인 신분이어도 다마스쿠스를 방문하지 않도록 압력을 가하려 했다. 하지만 압력이 먹혀들지 않자, 레이건 참모진은 현실적인 태도를 취해, 카터가 시리아 지도자들에게 레바논의 인질과 관련된 공식 전갈을 전달하게끔 하는 방안을 검토했다.

나중에 알려진 일이지만, 시리아 방문은 곁가지에 지나지 않았다. 레이건 정부가 진정으로 곤혹스러워했던 것은 카터의 짧은 이집트 방문이었다. 카이로에서 "나는 우리 정부를 비판하러 여기 온 것이 아닙니다"라고 발표했지만, 카터는 워싱턴의 "리더십 부재"를 혹평하고는 이렇게 말했다.

"레이건 대통령은 민주당과 공화당의 전직 대통령들이 그랬던 것만큼 국가의 목표를 달성하기 위한 수단으로 협상과 외교를 활용하지 않았습니다. 대통령은 실제로 사용하든 위협용이든 미국의 군사력을 발휘하는 데에만 온 마음이 쏠려 있습니다."

전직 대통령이 해외에서 이런 수준으로 현직 대통령을 질책한 것은 드문 일이었다. 그것은 카터의 좌절감을 드러내는 반응이기도 했다. 자신이 자랑하던 중동 외교가 레이건의 중남미와 기타 지역에서 반공주의 정책 때문에 헌신짝처럼 취급받는 상황에 좌절했던 것이다.

레이건 정부는 카터의 그런 독설에 분노했다. 그것은 해외에서는 현직 대통령을 비난하지 않는다는 불문율을 깨뜨린 것이었다. 정부는 카터에게 백악관 정책을 더 이상 비난하지 말아 달라고 요청했다. 카터는 자신이 정부를 대표하는 사람도 아니고, 오히려 "마음 내키는 대로 이야기할" 수 있는 사람이라고 응수했다. 귀국한 뒤, 카터는 조지 슐츠George Shultz 국무장관을 비롯한 국무부 직원들에게 경위 보고를 해주었다. 그는 보수 권력 계층으로부터는 소외를 당했지만, 그래도 자신이 알아낸 사항들을 기꺼이 알려주려 했다.

닉슨, 레이건을 지지하다

로널드 레이건은 카터의 외국 여행을 일일이 감시하는 한편, 국제 문제에 대한 조언을 얻기 위해 닉슨에게 자주 자문을 구했다. 카터와 마찬가지로 적어도 국제 문제에 대해서는 닉슨도 기꺼이 자기 의견을 말했다. 닉슨은 평소의 경계심을 다소 떨쳐버렸고, 러시아 관련 외교 문제가 화제로 나오면 인간적 얼굴을 지닌 냉전 전사의 태도를 취했다. 레이건의 전략 방위 구상, 일반적으로 '스타워즈'라고 알려진 미사일 방어망에 관한 논쟁이 벌어지는 동안, 닉슨은 "〔러시아 사람들이] 1만 기의 빌어먹을 미사일을 가지고 있는 상황에서 방어는 불가능하다"고 주장했다. 방어적 우위성의 여러 가지 위험을 잘 아는 닉슨은 선제공격의 가능성을 회피하는 방안으로 조사 연구 정보를 공유하자고 제의했다.

이처럼 의견 차이가 컸는데도, 레이건은 1985년 11월 제네바에서 열릴 소련과의 정상 회담을 준비하면서 닉슨에게 의존했다. (레이건은 그보다 더 일찍 정상 회담을 개최할 수도 있었다고 하면서, 러시아 지도자들이 "몹시 회담을 보챈다"고 말했다.) 그는 심지어 초강대국의 대결 상황을 한 마디로 요약한 닉슨의 말도 있는 그대로 인용했다.

"우리는 평화를 원합니다. 소련은 평화가 필요합니다."

소련 측 회담 준비 대표인 안드레이 그로미코Andrei Andreevich Gromyko 외무장관과 1년에 걸쳐 외교적 교섭을 벌이는 동안, 레이건 정부가 닉슨과 비밀리에 상의했다는 것은 그 무렵 공공연히 알려진 사실이었다.

자신의 국가안보 담당 보좌관 겸 국무장관이었던 헨리 키신저와 더불어 행정부를 세력 균형 정책에 관한 일종의 상호 순환 세미나로 바꾸어 놓은 닉슨은 자신을 미묘한 초강대국 외교를 잘 다루는 대가로 생각했다. 전직 대통령이 된 닉슨은 레이건에게 미국과 중국의 관계에 신중하게 대응할 것을 강조했고, 중국과 미국의 군사적 우호 관계를 두려워하는 소련을 자극하지 않도록 경고했다. 중국의 사회적·정치적 현실을 알리면서, "중국이라는 패를 활용한다"는 문화적 개념이 실은 중국인을 "업신여기는 것"이라고 주장했다.

"자신이 노름의 패 취급을 받는 것을 원할 사람은 없습니다. 러시아가 없더라도 우리 미국이 중국과의 우호 관계를 원한다는 것을 중국인들에게 이해시켜야 합니다."

세계 정세에 대한 닉슨의 조언도 중요했지만, 그보다는 1980년대 후반기에 터진 이란-콘트라 사건에 대한 지원이 더욱 중요했다. 1986년, 최초 국면에서 레이건 정부는 레바논의 친이란계 헤즈볼라 Hezbollah 세력으로부터 인질을 해방시켜 주는 대가로 은밀하게 이란에 무기를 팔았다는 비난을 받았다. 전직 대통령 포드와 카터는 레이건이 인질을 "돈 주고 석방시킨" 것이라면서 정부를 비난했다. 총 1400만 달러에 이르는 이란 무기 판매 대금이 니카라과 콘트라 반군*을 훈련시키는 데 전용되었다고 올리버 노스 중령이 폭로하자, 두 사람의 분노는 더욱 커졌다.

이와는 자못 대조적으로, 리처드 닉슨은 충실한 공화당원답게 이란-콘트라 청문회가 열리기 약 반년 전부터 레이건에게 협력하며 지원을 보내 주었다. 열성 공화당원들을 대상으로 한 비공개 연설에서 닉슨은 꿋꿋하게 대통령과 현 정부를 지지해 달라고 요구했다.

"대통령을 옹호하여 그가 목표를 추구할 수 있게 합시다……. 결코, 결코 그분의 기를 꺾지 맙시다. 공화당원들이 자기편을 잡아먹지 않도록 합시다."

자금을 니카라과 반군에게 전용한 것에 대해 닉슨은 이렇게 말

---

* 1979년 니카라과에서 산디니스타민족해방전선이 주도한 혁명이 성공하여 소모사 독재정권이 무너졌다. 곧 반혁명 세력이 콘트라 반군을 결성했고, 미국은 반군을 공공연히 지원했다.

했다.

"그것은 분명히 불법이었습니다. 하지만 레이건 대통령은 그것〔계획〕을 알지 못했어요. 그가 세세하게 개입하지는 않았다고 생각합니다. 본인이 내게 직접 그런 식으로 말했어요. 나는 그의 이야기를 믿습니다."

분명히 역사적으로 비슷한 방 안의 코끼리(워터게이트 스캔들 _ 옮긴이)를 주지시키면서 닉슨은 단언했다.

"여러분이 미리 조치를 취하는 한, 그건 제2의 워터게이트 사건이 되지 않을 것입니다."

레이건은 의회 청문회를 통해 이란-콘트라 사건이 낱낱이 방송되면서 지지도가 50퍼센트까지 추락했지만, 여전히 개인적으로 인기 높은 대통령으로서 1989년에 퇴임했다. 백악관을 떠난 지 1년하고 조금 더 지나서, 레이건은 전 보좌관 존 포인덱스터John Poindexter의 재판에 증인으로 나서야 했다. 예상한 대로 레이건은 불법 무기거래나 자금이 새어 나간 사실을 알지 못했다고 변명했으며, 전체적인 계획에 대해서는 어느 정도 책임이 있지만 사실과 사건을 세세하게 기억하지 못한다고 거듭 말했다.

"내 명령으로 이루어진 비밀 첩보 활동이었지만 나는 오늘까지 자금 전용 이야기를 들은 기억이 없습니다."

레이건은 전직, 현직 대통령을 통틀어 지금까지 집권 시기와 관련하여 재판에서 증언한 최초의 인물이 되었다.

공직을 떠난 뒤, 레이건은 평범한 삶을 누리면서 한결 편안한 자세로 공산주의의 불가피한 몰락을 거론할 수 있었다. 1989년 6월 런던의 길드홀에서, 퇴임 후 처음으로 연설하면서 레이건은 통신 혁명이 독재국가에 조종(弔鐘)을 울릴 것이라고 예언했다. "전체주의의 골리앗이 마이크로칩이라는 다윗에 의해 쓰러질 것"이라고 시사했는데, 그 예언은 부분적으로 들어맞았다. 헝가리와 폴란드의 사회 운동이 앞길을 열고, 고르바초프Mikhail Sergeevich Gorbachyo가 고삐를 푼 덕분에, 국가 사회주의 체제는 중부 유럽과 동부 유럽에서 몰락하기 시작했다.

유럽의 혁명적 사건 이외에, 레이건은 일찍이 북경의 천안문 광장에서 터진 비극을 거론하기도 했다. 그곳에서 많은 학생과 노동자와 시위자들이 반정부 시위를 벌이다가 죽어 갔다.

"학살로 사상을 막을 수 없습니다. 탱크로 희망을 짓밟을 수 없습니다. 총탄으로 사람들의 열망을 벌집으로 만들 수 없습니다. 생명을 바쳤던 영웅적인 중국 대학생들은 민주주의 정신을 보여 주었고 그런 정신은 결코 격퇴할 수 없습니다."

하지만 그해 후반에 떠난 일본 여행에서 레이건은 이상주의적 언사를 자제하면서 다소 냉정하게 천안문 사건을 평가했다.

"나는 그 젊은이들을 좋아합니다. 그들의 감정에 동의합니다. 하지만 그들은 자신이 원하는 목표를 위해 조용히 노력하는 사람들을 궁지에 몰아넣은 것은 아닐까요?"

중국 대학생들이 경솔하게 행동한 것은 아닌지 레이건이 의문을 품고 있었을 때에도, 리처드 닉슨은 소요 사태가 진압된 후에 중화인민 공화국을 방문한 가장 유명한 미국인이 되었다. 전형적인 현실주의에 입각한 공존 노선에 따라, 닉슨은 미국과 중국이 협력 관계를 다시 시작해야 한다고 호소했고, 중국에게 "고립주의로 되돌아가지 말라"고 힘주어 말했다. 닉슨은 리펑(李鵬) 중국 총리와 대화하면서 이렇게 말했다.

"우리 양국 사이에는 문화적, 정치적, 이념적 차이가 있는데······ 중국 공산당원인 당신은 레닌주의를 믿고, 미국 보수주의자인 나는 자본주의와 민주주의를 믿습니다. 그 차이는 너무 커서 이런 비극을 똑같이 이해하도록 허락하지 않습니다."

하지만 그는 두 나라가 반목의 순간을 뛰어넘어, 양국의 위대한 국민에게 가치 있는 발전과 협력을 다시 시작하자고 제의했다.

닉슨, 러시아를 생각하다

소련이 조용히 붕괴한 1991년 후반부터 닉슨은 러시아의 미래를 깊이 생각하면서 말년의 많은 시간을 보냈다. 1992년 대통령 선거 때, 그는 미국이 러시아를 도와 민주주의를 시도하도록 이끌어야 한다고 주장했으며, 러시아의 변화를 우리 시대에 가장 결정적인 국제 문제라고 했다. 닉슨은 자신의 주장을 강조하기 위해 많은 저명한 정치 지도자들에게 간단한 논문을 돌렸는데, 그 내용이 《뉴욕 타임스》에 새어나갔다. 그것은 이렇게 시작한다.

"1950년대의 중요 문제는 '누가 중국을 잃었는가?'였는데, 만약 옐친Boris Nikolaevich Yel'tsin이 밀려난다면, 1990년대에는 '누가 러시아를 잃었는가?'가 훨씬 더 치명적인 문제가 될 것이다."

부시 대통령의 수동적 러시아 정책—그는 부시의 정책을 "형편없이 부적절하고" "보잘것없는" 것이라고 말했다—을 공격한 글이라고 판단된 닉슨의 메모는 러시아의 미래에 관한 거센 논쟁을 불러일으켰다. 심지어 부시는 어느 정도 러시아에 보장책을 내놓겠다고 제시했으며, 자유지원법에 부시가 서명한 것도 그런 보장책의 하나였다. 그 법에 따라 미국은 구소련의 여러 국가들에게 4억 1700만 달러의 '평화 분담금'을 전달할 수 있었다.

그래도 닉슨은 부시의 대(對)옐친 공약에 만족하지 않았고, 부시 대통령을 "고르바초프에게 지나치게 집착하는 사람"이라고 했다. 닉슨은 부시의 선거 전략이 잘못되었음을 이렇게 설명했다. 부시가 빌 클린턴과 정면으로 대결하여 클린턴이 러시아의 민주주의에 대한 경험이 취약하다는 것을 부각하지 않고, 오히려 국내 정책에 집중함으로써 1992년 선거에서 패배했다는 것이었다. 만약 자신이 부시의 처지였다면 다른 대응책을 내놓았을 거라면서 닉슨은 이렇게 말했다.

"나는 '그 정책은 인기 없다는 것을 알고 있지만 반드시 해야 할 일입니다.'라고 말하면서 러시아 원조 문제를 강력하게 밀어붙였을 겁니다."

선거에서 클린턴이 승리한 직후, 닉슨은 신문 사설 맞은편에 칼럼 기사를 써서 경고했다. 옐친 정부가 "큰 위기"에 빠지고 러시아가 예전으로 되돌아갈 것이 우려된다는 것이다. 그는 미국이 대규모 원조를 제공해야 한다고 조언했다. 러시아의 채무 상환 일정을 재조정하고 재정 지원을 연장하고 기업 투자를 장려해야 한다고 말했다.

정치적으로 유리한 밀월 기간*에 국내 정책에 집중하려 하는 클린턴의 계획을 지적하면서, 닉슨은 그것이 미국 경제의 부담이 될지 모른다는 설득력 있는 주장을 폈다. 왜냐하면 러시아 문제를 제대로 관리하지 않아 러시아 지도층의 위협적인 반응을 끌어낸다면, 결국 미국은 군비를 확장하는 쪽으로 나아가게 될 것이고, 그것이 필연적으로 국내 경제를 위축시킬 터이기 때문이다.

집권한 직후, 클린턴은 닉슨과 만났다. 1993년 후반까지도 전 대통령과 함께 사진을 찍는 것이 현명하지 못하다고 판단하여 사진은 찍지 않았지만(이듬해 닉슨의 장례식에서는 사진 촬영을 허락했다), 클린턴은 닉슨의 러시아에 관한 유용한 권고를 높이 평가했다. 백악관의 정책 토론 현장에 닉슨을 초대함으로써 다시 정책적으로 비약할 수 있는 기회를 부여했다. 그들의 상호 작용을 지켜보면서 토머스 프리드먼은 이렇게 말했다.

"닉슨 씨는 [옐친]뿐만 아니라 자신의 평판도 회복시키고 있다."

클린턴은 그런 식으로 은밀하게 닉슨과 사귀면서 이익을 얻었다. 닉슨은 회의적인 공화당 의원들을 동원하여 규모가 더 커진 러시아 재정 원조를 제공하겠다고 약속했다.

1993년에 마지막으로 떠난 구소련 여행은 닉슨에게 눈이 번쩍 뜨일 만큼 놀라운 사건이었다. 보리스 옐친의 철권 정치가 반발을 부추기면서 성난 폭도를 자극하여 끝내 쿠데타가 발발한 난국의 러시아에서 닉슨은 꼬박 2주일 동안 곤혹스러운 나날을 보냈다. 닉슨은

---

* 미국에서 새 대통령이 취임하면 약 3개월간은 언론이 비판을 삼가고 호의적인 반응을 보이는 관례.

이제 자신과 만나려 하지 않는 옐친을 예전처럼 곱게 보지 않았다. 옐친은 "나를 우상화할 것이 아니라 물질적으로 지원을 해주어야 한다"고 말했다. 닉슨은 이렇게 썼다.

"서방 국가들은 옐친 정부를 낭만적으로 바라보면서, 러시아 정책을 개인 전유물로 삼고 그것 때문에 함정에 빠질 위험을 겪고 있다."

클린턴 정부에 제시한 닉슨의 평가 정보 또한 개인 전유물이었다. 미국이 러시아만 중시할 것이 아니라 구소련의 다른 나라들에게도 손길을 뻗어야 한다는 헨리 키신저의 조언을 중시하면서, 닉슨은 새로 독립한 구소련 국가들을 여행했고, 생애 마지막 몇 달 동안은 오로지 옐친과 러시아만 바라보던 자세에서 벗어났다. 마지막으로 미국의 대외 정책에 사상적으로 기여하면서—10년 뒤 블라디미르 푸틴Vladimir Vladimirovich Putin의 시대에 들어와 닉슨의 사상은 선지적이었음이 밝혀졌다—닉슨은 이렇게 지적했다.

"냉전은 절반쯤 끝났을 뿐이다. 공산주의는 패배했지만 자유는 아직 얻지 못했다."

지미 카터의 화려한 재등장

지미 카터는 레이건 백악관에서는 접촉을 차단당했지만 그 후임자인 부시와 클린턴 정부에서는 비교적 호의적인 대우를 받았다. 카터는 말했다.

"그들은 대통령이라는 직책에 대해 사뭇 다른 관점을 갖고 있습니다."

레이건은 "발생한 모든 일이 나(카터)의 잘못이거나 포드의 잘못이거나 닉슨의 잘못이거나 의회 혹은 외국인의 잘못"이라고 생각했다. 레이건이 물러난 뒤, 카터는 선거 감시와 국제 외교 일정을 잘 운영하면서, 전직 대통령으로서 세계무대에 화려하게 등장하는 새로운 시대로 접어들었다.

조지 H. W. 부시의 첫 임기 때, 카터는 백악관으로부터 활동 여지를 더 많이 부여받아 백악관과 보조를 맞추는 가운데 '외교 전도사'로서 분쟁 해결에 나섰다. 카터를 받아들인 부시는 이념에 앞서 실용주의에 의존하는 새로운 정부를 표방했고, 실제로 정책을 펼치는 과정에서 카터의 유용성을 점점 인정했다. 카터의 등장에 없어서는 안 되었던 사람은 부시 내각의 제임스 베이커 국무장관이었다. 당선자가 선서 취임을 하기 훨씬 전에, 베이커는 카터와 접촉하여 이란-콘트라 붕괴에 뒤이어 새 행정부의 니카라과 정책 수립을 돕게 했다. 이러한 논의 덕분에 부시 측은 콘트라 반군과 거리를 두고, 중남미에서 민주주의 발전을 초당적으로 추구했다. 카터는 이 과정에서 큰 혜택을 입었다. 부시 정부는 그의 노력에 의존했을 뿐만 아니라 카터 연구소를 외교 정책을 수립하는 중립적 생산기지로 보았다.

카터의 최대 강점이라고 볼 수 있는 것—선거 감시와 관찰—은 아직 초기 단계였고 원칙으로서 틀을 갖추지는 못했다. 카터 연구소의 소중한 발전은 전국민주주의연구소NDI: National Democratic Institute 등 정부에서 보조금을 받는 새로 생긴 조직을 합법화하는 데 기여했을 뿐만 아니라 NDI와 그 모체인 전국민주주의기금National Endowment for Democracy 같은 단체가 CIA의 앞잡이라는 공통된 불만을 어느 정도 무마했다. 선거 감시 활동이 의미 깊은 국제적 주목을 받고, 그 절차가 신뢰성을 제고한 것은 두 건의 중남미 선거, 파나마와 니카라과의 선거를 통해서였다.

독재자 마누엘 노리에가Manuel Antonio Noriega가 직접 고른 후임자가 승리할 것이라고 예상되었던 1989년 5월의 파나마 선거 때, 카터는 국제 대표단을 이끌고 선거와 검표 과정을 감시했다. 자신이 개입하지 않으면 직접 고른 후보자가 낙선할 것임을 깨닫자, 노리에가는 무장 폭력단을 보내 투표함을 바꿔치기 했다. 파나마가 좋아하는 미국의 아들―파나마 운하를 그 나라 사람들에게 돌려준 인물―카터는 마침 현장에서 그런 바꿔치기를 목격했다. 그리하여 선거관리위원회 사무실 밖에서 기자회견을 열고, 재빨리 노리에가의 방해 공작을 "완전 부정"이라고 비난했다. 극적인 분위기가 고조되는 순간, 두 나라 말을 할 줄 아는 카터는 연단에 뛰어올라, 모여든 군중에게 외쳤다. "Son ustedes honestos, o ladrones?(여러분은 정직한 사람들입니까 아니면 도적떼입니까?)"

예전에 연설 원고를 작성해 주던 헨드릭 허츠버그Hendrik Hertzberg가 붙인 별명대로 카터의 '게릴라 외교'는 변화를 가져왔다. 조지 H. W. 부시는 정식으로 카터에게 권한을 주고, 노리에가가 선거의 진정한 결과를 받아들이면 스페인으로 망명할 수 있게 해 주겠다고 제의했다. 몇 년 동안 독재자를 지지해 온 '엘 노르테El Norte(미국)'는 이제 노리에가를 적대시했다. 하지만 독재자는 쉽게 떠나지 않으려 했다. 그해 12월, 권좌에서 그를 몰아내는 데에는 2만 7000명의 미군

병력이 필요했다.

　같은 해, 카터는 다시 남미로 여행을 떠나 니카라과 선거를 감시했다. 미국은 이전의 1984년 선거에서 산디니스타 인민해방전선 FSLN*이 거둔 승리를 인정하지 않았고, 1990년 선거에서 카터는 두루두루 수긍할 수 있는 결과를 확보하려 했다. (두 선거를 치를 때까지 레이건 정부는 내내 수단 방법을 가리지 않고 FSLN을 무너뜨리기 위해 일치단결했다.) 다니엘 오르테가Daniel Ortega 니카라과 대통령은 미국이 여러 해에 걸쳐 콘트라 반군에게 자금을 제공했기 때문에 미국의 공식 감시단에 비자를 발급해 주지 않았다. 하지만 카터 감시단은 니카라과 정부, 야당, 유엔과 미주기구OAS와 같은 국제기구에서 환영을 받았다. 카터의 감시단에 초당적인 미국 의회 대표단을 모셔 오는 일은 카터에게 맡겨졌고, 그 대표단은 이어 부시 정부의 태만을 감시하는 도구가 되었다.

　오르테가와 산디니스타의 패배가 결정되자마자 카터는 외교적 수완을 최대한 발휘했다. 그는 밤늦게까지 들락거리는 지도자들과 만나 정권 교체가 원활하게 이루어지도록 도왔고 FSLN이 투표 결과에 따라 정권을 인계하도록 권유했다. 그는 1980년 대선에서 레이건에게 패배하여 기가 꺾였던 개인적 경험을 오르테가와 나누며, 대통령에서 물러난 뒤의 자유 생활로 드높은 성공을 구가할 수 있었다고 산디니스타 노장에 설명했다. 비폭력적인 정권 교체는 오랫동안

---

* Frente Sandinista de Liberación Nacional. 이 단체는 니카라과를 46년 동안 통치해 온 소모사 가문을 전복시키고 1979년 정권을 잡았다. 친마르크스주의 정부를 운영했기 때문에 미국과는 1980년대에 갈등을 빚었으며, 미국은 FSLN에 반대하는 콘트라 반군을 지원했다.

고통을 겪은 나라에 핵심적인 변화의 순간이 되었다. 카터 연구소의 라틴아메리카 프로그램을 지휘했던 로버트 패스토어Robert Pastor에 따르면, 카터는 "비록 위태롭긴 하지만 니카라과를 민주주의의 길로" 올려놓았다. "양심적으로 중립을" 지킨다고 널리 알려진 카터 덕분에, 미국이 7년 동안 반혁명 세력을 지원하고 은밀하게 니카라과 야당을 후원―선거 도중에도―했는데도 산디니스타는 선거 결과에 승복했다.

파나마와 니카라과 선거를 감시하는 동안, 전직 대통령은 에티오피아 정부와 에리트레아 반군이 질질 끌어 온 내전을 멈추도록 중재하는 초외교적 장소로 카터 연구소를 제공하겠다고 제의했다. 미국 정부의 한계를 깨닫고 아프리카의 한쪽 끝에서 지역 안정이 이루어지기를 간절히 원했던 부시 정부는 카터가 말하는 대로 "평화 유지" 노력을 환영했다. 어떤 국무부 직원은 이렇게 말했다.

"미국 정부는 에리트레아 분쟁에 대해 중재할 입장이 아니다. 그러니 카터 씨의 중재 노력은…… 우리의 이해관계에 딱 들어맞는다."

카터는 자신의 역할(기능)을 명쾌하게 밝혔다.

"우리는 남들이 할 수 있는 일을 반복하고 싶지 않다. 우리가 채워 주어야 할 빈 공간은 얼마든지 있다."

뒤이어 곧 이라크가 등장했다. 1990년 8월, 사담 후세인 군대는 쿠웨이트가 이라크의 원유를 도둑질하며 세계 유가를 떨어뜨린다는 구실로 쿠웨이트를 침공했다. 그러자 미국을 등에 업은 유엔은 이라크군이 철군하지 않으면 군사 반격에 직면할 것이라는 최후통첩을 결의했다. 카터는 유엔 안보이사회의 이사국들과 부시 대통령에게 편지를 보내, 군사 작전을 고려하기 전에 이라크의 쿠웨이트 철수를 보장하는 외교적 대안을 역설했다. 또한 카터는 유엔과 이라크가 협상할 분야를 개략적으로 다룬 논설도 여러 편 썼다. 그는 전쟁에 대한 지지 여론이 높지 않을 것이고, 다수의 사상자가 발생할 수 있는 전쟁에 대해서는 세계 지도자들이 신중하게 생각해야 한다고 경고했다. 최후통첩의 기한이 닥치기 1주일 전, 카터는 이집트, 사우디아라비아, 시리아의 수뇌들에게 편지를 보내 군사 작전을 반대하며 나름대로 평화적 해결책을 이끌어 내고자 했다. 그는 이렇게 간청했다.

"아랍 지도자들이 위기를 평화적으로 해결하고자 노력하는 동안 무력 사용을 미룰 것을 여러분에게 공개적으로 요구합니다. 여러분은 백악관의 협조는 받기 어렵겠지만, 프랑스, 소련, 여러 나라들이 충분히 평화안을 지지한다는 사실을 알게 될 겁니다. 게다가 대다수 미국인은 이런 평화적 조치를 환영합니다."

은퇴한 대통령들이 펼친 외교의 역사를 통틀어 볼 때, 카터의 활동은 정말로 놀라운 것이었다.

카터의 일방적 외교, 특히 국제 지도자들에게 보낸 편지는 격렬한 비판을 받았다. 어떤 사람들은 그의 행동이 반역이나 다름없다고 주장했다. 부시의 안보 보좌관 브렌트 스코크로프트Brent Scowcroft는 카터가 승인 받지 않은 독자적 외교 정책을 펼친다고 비난하면서 이렇게 말했다.

"개인의 외교 행위를 금지하는 로건 법Logan Act을 위반한 구체적 사례가 있다면 이번이 그런 경우입니다."

걸프 전쟁이 맹위를 떨칠 때, 카터는 이라크와의 평화 협상을 옹호하면서 "협상이 무조건 항복은 아니"라고 주장했다. 몇 년이 지난 뒤에 당시 행동에 대해 설명을 요구받은 카터는 지금은 그때의 행동을 조금 다르게 생각한다고 말했다. 세계 공동체가 열심히 외교적 해결책에 접근해야 하는 때에, 안보 이사국들에게 조용히 편지를 보낸 로비 기술이 "어쩌면 적절하지 않았을지도 모른다"고 인정했다. 머리 켐튼은 신랄하게 지적했다.

"그것은 뻔뻔한 과시 행위였습니다. 그런 태도는 카터로서는 불가피한 것이었을 겁니다. 유권자들에게 이런 성자(聖者)를 재선시키지 않은 건 잘못된 처사였다는 점을 납득시키고 싶었겠지요."

《워싱턴 포스트》의 짐 호글랜드Jim Hoagland는 더 핵심을 찔렀다.

"카터는 단지 여론에 영향을 주거나 미국 유권자들이 정치 변화를 요구하도록 촉구하려고 언론에 기고하거나 연설한 것은 아니었다. 그는 거기서 더 나아가 적극적으로 정책 대안을 추진했다."

카터 정부의 전임 공직자들은 전직 대통령의 행동을 옹호하면서 안보이사회 국가들에 제시한 의견이 부시 대통령에게 보낸 편지와 다르지 않다고 주장했다. 하지만 그들의 옹호는 카터의 행동이 다소 오만하고 엉뚱하다는 인상을 불식하지 못했다.

클린턴과 부시가 본 카터

빌 클린턴은 지미 카터가 물러난 뒤에 민주당 출신으로 다시 백악관에 입성한 대통령이었지만 두 남부인은 차이가 많았다. 조지아 사람 카터에게는 몹시 실망스럽게도, 클린턴 정부는 온갖 노력을 기울여 카터가 외교 정책에 개입하는 것을 막았다. 그들은 현실적인 면과 상징적인 면 양쪽에서 카터의 개입을 우려했다. 좋게 말해 비효율적이고 나쁘게 말하면 골칫거리라고 널리 인식된 카터 행정부와 거리를 두려는 욕심도 있었고, 여전히 고집불통에 감당하기 어렵다고 생각되는 카터와 엮이고 싶지 않은 마음도 있었다. (클린턴은 카터의 참모들을 다수 고용하기도 했다. 그들도 새로 맡은 지위에서 카터 정부를 멀리하고, 클린턴 충성파의 위치를 지키려고 애썼다.)

클린턴은 카터를 저지하려 있는 힘을 다했지만 취임 첫해에는 평화유지 문제에 적극적으로 개입하려는 전직 대통령에게 끌려 다녔다. 그렇지만 두 지도자는 적어도 개인적 차원에서는 어느 정도 공통점을 발견했다. 야세르 아라파트와 이츠하크 라빈Yitzhak Rabin*이 1993년 9월 평화 선언에 서명한 뒤, 카터와 클린턴의 관계는 점점 나아졌다. 백악관에서 하룻밤을 보내기 위해 조지 H. W. 부시와 함께 초대받은 카터는 밤늦게까지 클린턴 대통령과 정책과 사상에 관해 토론했다. (부시는 일찍 잠자리에 들었다.) 다음날 카터가 북아메리카 자유무역협정을 지지하면서 클린턴과 함께(포드와 부시도 함께) 공식 사진 촬영을 한 일은 두 사람의 정치적 관계를 더욱 돈독하게 해 주었을 것이다. 또 카터가 로스 페로Ross Perot**를 "진실을 아예 도외시하는, 무한한 금융 자원을 지닌 선동가"라고 혹평한 것도

---

*　1922~1995년. 노벨평화상을 수상한 이스라엘의 군인 겸 정치가.
**　1992년 대통령 선거에서 무소속 후보로 클린턴과 맞붙은 텍사스의 억만장자.

두 사람의 관계 호전에 보탬이 되었다.

　같은 주간에 클린턴과 전쟁 이야기를 나눌 때에도 카터는 신임 대통령의 정부가 소말리아에서 벌어지는 재난으로부터 발을 빼야 한다고 조언했다. 클린턴은 부시에게서 희망 회복 작전Operation Restore Hope이라고 알려진 계획을 물려받았다. 이것은 인도주의적 소말리아 원조 물품을 무사히 운송하기 위해 미국 주도하에 유엔이 후원하는 군사 작전이었다. (이전에 그 지역으로 보낸 많은 원조 물품은 전쟁 중인 소말리아 군대가 군수품을 사기 위해 빼돌려서 팔아 넘긴 경우가 더러 있었다.) 하지만 인도주의적 입장에서 시작되었던 임무는 유엔 평화유지군이 무기 비축 기지를 사찰하는 중에 살해당하면서 곧 군사 작전으로 바뀌었다. 그에 대한 보복으로, 미국과 유엔은 살인 책임자로 지목된 모하메드 파라 아이디드Mohommad Farah Aidid 장군을 토벌하기 위해 파병했다. 그리하여 피비린내 나는 모가디슈 전투가 벌어졌는데, 이는 미군이 아이디드 군사령관을 추격하다가 작전을 잘못 수행하여 벌어진 비극적 결과였다. 18명의 미군과 수많은 소말리아 병사들이 전사했다. 미군 병사들의 시체가 질질 끌려다니는 모가디슈 거리 광경이 텔레비전으로 방영되자 미국민들은 커다란 충격을 받았고 그 직후에 미국은 철군했다.

　카터는 자신이 맡기로 한 역할에 신중하게 접근했다. 아이디드로부터 분쟁을 직접 중재해 달라고 요청받았지만, 그는 자신의 임무를 불법 행위, 특히 유엔군 피살이 아이디드 책임이라는 비난을 규명하려는 유엔 사찰단 활동(아이디드도 이 활동을 제안했다)을 지원하는 것으로 한정했다. 카터는 아이디드가 사찰단의 조사 결과를 기다리는 동안 소말리아 외부에 안전한 피신처를 구해 주겠다고 약속하기도 했다. 카터는 소말리아 사람들을 도와주려는 인도주의적 노력이 유엔의 우선순위가 되어야 한다고 주장하며 이렇게 말했다.

"아이디드를 사살하거나 체포하려는 노력에 매달리다가 결국에 많은 소말리아 사람들을 죽여서는 안 된다고 생각합니다."(모가디슈에서 아이디드를 체포하려던 미군은 카터가 아이디드와 동시적으로 교섭하고 있다는 사실을 몰랐고, 그 사실은 나중에야 보도되었다.)

어쩌면 제2의 독재자를 옹호하고 있는지도 모른다는 세간의 비판을 우려하여, 카터는 유엔과 협력하겠다고 제의하는 아이디드의 성실성을 보증하지 못하겠다고 분명히 밝혔다.

"나는 그를 알지 못합니다. 만난 적도 없습니다. 그가 거짓말을 하고 있거나 그저 선전 활동을 펼치고 있는지 또는 폭력 행사를 그만둘지도 알지 못합니다."

카터는 북한과 아이티의 위기 상황을 완화하는 데에도 많은 도움을 주었다. 카터의 아이티 개입은 쫓겨난 장 베르트랑 아리스티드 Jean-Bertrand Aristide를 복귀시키려는 클린턴의 전략에 의해 정식 승인된 것이었지만, 북한에서의 선구적인 외교 노력은 클린턴 정부의 팔을 비틀어 행동에 나서게 만들었다. 1994년 봄, 빌 클린턴은 유엔과 협력하여 북한이 핵확산방지조약을 준수하도록 압력을 가하고 있었다. 북한 정부는 핵시설을 검사하던 사찰단을 추방하고 국제원자력기구International Atomic Energy Agency 탈퇴를 결정하면서, 국제사회와 정면 대결할 태세를 갖추었다. 클린턴이 북한 제재를 세계 지도자들과 논의하며 영변 원자로를 선제공격할지 여부를 숙고할 때,

카터 부부는 민간인 신분으로 북한을 방문하고 있었다. 정부의 공식 대리인 자격으로 간 게 아니라 클린턴의 승인하에 "북한 지도자들과 몇몇 현안"을 논의하기 위한 것이었다. 북한의 김일성 주석과 평양에서 만나면 뭔가 새로운 숨결을 미-북 간 외교에 불어넣을 수 있으리라는 생각이었지만, 비판자들은 곧 김일성이 낡은 제안에 포장만 바꾸는 술수를 부릴 것이라며 우려했다. 김일성과의 양자 회담에 뒤이어, 카터는 유엔이 북한 제재를 끝내야 한다면서, 북한이 미국과 유엔의 요구에 따르고 국제무기사찰단을 만족시킬 적절한 방법을 찾아낼 것이라고 주장했다.

중재자를 자임하던 카터의 북한행 때문에 클린턴 정부는 곤경에 빠졌다. 고위 공직자들은 클린턴 정부의 외교 실무진이 협상에 참석하지 않은 채 전직 대통령의 권고를 따라야 한다는 데 불쾌감을 느꼈다. (클린턴 내각의 한 장관은 카터를 "반역이나 저지르는 지겨운 놈"이라고 부르기까지 했다.) 카터는 자유로운 활동 때문에 비난을 받았고 또 복잡한 상황을 단순하게 평가하고 주장한다는 이유로도 비난을 받았다. 그는 심지어 유엔이 이미 제재를 끝냈다고 북한 사람들에게 잘못 말하여 그들을 오해하게 만들었다는 비판까지 받았다. 또 다시 머리 켐튼은 이렇게 지적했다.

"민간인인 지미 카터는 평양으로 날아가 김일성의 환대를 받고, 악명 높은 독재자 김일성을 자신이 좋아하는 형용사인 '매력적'이라는 말로 묘사했다. 게다가 김일성이 합리적이면서도 동의할 수 있는 방식으로 행동할 것이라고 확신했다. 카터는 그런 확신을 얻게 된 것을 고맙게 생각했는데, 동의 가능성은 카터가 민간 외교에서 신주 단지 모시듯 하는 기준이기 때문이다. 그리하여 북한을 더 이상 위협적인 존재가 아니라고 간주해 버렸다."

하지만 몇 주가 지난 뒤, 북한이 미국의 대화 조건에 따라 핵 프로그램을 일시적으로 연기하자 클린턴은 카터의 승리를 칭찬했다. "한반도의 비핵화를 추구하는 우리의 노력이 새로운 단계를 맞이했습니다"라고 클린턴은 말했다. 몇 달 뒤, 북한은 영변의 모든 원자로 활동을 동결하는 기본틀 협약에 서명했다. 클린턴의 제2기 정책실장인 모튼 홀퍼린Morton Halperin은 미국과 정책 대화를 다시 시작한 대가로 북한의 핵 프로그램을 중단시킨 것을, 카터의 "가장 중요한 성과"라고 불렀다. 결국, 홀퍼린이 말하듯이, "전쟁으로 치달을 뻔했다가" 모면한 것이었다. 하지만 조지 W. 부시 정부가 들어서면서 북한과의 관계는 다시금 틀어졌다.

그해 클린턴 정부를 대신한 특사로서 아이티로 갈 때, 카터는 정부의 의구심이 많이 완화된 것을 알게 되었다. 당시 미국은 1991년 쿠데타를 일으킨 라울 세드라스Raoul Cedras 장군에게 쫓겨나 망명생활을 하던 아이티 대통령, 장 베르트랑 아리스티드를 복귀시키려 애쓰고 있었다. 종종 권위주의적 성향을 보이긴 했어도 아리스티드는 인기 높은 지도자였고, 쿠데타는 국민의 지지를 받지 못했다. 클린턴 대통령은 세드라스 정권을 제거하기 위해 미군을 파병하기보다는 최후까지 협상하면서, 콜린 파월Colin Powell과 샘 넌Sam Nunn 상원의원과 함께 카터를 현지로 보내 좋은 말로 세드라스를 물러나게 하고 아리스티드를 복귀시키려 했다.

하지만 카터 협상은 아이티에서 더 많은 문제에 부딪혔다. 카터에 반대하는 낙서가 포르토프랭스의 담벼락들을 가득 메운 상황에서도 카터는 "전형적인 협상 자세"를 취했고, 비영리 공공 보건 단체인 '건강의 동반자Partners in Health'의 폴 파머Paul Farmer에 따르면, 양측은 협상 테이블에서 팽팽하게 맞섰다. 하지만 그 대치전은 카터가 생각한 대로 "자유로운 상태의 동등한 양측이 맞선 회담은 아니었다." 세드라스 가족과 만난 뒤 카터는 장군을 설득하여 철권 통치를 단념시켰지만, 인권단체와 우익 비판자들은 독재자를 그처럼 공평하게 대우한 데 아연실색했다. 아무튼 카터 외교는 교착 상태를 해결했다. 아리스티드는 권력을 되찾았고, 아이티는 미군의 침공을 피했으며, 민주주의 회복은 완벽하게 이루어졌다. 그가 지나가는 말로 세드라스 부인을 칭찬한 것이—카터는 그녀를 "날씬하고 매력적"이라 했고 또 그녀가 세드라스의 하야 결심에 중요한 역할을 했다고 말했다—그런 결과를 가져왔는지도 모른다. 진상이 어떻든 카터는 아이티 임무를 "지금까지 중에 가장 중요하고 긴급한 방문"이라고 했다.

평양과 포르토프랭스에서 승리를 거둔 1994년은 카터에게 전직 대통령으로서 최고의 한 해였다. 하지만 그해 말, 카터는 개인적으로 구 유고슬라비아에서 보스니아 세르비아 지도자들과 교섭하여 자신의 기록에 먹칠을 할 뻔했다. 22개월을 끈 전쟁을 중재하여 종식시킬 마음에, 카터는 보스니아 세르비아 지도자 라도반 카라지치 Radovan Karadzic의 초청에 따라 보스니아로 떠났다. 그는 무슬림이 이끄는 보스니아 정부와 세르비아 반군 사이의 분쟁에서 어느 쪽도 편들지 않겠다고 약속했다. 그런 중립적 접근 방법은 보스니아 정부를 지지하고 세르비아 반군을 주된 전쟁 범죄자라고 분류하는 클린턴 정부 방침에서 크게 벗어난 것이었다. 카터는 세르비아가 유엔군과 원조 물품의 이동을 허락해야 한다는 전제 조건을 달면서 카라지치의 회담 제의를 받아들였다. 지난 몇 주 동안 유엔군은 자유롭게 이동하지 못했던 것이다. 카터는 결코 클린턴 정부에게 자신의 여행을 보장하라고 요구하지 않았지만, 정부에 교섭 상황을 계속 알려주었다. 클린턴은 나름대로 카라지치가 회담의 전제 조건을 지킬지 의심스럽다는 공개 발언을 하면서도 카터의 현지 방문을 막지 않았다.

카터가 외교적으로 미묘한 상황에 있던 보스니아로 모험을 떠난 것은 북한행 못지않게 많은 논란을 일으켰다. 과연 미국 정부는 전 대통령을 활용해 반군과 더 적절한 관계를 맺을 수 있을까?(《타임》지는 심지어 카터의 임무를 설명하면서 악명 높은 "유화"라는 용어를 사용했는데, 이것은 제2차 세계대전 직전 영국 총리 네빌 체임벌린Neville Chamberlain이 히틀러와 맺은 굴욕스러운 뮌헨 협정을 가리키는 용어였다.) 보스니아 세르비아 지도자들은 폭력 사태를 끝내려는 제안—미국이 노리는 바에 한참 못 미치는 제안—에 합법성을 부여하기 위해 카터를 초청한 것인가? 클린턴 정부의 몇몇 관계자들은 카터가 전쟁 당사자들 사이에서 단기적 휴전을 협상할 수 있다고 낙관했지만, 대부분은 그의 개입을 불쾌하게 생각했다. 그런 불쾌한 감정은 유엔 지도부, 프랑스 외무장관, 영국 외무장관을 비롯하여 많은 관련자들이 공유한 감정이었다. 김일성과 만난 다음 이번에는 "인종 청소"를 계획한 사람들과 교섭하는 카터의 외교는 비판자들에게 더욱 분노를 촉발했고, 비판자들은 전범들과 협상하는 카터에게 경악했다.

카터는 4개월 휴전을 얻어 낸 것이 성공이라고 자평하면서 보스니아 정부와 보스니아 세르비아 지도자들이 이 냉각기 동안 종합적인 평화 수립 계획의 세부 사항을 이끌어 낼 것이라고 기대했다. 클린턴 정부는 양측에 똑같이 압력을 가해야 한다는 카터의 입장에는 반대했지만, 그래도 휴전을 반갑게 맞이했다. 인권을 수호하면서도 인권 절대주의자가 아닌 카터는 마치 성경의 명령처럼 자신의 협상 방법을 옹호한다. 만약 인간의 고통을 끝내는 것이 목적이라면, 어느 쪽이 범죄를 더 많이 저질렀는지를 판단하느라 분쟁 해결책을 찾아내는 임무의 발목을 잡아서는 안 된다. 카터는 논쟁에서 마음에 드는 편을 선택하고 다른 편은 흉악하다고 보는 일방적 생각을 개탄한다.

"이런 흑백 논리는 으레 진실이 아니다. 대부분의 경우, 양쪽 다 만행을 저지르고 있다."

카터는 클린턴 정부 제2기에도 계속하여 외교 활동을 펼쳤지만 백악관이 직접적으로 개입하여 도와주는 경우는 줄어들었다. 조지 W. 부시 정부는 카터와의 외교 협력을 피했기 때문에 카터가 더 찬밥 대우를 받았다. 하지만 세간의 이목을 끈 카터의 2002년 쿠바 임무 덕분에 부시 백악관은 마침내 카터를 어느 정도 인정할 수밖에 없었다.

그해 5월, 카터는 1959년 혁명이 터진 뒤에 쿠바를 방문한 최초의 대통령(현직과 전직을 통틀어서)이 되었다. 캐나다 총리를 지낸 피에르 트뤼도Pierre Trudeau의 장례식에서 서로 만난 2001년 가을,

피델 카스트로는 카터에게 쿠바를 방문해 달라고 초청했다. 그 초청은 카스트로가 미국의 무역 제재를 철폐하기 위해 지원 세력을 구축하던 무렵에 나온 것이었다. 카터가 대통령 재임 때에 미국과 쿠바 관계를 완화시키려고 은근히 노력했던 것을 감안하면, 예상 못할 일도 아니었다.

부시의 국무부는 카터의 방문이 무역 제재를 끝내라고 촉구하는 의원들에게 힘을 실어 주지 않을까 걱정했지만, 그래도 쿠바 방문을 허용했다. 하지만 국무부의 공식적 승인은 곧 카터의 활동을 방해하려는 노골적 시도로 빛이 바랬다. 카터가 출발하기 며칠 전, 당시 군축 담당 차관이었던 존 볼턴John Bolton은 쿠바가 "제한적인 생화학 공격 무기를 연구하고 발전시켰으며" "여러 불량 국가들에 이중 용도의 생화학 기술을 제공했다"고 주장했다. 나중에 카스트로와 쿠바 청중에게 연설할 때 카터는 볼턴의 그런 노골적 주장에 놀랐다고 말하면서, 자신이 미국 정보부와 접촉한 결과 "이런 주장이 나온 적이 전혀 없다"는 것을 알게 되었다고 설명했다. 카터는 이어서 말했다.

"나는 직접 그들에게 쿠바가 테러용 정보를 이 세상의 어떤 국가와 나눈 증거가 있는지 여러 차례 질문했습니다. 정보 전문가들의 대답은 '아니오'였습니다."

카터는 볼턴이 자신의 쿠바 방문에 맞추어 그런 괴상한 발언을 함으로써 찬물을 끼얹으려고 한 게 아니었을까 하는 의심을 공공연히 내비쳤다. 그 직후에 조지 W. 부시가 마이애미에서 한 연설도 그런 의구심을 뒷받침했다. 부시의 연설은 미국의 쿠바 제재를 강화해야 한다는 것이었는데, 그 시점은 카터의 스페인어 연설―미국의 쿠바 여행 규제와 수출 금지를 풀라고 요구한—이 텔레비전으로 전국에 방영된 시간대와 완전히 일치했다. 또한 카터는 쿠바의 방송 시간을 이용하여 폐쇄적이고 언론 자유가 없는 카스트로 정권을 혹평했는데, 미 행정부는 일부러 같은 시간에 부시의 연설을 내보냄으로써, 카터가 아니라 부시 정부의 쿠바 정책이 저녁 뉴스 시간대를 차지하게 했다.

중동, 카터를 죽이고 살리다

카터가 퇴임 후 외교적 노력을 기울이기 시작한 곳은 자신이 거듭난 뿌리라고 생각하여 오래전부터 소중하게 여겼던 중동 지역이었다. 그 뿌리는 대통령 재임 중에 일군, 가장 기념할 만한 성공 신화인 1978년의 캠프 데이비드 협정이었다. 이 조약에 서명한 뒤부터 카터는 중동 지역을 많이 여행했고, 여러 번 선거를 감시했으며, 그 지역의 고통스러운 역사를 짚어 보는 책을 저술했다.

카터의 중동 여정에서 이스라엘–팔레스타인의 뒤틀린 관계는 당연히 중심적인 관심사였다. 카터는 그 문제에 지칠 줄 모르고 열중한 탓에 지지자를 얻기도 하고 잃기도 했다. 특히 그의 저서 《팔레스타인: 인종 차별이 아니라 평화_Palestine: Peace Not Apartheid_》가 2006년 후반에 출판된 뒤부터 많은 사람들은 카터에 대하여 분명한 선을 긋게 되었다. 이 책에서 카터는 팔레스타인 지도부가 끊임없이 부패를 저지르고 일반적으로 무능하다고 몹시 비난하는 한편, 많은 페이지를 할애하여 이스라엘 정부의 분열적인 시책을 질책했다. 카터는 이렇게 주장했다. 점령 지역의 정책들은 "인종 차별 시스템이고, 두 나라 사람들은 같은 땅을 차지하고 있지만 서로가 아예 분리되어 있다. 이스라엘 사람들은 완전한 지배자들로, 팔레스타인 사람들의 기본적 인권을 박탈하며 폭력으로 억누르고 있다."

제목에 '인종 차별'이 들어간 데서부터 이미 질풍 같은 항의가 쏟아질 줄 잘 알고 있던 카터는 그 논쟁에서 물러서지도 않았고 비난을 출판사 탓으로 돌리지도 않았다. "나는 그 제목이 도발적이라는 것을 알고 선택했다"고 카터는 말했다. 사실 책의 제목과 내용은 즉각적인 반응을 촉발했다. 책이 출판되자, 100명 이상으로 구성된 자문 기구인 카터 연구소 위원회에서 14명의 위원이 이스라엘에 대한 일방적인 비난이라고 분노하며 무더기로 사직했다. 사직 행렬에 앞장을 섰던 에모리 대학교의 인류학 교수 멜빈 코너Melvin Konner는 카터 연구소 이사장 존 하드먼John Hardman에게 이런 편지를 보냈다.

"내가 볼 때, 〔카터는〕 더 이상 대화할 수 없는 사람이다."

"테러리스트를 옹호하고 내 자녀들과 온 사방의 유대인들을 큰 위험에 빠뜨렸다."

저서를 통해 미국 정치 담론의 한 가지 금기를 건드린 카터에게는 수많은 욕설이 쏟아졌고, "테러리스트 옹호자"라는 비난은 그중 하나에 지나지 않았다. 에모리 대학의 데버러 리프스태트Deborah Lipstadt는 카터의 글이 "악당에게 피난처"를 주었다고 주장했다. 하버드 대학의 앨런 더쇼위츠Alan Dershowitz는 "카터 씨가 이스라엘이나 이스라엘 사람들을 좋아하지 않는 것이 분명하다"고 단언했다.

멜빈 코너는 카터의 논평을 분석하면서 전 대통령의 "머리 어딘가에 나사가 풀렸다"고 했다. 코너와 같은 의학적 인류학자가 볼 때, 카터의 논평은 그냥 해 보는 쓸데없는 소리가 아니었다. 코너는 한술 더 떠서 하버드 의과대학원에 다니는 자기 제자들인 스튜어트 사이드먼Stuart Seidman과 미셔 플레스Misha Pless(하버드 의과대학원의 시신경 연구학자)에게 카터의 두뇌를 비공식적으로 연구해 달라고 부탁했다. 텔레비전에 방영되는 카터가 어떤 노망의 징후를 보이는지 관찰하는 연구였다. 하지만 그 비과학적인 연구는 아무런 결론에도 도달하지 못했다.

카터가 이스라엘의 비행을 폭로한 글을 읽고 별로 흥분하지 않은 사람들도 있었다. 정치학자이고 외교관을 지낸 윌리엄 콴트William Quandt는 말했다.

"카터의 저서가…… 불러일으킨 폭풍 때문에…… 사람들은 예전에는 들어본 적이 없는 과격한 새로운 관점을 전 대통령이 발전시켰나 보다고 생각할지도 모른다. 그것은 사실이 아니다."

필립 와이스Philip Weiss는 《아메리칸 콘서버티브American Conservative》에 기고한 글에서 그런 과격한 반응에 대하여 이와 같은 도발적인 평가를 내렸다.

"이스라엘이 1948년에 건국된 이후 처음으로 미국의 저명한 정치가가 공공연히 아랍의 대의를 받아들였다."

카터도 그 저서에서 자신이 적어도 한 가지는 큰 잘못을 저질렀다고 기꺼이 인정한다. 팔레스타인 사람들에게 당장이 아니라 팔레스타인이 건국된 뒤에 자살 폭탄 테러를 중지하라고 주장한 것이 그것이다. 그런 주장은 끔찍한 잘못이었고 전 대통령은 혹독한 대가를 치렀다. (카터는 진심으로 사과했고 앞으로 나올 모든 판본에서 그 주장을 철회하겠다고 약속했다.) 하지만 그런 해명도《뉴 리퍼블릭 New Republic》의 사주 마틴 페레츠Martin Peretz와 같은 비판가를 만족시키지 못했다. 페레츠는 카터를 지독한 반유대주의자라고 노골적으로 매도했다. 신보수주의 시사평론가인 조슈아 무라브치크Joshua Muravchik는 카터의 논평을 "터무니없이 부적절하고" 또 사악한 것이라고 말했다.

카터는 그런 반응에 공개적으로 괴로워했다. 그는 통탄했다.

"내가 거짓말쟁이, 고집불통, 반유대주의자, 겁쟁이, 표절자라고 불린 건 이번이 처음입니다."

카터는 의심할 여지 없이 전에도 중상모략을 당한 적이 있었지만, 이런 정도는 결코 아니었다. 긴장이 감도는 치열한 논쟁이 벌어졌지만, 텔레비전과 대중 앞에서 카터는 아주 현명하게 발언했다. 사람들의 맹공을 견디어 내면서 자신의 친이스라엘적 배경을 강조하기에 바빴다. 카터는 청중에게 말했다.

"나는 일요일마다 아버지에게서 유대인의 특수한 사정을 배웠습니다."

"나는 야드 바셈〔홀로코스트 기념관〕을 세 번이나 방문했습니다."

언론인 리처드 코언은 일찍이 카터를 가리켜 "방탄복 같은 단단한 자신감이 흘러넘친다"고 말했지만 그런 카터도 그 책을 출판하고서는 지독한 후유증에 시달렸다.

데버러 리프스태트와 같은 비판자들은《팔레스타인》의 출판으로 인해 중동 평화를 정직하게 중재할 수 있는 카터의 역할이 사라졌다고 생각했다. 하지만 중동 지역 전문가로서 그의 임무는 줄어들지 않았고, 카터 연구소에 들어오는 기부금은 저서가 출판된 뒤에 오히려 늘어났다. (저서 자체는 대박이 나서, 몇 달 만에 30만 부가 팔렸다.) 2008년 봄, 카터는 시리아에서 이슬람 조직인 하마스의 망명 지도자를 만났다. 호전적 그룹과 만난다고 심각한 공격을 가해 오는 비판자들에 맞서서, 카터는 평화 협상을 하려면 가장 넓은 원탁이 필요하다는 자신의 전통적 입장을 강조했다. 카터는 말했다.

"문제는 내가 시리아에서 하마스와 만난 것이 아닙니다. 이스라엘과 미국이 중요한 관련 당사자들과 만나지 않는다는 게 문제입니다."

이스라엘의 대외 정책은 카터가 공격한 유일한 대상은 아니었다. 카터는 조지 W. 부시의 해외 개입을 가혹하게 공격한 것으로도 유명하다. 2007년 기자회견에서 카터는 부시의 공직 생활을 이렇게 요약했다.

"나는 세계 각국에 불리한 영향을 끼친 정도 면에서 부시 정부가 역사상 가장 심했다고 봅니다."

기묘하게도 카터는 은퇴한 아들 부시가 건설적인 역할을 할 가능성이 아예 없다고는 하지 않았다. 부시의 퇴임 후 위상이 국제적으로 어떨지 예상해 달라는 《가디언Guraridan》 지의 질문을 받고, 카터는 이런 가정을 제시했다.

"나는 인권 활동가들이 다음과 같은 사항들을 쉽게 잊지 않으리라 봅니다. 가령 제네바 협정의 포로 대우 조항을 적용하지 않겠다고 미국이 선언한 것이나, 일반적으로 고문이라고 여기는 행위를 공공연히 지지한 것이나, 또 우리가 아부 그라이브와 관타나모 수용소에서 벌어진 당혹스러운 포로 학대를 목격한 것 등이 그것입니다. 이런 것들은 극복하기 힘들 것입니다. 하지만 만약 〔부시가〕 백악관을 떠난 뒤에 인권을 촉진하고 세계의 민주주의를 발전시키기로 결심한다면……, 그도 나름대로 기여할 수 있는 매우 좋은 기회가 있으리라고 봅니다."

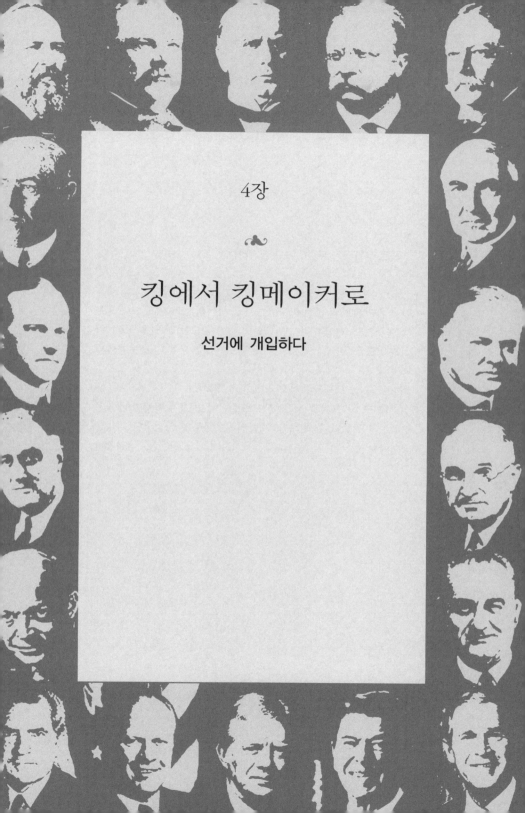

4장

킹에서 킹메이커로

선거에 개입하다

66

그들은 자기들이 적절하다고 생각하는 한 내 이름을 사용할 수 있다.
　　　　　　　　　　　　　　　　　　　　　　　　　　　　　　　－ 앤드루 잭슨

나는 현대 세계의 문제를 다루는 데서 완전히 발을 빼게 되어도 무척 반가워할 것이다. 하지만 내 목소리가 나오는 한 할 수 있는 최선을 다할 것이다.
　　　　　　　　　　　　　　　　　　　　　　　　　　　　　　　－ 허버트 후버

1984년, 나는 민주당에서 인기가 바닥이었다. 나는 낙선이라는 용서받을 수 없는 죄를 저질렀다. 1988년에는 좀더 따뜻한 환영의 분위기가 감돌았다. 올해 1992년, 나는 상당히 긍정적인 인물로 되살아났다…….
　　　　　　　　　　　　　　　　　　　　　　　　　　　　　　　－ 지미 카터

99

오랫동안, 전직 대통령들은 흔히 자기들이 지원할 만하다고 생각하는 후보자를 후원하기 위해 선거전에 뛰어들었다. 조용하게 조언하거나, 열성 당원으로 유세를 펼치거나, 선거 자금을 모금하거나, 전당대회에 나와서 기조연설을 하거나 하지 않거나 하면서, 미국의 은퇴한 지도자는 오래전부터 자신의 위상을 활용하여 대선에서 자신이 선호하는 후보를 지원했다.

독립혁명 직후에는 공개적인 선거운동을 품위 없는 것이라고 생각했다. 건국의 아버지들이 표방한 '정당정치에 대한 반감'은 실제와는 약간 거리가 있었지만, 아무튼 전직 대통령은 신중하게 선거운동을 할 수밖에 없었다. 하지만 19세기 후반, 앤드루 잭슨—보통 사람을 옹호했기 때문에 더러 "인민의 보호자"라고 불리던 대통령—은 시민이 정치에 참여할 여지를 넓혀놓았고, 그리하여 선거운동은 유권자에게 직접 호소하는 효과적인 수단으로 발전했다. 정치 지형에서 일어난 이런 결정적인 변화는 전직 대통령들에게 자신이 미는 후보를 위해 유세를 펼칠 합법적인 기회를 안겨주었다.

남북전쟁이 끝난 뒤, 미국의 대통령 선거운동은 입후보를 위한 극적인 무대 연출을 제공함으로써 정치적 구경거리가 되었다. 당연한 일이지만, 이런 환경에서 전직 대통령들은 우호적 투표를 유도하려고 애쓰는 시가행진과 군중집회에서 당당한 주역으로 떠올랐다. 전당 대회에서 전직들은 귀빈이 되었고, 그 행사에 무게감을 더해주는 명목상 당대표 역할을 했다. 전자통신이 등장한 20세기에 접어들자 예전의 국가수반은 유권자의 거실에 자신의 영상을 내보내면서 대대적인 홍보를 통해 유권자의 지지를 이끌어냈다. 선거철이 다가오면 어떤 전직 대통령은 유세에 나서는 일이 상근 직업이 되었고, 또 그럴 만한 이유가 있었다. 전직 대통령들은 당의 핵심 사명을 지키려는 욕구 때문에 좋아하는 후보를 위해 적극적인 선거운동에 나섰다.

파우스트와의 흥정: 조지 워싱턴

조지 워싱턴, 토머스 제퍼슨, 그리고 특히 제임스 매디슨은 모두 당원의 관심을 정당정치의 분열된 세계로부터 다른 곳으로 돌리려 애썼다. 공화주의를 미덕으로 여긴 건국의 아버지들은 정치 분열이 취약한 신생 국가를 파멸로 끌고 갈 수 있다고 보았다. 따라서 미국이 안정을 유지하려면 정치적 대혼란으로부터 일정한 거리를 두어야 했다. 연방당Federal Party 문서에서는 파벌주의의 위험을 강조했으며, 그런 만큼 헌법에는 정당이라는 개념조차 보이지 않았다. 이것은 통일 정부에 대한 건국의 아버지들의 공통된 신념을 분명히 보여주는 증거다.

270

조지 워싱턴은 정당들이 위협적인 존재라는 확고한 믿음을 결코 포기하지 않았다. 하지만 워싱턴이 대통령직에서 물러난 뒤 오래지 않아 정당정치의 엄연한 현실이 미국 무대에 모습을 드러냈다. 워싱턴은 존 마셜에게 의회 선거에 나서도록 열성적으로 권유하고, 또 마셜의 당선 소식을 듣고 "한없이 기쁘다"고 말함으로써 정치 현장에 개입하지 않겠다는 엄숙한 맹세를 깨뜨렸다. 제1대 전직 대통령은 은퇴한 패트릭 헨리*를 은근히 회유하여 버지니아의 지방 정치에 다시 입문시킨 일도 후회하지 않았다. 헨리 자신은 처음에 "공적인 일을 다시 맡기에는 너무 노쇠하다"며 사양했지만, 워싱턴의 간청을 거절할 수 없어서 "간절한 소망"을 받아들였다.

　짧았던 대통령 은퇴 시기에, 워싱턴은 자기 마음에 드는 사람들을 발탁했을 뿐만 아니라 진정한 정파라고 생각되는 사람들과 공동 전선을 펼쳤다. 그 정파는 재무 장관 출신의 알렉산더 해밀턴이 이끄는, 떠오르는 연방주의자 집단이었다. 워싱턴은 고향 버지니아에서 제퍼슨의 영향력이 널리 퍼져 나가는 상황을 우려하면서 정당이 정치적 권력을 얻는 수단으로 적절하다는 것을 깨닫게 되었다. 그 결과 워싱턴은 곧 파우스트와의 흥정(싫은 것과의 거래 _ 옮긴이)에 발을 들였다.

---

*　1736~1799년. 변호사. 미국 독립전쟁 때와 건국기에 버지니아 주지사로 활약했다.

패밀리 비즈니스: 존 애덤스

1799년 워싱턴은 세상을 떠났고, 1804년 이후에야 전직 대통령─그의 후임자인 제2대 대통령 존 애덤스─이 비로소 다음 대통령 선거 때까지 살아 있게 되었다. 그해까지 두 정파, 민주공화파와 연방파는 미국 최초의 정당 시스템을 구축하는 맞상대였다. 애덤스는 성가신 정견 발표가 무성한 1800년 대선─애덤스 자신은 도둑맞았다고 생각한 선거─에서 제퍼슨에게 패배한 뒤 크게 분노하여 공직을 떠났다. 그는 "비열하게 인기를 갈망하고 야망만 터무니없이 크고 성실성은 부족한" 후임자를 비난하면서 "제퍼슨의 행위가 이 나라에 끼치게 될 재앙에 몸서리가 쳐진다"는 글을 썼다. 비록 이런 혹평은 개인적인 서신에서 퍼부은 것이었지만, 애덤스는 그것이 제퍼슨의 평판을 떨어뜨리는 데 쓸모가 있을 거라고 생각했다. (1804년 선거 때, 제퍼슨은 맞상대인 연방파를 "잘난 척 정치prigarchy" 혹은 잘난 체하는 귀족들의 집단이라고 나름대로 헐뜯었다. 그것은 은근하게 애덤스를 비꼰 말이었다.) 이 악의에 찬 편지는 20년이 지난 뒤에 세간에 등장했지만, 제퍼슨과 애덤스는 오랫동안 역사상 가장 위대한 서신 교환을 해온 사이였고 야비한 혹평도 그런 관계를 깨뜨리지는 못했다.

매사추세츠 주 퀸시의 조용한 마을로 은퇴한 애덤스는 연방파가 서서히 해체되고 제퍼슨, 매디슨, 먼로로 이어지는 버지니아 왕조의 민주공화파 대통령 지도부가 20년 동안 국정을 지배하는 상황을 지켜보았다. 그 기간에 애덤스의 주요 관심사는 외교계를 통해 쾌속

승진하는 아들 존 퀸시 애덤스를 살펴보는 것이었다. 특히 아버지 애덤스는 제임스 먼로의 1816년과 1820년 대선 승리를 열심히 관찰했다. 1816년 여름, 신문들은 대통령 당선자 먼로가 애덤스의 아들을 국무장관으로 지명할지 모른다고 추측했다(그 이듬해 초 먼로가 취임한 직후 그 추측은 현실이 되었다). 런던의 성 제임스 궁정(영국 정부)에 대해 미국 정부를 대표하는 대사로 근무하던 존 퀸시 애덤스는 1809년에 러시아 대사로 부임한 후 미국을 떠나 살아왔다. 아들이 새로운 직책을 맡기 위해 1817년 8월에 귀국한다는 소식을 듣자 존 애덤스는 크게 기뻐했다.

"어제는 내 평생 하루 종일 기뻤던 가장 행복한 날이었습니다."

존 퀸시 애덤스의 국무장관 임명은 존 애덤스와 제임스 먼로 사이의 기나긴 긴장 관계가 마지막 단계에 이르렀음을 알려주었다. 애덤스는 먼로와 프랑스의 밀접한 관계, 먼로와 톰 페인Tom Paine*(애덤스가 몹시 싫어했던)의 우정, 애덤스 정부의 친영국적인 제이 조약Jay Treaty**을 먼로가 공격한 것 등으로 인해 먼로와 치열하게 싸우던 터였다. 먼로는 심지어 한때 애덤스에게 결투를 신청할까 심사숙고한 적도 있었다. 하지만 두 사람의 관계는 존 퀸시 애덤스의 러시아 대사 발령을 계기로 완화되기 시작했다. 발령은 먼로가 국무장

---

* 　1737~1809년. 영국 태생 작가이자 언론인, 혁명적인 지식인으로 미국 '건국의 아버지들' 중 한 사람이다.
** 　1794년에 미국과 영국이 체결한 호혜 통상 조약. 미시시피 강을 영국에 개방하고, 영국의 적대국들이 미국 항구에서 나포선에 장비 공급하는 일을 금지한다는 내용이 포함되어 있다. 당시 영국과 전쟁 중이던 프랑스는 1778년 미국과 프랑스가 체결한 통상조약 위배라며 반발했다.

관이었을 때에 이루어졌고, 애덤스는 아들의 승진을 염두에 두고 먼로의 비위를 맞추기 시작했다. 동시에 애덤스는 느리지만 꾸준하게 공화주의로 기울었다. 이것은 애덤스가 먼로의 1820년 재선을 위해 매사추세츠 선거인이 되었을 때에 확인된 변화였다. 먼로가 퇴임했을 때—존 퀸시가 그 뒤를 이어 6대 대통령이 되었다—아버지 애덤스는 떠나는 대통령에게 편지를 썼다.

"나는 당신의 정부가 무사히 대임을 마쳤음을 경축할 이 기회를 그냥 지나칠 수 없습니다. 내가 알기로 당신의 정부는 그 어떤 결점도 없었습니다."

한때 확고했던 연방주의자가 아들 존 퀸시 애덤스 때문에 정치철학마저 바꾼 것이다.

애덤스가 대통령에서 물러난 뒤에 다른 어느 때보다 더 많은 관심을 기울인 대통령 선거가 있다면, 그것은 아들 존이 후보로 나선 1824년 대선이었다. 애덤스 자신의 1800년 선거와 비슷하게, 1824년 경선은 밀실 담합이 특징이었는데, 앤드루 잭슨의 지지자들은 이것을 하원에서 결정된 '부당 거래'로 간주했다. 잭슨이 인기가 더 높고 유권자의 표를 더 많이 얻었는데도 존 퀸시 애덤스를 당선시켰기 때문이다. 전직 대통령은 노령이라 선거 과정에 직접 개입하지는 못하고 멀리서 지켜보기만 했지만, 그 모든 상황이 끝나고 아들이 당선자가 되었을 때에는 흥분된 감정을 드러냈다.

"이런 많은 생각, 열렬한 감정은 90세 고령의 노인으로서는 감당하기가 어렵군요."

그런 생각과 감정은 "아버지의 마음에 형언할 수 없는 심리적 소용돌이"를 일으켰다. 아들이 대통령에 취임하고 나서 16개월 후에 그는 세상을 떠났다.

고된 중립의 길: 제퍼슨, 매디슨, 먼로

애덤스가 멋진 서신을 주고받았던 상대방, 토머스 제퍼슨은 결코 애덤스의 아들을 받아들이지 않았고 1824년 대선에서 그를 지지하지도 않았다. 그의 오래된 동료 라파예트 후작Marquis de Lafayette에게 보낸 편지에서, 제퍼슨은 먼로의 후계자는 "궁극적으로 북쪽 끝과 남쪽 끝에서 나온 후보로 압축될" 것이라고 예언했다. 존 퀸시 애덤스, 앤드루 잭슨, 헨리 클레이Henry Clay, 윌리엄 H. 크로퍼드가 서로 싸웠던 대선에서 제퍼슨은 전에는 버지니아에 살았고 현재는 조지아 사람인 '남쪽 끝' 인사, 크로퍼드 지지로 돌아섰다. 제퍼슨이 볼 때 크로퍼드(먼로의 재무장관)는 '1800년 혁명'의 진정한 계승자였고 점점 집요해지는, 주(州)의 권리에 대한 제퍼슨의 주장을 공유했다. 이것은 제퍼슨이 대선의 낙선자를 지지했던 유일한 경우였다.

제임스 매디슨은 처음부터 어떤 후보도 지지하지 않는 초연한 태도를 취하겠다고 약속했다. 겸손한 성격인 매디슨은 경선의 진탕에 빠지기보다 노예제도나 주(州)의 연방법 거부권 같은 근본적인 문제에 대하여 자기 입장을 발표하는 편을 선호했다. 그래도 매디슨의 친구들은 다시 한 번 운을 시험해 보려 했다. 앤드루 잭슨이 집권에 성공한 1828년 선거 때(잭슨은 존 퀸시 애덤스에게 선거를 도둑맞

았다고 주장한 1824년부터 4년 동안 절치부심한 끝에 당선되었다),
매디슨의 동료들은 테네시 정치가(잭슨)와 추종자들의 유치한 선동
에 맞서 분명한 반대 발언을 해 달라고 매디슨에게 간청했다. 그들
은 그가 그토록 중시하는 헌법 자체가 선거 과정에서 위험에 빠졌다
고 주장했다. 그러나 4대 대통령 매디슨은 '당대의 정치적 선동에
초연하겠다'는 약속을 지키면서 정중하게 거절했다.

제임스 먼로 또한 매디슨처럼 정치 소동으로부터 초연하기를 희
망했으나, 자신의 잘못이 아닌 남의 잘못 때문에 1828년의 과열 선
거에 휩쓸릴 뻔했다. 그 선거는 백악관을 떠난 뒤에 그가 목격한 유
일한 대선이었다. 이 선거 때, 애덤스 정부에서 해군장관을 지냈던
이가 이런 문제 있는 발언을 거듭했다.

"1812년 전쟁 때 국방장관이었던 먼로가 야전군 장군이었던 앤
드루 잭슨보다 뉴올리언스 전쟁의 승리에 더 많은 기여를 했다."

간접적으로 그 이야기를 전해 들은 잭슨은 그 발언을 먼로가 사주
했다고 믿게 되었다. 악명 높은 1824년 대통령 선거를 치르고 낙선
한 후, 앤드루 잭슨은 거짓말이라고 생각되는 것은 무엇이든 열정적
으로 이의를 제기했다. 하지만 먼로는 그런 문제에 관심이 없었고,
매디슨과 마찬가지로, 전직 대통령은 국가적 위기 시에 국가로부터
부름을 받지 않는 한 정치적 소동에 발을 들이지 말아야 한다고 확
신했다. 먼로가 이처럼 정치적 소동에 말려들지 않으려고 자제한 데
는 실용적인 이유도 있었다. 먼로는 프랑스 대사 시절 국가에서 내
주어야 할 비용을 사비로 지불했는데, 그 돈을 타 내려고 의회의 인
정을 받는 문제에 몰두했기 때문이다. 그는 정치적으로 개입하면 그

돈을 상환받는 데 복잡한 문제가 생길 것으로 보아 엄격한 중립 노선을 지켰다.

잭슨 시대의 변화

앤드루 잭슨의 1828년 선거는 변화를 가져왔다. 제1차 정당 체제가 막을 내리고 새로운 잭슨 시대가 열리자, 노동자들이 점점 정치 활동에 뛰어들기 시작했다. 투표권이 모든 백인 성인 남자(여전히 대다수 흑인과 모든 여성은 투표권이 없었다)로 확대되면서 미국 정치 참여의 지형은 극적으로 재편되었다. 그해의 높은 투표율은 적극적인 선거운동의 결과였다. 조직적이고 합법적인 지지자들과 전문적인 정치가들이 표를 얻기 위해 유세를 펼친 최초의 전면적인 대선이었다. 이어서 두 핵심 정당인 민주당과 휘그당이 지배하는 새로운 정당 체제가 곧 등장하게 되었다. 정당정치에 대해 건국의 아버지들이 품었던 반감과는 다르게, 잭슨의 제2기 부통령인 마틴 밴 뷰런은 새로운 당파심의 시대가 열린 것은 민주주의를 다지는 긍정적인 일이라며 환영했다.

존 퀸시 애덤스는 1828년 재선에 나섰다가 잭슨에게 패배했고, 그리하여 건국의 아버지 세대의 종언을 고했다. 그는 잭슨이 유권자를 동원하려고 사용한 새로운 수단—마을 집회, 유행가, 전단지, 포스터, 시가행진—이 정치 활동의 전통적 기준을 많이 벗어난 위험한 것이라고 생각했다. 따라서 애덤스가 앤드루 잭슨의 1832년 재선에 반대하고 나선 것은 당연한 일이었다. '완고한 늙은이Old Hickory(앤드루 잭슨의 별명 _ 옮긴이)'를 유치하고 야비한 민중 선동가라고 보고 반감을 품었던 애덤스는 잭슨의 선거운동이 정치의 품격을 떨어뜨린다고 생각했다. 이듬해, 하버드 대학이 잭슨에게 명예박사 학위를 수여했을 때, 성마른 애덤스는 행사 참석을 거부했다. 그는 진심으로 화가 났다.

"내가 사랑하는 하버드 대학이, 제 이름조차 쓸 줄 모르는 야만적 미개인에게 박사 학위를 수여하여 면목을 잃었다."

1836년 대통령 선거 때, 당시 하원의원이던 애덤스는 입법 무기인 청원권을 활용하여 노예제도와 싸우기 시작했다. 잭슨에게 후계자로 지명을 받고 민주당의 대통령 후보로 선두를 달리고 있던 마틴 밴 뷰런은 남부와 북부의 민주당 부동표(浮動票)를 의식하여 노예제도를 공격하지 않았는데, 애덤스는 이에 격분했다. 애덤스는 휘그당 후보인 윌리엄 헨리 해리슨도 별로 마음에 들지 않았다. 해리슨은 애덤스를 "자기가 재치 있는 줄 알고…… 지루한 이야기를 되풀이하고……, 아주 어리석은 말을…… 현명한 말이라고 생각하며 지껄이는, 대중의 허울뿐인 우상" 중 하나로 생각했다.

4년 뒤 1840년 대선은 애덤스가 볼 때 최악의 선거였고, 미국의 정치 담론에서 부족한 것이 무엇인가를 모조리 생생하게 보여 준 한 판이었다. 대선에 나선 윌리엄 헨리 해리슨과 존 타일러 정부통령 후보를 알리는 선전가요 〈티페카누와 타일러 투Tippecanoe and Tyler Too〉로 주로 기억되는 것처럼, 그것은 싸구려 웅변과 유치한 상징주의(독한 사과주, 통나무집, 모피 모자)가 판치는 선거운동이었다. 당연히 공허한 선전 문구가 건국의 아버지 세대의 열정적 수사를 밀어 냈다. 애덤스는 "2만 명, 3만 명, 5만 명이 모여드는 엄청난 집회"를 경멸했다.

"그런 곳에서 전국의 유수한 연설자는 제대로 알아들을 수 있는 2000명, 3000명, 5000명을 상대하는 게 아니라, 그저 많은 사람들 앞에서 말할 뿐이다."

그는 대규모 집회가 폭력을 낳을 뿐이라고 확신했다. 당원 집회를 대신한 새로운 전당대회에 대해서는, "아무것도 이루지 못하는, 다루기 어려운 정치적 기구political machinery"라고 생각했다. 잭슨 지지자들은 그런 행사들이 민주주의의 발전이라고 생각한 반면, 존 퀸시 애덤스는 전통적인 제도를 위협하는 중우(衆愚) 정치라고 보았다.

애덤스는 밴 뷰런의 1840년 재선 시도가 좌절되는 것을 보고 기뻐했을지 모르지만─밴 뷰런은 1828년 대선에서 잭슨이 애덤스를 물리치도록 도왔다─그렇다고 해서 대통령 당선자인 윌리엄 헨리 해리슨이 그의 마음에 썩 드는 것도 아니었다. 해리슨은 애덤스 정부에서 콜롬비아 대사로 근무한 장군 출신이었지만, 애덤스는 그가 "천박한 생각을 갖고 있고 정치적으로 모험을 즐기고…… 자만심이 강하고 우쭐대며 경솔하다"고 공격했다. 애덤스가 그의 취임식 초청을 거절한 것은 놀라운 일도 아니었다.

존 퀸시 애덤스가 오랜 은퇴 생활 중에 정치 후보들을 별로 밀어주지 않았던 반면, 앤드루 잭슨은 테네시 주 내슈빌 인근의 농장에 은거하면서 고장 출신의 많은 유력 후보들을 후원했다. 잭슨은 1840년과 1844년 대선에서 배후의 실세 역할을 맡았으며, 당시 엄청난 정치적 문제였던 텍사스 병합으로 정국이 극히 불안할 때에 많은 충고와 조언을 했다.

1840년, 앤드루 잭슨은 예전의 피후견인 밴 뷰런이 재선되도록 열심히 뛰었다. 하지만 한 가지 강력한 장애물이 앞길을 가로막았다. 잭슨은 밴 뷰런 정부에서 부통령으로 근무한 리처드 멘토 존슨 Richard Mentor Johnson—예전의 노예와 부적절한 관계를 맺는 바람에 민주당을 불안하게 만들었던 사람—을 포기했으면 하고 바랐는데, 마침내 잭슨의 뜻대로 되었다. 민주당 전당대회는 다시 존슨을 부통령으로 지명하지 않았고 밴 뷰런은 혼자서 대선에 입후보하게 되었다. 가을 선거운동 때에 잭슨은 건강이 좋지 않았는데도 밴 뷰런을 위해 유세를 다녔다. 전직 대통령이 대선 유세에 나선 것은 이때가 최초였다. 엘리트인 윌리엄 헨리 해리슨이 보통 사람으로 둔갑하여 칭송받는 반면, 밴 뷰런이 현실감 없는 동부인으로 비방당하는 상황을 목격하고 고민하던 잭슨은 두 사람을 극명하게 대조시켰다.

"공화주의 원칙을 지켜 내려면 반드시 밴 뷰런 씨를 뽑아야 합니다. [만약 해리슨이 당선된다면] 민주주의 체제의 모든 특징이 발굽 아래 짓밟힐 것입니다."

잭슨의 그러한 호소도 대선의 결과를 바꾸어 놓지는 못했다. 휘그당원은 일제히 "밴, 밴, 피곤에 지친 사람"이라고 노래 불렀으며 그리하여 휘그당의 해리슨이 완승을 거두었다.

1840년 대선 때, 밴 뷰런이 테네시 출신 동료인 제임스 포크를 부통령 후보로 선택하기를 바랐던 앤드루 잭슨의 뜻은 성사되지 않았다. 다음 선거인 1844년 대선에서 잭슨은 극단적인 결정을 내렸다.

그는 밴 뷰런을 차갑게 따돌리고 대통령 후보로 포크를 전폭적으로 지지했다. 그 모든 것은 텍사스 때문이었다. 1836년, 샘 휴스턴Sam Houston 장군이 이끄는 텍사스는 멕시코로부터 독립을 선언했고, 텍사스 공화국을 자처하면서 노예제도를 합법화한 헌법을 채택했다. 하지만 몇 년이 지난 뒤, 텍사스 시민들은 독립 공화국으로 생존하기가 어렵다는 사실을 깨달았고 대다수는 미국과 합치자는 운동을 벌이기 시작했다. 이미 분파주의와 노예제 확대를 둘러싼 싸움이 발화 직전에 도달한 상태에서, 텍사스의 미래 위상은 1840년대 초반부터 중반까지 첨예한 정치 논쟁을 불러일으켰다.

또 다시 당의 지명을 얻으려 애쓰던 마틴 밴 뷰런은 휘그당 경쟁자 헨리 클레이와 한 가지 결정적 사항을 공유했다. 두 사람은 텍사스를 주(州)로 받아들이는 것에 반대했다. 이렇게 하여 영토 확대주의자와 남부 민주당원을 똑같이 화나게 만들고 또 예전 후원자 잭슨의 보호마저 잃어버린 밴 뷰런은 결국 지명을 얻지 못했다. 제임스 포크는 잭슨이 선호하는 민주당원이었고(허먼 멜빌의 형*은 그에게 '완고한 젊은이Young Hickory'라는 별명을 붙였다), 완고한 늙은이의 지원으로 선두를 달리는 '다크호스' 후보로 떠올라 가을에 클레이를 물리쳤다. (어떤 역사가에 따르면, 앤드루 잭슨이 밴 뷰런에 대한 지지를 철회한 것이 포크를 실제로 후원한 것보다 훨씬 더 결정적인 사건이었다.) 기이하게도 포크는 노예제도가 확대되는 데 별로 관심이 없었다. 그의 우선순위는 임금 농장이 아닌 독립 농장으로 이용할

---

* 《모비딕》을 쓴 작가 허먼 멜빌의 형 갠즈보트 멜빌Gansevoort Melville은 변호사이자 정치인으로, 제임스 포크의 선거운동에 참여했다.

수 있는 땅을 확보하는 일이었다. 합병 문제에 대한 그의 무관심은 심지어 밴 뷰런의 지지를 끌어내는 데에도 도움이 되었다. 밴 뷰런은 선거를 거부하겠다고 위협하는 친구들에게 포크의 인품을 보증하는 편지를 보냈고, 그리하여 '완고한 젊은이'는 승리를 얻었다.

남북전쟁 선거

남북전쟁의 살육이 벌어지기 몇 년 전, 마틴 밴 뷰런과 밀러드 필모어는 둘 다 엉뚱한 제3당 후보로 출마했다. 1848년에 밴 뷰런은 자유토지당Free Soil Party 쪽에서, 그리고 1856년에 필모어는 이민을 배척하고 미국 국민의 순수성을 수호하자는 무지당know-Nothings 티켓으로 대선에 나섰다. 필모어는 1856년 대선에서 제임스 뷰캐넌에게 패했으나 메릴랜드 주에서는 무지당이 뷰캐넌을 이겼다. 1860년에 이르러 변호사 출신으로 하원의원을 한 번 지낸 에이브러햄 링컨이 공화당 후보로 지명되자, 상황은 미국 역사상 참혹한 분쟁으로 한걸음 더 내디딘 셈이었다. 전쟁의 위협 아래에서 선거운동에 임한 전직 대통령 5명은 정치적으로 결정적인 역할을 맡게 되었다.

민주당이 연임을 노리던 프랭클린 피어스를 분명하게 거부한 지 4년이 지난 1860년, 그는 여러 친지들로부터 대통령 경선에 뛰어들라는 압력을 받았다. 특히 그의 정부에서 전쟁장관을 지낸 제퍼슨 데이비스Jefferson Davis가 적극적이었다. 1850년대 후반, 피어스는 정치에 복귀하여 법무장관 출신의 칼레브 쿠싱Caleb Cushing과 국무장관 에드워드 에버레트Edward Everett 등 주로 북부 민주당원들의 모임인 친연방 운동을 후원했다. 화합을 촉진하는 일에 열심이던 피어스는 파벌주의의 위험을 알리려 했고, 다른 전직 대통령들의 "좀체 없어지지 않는 단 한 가지 욕구", 즉 직접 후보로 나서려는 욕구는 품지 않았다. 피어스 자신은 제퍼슨 데이비스를 선호했는데, 민주당의 북부 측과 남부 측을 통합할 수 있는 유일한 후보라고 생각했기 때문이었다. 이 비현실적인 의견 때문에 피어스의 인기는 더욱 떨어졌고 그런 부정적인 인상은 평생 동안 따라다녔다.

민주당의 지명은 마침내 스티븐 더글러스에게 돌아갔다(데이비스는 피어스에게 보낸 편지에서 더글러스가 "술을 지나치게 많이 마시는 대중 선동적인 선거꾼"이라고 혹평했다). 더글러스가 선출되자 많은 남부 사람들이 당에서 이탈해, 존 브레큰리지John Breckenridge를 중심으로 분파를 결성했다. 제임스 뷰캐넌의 부통령 후보였고 나중에 주요 남부군 장군으로 활약하게 되는 브레큰리지는 전직 대통령 존 타일러가 선택한 후보였다. 존 타일러는 연방의 유지가 필연적으로 영토 확장과 연계되고 브레큰리지가 그것(영토 확장)을 보장해 주리라고 믿었다. 1845년에 대통령직에서 퇴임했다가 남북전쟁을 전후하여 남부연합 의회에 선출된 타일러는 "죽거나 살거나, 생존하거나 파멸하거나"를 내세우면서 브레큰리지의 확장 노선을 방해하는 노예 폐지론자들과 맞서 싸우겠다고 선언했다. 타일러는 짧게나마 자신이 어부지리로 민주당의 타협 후보가 될 수 있다는 착각에 사로잡히기도 했다. 버지니아에서의 높은 인기가 전국적으로 확대되면, 교착 상태에 빠진 전당대회에 돌파구를 열 수도 있다고 생각한 것이었다. 타일러는 몽상에 빠졌다.

"남부 전체가 큰 소리로 내 이름을 외치며 몰려들 것이다."

과연 사람들이 몰려들기는 했지만, 그를 위해서 몰려든 건 아니었다. 링컨이 당선되자 타일러는 경악했다. 그는 말했다.

"불길한 시대가 닥쳐왔고, 위대한 공화국의 표본에 최후의 심판일이 가까이 다가왔다."

피어스는 민주당의 방침에 충실한 당원 역할을 수행하면서, 당이 파벌 싸움을 벌이고 무분별하게 갈라서기나 하는 상황을 비웃었다. 그는 말했다.

"연방제를 보전하려다가 열정에 맹목적으로 지배당해서는 안 된다."

타일러와 마찬가지로 브레큰리지에게 표를 찍었던 피어스는 링컨이 승리하자 남북부의 동등한 권리를 명확하게 부정할 것이라고 예상하여 낙담했다. 또 다른 전 대통령도 링컨의 반대 전선에 섰다. 마틴 밴 뷰런은 12년 전에 자유토지당 간판으로 대선에 나선 것을 잊고 그 후 민주당에 충성하면서 더글러스 후보를 지지했다. 밀러드 필모어 또한 마찬가지였다. 필모어는 "나는 민주당원이기 때문이 아니라 공화당원이 아니기 때문에" 민주당에 투표했다고 냉정하게 논평했다.

4년이 지난 뒤, 한창 남북전쟁이 벌어지던 중에 링컨이 재선에 성공한 것은 결코 예정된 수순이 아니었다. 그 선거에서 약 200만 명에 이르는 미국인은 링컨에 반대표를 던졌고, 비록 링컨이 인상적인 승리를 거두긴 했지만 남북전쟁의 주요 장군으로 활약한 조지 매클렐런George McClelan 역시 45퍼센트나 되는 지지표를 얻었다. 밀러드 필모어, 프랭클린 피어스, 제임스 뷰캐넌(타일러와 밴 뷰런은 1862년에 세상을 떠났다) 등 전직 대통령 세 명은 모두 매클렐런을 찍었다. 셋 다 결코 에이브러햄 링컨이 미국의 대통령으로 적합한 인물이라고 생각하지 않았다.

피어스, 뷰캐넌, 타일러와 밴 뷰런이 모두 링컨에게 반대표를 던진 사실은 그들이 민주당원이었으니 놀랄 일은 아니었다. 하지만 밀러드 필모어는 휘그당 전통에서 벗어나 무지당 티켓으로 입후보한 적도 있었기 때문에 정치적 성향이 확실하지 않았다. 1860년에 민주당에 투표한 뒤, 그는 남북전쟁이 시작되자 링컨 지지로 돌아섰다. 필모어는 고향 버펄로의 집회에서 말했다.

"지금은 시민이라면 누구든지 자기에게 닥친 사건의 책임에서 물러나서는 안 되는 때입니다."

하지만 1864년 선거에 이르렀을 때 필모어는 링컨의 정치 활동과 전쟁 수행을 모두 못마땅하게 생각했고, 국가가 곧 "파탄과 군국주의 독재정치"에 휩싸일 것이라고 주장했다. 그러면서 정부를 갈아야만 "연방 국가를 회복하고 명예로운 평화를 보장할" 수 있다고 경고했다. 1864년 선거에서 필모어는 매클렐런을 지지하며 "일반적인 원칙으로, 나는 호전적인 지도자가 대통령으로 선출되는 것을 좋아하지 않는다"고 썼다. 하지만 "지금은 국가적 위기의 시기다. 따라서 이해관계를 초월하여 헌신하는, 진정으로 애국적이고 노련한 군인이야말로…… 다른 누구보다 국가를 파멸의 길에서 구출하여 회복시킬 수 있다"고 했다.

국가가 참혹한 남북전쟁을 치르는 와중에도 1864년 선거가 잘 치러졌다는 것은 엄청난 성과였다. 민주당 공약은 꿋꿋하게 종전(매클렐런 자신은 승리할 때까지 전쟁을 계속하는 편을 선호했지만)과 평화 협상을 주장했다. 대통령 시절 국가가 내전으로 치닫는 것을 허용했던 뷰캐넌은 충실한 민주당원으로 매클렐런을 강력하게 지지했으며 소속당에 많은 조언을 했다. "나의 개입이 좋은 목적에 쓰일 수 있다면" 펜실베이니아의 1862년 의회 선거에 참여하겠다던 제안이 무시당했듯이, 1864년의 대선에서도 뷰캐넌의 제안은 별로 주목을 받지 못했다. 뷰캐넌은 민주당이 링컨을 물리칠 수 없다고 보았고 설혹 대선에서 승리한다 해도 당을 재난에 빠뜨릴 뿐이라고 믿었다. 그는 이런 질문을 던졌다.

"여러분은 민주당 정부의 곤혹을…… 생각해 본 적이 있습니까? 만약 민주당이 여전히 끝나지 않은 전쟁과 현재의 불안한 재정 상태를 그대로 넘겨받은 채 집권할 경우에 말입니다."

존 타일러와 같이, 뷰캐넌은 암담한 마음으로 링컨의 재선 소식을 받아들였다.

"그들은 승리했지만 코끼리(처치 곤란한 것 _ 옮긴이)를 얻은 것입니다. 그들은 그 코끼리를 어떻게 처리해야 할지 난감할 것입니다……. 예전과 같이 연방 국가로 되돌아가자고 솔직하게 그리고 남자답게 남부연합에 제안하면…… 어쩌면 받아들여질지도 모릅니다."

전직 대통령 뷰캐넌은 남북전쟁 이전의 상태로 되돌아가기를 바랄 뿐이었다.

종전 후, 필모어는 뷰캐넌의 화해를 위한 접근 방법에 동감했다.

"남부를 없애 버리든가 군사적으로 굴복시키자"는 많은 북부 사람들의 생각에 반대하면서, 그는 링컨 암살 뒤에 대통령이 된 앤드루 존슨의 남부 유화 정책을 옹호했고, 공화당 과격파에 반대하면서 존슨의 재건 계획을 지지했다. (필모어는 링컨이 암살된 뒤 집에 조기를 달지 않았고, 이에 성난 군중은 그의 집에 잉크를 뿌렸다.)

전후의 대통령 정치

전쟁 중에 민주당원으로 앞장서 활동하면서 급진적인 남부 재건에 완강하게 반대하던 앤드루 존슨은 링컨 행정부에서 부통령을 지내는 동안에도 공화당과 이중적 관계를 유지했다. 전쟁이 끝난 뒤, 존슨은 1869년의 율리시스 S. 그랜트 대통령 취임식에 불참하여 그랜트의 평판을 떨어뜨리려 했다. 존슨은 이처럼 취임식을 거부한 세 번째이면서 마지막 대통령이 되었는데, 앞의 두 번은 다혈질인 선배 존 애덤스와 존 퀸시 애덤스 부자의 사례였다. 존슨은 그랜트 대통령의 앞날에 경멸을 느낄 뿐이었다.

"그 작달막한 친구에게는 아무것도 없다. 단 한 가지 생각도 없다. 정책도 없고, 국가가 무엇을 요구하는가에 대한 깊은 생각도 없다……. 그는 거짓말쟁이이고 교활하며 신뢰할 수 없다."

1872년, 부당 이득에 적자 지출과 제왕적인 행동을 들어 현직 대통령 그랜트를 맹비난하던 존슨은 민주당 후보인 호레이스 그릴리 Horace Greeley를 지지했다. 원래 그릴리는 공화당의 내부 분열 덕분에 득세한 후보로, '자유주의적 공화당'파의 지지를 받았다.

호레이스 그릴리는 존슨이 선택할 법한 인물은 아니었다. 공화당 성향의 《뉴욕 트리뷴New York Tribune》에서 개혁적 성향으로 오랫동안 편집장을 지낸 그릴리는 노예제도 지지자들을 끊임없이 비난했고, 종전 후에는 남부에 유화적이었던 존슨을 적극적으로 탄핵해야 한다고 주장했다. 그릴리는 그랜트 정부의 만연한 부패와 점점 반목하다가, 뜻밖에도 완전히 전향하여 남부연합의 대표적 인물인 제퍼슨 데이비스의 보석을 지지했다. 그랜트가 재선을 노리던 1872년, 그릴리는 그랜트를 적극적으로 비판함으로써 존슨을 자기 편으로 끌어들였고, 또한 그릴리를 지지하는 자유주의적 공화당은 지방자치와 남부 사면을 지지함으로써 민주당의 폭넓은 지지를 끌어냈다. 존슨은 친그릴리적이라기보다 반그랜트적 성향이 강했지만, 역사가 제임스 맥퍼슨James McPherson은 존슨이 그릴리의 주장에 깊은 인상을 받았다고 결론지었다.

"그릴리의 주장은 '상류 계급'의 남부 백인들이 자발적으로 협조하지 않는다면 남부 재건이 성공할 수 없다는 것이었다."

한마디로 말해서, 존슨은 그릴리가 전국적 재난을 막을 수 있다고 생각했다.

존슨은 이렇게 생각했지만 1872년 대선에서 그랜트는 호레이스 그릴리를 물리쳤다. 8년이 지난 뒤인 1880년에 그랜트는 세 번째로 지명되기를 원했다. 현직 대통령 러더퍼드 B. 헤이스가 약속을 지켜 재선 후보로 나서지 않자 1880년 공화당의 후보 문호가 활짝 열렸던 것이다. 당내 파벌주의에 다시 빠진 공화당에서는 각자 자기네 후보를 옹립하고자 하는 두 세력이 팽팽하게 맞섰다. 그 한 축은 뉴욕 상원의원이자 당의 거물인 로스코 콘클링Roscoe Conkling의 휘하에서 당리당략적인 엽관제 관행을 철통 수호하면서 그랜트의 3선을 주장하는 충성파Stalwarts였고, 다른 한 축은 메인 주 상원의원 제임스 블레인James Blaine의 휘하에서 민간 서비스 개혁을 추진하며 결국은 제임스 가필드James Garfield를 지지했던 혼혈파Half-Breeds였다. 전당대회에서 아슬아슬한 표 차이로 패배한 뒤, 그랜트는 마침내 후보가 된 가필드를 지원하기로 약속했으며, 선거 유세에 전력을 기울였다. (콘클링의 충성파는 애석한 결과에 대한 보상으로 부통령 후보 자리를 넘겨받아 체스터 아서를 그 자리에 내보냈다.)

그해 가을, 그랜트를 후원했던 로스코 콘클링은 그와 함께 가필드와 아서(부통령 후보) 동반 당선을 위해 연설하면서 뉴욕과 중서부를 여행했다. 콘클링은 어떤 때는 4시간 동안이나 연설을 했다. 반면에 그랜트는 짧게 이야기했다. 전직 대통령은 오하이오의 워런에서 열렬히 환영하는 청중에게 자신이 어째서 공화당원인지, 그리고 민주당이 승리하면 어째서 국가에 해악이 되는지를 짤막하게 유세했다. "공화당의 선거 승리에 깊은 관심을 갖고 있는" 충실한 당원인 그랜트는 좋은 친구이고 동료 장군이던 존 A. 로건John A. Logan에게 "〔공화당의〕 성공을 촉진하기 위해서라면 어떤 집회든 기꺼이 참석할 것"이라고 말했다.

선거 유세에서 가장 요란했던 순간은 그랜트가 자신을 위한 공화당 연회에 참석했을 때였다. 뉴욕의 브로드웨이에서 6만 명에 이르는 운동원과 퇴역 군인이 참가하여 9킬로미터도 넘게 이어진 이 행군을, 30만 시민이 길가에서 환호하며 지켜보았다(어떤 신문은 "괴물급 시위행진"이라는 별명을 붙였다). 도금 시대에 이르러 이런 정치 집회는 대규모 행사가 되었고, 그랜트는 이런 행사를 기꺼이 후원했다. 《뉴욕 타임스》는 열정적으로 그것을 기사화했다.

"맨해튼 섬은 이보다 더 멋진 광경을 목격한 적이…… 없었다. 아니, 이 나라의 다른 도시에서도 이런 행사는 없었을 것이다."

그랜트의 적극적인 당 홍보 활동은 효과를 거두었다. 가필드는 민주당 지명자 윈필드 스콧 핸콕Winfield Scott Hancock을 물리쳤다. 2000표 미만의 표차로 간신히 승리했는데, 미국의 대통령 역사에서 가장 근소한 차이였다.

그 후 식도암에 걸린 그랜트는 1884년 선거에서는 공식적인 역할을 별로 하지 못했다. 그는 기자의 질문에 이렇게 대답했다.

"나는 적극적으로 유세 활동에 뛰어들지 못했습니다. 병실에 갇혀 있었기 때문이지요."

몸이 말을 듣지 않았지만, 그랜트는 여전히 자기가 누구를 좋아하는지 알려주었다.

"나는 다른 모든 후보들보다 존 로건〔당시 일리노이 상원의원〕을 좋아한다는 사실을 숨긴 적이 없습니다."

그 다른 후보들 중에는 현직 대통령인 체스터 아서와 결국 공화당 후보로 지명된 제임스 블레인 등이 들어 있었다. 그랜트는 후보 지명이 블레인에게 돌아가자 별로 유쾌해하지 않았다. 그는 블레인이 당내의 잘못된 파벌을 대표하는 인물이라고 생각했지만, 공화당 부통령 후보로 로건이 뽑히자 불편했던 마음이 풀어졌다. 그리고 그

해 초가을에는 어느 정도 심신이 편안해져서 공식적으로 블레인을
방문했다.

이념인가 당인가

그랜트의 후계자인 러더퍼드 B. 헤이스는 정쟁의 수렁에 빠지기보
다 사회 운동의 발전에 집중하고 싶어했다. 하지만 헤이스는 10여
년의 은퇴 생활 동안 비록 정치에 깊이 참여하지는 않았을지언정 변
화하는 공화당의 전망을 따라가려고 노력했다. 공직을 떠난 뒤 처음
으로 대통령 선거를 맞이한 1884년, 헤이스는 공화당의 끝없는 헛
발질에 넌더리가 났고 당이 선거에서 패배하지 않을까 우려했다. 반
면에 민주당은 25년 이상이나 대통령을 배출하지 못했고 그리하여
백악관을 다시 차지할 시기가 무르익은 듯했다. 그랜트와 마찬가지
로 헤이스는 공화당이 지명한 제임스 블레인과 불편한 사이였으며
그를 "이기적이고 무모하며 교활한 선동가"로 여겼다. 하지만 그는
당에 충성했기 때문에 블레인을 지지했고, 민주당 후보 그로버 클리
블랜드가 독자적인 공화당 표를 흡수할 것을 염려했다. 클리블랜드
가 당선된 뒤, 헤이스는 자신이 좋아하는 두 가지 대의명분, 민간 서
비스 개혁과 민권 추진이 물 건너가는가 싶어서 초조했다. 그는 이
렇게 썼다.
　"시곗바늘을 거꾸로 돌리는 것이 아닌지 두렵다."
　4년이 지난 뒤에도 헤이스는 클리블랜드 정부의 정치를 비관하고

있었다. 헤이스는 클리블랜드가 관세를 1888년 선거의 중심 쟁점으로 삼아 자멸할 것이라고 생각했다. 헤이스는 말했다.

"20년 이상이나 기존 입법은 자본과 노동을 제조업으로 끌어들였습니다……. 지금 그것들을 파괴하려는 것은…… 잔인하고 잘못된 생각인 것 같습니다."

그래서 헤이스는 다른 후보—그의 내각에서 재무장관을 지낸 존 셔먼John Sherman—를 선호했지만 공화당 후보 벤저민 해리슨의 승리를 기쁘게 생각했다. 하지만 전직 대통령의 진정한 관심사는 자신이 좋아하는 개혁—현재의 4년 연임 대통령제를 단임 6년제로 바꾸자는 것—을 추진하는 것이었다. 일찍이 자신의 대통령 취임 연설에서 이 생각의 기초를 놓은 바 있는 헤이스는 마음속에 이 생각을 계속 품어왔고, 그것이 1888년에 널리 지지를 받으리라 희망했으나 헛된 생각이었다.

전직 국가수반으로서 헤이스가 목격한 마지막 대통령 선거는 1892년 대선이었다. 이번에는 자신이 후견하고 있는 오하이오 주지사 윌리엄 매킨리를 이상적 후보로 생각했지만, 벤저민 해리슨의 재지명을 보장하기 위해 매킨리가 한 발 물러서자 그것을 받아들였다. 헤이스는 매킨리를 "우리나라 정치사에서 가장 깨끗한 명성과 눈부신 기록을 지닌 정치가"라고 과장되게 칭찬하면서 오하이오 출신 동료의 밝은 미래를 예측했는데, 과연 매킨리가 1896년 대선에서 승리함으로써 예측의 정확성이 입증되었다.

당의 후보를 진심으로 좋아하지 않을 때도 헤이스는 늘 온건한 태도를 유지했다. 그러나 다른 전직 대통령들은 반감을 숨기는 데 상당히 서툴렀다. 이를테면 그로버 클리블랜드는 36세의 젊은 윌리엄 제닝스 브라이언이 민주당의 대통령 후보가 되자 그와 껄끄러운 관계가 되었다. 19세기 후반, 두 민주당원은 완전히 상극이었다. 클리블랜드는 전형적인 보수 민주당원으로서, 노동자와 가깝지 않고 친기업적이었으며 금본위제를 확고하게 옹호하는 인물이었다. 반면에 1896년 시카고 전당대회에서 후보로 지명된 브라이언은 은화를 주조하자는 "건실하지 못한 화폐 정책"을 제안함으로써 대중의 인기에 영합하려 들었기 때문에 클리블랜드의 분노를 샀다. 또한 그 전당대회에서 브라이언이 한 '금십자가' 연설*—미국 정치 역사에서 핵심적 연설 중 하나—에는 클리블랜드가 혐오하는 내용이 수두룩했다.

1896년 대선 때 도저히 브라이언에게 표를 던질 수 없었던 클리블랜드는 자기 내각에서 함께 일한 많은 사람들과 탈당하여 '황금당 Gold Party'을 결성했다. (황금당은 클리블랜드가 직접 입후보하기를 원했지만 그는 존 M. 파머John M. Palmer와 사이먼 B. 브루크너Simon B. Bruckner에게 양보했는데, 두 사람은 일반 투표에서 겨우 1퍼센트를 득표하여 완패했다.) 전직 대통령 벤저민 해리슨은 이러한 민주당의 분열을 반기면서 브라이언의 적수인 윌리엄 매킨리 후보를 기꺼이 지지했다. 해리슨은 보호 관세를 목청 높여 옹호하며 매킨리를 위해 인디애나에서만 40회나 연설을 했다. 민주당의 내홍 덕분에 매

---

* 브라이언은 1896년 7월 8일 민주당 전당대회에서 금본위제를 비판하면서 "노동자들의 이마에 가시 면류관을 눌러씌워서는 안 됩니다. 인류를 금십자가에 못 박아서는 안 됩니다"라고 연설했다.

킨리는 1896년 선거에서 낙승했다.

4년이 지난 뒤에 브라이언과 매킨리가 거듭 대결했을 때, 클리블랜드는 "구역질이 나지 않는다면 정말 이상한 일이다"라고 고백하면서 브라이언에 대한 반감을 다시 공표했다. 하지만 그는 민주당이 가을에 조금이라도 승산이 있으려면 브라이언을 지지해야 한다고 생각했다. 특히 매킨리가 동부 기득권층에서 거액의 자금을 거둬들였을 때부터 그런 생각이 강해졌다. 클리블랜드는 당 후보인 브라이언을 공격할지 모른다는 우려 때문에 그해 여름에 뉴욕의 태머니 홀에서 벌어진 7월 4일 연례 집회에서 환영받지 못했다. 민주당 전당대회가 캔자스시티에서 개최되었을 때(이 대회에서 인디펜던스 출신의 16세 소년 해리 트루먼이 사환으로 봉사했다), 클리블랜드는 대회장에 나가지 않고 집에 머물렀다. 하지만 민주당 후보 경선이 끝나갈 무렵, 클리블랜드는 자존심을 억누르며 마지못해 브라이언이 대선에서 승리할 것이라고 말했다. (브라이언은 러닝메이트로서 클리블랜드 2기 정부의 부통령이자 1950년대에 민주당의 조부로 숭앙받은 애들라이 스티븐슨을 선택했는데, 이것이 클리블랜드의 마음을 어느 정도 위로해 주었다.) 전 대통령은 어떤 기자에게 말했다.

"젊은이, 당신은 선거가 끝난 다음날 아침에 브라이언의 압도적 대승을 보게 될 것이오. 나는 그렇게 확신하고 있어요."

하지만 클리블랜드는 브라이언주의가 당의 분열을 재촉할 것이라고 냉소적으로 기대하면서 마음속으로는 다른 생각을 품고 있었다.

"온전한 정신이 정신 이상을 몰아낼 것이고, 민주당의 대다수는 브라이언주의에서 벗어나 진정한 민주당 이념을 되살리자고 큰 소리로 요구할 것이다."

1880년대 초, 뉴욕 주지사를 지낸 그로버 클리블랜드는 당시 떠오르는 개혁파인 뉴욕 주 의원 시어도어 루스벨트와 밀접한 관계를 유지했다. 20년이 지난 뒤, 현역 대통령이 된 루스벨트는 은화 주조를 끈질기게 반대했던 클리블랜드를 큰 소리로 환영했다.

"지금 우리가 확실히 은화 자유주조 운동*을 패배시켰다고 생각합니다. 그러므로 당신은 감사와 축하를 받을 자격이 충분합니다."

아무리 박수갈채를 받았어도 클리블랜드는 루스벨트의 진보주의나 호전적 모험주의와는 공통점이 별로 없었고, 1904년에 이르러서는 루스벨트 정부가 '정리'되는 것을 지지했다. 시어도어 루스벨트를 싫어했던 J. P. 모건J. P. Morgan과 마크 해나Mark Hanna를 비롯하여 몇몇 영향력 있는 공화당원이 그랬던 것처럼, 심지어 어떤 민주당원들은 클리블랜드에게 입후보하도록 거듭 권유했다. 세인트루이스 전당대회가 열리기 전, 민주당 대의원들은 뉴욕 항소법원장이고 지명이 유력한 앨턴 B. 파커Alton B. Parker가 본선에서 루스벨트를 이기지 못할까 봐 우려하기 시작했다. 루스벨트와 확실하게 경쟁할 만한 인물은 직접 투표를 통해 세 차례 전국 선거에서 승리한 적이 있는 그로버 클리블랜드뿐이었다. 대통령에서 물러난 후 여러 해 동안은 인기가 별로 없었지만, 많은 사람들은 이제 클리블랜드를 현명한 인물로 보기 시작했고, 특히 그가 금 문제에 아주 탁월한 식견을 보였다고 생각했다. 클리블랜드는 가을 선거 때 뉴욕과 뉴저지의 자택

---

* 화폐량을 늘리기 위해 금본위제를 벗어나 공급이 많은 은도 화폐로 인정하자는 움직임.

부근에서 연설을 하고 쟁점에 대한 일련의 기고문을 대중 잡지에 실으면서 자신이 할 수 있는 일을 했다. 하지만 그는 전국 정치에서 이미 물러난 몸이었다. 공직을 떠난 지 이미 7년이나 된 터라 헛된 야망을 뒤쫓거나 최후의 명예를 갈망하지도 않았다. 1904년의 대선은 루스벨트의 선거였고, 루스벨트는 파커에게 낙승을 거두었다.

동지에서 적으로: 시어도어 루스벨트와 태프트

클리블랜드가 세상을 떠난 1908년, 테디 루스벨트가 그해의 선거를 지휘하여 윌리엄 하워드 태프트를 자신의 후계자로 세우는 과정을 살아서 목격한 전직 대통령은 아무도 없었다. 태프트는 1912년에 이르러 후원자였던 루스벨트가 먼저 자신을 적대시하고 이어 자신에 맞서 입후보하여 미국의 정치 역사에서 가장 엄청난 대통령 선거를 촉발하리라고는 상상조차 하지 못했다. (루스벨트는 공화당원들에게서 충분한 지지를 얻지 못한 데 실망한 나머지 공화당에서 분리된 정파인 진보당을 창당하고 공화당의 태프트, 민주당의 우드로 윌슨과 맞서 제3당 후보로 나섰다.) 결국 윌슨이 승리를 거둔 그 치열한 선거를 겪고 나서, 태프트는 1916년 대선에는 아예 입후보하지 않기로 결심했다. 예일 법과대학원장 보직을 편안한 마음으로 수락한 태프트는 1915년 가을에 이미 "정치에서 손을 뗐다"고 발표했다. 하지만 다가오는 선거와 완전히 멀어질 수는 없었다. 사실 저명한 공화당원인 태프트가 앞장서서 옹호하고 싶은 인물이 있었다.

1916년 선거에서 태프트가 보기에 윌슨을 이길 만한 인물은 엘리휴 루트Elihu Root였다. 20세기의 전형적인 '현자'로서 월스트리트와 워싱턴의 권력 가도를 왕복했던 루트는 공화당 상원의원, 전쟁장관, 국무장관을 역임하고 1912년 노벨 평화상을 수상했다. 태프트는 루트를 "살아 있는 가장 위대한 미국인"이라고 칭찬하면서 "알렉산더 해밀턴과 동급의 정치가"라고 치켜세웠다. 두 보수적인 정치가는 1916년 선거의 핵심 문제에 관해 이해가 일치했다. 두 사람은 더 자유주의적인 루이스 브랜다이스Louis Brandeis가 대법관 인준을 받는 데 반대했으며, 그가 대법관으로는 "적절하지 않은 인물"이라고 주장하는 진정서에 서명까지 했다. 그리고 두 사람은 예산과 사법 절차에 대대적인 개혁이 필요하다고 생각했다. 태프트의 루트 지지는 이해할 만한 일이었다. 루트는 태프트의 정치적 특성인 보수적인 공화당 이념을 대표했고, 더욱 중요한 것은 두 사람이 변덕스러운 루스벨트와 사이가 나빴다는 것이다. 하지만 아무리 태프트의 후원을 받았어도 루트는 승률이 낮은 후보였으며―많은 사람들은 그가 지명되면 공화당에 다시 분열을 초래할 것이라고 생각했다―전당대회의 첫 투표에서 형편없는 성적을 기록했다. 태프트 자신은 시카고 전당대회에 불참하면서 대신 뉴저지 하이스타운의 페디 연구소를 방문하여 별 내용도 없는 창립 연설을 했다.

　　루스벨트의 진보당이 이렇다 할 세력 발판을 확보하지 못하자(진보당 출신의 상원의원은 없었고 새로 구성된 하원에만 17명이 진출했다), 시어도어 루스벨트는 1916년 선거에 다시 입후보하라는 진보당의 제안을 거절했고, 그 대신 대법원 판사 찰스 에번스 휴스

Charles Evans Hughes를 공화당의 후보로 지명하는 데 힘을 보탰다(루스벨트는 휴스를 별로 좋아하지 않았기 때문에 그것도 그리 쉬운 일은 아니었다). 건강 악화도 다시 출마하지 않겠다는 결심에 영향을 주었다. 1913년과 1914년 사이에 브라질 모험을 다녀온 그는 가볍게 발을 절었고 과체중이었으며 시력이 좋지 않았다. 루트는 더 이상 당선 가능한 후보가 아니었기 때문에, 민주당의 윌슨을 물리치려는 열의가 마침내 두 전직 대통령의 날선 반목을 끝낼 수 있을지 여부가 관건이었다. 루스벨트는 태프트의 대통령 재임 시절부터 그를 가차 없이 공격했고, 두 사람은 1912년 선거가 끝난 뒤에 1915년 4월에 있었던 한 예일 대학교 교수의 장례식에서 딱 한 번 만나 의례적인 인사말을 주고받았을 뿐이었다. (태프트는 당시 이렇게 말했다. "좀 서먹서먹했지만 그래도 괜찮았습니다.") 그랬던 두 사람이 과연 1916년 대선에서 휴스를 위해 함께 유세에 나설 것인가?

6월 전당대회가 끝난 뒤, 루스벨트와 함께 같은 연단에서 휴스 찬조 연설을 해야 한다면 어떻게 할 것인가 하는 질문을 받고, 태프트는 이렇게 대답했다.

"별문제 없을 것입니다……. 나는 개인적인 감정에 휘둘릴 정도로 소인은 아닙니다."

태프트는 충성스럽게 백의종군하여 "휴스 씨가 당선되도록 내가 가진 모든 힘"을 기울이겠다고 약속했다. 태프트와 루스벨트의 합동 연설 약속은 여름까지 내내 지켜졌다. 초가을이 되자, 루스벨트는 그런 야단법석이 피곤해졌다. 미시건의 배틀 크리크에 잠시 머물렀을 때 루스벨트는 자신, 태프트, 휴스의 얼굴이 함께 들어간 단추(배지)가 제작 중이라는 데 불만을 토했다. 자신과 태프트가 함께 참석하기로 되어 있는, 다가오는 유니온 리그 클럽의 연회를 언급하며 루스벨트는 분명하게 말했다.

"나는 먼저 태프트 씨에게 손을 내밀지 않을 것입니다……. 나와 태프트 씨를 만나게 해서 화해시키려는 이 모든 시도는 잘못된 것입니다."

루트가 행사를 주관했던 10월 연회에서, 온갖 풍상을 다 겪은 두 전직 대통령은 서로 악수하고 "안녕하십니까?"라는 한 마디 인사를 주고받았다. 태프트는 그때 상황을 이렇게 요약했다.

"우리는 잘 모르는 사람들끼리 악수하듯이 서로 악수를 나누었습니다."

휴스는 1916년 대선에서 근소한 표 차이로 월슨에게 패배했다. 일반 통념은 휴스가 루스벨트의 1912년 러닝메이트였던 캘리포니아 진보당 주지사 하이럼 존슨Hiram Johnson을 홀대했기 때문에 낙선했다는 것이다. (소문에 따르면 어느 날, 두 사람이 캘리포니아 롱비치의 거리를 지나가다가 우연히 서로 마주쳤는데 휴스는 무심결에 존슨에게 인사를 하지 않았고, 존슨은 그것을 모욕으로 받아들였다.) 당시의 관측통은 이러한 결례가 휴스에게 캘리포니아의 13표를 날아가게 했고, 만약 그 표를 얻었더라면 당선되었을지도 모른다고 했다. 설사 하이럼 존슨의 지지가 없었더라도, 루스벨트와 태프트가 한 팀을 이루어 휴스를 열렬히 밀어주었더라면 그 치열한 선거의 승기는 휴스 쪽으로 기울었으리라.

루스벨트가 세상을 떠난 1919년, 태프트는 유일하게 살아 있는 전직 대통령으로서 1920년 대선을 지켜보았다. 이 선거는 그에게 특히 의미가 깊었다. 선거의 승자는 그가 오랫동안 품었던 야망—대법원장으로 지명되는 것—을 실현시켜 줄 열쇠를 쥐고 있었기 때문이다. 태프트는 연방대법원장직에 대한 욕심을 숨기지 않았으며, 대법원에 들어가고 싶은 욕구가 대통령이 되고 싶은 마음보다 늘 더 강했다고 말했다. 태프트가 하딩을 위해 적극적으로 유세한 것이 이런 욕심에서 나온 것인지는 알 수 없지만, 그의 선거운동은 효과를 발휘했다. 하딩이 미국의 29대 대통령으로 선출된 지 몇 달 만에 대법원장 에드워드 더글러스 화이트Edward Douglas White가 세상을 떠나자, 하딩은 곧 태프트를 그 자리에 지명했다. 태프트의 꿈은 마침내 이루어졌다.

조용한 훈수: 윌슨과 쿨리지

1919년 뇌졸중으로 타격을 입고 쇠약해진 우드로 윌슨은 백악관을 나온 이후에는 유세에서 중요한 역할을 아예 맡지 못했다. 1922년 의회 선거에 그가 내놓은 몇 가지 논평은 주로 악담이었다. 매사추세츠의 민주당 상원의원 후보 셔먼 휘플Sherman Whipple을 가리켜 "우리 수준의 지식인이 되지 못하고," "돼지가 오페라에 관심이 없듯이 인류의 발전에 전혀 관심이 없는 사람"이라고 헐뜯었다. 그리하여 휘플은 낙선했다. 하지만 1924년 2월 윌슨이 사망한 뒤에도 그의 영향력은 줄어들지 않았다. 오히려 그의 선거 '참여'는 정치적 사상이라는 형태로 승화되었다. 1924년과 1928년에 민주당은 윌슨이 줄기차게 주장해 온 국제연맹이라는 국제적 꿈과 '신자유New Freedom'라는 국내적 정책, 두 가지 선거용 프로젝트를 강령에 포함시켰다.

윌슨과 마찬가지로 캘빈 쿨리지는 은퇴한 뒤에 주로 말없이 지내면서 '조용한 캘'이라는 별명을 얻었다. "워싱턴에서 보낸 10년은 다른 어떤 사람의 10년보다 더 길었다. 아니, 너무 길었다!"라고 말하면서, 쿨리지는 1928년의 재지명을 받아들이지 않기로 결심했다. 적극적인 유세를 삼가긴 했지만, 쿨리지는 1932년 재선에 나선 후버를 조용히 지원했고, 대선 중에 지지 글을 세 건 썼다. 가장 중요한 것은 《새터데이 이브닝 포스트》에 기고한 후버 옹호문이었는데, 그는 대공황을 후버가 통제할 수 없는 세계적인 재난이라고 지적하면서 이렇게 말했다.

"공직자가 자신이 만들어 내지 않은 위기와 직면하는 처지가 되었을 때, 그 위기의 강도나 그 위기에서 비롯된 위험이나 손해를 가지고 그의 공과를 판단해서는 안 된다. 오히려 그 공직자가 위기에 대응하는 자세와 그에 적용하는 처방을 가지고 공과를 판단해야 한다."

후버는 유일하게 살아 있는 전직 대통령이 자신을 지지한다는 데 크게 고무되었다.

그해 6월의 시카고 전당대회에서 쿨리지는 모습을 보이지 않았다. 후버의 부통령 후보로 발탁되었다는 소문이 나돌기도 했지만, 쿨리지는 전당대회가 열리기 직전에 대선에 뛰어들지 않기로 결심했고, 별 힘이 없었던 '쿨리지 대통령 만들기' 운동도 이내 잦아들었다. 가을 유세 중에, 쿨리지는 매디슨 스퀘어 가든에서 중요한 연설을 했다. 그는 프랭클린 루스벨트를 심하게 비난하면서 남다른 낙관적 관측 속에서 "경제 회복이 곧 시작될 것"이라고 했다. 이런 예측은 쿨리지가 당시의 현실에 얼마나 무지한지를 보여주는 것이었다. 미국은 엄청난 변화를 겪고 있었는데 캘빈 쿨리지는 그 변화에 동참할 수 없었다. 후버가 패배한 지 두 달 뒤에 쿨리지는 세상을 떠났다.

허버트 후버의 이념 투쟁

1953년 3월에 해리 트루먼이 전직 대통령 그룹에 동참하기 전까지는 허버트 후버가 유일하게 살아 있는 전직 대통령이었다. 후버는 1930년대와 1940년대 내내 당의 강령을 알리면서 이념적 확실성을 추구하느라 열정적인 세월을 보냈다. "두 세대 만에 벌어진 가장 큰 전쟁"을 직면한 상황에서, 후버는 루스벨트의 뉴딜 정책이 국민에게 "두려움의 원천"이 되었다고 생각했다. 전직 대통령으로서 또 시민의 한 명으로서 후버는 그 정책을 좌절시키기 위해 개인적 모색을 시작했다.

공화당이 1934년의 중간선거에서 패배한 뒤, 후버는 상처 입은 공화당이 권력을 되찾아 오기 위해 핵심적인 원칙을 저버릴까 봐 우려했다. 후버는 당을 재건하는 동시에 혐오스러운 뉴딜 정책 입안자들에 대해 차별화를 강조하는 십자군 운동을 시작했다. 이념이 흔들리는 시대에 애써 당의 고삐를 조였던 클리블랜드나 태프트와 마찬가지로, 후버는 공화당을 우익으로 되돌리고 싶어했다. 후버는 루스 벨트의 계획이 나라를 "파시스트 나치 국가"로 바꾸려는 음모라 여기고 뉴딜 정책의 "다섯 기사들"을 거꾸러뜨리겠다고 맹세했다. "방탕profligacy, 선전propaganda, 보호patronage, 정치politics, 권력power"이 소위 다섯 기사인데, 두운이 좀더 신랄했으면 하는 사람들을 위해, 후버는 P자로 시작하는 이 단어들을 이렇게 바꾸어 놓았다. "선심공세pork-barrel, 헛소리poppy-cock, 특권privileges, 만병통치약panaceas, 가난poverty."

1936년, 진정으로 루스벨트를 낙선시키고 싶었던 후버는 누가 되었든 상관없이 공화당 후보에게 기꺼이 자신의 지혜를 빌려 주려 했다(들끓는 여론의 지지가 자신에게 지명을 안겨 주기를 내심 기대하면서). 하지만 당의 후보로 캔자스 출신의 앨프 랜던Alf Landon이 지명되자 후버는 번민했다. 후버가 볼 때, 랜던은 여러 중요한 면에서 자질이 부족했다. 랜던 후보는 여러 번이나 (이단 중의 이단인) 뉴딜 정책에 대해 우호적으로 발언했고, 후버가 싫어하는 자유연맹의 후원을 받았다. 게다가 후버의 강적 윌리엄 랜돌프 허스트도 랜던을 지지했다. 허스트는 일찍이 전직 대통령을 "이기적이고 어리석은" 사람이라고 불렀으며, 그 때문에 후버가 재임하던 당시 백악관 출입을 금지당한 적이 있었다. 일반적으로 자신의 당내 입지에 대해서 무지했던 후버는 당이 자신이 해주는 일에 대해서 별로 관심이 없다는 사실을 잘 알지 못했다. 이런 위상 때문에 클리블랜드 전당대회에서는 격려 연설을 한 차례 하는 것에 그쳤다. 이 연설에서 후버는 "뉴딜 정책은 미국의 체제를 독재로 바꾸려는 쿠데타 계획"이라고 경고했다. 그는 이런 화려한 미사여구도 덧붙였다.

"그것은 잘못된 자유주의의 부질없는 꿈일지도 모릅니다. 당황한 나머지 솟구치는 용기일지도 모릅니다. 하지만 이런 것들은 맥베스에게 엄청난 고통을 안겨 준 마법의 냄비를 끓인 세 마녀나 다름없습니다. 그것들의 결과물은 미국의 정신을 오염시킬 것입니다."

후버는 뉴딜 정책을 유럽에 등장하던 독재 정부와 노골적으로 비교하고서 30분 동안 열렬한 기립 박수를 받았다.

질풍노도 같은 후버의 유창한 연설에는 숨겨진 뜻이 있었다. 그는 당시의 뉴딜 정책이라는 인민전선 양식을 열심히 쳐부수고 있었지만, 국민들 사이에서는 인기가 없었다. 그는 국가의 재난에 대해서 모든 책임을 뒤집어쓴 동네북 신세였고 또 대공황 때 고통 받은 수백만 국민에게는 '인민의 적'이 되어 있었다. 헤아릴 수 없이 많은 미국인들에게, 후버는 고통을 안겨 준 대통령이었다. 봉급 외에 정당한 보너스를 얻으려던 참전 군인들을 쓰러뜨렸고, 미국 노동자들로 하여금 '후버빌'에 들어가도록 강요했고, 미국 경제가 전체적으로 붕괴할 위험에 빠진 상태에서 더 높은 관세를 매긴 인물이었다. 《뉴욕 선New York Sun》의 편집장은 일찍이 이렇게 말했다.

"좋은 이야깃거리는 잊을 만하면 한 번씩 실어 줘야 하는 법이다."

가장 참혹한 대공황 때, '미국을 망친 후버'는 잊을 만하면 한 번씩 실어 줄 필요가 있는 좋은 이야깃거리였다. 하지만 전직 대통령은 신문의 헤드라인을 바꾸어 놓아야겠다고 적극적으로 결심했다.

그러나 랜던은 후버를 경원시했고, 그의 선거 본부는 후버를 1936년 대선에서 긍정적인 가치를 별로 제공하지 못하는 성가신 존재로 보았다. 당은 더욱더 실용적인 정치로 다가가고 있었고, 랜던은 물론이고 나중에 윌키, 듀이, 아이젠하워 같은 공화당 후보들도 차츰 후버의 이념적 틀을 저버렸다. 대선이 끝날 무렵 후버는 한 가지 위안을 얻을 수 있었다. 프랭클린 루스벨트가 후버를 물리친 4년 전보다 훨씬 더 많은 표 차이로 랜던을 물리친 것이었다.

조지 워싱턴이 연임한 뒤에 자발적으로 은퇴하면서 시작했던 연임 후 은퇴의 엄숙한 전통을 깨뜨리고 1940년에 다시 입후보하려는 루스벨트의 야심 때문에 후버는 더욱더 소리 높여 뉴딜 정책을 비난했다. 당시 어떤 사람들은 3선에 나선 루스벨트를 오만하다고 보았으나, 그런 관점은 대개가 시간이 경과하면서 사라졌다. 유럽에서 전쟁이 맹위를 떨쳐도, 공화당 우세 지역은 미국의 전쟁 불참을 주장하는 고립주의자가 득세했다. 오하이오 상원의원 로버트 태프트, 미시건 상원의원 아서 반덴버그Arthur Vandenburg, 뉴욕 검사장 토머스 E. 듀이Thomas E. Dewey를 비롯한 사람들은 해외 전쟁에 연루되기를 몹시 꺼렸다. (후버가 찰스 린드버그Charles Lindbergh*를 부통령 후보로 삼아 고립주의자 공천으로 대선에 나설 것이라는 유언비어가 잠시나마 나돌기도 했다.)

후버는 필라델피아 오디토리움의 관람석에서 전당대회를 지켜보며, 대의원들이 후반 투표 과정에서 자기에게 도움을 청하기를 내심 기대했다. 지명 대회가 개최되었을 때, 가까운 동맹인 로버트 태프트는 전 대통령에게 대의원 표를 자신에게 몰아 달라고 부탁했다. 후버

---

* 1902~1974년. 미국의 비행기 조종사로, 1927년 뉴욕에서 파리까지 세계 최초로 대서양 단독비행에 성공해 미국의 국민적 영웅이 되었다.

는 제공할 수 있는 표가 별로 많지 않았지만—3차 투표에서 기껏해야 32표를 동원했다—전당대회가 교착되면 승산 없는 후보도 다크호스로 등장할 수 있다는 허황된 상상을 품고 거절했다. 연설에 나선 후버는 분명히 고립주의적 기조를 유지하면서 이렇게 강조했다.

"3000마일에 이르는 대양은 여전히 우리를 보호할 것이고 …… 지금 중요한 일은 유럽과 아시아의 큰 재난에서 우리를 지켜 줄 대외 정책을 수립하는 것입니다."

언론인 드루 피어슨Drew Pearson은 후버의 입장이 기본적으로 현실에 바탕을 두었다고 해석했다. 그러니까 히틀러가 결국 승리할 것이고 서방은 그와 거래해야 한다는 것이었다. 달리 말해, 전쟁의 북소리를 울리기보다는 다소 우울하더라도 외교 노선을 준비하는 편이 훨씬 더 낫다는 이야기였다.

일제히 고립주의를 외치는 상황에서 단 하나 예외였던 공화당 저명인사는 워싱턴 정가에서 국외자였던 웬델 윌키였다. 전 민주당원(그는 1932년에 프랭클린 루스벨트의 대의원이었다)으로 당시 월스트리트 자본가였던 윌키는 전략적으로 온건한 개입주의 노선을 제창하며 미국이 전쟁 대비 정책을 채택해야 한다고 주장했다. 윌키의 개입주의는 나치가 유럽 수도를 돌아가며 맹렬히 공격하던 시기에 나온 것이었고, 유럽의 상황은 윌키의 입후보를 부추겼다. 후버와 그 밖의 정치가들은 유럽 민주주의 국가들이 스스로 버터 낼 수 있다고 주장했던 반면, 윌키는 폭넓은 시각을 지녔기에 루스벨트의 대항마로서 정식 지명을 얻었다.

후버는 당을 지지하는 데다 루스벨트에게 반감을 느끼고 있었으므로, 윌키를 위해 전국을 돌면서 연설하겠다고 제안했다. 하지만 전 대통령과 윌키의 대외 정책은 상당히 차이가 있었기 때문에 그 제안은 받아들여지지 않았다. 가을 유세가 시작되자 후버는 거듭 자신의 신념을 밝혔다. 미국에 닥칠 "실제적 위험"은 미미한 것이며, "사람들은 우리의 참전을 단호히 그리고 적극적으로 반대할 것이 분명하다." 후버는 결코 윌키를 따뜻하게 대하지 않았고, 상대방도 마찬가지였다. 후버는 퉁명스럽게 말했다.

"그들이 원하는 적절한 일이라면 나는 무엇이든 할 것입니다. 하지만 그런 일은 많지 않으리라고 생각합니다."

윌키 또한 전직 대통령이 거주했던 두 주인 캘리포니아와 뉴욕에서 일부러 후버를 피해 가며 유세를 다녔다.

1944년 즈음, 미국은 제2차 세계대전에 깊이 발을 들였고 허버트 후버는 공화당이 자신을 다크호스 후보로 밀어줄 것이라는 환상을 더 이상 품지 않았다. 하지만 4선을 추구하는 프랭클린 루스벨트를 막겠다는 집념은 버리지 않았다. 그는 심지어 8년 전에 얕보았던 인물인 앨프 랜던과 전략적 우호 관계를 발전시켰다. 후버와 랜던은 한 가지 점에서 일치했다. 1944년에 윌키를 다시 후보로 내세워서는 안 된다는 것이었다. 두 사람에게 다행스럽게도, 윌키는 예비선거에서 신통치 않은 성적을 받고 일찌감치 탈락했다(후버는 빙그레 웃으며 "할리우드식 선동정치에 여론이 등을 돌린 결과입니다"라고 말했다). 랜던은 당시 뉴욕 주지사였던 토머스 듀이를 지지했고, 후버는 매력적인 오하이오 주지사 존 브리커John Bricker(후버가 연설 원고 몇 편을 써 주었다)에게 다소 마음이 기울었지만, 가을이 되자 지명자 듀이를 지지할 준비가 되어 있었다.

1936년의 랜던과 1940년의 윌키와 마찬가지로 듀이는 70세의 전직 대통령과 공식적으로 거리를 두었다. 그는 신중하게 후버의 조언을 구했고 마침내 존 브리커를 제2인자로 내세우는 과정에서 후버의 도움을 얻었다. 하지만 듀이 선거 본부는 이런 후버와의 관계 때문에 노조 지도자들이 듀이 후보를 멀리할까 봐 우려했다. 이에 듀이의 핵심 전략가이고 나중에 아이젠하워 정부의 법무장관이 된 허버트 브라우넬Herbert Brownell을 투입하여 후버를 장외로 따돌렸다. 브라우넬은 심지어 후버에게 전당대회가 끝난 뒤에 듀이와 만났던 사실을 부인하게 할 정도였다. (후버는 탄식했다. "그는 나와 후보의 밀접한 관계가 민주당에게 공격의 빌미가 될지 모른다고 우려합니다.") 어떤 역사가가 기록한 대로, 이런 점에서 후버는 "국가대표 기피 정치인"이었다. 브라우넬은 후버와 듀이의 협력 관계를 잘 은폐했지만 결국은 그게 그리 중요한 문제는 아니었다. 11월, 프랭클린 루스벨트는 4선이라는 대기록을 세우며 다시 승리했다.

전후의 첫 선거 때, 후버는 정치적 기피 인물이라는 오명을 벗기 시작했다. 프랭클린 루스벨트의 백악관으로부터 기피 인물로 찍혔던 후버는 그 후 해리 트루먼과 우호적 관계를 맺음으로써 많은 사람들을 놀라게 했다. 트루먼은 전 대통령에게 유럽과 아시아에 대한 이른바 국제적 구호 노력을 전처럼 계속하도록 부탁했다. 1년이 지난 뒤, 트루먼은 후버에게 집행부의 개혁을 권고하는 후버 위원회의 책임을 맡겼다. 낡은 정치 질서는 바뀌고 있었다. 뉴딜 정책은 수명을 다했고, 전쟁 시기는 끝났으며, 공화당은 의회를 쥐고 흔들었고,

루스벨트는 세상을 떠났다. 해리 트루먼이 다음 대선에서 승리할 수 있다고 보는 사람은 현실적으로 거의 없었다.

1948년 당시, 공화당원들은 허버트 후버의 존재가 별로 부담스럽지 않았다. 무적이나 다름없던 4선의 민주당 집권을 견딘 뒤, 고독한 전 대통령은 마침내 공화당의 승리를 목격할 수 있다는 진정한 기대를 품었다. 후버는 듀이가 후보로 지명될 것이라는 전망을 듣고도 자신이 좋아하는 보수적인 로버트 태프트를 지명자로 삼으라고 당에게 권했으나 결국 듀이가 지명되었다. 필라델피아 전당대회에서 후버는 소련에 대해 "유럽의 대초원 지대에서 몰려와 서구 문명을 황폐화시키는" 실제적 위협이라고 비난하며 떠들썩하게 연설을 했다. 소련의 위협과 한 쌍을 이루는 국내 집단주의의 위험에 대해서는 이렇게 말했다.

"문제는 우리 가운데 있는 역겨운 공산주의자들이 아니라, 관료의 손에 넘겨진 전체주의적 경제도 괜찮다고 생각하는 멍청한 사람들입니다."

선거일이 다가오자 해리 트루먼은 후버와의 직업상 협력 관계는 잠시 접어 두고서 후버의 망령을 되살려 보여 줄 수밖에 없었고, 한 연설에서 후버의 이름을 16번 이상이나 여봐란 듯이 들먹였다. 언제나 실용주의자인 듀이는 후버를 옹호할 엄두를 내지 못했다. (후버는 투덜거렸다. "주지사는 내가 여전히 정치적 해악이라는 생각을 품고 있었습니다.") 트루먼이 뜻밖에도 1948년의 대선에서 승리하여 세계를 놀라게 했을 때, 전 대통령은 옆에서 지켜보면서 후버 위원회의 업무에 열중했다.

언론은 후버의 건강 상태를 풍자했고, 어떤 잡지는 이런 농담을 던졌다.

"한때 불테리어처럼 포동포동했던 뺨이 지금은 마스티프처럼 축 늘어져 있다."(불테리어와 마스티프는 둘 다 개의 종류 _ 옮긴이)

후버는 10여 년 동안 정치적으로 재야에 묻혀 있어도 주눅 들지 않았고 "그들은 내 목소리를 억누르지 못할 것"이라고 주장했다. 1952년, 후버는 지명되기 전에는 당의 잠재적 후보를 지지하지 않는다는 전통을 깨뜨리고 태프트를 지지하겠다고 약속했다. 후버에 따르면, 오하이오의 보수적 인사(태프트)는 "우리 나라의 집단주의 사조와 싸울 수 있는 반대 세력을 우리 당에 제공했고," 공화당을 20년이나 옭아매고 있던 연패의 사슬을 끊을 수 있는 인물이었다. 하지만 사태는 그렇게 돌아가지 않았다. 그해는 드와이트 아이젠하워의 해였다. 아이크를 그리 옹호하지 않았지만 후버는 선거를 치르기 몇 주 전에 장황한 텔레비전 연설에서 은근슬쩍 그를 지지하는 발언을 했다.

"완전히 은퇴를 해서 다시는 정치활동에 나설 일이 없기를 바랐지만, 오늘 저녁만은 잠시 외도를 했습니다. 아이젠하워 장군의 요청을 받았기 때문입니다."

후버는 그의 정부가 워싱턴에서 물러난 지 20년이 지났으나 여전히 자신의 정책을 변호하면서 자부심 가득한 결론을 맺었다.

트루먼이 기억에 남는 방법

아이크가 승리한 뒤, 후버는 처음으로 반대당 출신의 전직 대통령, 해리 트루먼을 맞게 되었다. 1952년의 두 번째 대선에서는 입후보하기를 거절했지만, 전투적인 민주당원인 트루먼은 공직을 떠난 뒤에도 잊힌 존재로 밀려나고 싶지 않았다. 미주리의 인디펜던스로 돌아와 대통령 기념 도서관 건립에 열중하면서, 해리 트루먼은 정계의 거물로 남기 위해 향후 선거운동에 개입해야겠다고 생각했다. 인기 높은 아이젠하워가 1956년 재선을 노리자, 해리 트루먼은 싸움을 걸 준비를 갖추었다. 아이젠하워의 백악관에서 문전박대를 당한 트루먼은 개인적으로 아이젠하워와 냉전을 벌였고, 정적을 빨갱이라고 괴롭히던 부통령 리처드 닉슨에게도 서슴지 않고 독설을 퍼부었다. 트루먼은 1956년 대선에서 뜨거운 맛을 한번 보여 줄 생각이었다. 그는 경고했다.

"이것을 기억하십시오. 꼭 기억하셔야 합니다. 여러분이 아이크를 뽑으면 교활한 디키*를 뽑는 것입니다."

트루먼은 공화당 통치에 대한 반감보다 민주당 후보에 대한 열정이 더 강했다. 1952년, 트루먼은 민주당 후보이고 일리노이 주지사인 애들라이 스티븐슨을 확고하게 지지했고, 그가 자신의 정책을 이어 갈 것이라고 확신했다. 하지만 스티븐슨은 그해에 무기력함을 보여 트루먼을 낙담시켰고, 그리하여 1956년에 이르자 트루먼은 아이

---

*   Tricky Dicky: 디키는 리처드의 별칭으로 닉슨을 가리킨다.

젠하워를 낙마시킬 또 다른 인물이 필요하다고 확신하게 되었다. 이렇게 된 데에는 스티븐슨의 성격 문제도 있었다. 재치와 세련됨을 자신의 본질로 자부했던 도회 귀족 스티븐슨은 세련된 사교계 명사들을 후원 집단으로 두었는데, 트루먼은 그런 사람들을 불신했다. 사실, 어떤 사람들에게 스티븐슨은 반트루먼 인사처럼 보였으리라.

1956년 봄, 트루먼은 상무장관과 러시아 대사를 지낸 뉴욕 주지사 에버렐 해리먼과 가까운 사이가 되어 조언자 역할을 했다. 트루먼은 스티븐슨을 공격하면서 해리먼에게 칭찬을 쏟아부었다. 민주당에 '절제의 시간'을 가져야 한다고 제안한 스티븐슨을 혹평하면서 트루먼은 이런 반박 논리를 폈다.

"술 마시는 일에 대해 말하자면, 절제는 좋은 것입니다. 하지만 정치적 선거운동에서는 이야기가 다릅니다. 나는 늘 최선을 다해 반대당과 격렬히 싸워야 한다는 이론을 신봉했고 그에 따라 행동했습니다."

이전투구식 정치를 경멸하던 스티븐슨은 더욱더 트루먼과 갈등을 일으켰다.

트루먼은 공식적인 지지 성명을 발표하지 않았다. 그는 말했다.

"나는 전당대회가 끝나기 전에는 어떤 후보든 지지하지 않겠다고 약속했습니다. 민주당에 이런저런 이야기를 하는 것은 내가 할 일도 아니고 내 입장에 맞지도 않습니다."

트루먼은 별로 어색해하지도 않으면서, "나는 그 두 사람을 좋아합니다"라는 말을 공공연하게 입에 달고 다녔다. 트루먼은 내내 해리먼을 칭찬하면서 자기가 "그보다 더 높이" 평가하는 사람은 없다고 말했다. 시카고 전당대회가 열릴 무렵, 당에는 트루먼이 스티븐슨을 탈락시키기 위해 공식적으로 해리먼과 손잡으리라는 소문이 무성했다. 전당대회가 열리기 전날, 트루먼은 자기가 지명자로 선택한 사람이 해리먼이라고 말함으로써, 《트리뷴》 월터 트로핸Walter Trohan의 거친 어휘를 빌리면, "수소폭탄을 터뜨렸다." 트루먼은 막후 실력자의 분위기를 풍기며, 준비된 연설의 마지막까지 해리먼의 이름을 감추었다가 끝날 무렵에야 그 이름을 거명하면서, 기자들을 위해 그 부분을 천천히 두 번 읽어 주었다. 이때는 트루먼 대통령의 은퇴 생활 중 가장 눈부신 순간이었고, 그는 그 영광을 마음껏 누렸다.

해리먼을 지지함으로써 트루먼은 1차 투표 지명이라는 손쉬운 수순에 제동을 걸면서 민주당 경선이 스티븐슨 대 해리먼의 쌍방향으로 이어지기를 기대했다. 하지만 당의 여러 실력자들은 그의 튀는 행동이 당내에 불화를 일으킨다고 생각하여 짜증을 냈다. 스티븐슨을 확고하게 지지하던 엘리너 루스벨트는 트루먼의 장난에 기분이 언짢았으나 남편의 후계자였던 점을 감안하여 공식적으로 그런 반감을 표명하지는 않았다. 그리고 트루먼을 개인적으로 만난 자리에서 두 사람이 이미 72세이고, 권력을 젊은 세대에게 넘길 때가 왔다고 지적했다. 트루먼이 아무리 요란스럽게 지지했어도 해리먼은 후보 그룹에서 1위로 나서지 못했다. 해리먼 지지자들이 주장한 대로 대의원을 300명 이상 그러모았지만 그래도 역부족이었다. 트루먼은 해리먼에게 표를 몰아주려고 최후까지 안간힘을 쓰면서 스티븐슨을 "지나친 패배주의자"라고 공격했고, "자신이 1952년에 그러모았던 주보다 더 많이" 모을 수 없다고 단언하여 민주당의 실패를 예언했다.

해리먼의 지명 가능성이 사라지자 트루먼은 몹시 날뛰기 시작했다. 전 대통령은 스티븐슨이 "반동적 보수주의자들"과 연계되어 있다고 공격했다(그것은 조 매카시 풍의 뒤집어씌우기로, 트루먼은 그런 사람들이 구체적으로 누구인지 명확히 밝히지 못했다). 마침내 마음이 흔들리는 순간이 오자, 트루먼은 승산이 없던 해리먼을 완강하게 지지한 행동에 대하여 은밀한 배경 설명을 내놓았다.

"자유주의적인 민주당원이 뉴딜 정책과 페어딜Fair Deal 정책*을 구식이라고 포기하도록 권유하는 것을 보고 충격을 받았기 때문이었다."

또한 트루먼은 자신이 소중하게 여긴 공공 정책이 한물간 것을 공공연히 슬퍼했다. 트루먼은 시대의 변화를 읽지 못했고 그리하여 앞으로 달려 나가는 시간의 희생자가 되었다.

워싱턴 기자들 중에서 최고참인 아서 크록Arthur Krock은 대통령 11명을 취재하고 나서 트루먼이 "자신의 커다란 영향력을 전당대회에서 건설적으로 행사하겠다고 결심했고, 사리사욕을 추구하지 않았음"을 확신했다. 하지만 사람들은 그와 반대로 생각했다. 트루먼의 자멸적인 행동은 최종 후보의 선정을 둘러싸고 당을 분열시킬 위험이 있다고 보았다. 인기를 곧 권력이라고 혼동한 트루먼은 킹메이커가 되려 했지만 자만 때문에 실패했다. 언론인 제임스 레스턴 James Reston은 사태를 잘 표현했다.

---

* 뉴딜 정책을 대부분 계승한 사회복지정책이었으나, 한국전쟁 발발이 야기한 사회·정치적 분위기 변화로 폐기되었다.

"다윗을 죽이기로 마음먹은 골리앗인 해리 트루먼은 정작 자기 자신만 때려눕히고 말았다."

반면에 공화당의 허버트 후버는 유세 기간에 트루먼보다 덜 화려한 역할을 수행했지만, 당시 82세의 이 노정객은 공화당 전당대회에서 연설하는 전통을 이어 갔다. 후버의 연설과 가을 방송 출연은 정규적인 행사였고, 자기가 좋아하던 많은 주제를 제대로 인식시킬 기회였다. 이를테면 남의 권리를 침해하는 정부의 악영향, 공산주의의 해악("인간 노예제도"), 군비 증강, 최대 고용(케인스 경제학은 아직 한물가지 않았다) 등을 공격했다. 아이크의 선거 유세단은 표를 모아야 하는 필라델피아에 대통령 대신 가 달라고 후버에게 요청했다. 이처럼 자신을 불러 주는 것이 기껍긴 했지만 후버는 공화당의 진로가 불안했다. 그가 생각하기에, 아이젠하워 참모진은 자유주의적이고 온건한 공화당원들을 끌어들이는 데 지나치게 혈안이 되어 있었다. 게다가 공화당의 보수 기반을 완전히 확보했다고 자만하고 있었는데 그건 전적으로 잘못된 판단이었다. 후버는 공화당이 1954년 의회 선거에서 패배한 것은 전형적인 중간선거 패배나 일시적인 퇴보라기보다는, "공화당 급진주의는 아무런 결과를 내놓지 못한다"라는 인식 탓이라고 진단하면서, 거듭하여 우익 노선을 고수해야 한다고 주장했다. 현재의 상태라면 공화당은 "필수 불가결한 당으로서 살아남는 유일한 방법은 보수뿐임을 이해하지" 못하는 당이라는 것이, 후버의 설명이었다.

1960년: 전직 대통령들의 독설

1960년 선거 때, 어떤 사람들은 공화당이 새로운 기수이자 부통령인 리처드 닉슨의 지도 아래 우익으로 돌아설 것이라고 생각했다. 닉슨은 오래전부터 후버의 옹호를 받아 왔으면서도 가을 유세 기간 내내 전 대통령을 냉대했다. 후버는 그런 문전박대에 대해 기자들에게 불평했다.

"여러분은 내가 어떤 기분일 것 같습니까? 나는 가장 먼저 그에게 의회에 진출하라고 설득했던 사람들 중의 하나입니다."

후버는 마지막 전당대회에 참석하면서 "선하신 하느님의 기적이 내게 찾아오지 않는다면 이번이 마지막 참석입니다"라고 시카고에 모인 대의원들에게 말했다. 후버는 미국 사회에 정신적 부활 운동이 일어나야 한다고 주장했다. 미국인은 "무서울 정도로 윤리가 쇠퇴했고," 국가는 "미국의 영혼을 깊이 간직한" 세력을 불러 모아야 갖가지 악과 제대로 싸울 수 있다는 것이었다.

민주당 쪽에서는 트루먼이 1956년 대선에서 위신이 추락하여 어느 정도 정당성을 잃어버리고도 당을 분열시킬 위험을 무릅쓰고 또다시 대선 과정에 개입했다. 1960년 민주당 후보 지명전은 다시 트루먼에게 무분별한 정치적 언동을 선보일 기회를 주었다. 존 F. 케네디의 열렬한 이상주의를 못마땅하게 생각한 트루먼은 또 다시 자신의 각본에서 멀리 벗어난 이 후보에게 도전했다. 하지만 이번에는 전당대회가 열리기를 기다리지 않고, 아예 봄부터 자기 마음에 드는 후보를 선정했다. 그가 택한 인물은 트루먼 정부에서 공군장관을 지냈고 그의 휘하에서 7번이나 연속하여 정부 보직을 받았던 상원의원 스튜어트 사이밍턴Stuart Symington이었다.

그해 여름, 트루먼은 부아가 치밀었다. 케네디를 후보로 지명하는 것이 부당하게도 너무 일찍 결정되었다고 여긴 그는 대의원직에서 사임했고 그해의 로스앤젤레스 전당대회를 거부했다. 1956년처럼 트루먼의 어조는 싸움을 거는 투였다. 텔레비전 카메라가 돌아가던 어느 순간, 그는 신랄한 질문을 케네디에게 던졌다.

"상원의원, 당신은 국가를 위해 상당한 준비를 했거나 국가가 당신을 맞이할 준비를 했다고 확신합니까?"

하지만 트루먼이 1956년에 후보로 밀었던 에버렐 해리먼이 곧 케네디를 옹호하면서 그의 "균형 감각과 성숙한 자세"를 칭찬하여 트루먼을 당황하게 만들었다.

트루먼은 케네디도 별로 좋아하지 않았지만, 정말로 싫어했던 인물은 케네디의 부친이었다. 그는 케네디의 종교(가톨릭)에는 관심이 없되, 그 부친만큼은 혐오한다는 사실을 명확하게 밝혔다. 그리고 그것을 아주 멋지게 표현했다.

"내가 걱정하는 것은 교황pope이 아니라 아빠pop입니다."

전당대회에서 사이밍턴은 타협 후보로 나서서 케네디를 기피하는 대의원들의 마음을 사로잡아 협공 작전을 쓰려 했다. 하지만 그는 승산이 별로 없었고, 케네디는 손쉽게 승리를 거두었다. 트루먼의 측근이고 사이밍턴의 수석 조언자였던 클라크 클리퍼드Clark Clifford가 케네디와 트루먼의 관계 개선을 위해 만남을 주선한 덕분에, 대선에서 유세할 무렵에는 두 사람의 악감정도 잊었다.

그해 가을, 건강 상태가 아주 좋았던 트루먼은 케네디-존슨 후보를 위해 전국을 돌면서 그답게 신랄한 구호를 외쳤다. (그는 청중에게 말했다. "만약 닉슨에게 투표를 한다면 여러분은 지옥으로 떨어질 겁니다. 만약 그가 어떤 정치적 진실을 이야기한다면 그건 우연일 뿐입니다.") 트루먼은 쿠바에 새로 집권한 피델 카스트로를 집중 공격했으며, 아이크가 부적절하게 먼로주의를 강행했다고 비난했다. 트루먼의 말썽 많은 연설에 싫증난 《워싱턴 포스트》는 전 대통령을 질책했다.

"사실 트루먼 씨가 국가와 관련된 정치적 견해를 밝힐 때면 사람들은 더 이상 그를 진지하게 대하지 않고," "어떤 사람들은 선거 기간 중에 전 대통령의 입을 막거나 정계로부터 추방할 수 있는가 하는 이야기를 한다."

1956년과 마찬가지로, 제임스 레스턴은 설득력 있게 상황을 요약했다.

"개인과 역사의 관점에서 보면, 이것은 비극적인 이야기다."

전직 대통령의 위신을 다소간 되살리는 임무는, 역설적이게도 허버트 후버에게 떨어졌다. 기묘한 우연의 일치로, 선거가 끝난 뒤 케네디와 닉슨은 둘 다 남부 플로리다에서 휴식을 취하기로 결정했다. 닉슨은 절친한 친구인 베베 레보조와 함께 키 비스케인에서, 케네디는 가족과 함께 팜스프링스에서 휴가를 보냈다. 후버의 친구(그는 제2차 후버 위원회의 일원이었다)인 조 케네디는 후버에게 부탁하여, 치열한 선거전이 끝난 뒤 국가적 치유를 위해 닉슨과 자기 아들이 만나도록 주선했다. (조 케네디가 건설적으로 허버트 후버와 협력하는 광경은 트루먼에게 또 다른 타격을 주었다. 선거가 끝난 뒤, 트루먼은 케네디 당선자의 아버지를 가리켜 "이 나라 어디에서도 찾아보기 어려운 거물급 사기꾼이고, 나는 그가 아들을 위해 대통령 지명권을 매수한 것이 너무 싫다"고 말했다.) 케네디와 닉슨은 드디어 11월 14일 키 비스케인 호텔에서 서로 만났지만 그리 극적인 사건은 아니었다. 뒤돌아보면 그 회담에는 한 가지 흥미로운 점이 있긴 했다. 닉슨은 케네디에게 결코 중국을 인정하지 말고 또 중국의 유엔 가입을 허용하지 말아야 한다고 주장했다.*

아이젠하워의 중립

4년 뒤, 공화당의 기수로 린든 존슨의 대항마가 된 배리 골드워터는 예전의 어떤 공화당 대통령 후보보다 더 허버트 후버의 이념을 충족시키는 인물이었다. 당시 90세인 후버는 1964년 선거 기간 중에 그리 많은 발언을 하지 않았지만, 거침없이 마구 말하는 애리조나 출신의 정치가가 당의 후보로 지명된 데 틀림없이 기꺼워했으리라. 골드워터의 베스트셀러 《한 보수주의자의 양심 The Conscience of a Conservative》과 매혹적인 전당대회 연설—"극단적으로 자유를 옹호하는 경향은 악이 아니고, 온건하게 정의를 추구하는 태도는 미덕이 아니다"—은 현대 보수파 운동의 기념비적인 순간이었고, 몇 년 후에 펼쳐질

---

* 그러나 정작 닉슨은 나중에 대통령이 되었을 때, 미국 대통령으로서는 처음으로 중국을 방문하여 미-중 국교 정상화의 길을 열었다.

리처드 닉슨의 악명 높은 반발 정치를 예고하는 것이었다. 대통령에서 물러난 지 30여 년간 공화당 후보들이 내내 마음에 들지 않았던 후버는 1964년 대선 3주 전에 세상을 떠났고, 그리하여 가장 마음에 드는 전형적인 보수파에게 투표할 기회를 놓쳤다.

드와이트 아이젠하워는 골드워터가 지명될 거라는 전망을 그리 유쾌하게 여기지 않았다. 백악관을 떠나 처음 맞이한 대통령 선거였으나, 전직 장군은 전당대회가 열릴 때까지 초연하게 중립을 지키겠다는, 군인다운 명예로운 맹세를 했다. 누구를 더 마음에 들어했는지는 수수께끼였지만―그는 펜실베이니아 주지사 윌리엄 스크랜턴 William Scranton 같은 중도파에게 마음이 기울었다―아이크는 샌프란시스코 대회까지 침묵을 지켰다.

배리 골드워터의 새로운 보수주의 시각은 아이크 같은 중도파를 소외시켰지만 아이크가 선택할 수 있는 대안은 별로 없었다. 예비선거 때 그랬던 것처럼 중립을 지키면서 대선 과정을 지켜볼 수도 있었고, 아니면 린든 존슨을 암묵적으로 밀어줄 수도 있었다. 하지만 어느 쪽도 딱히 내키지 않았다. 당에 헌신적인 아이젠하워는 소기의 목적을 달성하기 위해 할 수 있는 일이라면 뭐든지 하겠다고 약속했다. 그러나 그 결정은 나중에 후회를 안겨 주었다. 불을 내뿜듯이 말하는 애리조나 정치가가 서두르지 않고 진지하게 행동했던 아이크 정부를 비난하는 모습을 지켜보면서, 아이젠하워는 어째서 스크랜턴 같은 인물을 좀더 과감하게 밀어주지 않았는가 하고 몹시 괴로워했다. 아이크의 지지 없이 스크랜턴 후보는 결코 인기가 올라갈 수 없었다. 아이젠하워는 나중에 자신의 침묵을 다소 뉘우치면서 이렇게 설명했다.

"과거로 돌아가서 이렇게 했더라면 어떻게 되었을지 이야기하는 것은 상당히 어렵습니다. 나는 양심이 시키는 대로 행동했지만……다시 똑같은 역할을 맡는다면, 아마 좀더 낫게 행동하리라고 생각합니다."

우익 문인으로 골드워터를 수행한 윌리엄 F. 버클리 주니어William F. Buckley Jr.는 공화당 후보에게 아이젠하워와 같이 배짱 없는 중도파와 가까이 지내지 말라고 강조했으며, 수사적 질문을 소나기처럼 쏟아부었다.

"골드워터라면 탱크 부대가 부다페스트 거리로 밀고 들어갈 때에 우물쭈물 결정을 내리지 못하고 우두커니 바라보기만 하겠습니까? 유엔이 인정한 목표도 달성하지 못한 한국의 휴전 협정을 체결했겠습니까? 골드워터가 수에즈 운하 문제를 방치하여 호전적인 중립주의자가 중동의 숨통을 틀어쥐고 과격한 범아랍주의를 추진하도록 놔두리라 보십니까?"

골드워터 자신도 그에 못지않게 격렬했으나, 아이젠하워가 아주 제한적으로나마 자신을 지지하려 했을 때에는 기꺼이 받아들였다. 골드워터는 자기가 당선되면 전 대통령에게 남베트남 여행을 보내 주겠다고 약속하면서 그의 지지를 반겼다. 공화당 후보는 사태를 아주 신중하게 예측했다.

"나는 이 중대한 문제(베트남 전쟁 _ 옮긴이)에 정면으로 대처할 생각입니다. 그 때가 온다면 최선을 다해 건전한 조언을 구하고 싶습니다."

1968년: 병상에서 호소한 아이젠하워

4년이 지난 뒤 정치 무대는 크게 바뀌었다. 베트남 전쟁이 한참 치열하던 당시 현직 대통령은 기가 꺾였고, 리처드 닉슨은 놀랍게도 마치 공화당 지명자가 다 된 듯이 점점 재기하는 중이었다. 아이젠하워는 건강이 나빴지만―심장 발작을 두 번이나 일으키고 나서 월터리드 육군병원센터에 몇 달 동안 입원해 있었다―1968년의 마이애미 비치 전당대회가 열리기 3주 전에 닉슨을 지지한다고 선언했다. (닉슨은 이전의 상급자인 아이크에게 원래 계획한 대로 전당대회 기간 중이 아니라 그 전에 지지를 발표하도록 강요했다.) 병상의 발표문에서 아이크는 정치적인 면보다 개인적인 면을 강조했다.

"그는 독서를 많이 하고 지성을 갖추었으며 결단력이 있는 인물입니다."

닉슨은 "사태를 관망하는 많은 대의원들의 부동표"가 아이크의 지지에 영향을 받을 거라고 확신했다. 아이젠하워가 닉슨을 지지한 것은 그가 철저히 싫어했던 넬슨 록펠러Nelson Rockefeller를 밀어내려는 전략과 부분적으로 맞아떨어졌다. 마음 한구석의 후회가 움직인 면도 있었다. 아이크는 닉슨의 1960년 선거 때에 자신이 침묵을 지킨 것을 거듭 후회했다. 닉슨이 아이크 정부에 내놓은 아이디어들을 알려 달라고 어떤 기자가 질문했을 때 그는 이렇게 딱 잘라 대답하기도 했다.

"만약 1주일만 시간을 준다면, 한 가지 정도는 생각해 낼지도 모르겠소."

1968년에 맺어진 사돈 관계 역시 영향을 미쳤다. 닉슨의 딸인 줄리는 아이크의 손자인 데이비드 아이젠하워와 11월 선거가 끝난 직후에 결혼식을 올릴 예정이었다.

아이크는 월터 리드의 병실에서 텔레비전 중계를 통해 마이애미 전당대회용 연설을 하면서 시청자들에게 냉전의 위험을 경고했다.

"공산주의는 동남아시아를 지배하기 위해 무자비하게 뻗어 나가고 있고 그런 시도를 깨뜨리려는 우리의 의지를 꺾으려고 안간힘을 쓰고 있습니다."

다음날, 그는 다시 심장 발작으로 쓰러졌고 연말까지 침상에서 보냈다. 그리고 침상에 드러누운 채 유권자들에게 최후의 호소를 하면서, 존슨과 험프리가 선거 때문에 베트남 폭격을 일시 중단한 것임을 잊지 말라고 간청했다. 11월 투표가 이루어지기 이틀 전에 나온 그 호소는 닉슨 부통령을 옹호하지 못한 1960년 대선의 망령을 쫓아냈다. 닉슨이 험프리와 월리스에게 간발의 차이로나마 승리를 거둘 수 있었던 것은 오래전의 상급자가 지지를 선언한 덕분이었다.*

1968년 선거에서 트루먼의 역할은 보잘것없었고 타이밍도 좋지 않았다. 전 대통령은 존슨의 당선 가능성에 대해 이와 같은 설득력 넘치는 발언을 했다.

"나머지 후보들은 무슨 일을 하더라도 아무 차이가 없습니다……. 현재 백악관에 거주하는 사람이 우리가 투표할 사람입니다. 그는 선출될 것이고 당연히 그렇게 되어야 합니다."

* 닉슨은 1968년 대선의 일반투표에서 43.4퍼센트를 얻었고, 험프리는 42.7퍼센트를 얻었다.

유감스럽게도 이러한 신뢰의 표시는 린든 존슨이 대선을 포기하겠다고 발표하기 11일 전에야 나왔다. 트루먼의 낙관주의는 아랑곳없이, 존슨은 3월 뉴햄프셔 예비선거에서 간신히 승리하자 일찌감치 재선 포기를 선언했다. 존슨이 발을 빼자 트루먼은 험프리에게 집중했고, 부통령의 출마를 뒷받침하기 위해 명예 위원장이 되었다. 험프리는 나중에 미주리 주 인디펜던스로 순례 길을 떠났고, 트루먼의 1948년 마법이 약간이나마 효력을 발휘하기를 기대했다. 험프리는 격려가 필요했고 심지어 자기 비하적인 농담도 했다.

"터놓고 말합시다. 나의 선거운동은 아주 일찍 정점에 오르지는 못했습니다."

목장에 틀어박힌 린든 존슨

1972년에 이르러 살아 있는 전직 대통령은 해리 트루먼과 린든 존슨뿐이었는데, 트루먼은 건강이 전반적으로 좋지 않았고 존슨은 심하게 피로한 상태였기 때문에 두 사람은 정치에 참여할 수 없었다. 민주당의 최종 지명자인 조지 맥거번George McGovern은 어느 쪽의 도움도 진지하게 간청하지 않았다. 두 사람의 정책은 맥거번의 진보적 공약과 극히 대조적이었다. 트루먼은 선거운동에서 완전히 겉돌았지만—예비선거의 핵심 기간은 우연히 그의 88세 생일 기념식과 일치했다—자신의 견해를 남들에게 알릴 수는 있었다. 4월에 트루먼과 개인적으로 만난 뒤, 에버렐 해리먼은 언론에 트루먼의 생각을 전했다. "지금 가장 중요한 일은 닉슨 씨를 확실하게 단임 대통령으로 끝내는 것"이라는 생각이었다. 트루먼은 닉슨이 재선에 성공하여 제2기 취임 선서를 하기 전인 12월에 세상을 떠났다.

백악관을 떠난 뒤 린든 존슨의 공적 역할은 거의 전무하다시피 했다. 그는 목장에 은둔했고 그 고립된 세계는 절친한 친구들이 찾아올 때만 간신히 열렸다. 베트남 전쟁이 한참 치열할 때, 민주당 기득권층은 확실히 존슨과 거리를 두었다. 존슨은 마이애미 전당대회에서 환영을 받지 못했다. 전직 민주당 대통령들의 사진을 걸어 놓던 사무실 벽에서는 그의 사진이 사라졌다. 테드 케네디가 후반부 연설에서 겨우 그의 이름을 거론할 정도였다. 예전에 린든 존슨에게 조언하던 잭 밸런티는 그런 홀대에 코웃음을 쳤다.

"마르크스 수정주의자들이 공산주의 역사를 다시 쓰려고 사실을 일부러 삭제한 것처럼, 존슨 대통령은 민주당에서 말소된 비인간이 되었습니다."

맥거번과 민주당은 닉슨과 맞서 열심히 싸우는 것 못지않게 존슨에게서도 멀리 달아나고 있었다.

그런데 뜻밖에도 맥거번이 갑자기 태도를 바꿔 존슨 목장을 방문했다. 린든 존슨이 맥거번의 회견 요청을 받아들인 것은 그 자체가 사건이었다. 어쩌면 맥거번은 반(反)존슨 민주당 표를 안전하게 확보했다고 간주하고, 만약 자신이 패를 제대로 쓰기만 한다면 1968년에 닉슨을 찍었던 사람들이 민주당 쪽으로 되돌아올 거라고 생각했는지도 모른다. 게다가 그는 큰 실수를 연달아 저지른 뒤에 정통성을 다시 얻으려 애쓰고 있었다. 맥거번은 부통령 지명을 잘못하여 토머스 이글턴Thomas Eagleton을 버리고 서전트 슈라이버Sargent Shriver를 재지명하면서 분규를 겪었고, 또 남베트남이 11월 선거가 끝난 직후에 공산주의자의 손에 떨어질 것이라는 실언을 하기도 했다. 진상이야 어떻든 몇 달 동안 가차없이 전 대통령을 공격해 온 맥거번은 태도를 180도로 확 바꾸었다. 그는 세 시간 동안 존슨과 스테이크 정식을 먹고 나서 기자들 앞에 나타나 그 방문을 "인생에서 가장 소중한 순간"이라고 발표했다.

그런 이야기에 넘어갈 정도로 어리석은 사람이 과연 있었을지는 모를 일이다. 하지만 존슨은 자신을 지독하게 공격했던 맥거번에게서 이제 "애정과 존경으로" 예우를 받고 어떤 위안을 얻었으리라. 그는 민주당 후보에게 핵심 문제를 자문해 주면서 국방 예산을 삭감하지 말고 증세 계획을 보류하라고 조언했다.

닉슨의 귀환

미국 건국 200주년이 되는 해(1976년 _ 옮긴이)에, 유일하게 생존한 전직 대통령 리처드 닉슨은 서서히 오뚝이처럼 되살아나고 있었다. 엄청나게 선전된 그해 겨울 닉슨의 중국 왕복여행은 몇 달 전에 있었던 제럴드 포드의 불운한 중국 여행을 성과 면에서 능가했다. 미국 대통령으로 살아남으려던 포드의 선거운동은 닉슨 때문에 복잡하게 얽혔다. 여름 전당대회 기간에, 1976년 선거의 반항적인 예비 후보 로널드 레이건은 포드에 맞서서 일부러 닉슨의 책임 문제를 부각시켰다. 전 대통령의 망령은 피할 도리가 없었고, 포드는 내심 피하고 싶었으나 그를 옹호할 수밖에 없었다. 주목받는 캔자스시티 대회—예비선거의 결과와 무관하게 후보를 결정하는 공화당의 마지막 최고 회의—에서 닉슨의 부재는 눈에 띄었으나 이해할 만한 일이었다. (7월, 닉슨의 아내 팻이 심신을 쇠약하게 만드는 뇌졸중을 맞는 바람에 닉슨은 어떤 행사에도 참석할 수 없었다). 공화당 공약의 초고에서는 닉슨의 중국 외교를 칭찬했지만 그 부분은 곧 삭제되고 말았다. 포드 대통령의 대변인은 당의 기본 방침을 이렇게 알렸다.

"우리는 리처드 닉슨을 기억하는 게 아니라 잊으려고 애쓰고 있습니다."

4년 전에 공화당을 대승으로 이끌었던 인물은 이제 존재하지 않았다.

가을 내내, 닉슨의 이름은 포드의 유세에서 금기 어휘였다. (지미 카터 민주당 후보는 상대방의 정치적 입장이 무엇이든 개의치 않고 기꺼이 닉슨의 이름을 거론했다.) 꼭 이름을 대야 하는 궁지에 몰리지 않는 한, 포드는 닉슨을 그저 "나의 선임자", 또는 더 심하게 "린든 존슨의 후임자"라고 막연하게 말했다. 그런데 선거를 하기 몇 주 전, 스포츠 스타 조 개러지올라Joe Garagiola와 유선 방송 인터뷰를 하면서 포드는 본심을 털어놓았다. 닉슨과 포드 대통령 시대의 차이점에 관한 질문을 받고, 포드는 딱 잘라 대답했다.

"이보시오, 한 가지 기본적인 차이점이 있어요. 포드 대통령 정부에는 제왕적인 백악관이 없었습니다. 그건 과시가 없고, 의식이 없고, 독재적 권위가 없다는 뜻이오."

그것은 계산된 모험이었다. 포드가 보기에, 승리할 기회를 얻고 싶다면 닉슨 문제를 정면으로 다루어야 했다. 하지만 워터게이트 사건이 터진 시점이 너무 가까웠고, 포드는 시간이 부족했다.

리처드 닉슨이 차근차근 존경할 만한 사회적 지위로 복귀한 것은 1980년 선거운동에 등장한 때부터였다. 그해 2월, 그는 예전에 러니드 핸드Learned Hand 판사가 소유했던, 방 12개와 벽난로 6개가 딸린 뉴욕 이스트 65번가의 연립주택으로 이사했다. 그해 봄에는 대외 정책에 관한 많은 소책자들 중의 하나인 《진정한 전쟁The Real War》을 출판했다. 분명히 지미 카터를 겨냥한 닉슨다운 비책이 풍부한— "무력 사용은 결코 거부할 수 없다" "테러분자로 하여금 우리에게 외교적 항의 외에 다른 수단이 없다고 생각하게 해서는 결코 안 된다"—그 책에서 닉슨은 카터 대통령이 아프가니스탄과 이란에서 실패했다며 혹독하게 비난했다. 닉슨은 1985년에 이르러, "러시아의 핵무기가 의심할 여지 없이 지상에서 압도적으로 우세할 것이고, 해상에서는 적어도 미국과 동등할 것"이라고 예측하기도 했다. (공교롭게도 1985년은 고르바초프가 집권한 해였다.)

그해의 공화당 후보인 로널드 레이건은 닉슨의 책이 말하는 강력한 긴장 완화 정책을 높이 평가했다. 닉슨은 레이건을 개인적으로 만난 적은 별로 없었지만, 레이건의 많은 보좌관을 통해 선거운동에 영향력을 행사했다. 그 보좌관들은 과거에 닉슨 정부에서 일한 적이 있는 리처드 앨런, 린 노프지거Lyn Nofziger, 윌리엄 케이시Wiliiam Casey, 존 시어스John Sears 등이었다. 자신감이 넘친 닉슨은 당파적 이해를 위해 나설 준비가 되어 있었다. 1980년에 무소속 후보로 나선 존 앤더슨John Anderson이 대외 문제 경험이 부족하다며 레이건을 경시하자, 닉슨은 그를 옹호하기 위해 논전에 뛰어들었다. 《뉴욕 타임스》가 레이건의 해외여행 경험에 의문을 제기했을 때, 닉슨은 처음으로 편집자에게 논설 정정을 요구하는 편지를 써 보냈다.

대외 정책을 가지고 주로 활동을 벌였지만, 닉슨은 7월의 지명 전당대회와는 일부러 거리를 두었다. 어떤 언론인의 기사에 따르면, "닉슨은 한 번도 거명된 적이 없었다. 벽에는 그의 포스터가 장식되지 않았다. 그의 과거 행동은 결코 회고되지 않았다. 그의 캠페인 버튼(후보자의 이름이나 사진, 슬로건을 넣은 둥근 배지 _ 옮긴이)을 판매하지도 않았다." 닉슨의 연설 원고 작성자였던 팻 뷰캐넌Pat Buchanan조차 오만하게 굴면서 "지금, 우리 당은 미래를 내다보고 있습니다"라고 말했다. 1976년 선거 때 닉슨의 망령이 포드를 패배로 몰아갔다는 일치된 의견 때문에 전직 대통령은 공식적 발언의 길을 모조리 봉쇄당했다.

디트로이트의 여름 전당대회에서 짜릿한 순간이 있을 것이라고 예상한 사람들은 거의 없었다. 좀처럼 보기 드문 그 순간에, 전 대통령—제럴드 포드—은 당의 부통령 후보 지명자가 되겠다는 무모한 협상에 뛰어들었다. 몇몇 공화당원들은 레이건-포드 동반 출마가 '드림 팀'이라고 여겼지만, 포드가 일종의 공동 대통령 제도를 요구하자 협상은 깨졌다. 이 기묘한 협상은 결국 성사되지 않았지만 그래도 포드는 적극적으로 레이건을 위해 유세했다. 레이건이 4년 전의 치열한 선거전에서 포드에게 아무 도움도 주지 않았는데도 개의치 않았다. 1976년 선거운동에서 카터가 써먹은 수법을 그대로 활용하면서, 포드는 궁핍 지수(인플레이션과 실업률이 둘 다)가 올라갔다고 카터를 공격했고 또 이렇게 말했다.

"만약 12퍼센트가 제리 포드를 백악관에서 몰아냈다면, 이제 20퍼센트는 지미 카터에게 똑같은 조치를 취할 충분한 이유가 됩니다."

1984년 무렵, 리처드 닉슨의 잃어버린 세월은 끝나 가고 있었다. 고통스러운 하야 생활 10년을 온전히 보내고 난 71세의 닉슨은 이제 건강을 되찾고 대외 문제에서 목소리를 높이는 전문가로 인정을 받았다. 닉슨은 자신의 성공을 깨달았지만 아직도 당의 요구에 신중을 기하고 있었다. 기꺼이 막후 역할을 떠맡으면서, 찾아오는 모든 사람들에게 카메라의 시야 밖에서나마 조언과 지침을 제공했다. 자신이 아직도 기피 인물이라는 것을 잘 아는 닉슨이 자발적으로 그해의 댈러스 전당대회에 불참한 덕분에 공화당은 그를 초대하느냐 마느냐를 두고 고민해야 하는 문제를 모면했다. 닉슨은 원로 자격으로 그 대회에 참석할 수 있었을지 모르나, 전국 텔레비전 중계방송에서 여전히 그의 이미지는 호감을 주지 못했던 것이다.

제럴드 포드 역시 낮은 포복 자세를 취했다. 전직 대통령으로서 어떤 상원의원 후보의 유세전에 동원되었지만—특히 포드 행정부의 상무장관인 엘리엇 리처드슨Elliot Richardson이 매사추세츠에서 상원의원 선거를 치렀으나 낙선했다—많이 기여하지 못했다. 논란의 여지가 있지만, 1984년의 공화당에 포드가 가장 크게 기여한 것은, 만약 닉슨이 워터게이트 사건을 사과한다면 "공화당원에게 최고의 이득이 될 것"이라고 발표한 사실이었다. 사회적 문제들에 대한 공화당과 자신의 입장 차이를 은근하게 피해 가면서, 포드는 오히려 먹고사는 문제에 집중하여 레이건 대통령이 인플레이션과 기본 이자율을 낮추는 데 성공했고 또 "공정하게 국정 운영"을 했다고 칭찬했다. 포드는 평소답지 않게 야비한 언사로 민주당 지명자 월터 먼데일Walter Mondale을 공격했다. 먼데일의 민주당은 "미국의 미래가 바라기만 하는 사람wisher, 낭비하는 사람waster, 궁핍한 사람wanter, 불평하는 사람whiner, 약자the weak에게 달려 있다고" 생각한다는 것이었다. 물론, 그것은 없어도 되는 도움이었다. 그해에 로널드 레이건은 재선에 성공하는 데 외부의 도움이 별로 필요 없었다.

쓰러졌다가 일어선 카터

레이건에게 패배한 지 2년이 지난 1982년, 지미 카터는 민주당의 필라델피아 중간선거 대회에서 "디트로이트에서 도요타 영업사원이 받는 것과 다름없는 홀대"를 받았다고 점잖게 설명했다. 2년이 지났어도 여전히 그의 이름은 패배와 무능의 이미지를 떠올리게 했고, 그래서 카터는 1984년 선거운동에서 하잘것없는 역할밖에 맡지 못했다. 민주당원들은 그해 7월의 샌프란시스코 대회에서 카터를 완전히 배제하지는 않은 채, 어떻게 신중하게 활용하면 좋을지를 두고 언쟁을 벌였다. 카터 또한 소심하게 전망했다.

"나는 그 누구에게도, 특히 후보에게 폐를 끼치지 않기를 원합니다."

처음에는 대회 초반의 이른 시간대를 카터에게 배정하려 했으나 그 후에 조직위원회는 전 대통령의 연설을 황금 시간대로 옮겨 주었다. 카터는 세부 사항에 대해서는 짧게, 그렇지만 인권에 대해서는 길게 연설했다. 가을 유세 때 사람들이 찾아주지 않자, 카터는 뉴욕의 로어 이스트 스트리트와 그 밖의 여러 곳에 집을 지어 주는 '인도주의적인 주택 개선 사업Habitat for Humanity' 프로젝트(국제 해비타트 사랑의 집짓기 운동 _ 옮긴이)에 열중했다.

퇴임 후 10년이 지나갈 무렵, 지미 카터의 주가는 눈에 띄게 오르기 시작했다. 사실, 1988년의 거의 모든 민주당 후보들—"일곱 난쟁이들"이라는 별명이 붙은 사람들—이 그에게 존경을 바쳤다. 카터는 마이클 듀카키스Michael Dukakis와 그해에 2위 지명 후보였던 제시 잭슨Jesse Jackson 사이의 분열을 사전에 막은 뛰어난 중재 작업을 벌이기도 했다. 사람들을 회의석상으로 그러모으는 카터의 능력은 민주당원들이 서로 협력하는 데 반드시 필요했다. 비록 그는 "아직도 갈 길이 멀다"고 말했지만, 결국에는 당의 품으로 돌아왔다.

1988년 전당대회는 조지아의 애틀랜타에서 열려 전직 대통령의 상징적 입지를 더욱 강화했고, 고향의 지지자들 앞에서 연설할 수 있는 선택권을 카터에게 안겨 주었다. 카터는 그 기회를 이용하여 청중에게 적극 호소했으며 레이건 대통령의 통치 기록을 혹평했다. 고르바초프 열병이 한참 드세던 시절, 카터는 "지금은 소련 지도자의 이미지가 미국 대통령의 이미지보다 세계적으로 더 좋은 슬픈 상황"이라고 말했다. 여론 조사에서는 예비선거의 유권자들이 두카키스에게 좋은 인상을 가지고 있다는 결과가 나왔지만, 카터는 여전히 두카키스를 위해 유세하기를 꺼렸다. 전직 대통령들은 적극적인 유세를 피해야 한다고 주장하면서 당연히 미래를 내다보아야지 "8년 전이나 10년 전의 대통령으로 돌아가 낡은 문제를 들추는 일은 바람직하지 않다"고 말했다.

공화당의 입장에서는, 카터의 잘못을 속죄해 주는 것은 계산에 들어 있지 않았다. 다시 말해, 전 대통령을 흠집 내는 것이 당 선거 전략의 주된 요소였다. 카터가 조지 H. W. 부시의 사내다움에 관해 심술궂게 혹평한 것(그는 아버지 부시를 "약간 나약하고" "어리석은" 인물이라고 했다)은 공화당원들의 불만을 증폭시켰다. 궂은일을 도맡아 처리하는 정치 고문 리 애트워터Lee Atwater는 민주당 지명자 마이클 두카키스를 "북부 출신 지미 카터"라고 매도했다. 카터 자신의 전당대회 연설에는 1976년의 카터 선거 구호와, 조지 부시의 말투를 흉내 낸 농담이 들어 있었다.

"내 이름은 지미 카터이고 나는 대통령 후보가 아닙니다. 내 말을 듣고 있습니까, 조지?"

공화당원들이 카터를 맹공격할 때, 공화당 소속 전직 대통령 한 사람은 정도를 갔다. 1988년 대선 때, 제럴드 포드와 지미 카터는 차세대에게 가장 절박한 필요성이 무엇인지 논의하는 정치 무대를 제공하는 포럼인 '아메리칸 어젠다American Agenda'를 설립했다. 포드는 많은 초당적 호소를 했고 그중에는 단순히 당의 유세를 돕는 단기적 이득보다 다루기 어려운 문제를 해결하려는 장기적 관심사를 더 중시하는 발언도 있었다. 카터는 이런 말도 했다.

"미국 역사상 처음으로 양당이 노력을 기울여, 우리의 선거 과정에서 불거지는 정치적 분열을 치유하도록 애쓸 것입니다."

포드와 카터의 노력이 조지 H. W. 부시 정부에 별 영향력을 발휘하지는 못했지만, 두 사람의 협력은 당 정체성을 초월할 수 있는 전직 대통령의 역량을 웅변해 주었다.

분열된 공화당

리처드 닉슨은 공화당의 조지 부시 후보가 별로 마음에 차지 않았다. 닉슨은 CIA 국장 출신인 부시를 무력하고 평범한 인물로 보았으며, "독립심"과 "추진력"이 부족하고 "기득권층의 덫에 갇혀 있다"고 여겼다. 하지만 밥 돌Bob Dole이 탈락하는 바람에 지지할 사람이 아무도 없었던 닉슨은 하는 수 없이 아버지 부시를 밀었다. 뉴올리언스 슈퍼돔에서 열린 공화당 여름 전당대회 때, 부시는 입에 발린 약속을 하며 "수천 가지 가벼운" 연설을 했다.

"내 말을 주의해 들으십시오. 세금을 올리는 일은 없습니다."

하지만 리처드 닉슨은 이 대회에 거듭 불참했다. 닉슨이 사임한 지 14년이 지났지만, 공화당은 여전히 닉슨과 거리를 두었다. 닉슨 자신은 20년 동안 따돌림을 당한 끝에 마침내 일요일 뉴스 프로그램에 되돌아왔으나 당의 주요 행사에서는 환영을 받지 못했다. 그래도 누구나 닉슨 혐오증을 가지고 있는 것은 아니었다. 전직 대통령은 의회와 여러 정치 후보들에게서 20여 차례나 초청을 받았고, 미국 신문편집자협회—그가 일찍이 치열하게 싸웠던 단체—는 연례 회의에 그를 초대했다.

1992년 대통령 선거는 닉슨(1994년 사망)과 레이건(그 후 10여 년을 치매 상태로 생존)에게 최후를 고하는 백조의 노래였다. 공화당의 분열이 부각된 이 선거에서, 공화당 후보 팻 뷰캐넌은 방종한 미국 문화를 비난하고 일본의 미국 투자와 자유무역을 공격함으로써 성난 보수파를 동요시켰다. 무소속 후보로 뷰캐넌과 비슷하게 경제적 포퓰리즘을 부추기던 남부 억양의 억만장자 로스 페로는 선거 비용을 8000만 달러나 들였으나 고작 19퍼센트의 표밖에 얻지 못했다. 냉전이 정식으로 끝나고 레이건 시대가 거의 지나갈 때, 분열된 공화당에서는 새로운 단층선이 나타나기 시작했다.

로널드 레이건은 일찍이 뉴햄프셔의 예비선거가 열리기 1주일 전부터 예전의 부통령(아버지 부시)을 지지했다. 하지만 레이건의 엄숙한 지지는 뷰캐넌의 도전을 눌러 버리기에 충분하지 못했다. 부시는 뉴햄프셔에서 간신히 뷰캐넌에게 신승(辛勝)을 거두었다. 다음달, 다가오는 대선에서 부시가 캘리포니아에서 이기지 못할 것 같다는 레이건의 발언이 신문지상에 대서특필되었다. 보도에 따르면 레이건은 "부시가 그 어떤 것도 대표하지 않는 것 같다"고 말했다. 부시는 전 상급자가 이렇게 말할 수 있다고 믿지 않았지만 아무튼 그런 소문이 나돌았다. 아이크가 1960년 대선 때 닉슨을 두고 냉담하게 말했던 것과 비슷하게, 레이건은 오랫동안 자신의 부통령으로 일한 사람이 시원치 않다고 말했고, 그런 이야기는 재선을 노리는 현직 대통령(아버지 부시)의 선거운동에 찬물을 끼얹었다.

와이오밍에서 급류 래프팅을 즐기며 여름을 보내고 메이요 물리치료 병원에서 멀쩡하다는 진단을 받은 뒤, 레이건은 휴스턴에서 열린 8월 공화당 전당대회에서 마지막으로 대중 연설을 했다. 부분적으로 이란-콘트라 사건 수사가 계속 이어졌기 때문에 레이건의 전반적인 인기는 낮았지만 전직 대통령은 동료 보수파 사이에서 하느님과 다름없는 지위를 유지했다. 그의 전당대회 연설은 전형적인 레이건식이었다. 소박하고, 진부한 상투어를 많이 구사하고, 사실 관계가 부정확했다. 4년 전의 대선에서 유명해진 선거 문구를 다시 끄집어내면서 레이건은 빌 클린턴에 대해 농담했다.

"그들이 지명한 이 친구는 자신을 새로운 토머스 제퍼슨이라고 주장합니다. 음, 여러분에게 한 가지 알려드리죠. 나는 토머스 제퍼슨을 좀 압니다……. 주지사(클린턴), 당신은 토머스 제퍼슨이 아니오."

전력을 재결집하기 위해 그는 이렇게 강조했다.

"우리는 조지 부시가 필요합니다."

"나는 진정으로 온 마음을 다하여 [부시의] 재선을 지지합니다."

끝맺음 인사를 하면서 그는 군중에게 "안녕히 계십시오, 그리고 여러분 모두에게 하느님의 축복을 빕니다"라고 말했다. 《워싱턴 포스트》는 마치 앞날을 내다보듯이 "안녕히 계십시오"라는 말이 "오싹한 최후의 분위기를 발산했다"고 썼다.*

레이건 연설에 옥에 티가 있다면 당황스럽게도 사실 관계를 착각했다는 것이다. 전 대통령은 링컨의 훈계조 이야기를 이렇게 인용했다.

"여러분은 임금 주는 사람을 끌어내려 임금 노동자를 도울 수 없

---

* 레이건은 전당대회 후 치매에 걸려 사람을 제대로 알아보지 못했다.

습니다. 여러분은 부자를 무너뜨려 가난한 사람을 도울 수 없습니다. 여러분은 그들이 스스로 할 수 있고 또 그래야 하는 것을 대신해 주면서 그들을 영원히 도울 수는 없습니다."

그 문장은 레이건 시대의 호레이쇼 앨저Horatio Alger*식 자립 정책을 효과적으로 보여 주는 것이었다. 그런데 한 가지 문제점은 링컨이 이런 말을 한 적이 없다는 점이다. 링컨 학자들은 곧 레이건의 인용이 틀렸다고 지적했다. 이 말을 한 사람은, 링컨이 암살된 지 7년이 지난 뒤에 태어난 펜실베이니아 목사 존 헨리 보에트커John Henry Boetcker였다.

그런 실수를 저지르긴 했지만, 레이건의 연설에는 나름대로 고귀한 내용도 있었다.

"우리가 빈자로 태어났든 부자로 태어났든, 아프리카계 미국인이든 아일랜드 출신 미국인이든, 기독교인이든 유대인이든…… 우리 모두는 신의 눈으로 보면 평등합니다."

"하지만 이것은 미국인으로서는 충분하지 않습니다. 우리는 서로의 눈에 평등해야 합니다."

레이건의 이러한 연설은 평화를 촉구하는 것이었다. 당시 고립주의와 미국 우선주의를 주장하던 팻 뷰캐넌의 선거전 뒤에서는 종교적 전쟁이 벌어지고 있었다. 당시 뷰캐넌은 이렇게 말했다.

"우리나라에서는 미국의 영혼을 둘러싼 종교 전쟁이 벌어지고 있

---

* 1834~1899년. 소년소설을 100권 이상 쓴 미국 작가. 대부분의 책은 가난한 소년이 근면과 선행으로 성공해 부자가 되는 이야기다. '거지에서 부자가 된' 이들 이야기가 미국식 성공의 기회를 잘 보여 준다는 평을 얻었다.

습니다."

레이건의 연설은 이런 대결적 분위기를 누그러뜨렸다. 그러나 뷰캐넌의 지나치게 장황한 연설(몰리 아이빈스는 "그 연설은 아마도 독일어였다면 훨씬 그럴듯하게 들렸을 것이다"라는 멋진 농담을 했다)은 81세 고령의 전직 대통령을 동부의 텔레비전 황금 시간대로부터 밀어냈다.

제럴드 포드는 평소의 온건한 태도를 유지하면서 툭하면 싸움을 벌이는 뷰캐넌에게 주의하도록 권고했다. 포드는 전당대회에서 연설하면서 극우 반동 정치가 무슨 정치적 지혜냐며 의문을 표했다. 포드는 말했다.

"가장 보수적인 공화당원들은 목표에 부합하는 정책을 지속할 기회를 잃을 것이고, 클린턴이 당선되면 자신들이 찬성하는 정책의 90퍼센트가 폐기되리란 것을 제대로 알아야 합니다……. 공화당원들이 비판만 하면서 선거를 방관하겠다고 위협하는 것은 지독하게 근시안적인 견해입니다."

공화당 후보 부시를 가리켜 "끝났다"든지 "결딴났다"고 하는 언론의 태도를 맹비난하기는 했지만, 포드의 전당대회 연설은 획기적인 성과를 거두지는 못했다. 선거 유세 동안 포드가 내놓은 유일한 공식적 조언은 선거일 한 달 전에 나온 것이었다. 부시의 인기 추락을 정면에서 대응하려면 경제 보좌관들—그해 2사분기의 성장률은 겨우 1.4퍼센트에 그쳤다—을 전면 교체해야 한다고 포드는 조언했다. 하지만 부시는 그 조언을 무시했다.

네 차례의 전당대회에서 퇴짜를 맞고 나서, 리처드 닉슨은 마침내 휴스턴 전당대회에 참석해 달라는 초대장을 받았다. 그는 가지 않고 대신 뉴욕의 몬토크로 휴가를 떠났다. 자신이 "가장 무기력한 후보들이 나선, 그 모든 대선 가운데 가장 어리석은 대선"이라고 불렀던 이 선거에서 닉슨은 예전의 백악관 연설 원고 작성자 팻 뷰캐넌에 대해 아주 가혹한 말을 준비했다.

"그는 너무 극단적입니다. 그는 저곳에 바보들과 함께 있습니다. 동성애자를 공격하는 것은 정말 잘못된 일입니다. 게다가 그들도 투표를 합니다."

대선을 치르기 1주일 전, 로널드 레이건은 경제 상황을 비관적이라고 주장하는 민주당을 공격했다.

"오늘 우리는 1960년대의 소동과 1970년대의 침체를 만들어 낸, 아주 비관적인 민주당원들이 떠드는 소리를 듣고 있습니다. 민주당 정치가들의 이야기를 들으면, 경제적 상황이 너무 나쁘기 때문에 맥도널드에서 파는 해피 밀Happy Meals까지도 우울하게 보일 정도입니다."

1980년대에 민주당 후보로 나섰던 북부 사람 월터 먼데일과 마이클 듀카키스와 달리, 1992년 남부 사람 빌 클린턴은 지미 카터의 지지 성명에 당황하지 않았다. 카터는 3월에 폴 총가스Paul Tsongas를 편들면서 시간을 허송한 뒤, 4월에 들어와 아칸소 주지사 클린턴을 지지하고 격려했다. 공직 생활 중에 저지른 윤리적 일탈 때문에 클린턴은 자신의 신인도를 높여야 할 필요가 있었고, 그와 관련하여 누구에게나 인정받는 카터의 정직성은 도움이 되었다. 여름 전당대회 때, 카터는 미국 사회를 괴롭히는 빈곤, 노숙자, 폭력 범죄, 실업 문제 등 미국 병에 초점을 맞춘 연설로 환영을 받았다. 카터는 가진 자와 못 가진 자가 양극화된 도시의 구체적 사례로 고향 애틀랜타를 거론하면서 청중을 흥분시켰다.

"이곳은 아이티나 방글라데시나 우간다의 빈민굴이 아니라 미국의 대도시입니다. 이곳은 변해야 합니다."

미지근했던 아버지 부시

재선을 노리던 1996년, 빌 클린턴은 짜릿한 전율을 주는 카터의 연설을 다시 동원할 수 없었다. 클린턴의 초선 시절 그와 뜨악한 관계를 유지한 카터는 전당대회를 거부하고 테드 터너Ted Turner와 제인 폰다Jane Fonda와 함께 몬태나 목장에서 휴가를 보냈다. 기이할 정도로 감정이 별로 드러나지 않는 한 성명에서 카터는 이렇게 말했다.

"재선에 나선 민주당 출신 대통령을 가지지 못한 지난 세월 동안, 나는 세 번의 전당대회에 참석했습니다. 하지만 이제는 해리 트루먼을 비롯하여 민주당 대통령들이 지난 40년 동안 수립한 전통을 따르겠습니다. 트루먼은 공직을 떠난 뒤에 첫 번째 전당대회에 참석했을 뿐입니다."

많은 사람들은 카터와 클린턴의 미지근한 관계를 카터의 대외 정책 모험주의와 드높은 도덕성 탓으로 돌렸다. (예전 클린턴 국무부의 어떤 공직자는 전 대통령의 행동을 이렇게 요약했다. "카터는 아주 골치 아픈 친구였습니다.")

닉슨이 세상을 떠나고 레이건이 알츠하이머병으로 치매가 된 1996년, 공화당 전직 대통령의 명예는 조지 H. W. 부시에게 넘어갔다(하지만 제리 포드는 필요하면 여전히 통화가 가능했다). 부시는 어쩌면 이미 아들의 2000년 대선 지명 가능성을 내다보았던지 클린턴과 밥 돌이 대결하는 동안 자세를 낮추는 경우가 많았다. (당시 대통령 재목으로 흔히 사람들 입에 오른 인물은 형 조지가 아니라, 플로리다 주지사 젭 부시Jeb Bush였다.) 아버지 부시는 전당대회에 잠깐 얼굴을 내미는 게 다였는데도 대회가 끝날 무렵에 공화당 단결을 가로막았던 뷰캐넌 독단론의 찌꺼기를 닦아 내는 데 일조했다. 아버지 부시는 4년 전에 자신을 망쳤던 당내의 분파 세력들을 향해 이렇게 일갈했다.

"리더십은 고립주의와 보호주의의 목소리에 당당히 맞선다는 뜻입니다."

이어 클린턴 부부를 은근히 암시하면서 이런 말을 덧붙였다.

"백악관이 매도당하는 것을 보면 내 가슴은 찢어지는 듯합니다."

아버지 부시는 자신의 아내 바버라를 "의심할 여지 없이 백악관의 명예를 지킨 여성"이라고 소개했다. 하지만 아버지 부시의 공격은 보수파 유권자들의 표를 밥 돌에게 몰아주기에는 역부족이었다. 41대 대통령은 전미총기협회NRA에 과감히 편지를 보내어 로비스트 그룹에서 사직한다고 밝혔는데, 그로 인해 보수 표를 몰아오겠다는 아이디어는 끝장났다.

아버지와 아들

매사추세츠 고향에서 아버지의 자부심으로 아들 존 퀸시 애덤스를 성원한 존 애덤스처럼, 176년의 세월이 지난 뒤, 조지 H. W. 부시는 아들의 첫 대통령 유세에서 소소한 역할을 맡았다. 유세할 때, 전 대통령은 일반적으로 기자들에게 조심스레 이야기했지만 가끔은 그런 자세가 무너지고 분노 어린 표정을 보일 때도 있었다. 2000년 경선 초기에, 부시 가문이 케네디 가문과 다름없는 왕조가 될 수 있다고 기자들이 우려하자, 전 대통령은 몹시 화를 냈다.

"그건 정말 화를 돋우는 이야기입니다. 우리는 그쪽 집안하고는 달라요. 그쪽처럼 언론 앞에 나서기를 좋아하지도 않고, 또 우리 집안을 왕조로 여기지도 않습니다……. 우리는 남들과 다른 어떤 자격이 있다고 생각하지 않아요."

전 대통령은 아들을 존 퀸시 애덤스 대통령과 비교하기 좋아했다. 부시는 질문했다.

"퀸시는 어떤 친구였습니까? 귀족적이었습니까, 아니면 조지 못지않게 좋은 친구였습니까?"

공화당의 필라델피아 전당대회가 열리기 몇 주 전, 아버지 부시는 켄벙크포트에서 인터뷰하면서 아들 조지의 유세에 대해 날카롭게 지적했다. 대외 정책과 관련하여 아버지 부시는 아들이 "어느 모로 보나 클린턴 못지않게 잘 알고 있다"고 주장했지만, 곧 아들 부시의 정책에 대한 논평을 거부했다.

"나는 이 문제를 자세히 분석하지 않겠습니다……. 신경 쓰고 있지 않습니다. 나와는 관계 없는 일입니다. 정말로 관련이 없어요. 텔레비전에도 안 나가고 인터뷰도 안 할 겁니다."

이것은 물론 억지 소리였다. 전 대통령은 전략적 시기에 래리 킹Larry King의 프로그램에 출연한 것을 비롯하여 몇 차례 인터뷰에 응했고, 그런 기회를 활용하여 아들 부시의 상대 후보를 꼬집었다. 한 가지 예를 들면, 부시는 음흉하게도 "나는 조지의 적수를 공격하러 여기에 나온 것이 아니다"라고 해놓고, 실제로는 민주당 후보 앨 고어Al Gore가 노동조합의 어떤 노래를 어릴 때부터 기억한다고 주장했던 사실을 지적했다. 하지만 그 노래는 고어의 어린 시절이 아니라 그 뒤에 작곡된 것이었다. 아버지 부시는 고어의 착오를 성격적 결함과 연결시켰다.

아버지 부시는 2000년 대선과 관련하여 그해 초가을에 적어도 두 가지 큰 공헌을 했다. 자신의 국방장관 딕 체니를 아들의 러닝메이트로 선택하고, 대통령 후보 간 텔레비전 토론(전직 대통령은 이 토론을 "쇼 비즈니스"라고 하면서 대체로 무시했다)의 전반적인 구조를 아들에게 유리하게 다졌다. 하지만 이런 노력은 미국의 현대 선거사상 최악의 위기* 때에 아버지 부시와 그 친구들이 주었던 도움에 비하면 새발의 피였다. 정치적으로 조지 H. W. 부시와 가장 밀접한 관계를 맺었던 제임스 베이커는 아들 부시의 중요한 법률 고문이 되겠다고 나섰고, 플로리다 투표와 관련하여 후유증 파문이 일어날 때에 공식 대변인 역할을 맡았다. 그리고 확실히 대법원이 재검표에

---

* 고어와 아들 부시의 표차가 너무 적어서 재검표까지 간 것을 가리킴.

개입하도록 결정적으로 도와주었다. 폭풍의 중심에 선 주지사로서 젭 부시가 현장에 등장한 것도 그에 못지않게 중요한 일이었다. 후유증의 와중에서 언론이 젭 부시를 공격할 때, 아버지는 한숨을 내쉬었다.

"나는 아버지로서 여러분에게 말합니다. 아들 젭에게 제기된 질문에 나오는 어떤 이야기들은 정말 내 마음을 갈가리 찢어 놓습니다."

조지 W. 부시가 취임한 지 8개월도 채 안 된 2001년 9월 11일에 엄청난 사건이 발생했다. 이 사건으로 인해 아들 부시는 아버지 부시의 비교적 실용적인 정치와 사상으로부터 급격히 선회하여 우익 정책을 공격적으로 추구하기 시작했다. 아들이 신보수주의적 사상으로 무장하고 테러의 공격에 맞서자 아버지 부시의 영향력은 줄어들었다. 뉴욕시 공화당 대회가 열린 2004년, 아버지 부시는 연설을 마다하고 손녀들과 며느리에게 그 역할을 넘겼으나, 아들의 재선 지명을 환영하는 대회에는 참석했다.

아버지 부시는 PBS 〈뉴스아워NewsHour〉의 짐 레러Jim Lehrer와 인터뷰하면서 더듬더듬 자기 의견을 말했다. 사담 후세인이 권좌에 있는 동안 이라크 국민이 오히려 더 잘 살지 않았느냐는 질문을 받자, 부시는 격앙된 목소리로 대답했다.

"당신은 정말로 그를 그대로 내버려 두었어야 한다고 생각합니까? 나는 어제 영화를 보러 가서 이렇게 말했어요. 누군가는 이 끔찍한 마이클 무어Michael Moore,* 이 사람—내가 누구를 말하는지 당신

* 부시 정부의 이라크 전쟁을 비판하는 영화 《화씨 9/11》을 만든 영화감독.

도 알겠지요, 그 무서운 친구—에게 그 질문을 해야 한다고 말입니다……. 그래서 그들이 그를 찾아가 질문하니까 그는 뭐랄까 대답을 회피했습니다. 그는 우리가 사담 후세인을 복귀시켜야 한다고 말하지 않았어요. 그래요, 질문을 그렇게 직설적으로 하면 대통령을 지지하는 사람이 상당히 많을 겁니다. 하지만 이라크의 현재 상황에 대해서 괴로워하기만 한다면, 이런 분열이 생겨나는 겁니다."

지미 카터는 이라크 전쟁을 대실패라고 보면서 그것을 대단히 명쾌하게 설명했다.

"나는 사담 후세인이 미국, 영국, 중국, 일본, 오스트레일리아 등의 안보에 직접적인 위협이 된다고 생각한 적이 없습니다. 여러분은 세계적으로 민주주의가 없는 나라를 50군데쯤 열거할 수 있고, 그 나라들 모두가 민주주의를 받아들인다면 더욱 좋을 것입니다. 하지만 지금의 현실은 어떻습니까? 거의 일방적으로 한 국가를 공격함으로써, 9/11 비극 후에 우리가 누렸던 거의 전 세계적인 지지와 우호와 협력을 허물어뜨렸을 뿐입니다."

2004년 민주당 전당대회의 개막식 저녁, 빌 클린턴은 지명자 존 케리John Kerry의 군 복무 경력을 부각하려 애썼다.

"베트남전 때, 현직 대통령과 부통령과 나를 비롯하여 많은 젊은 이들은 베트남으로 갈 수 있었지만 가지 않았습니다. 존 케리는 집안 배경이 특별하여 참전을 피할 수도 있었습니다. 하지만 오히려 이렇게 말했습니다. '저를 보내 주십시오.'"

클린턴과 같은 날 저녁 연설에 나선 지미 카터는 과장되게 말했다.

"존 케리는 자신에게 임무가 주어지자 즉각 등장했습니다. 우리의 동맹국들이 갈라서고, 세계가 우리에게 분노하고, 중동이 격노하는 상황에서 존 케리를 밀어서 대테러 세계 전쟁을 되살리도록 해야 합니다."

카터는 그의 유명한 맺음말을 다시 되풀이하며 말했다.

"내 이름은 지미 카터입니다. 나는 대통령 후보가 아닙니다. 하지만 이곳에서 할 일이 있습니다. 나는 존 케리가 러닝 메이트 존 에드워즈John Edwards와 함께 백악관에 들어갈 수 있도록 전력을 다할 것입니다."

가을 유세 때, 카터는 케리에게 실패한 전쟁이라는 주제를 강조하라고 역설했다.

"나는 케리가 노려야 할 것이 바로 그 문제라고 생각합니다. 내가 보기에, 부시 대통령은 국민에게 솔직하지 못했습니다."

클린턴은 민주당 경선에 참석하지 못했는데, 고의적인 문전박대가 아닌 다른 이유 때문이었다. 심장 절개술을 받았던 것이다. 9월, 4중 우회 심장수술을 받고도 그는 오랫동안 누워 있을 수 없었다. 10월 하순 무렵, 클린턴은 기꺼이 케리를 위해 유세에 나섰고, 고어가 4년 전에 표를 놓쳤던 아칸소 같은 핵심적인 격전지에 유세를 집중했다. 남부적인 이미지를 적극 활용하면서 클린턴은 말했다.

"그냥 허심탄회하게, 나 외의 민주당원은 말할 수 없는 이야기를 좀 해 봅시다. 내가 직접 입후보하는 것이 아니기 때문에 아무 말이나 할 수 있습니다."

그런 다음에 클린턴은 수사적인 질문을 던졌다.

"내가 아칸소에서 이겼던 표차로 우리가 이기고 있지 않다니 이게 어떻게 된 일입니까?"

힐러리 클린턴과 2008년 경선

클린턴이 뻣뻣한 존 케리를 위해 지방을 돌아다니며 마지막 순간에 해 주었던 유세는 너무 짧고 너무 때늦은 것이었다. 하지만 궁극적으로, 그것은 가장 중요한 정치 참여를 위한 예행연습에 불과했다. 아내인 힐러리가 중간 경유지인 뉴욕 상원의원 선거에서 대성공을 거둔 뒤, 이어 2008년의 대선후보 경선을 벌이는 동안 그가 핵심 지휘자 역할을 맡은 것이다.

가끔 신랄해지고, 종종 독설을 퍼붓고 늘 긴장하는 예비선거 기간 중, 클린턴은 최선과 최악의 양면을 보여 주었다. 중요한 여러 주에서 클린턴의 존재는 확실히 아내에게 정치적 입지를 다져 주었다. 하지만 사상 최초로 여성 대통령의 남편이 되려는 캠페인 과정에서 그는 일련의 선동적 발언을 했고 그 때문에 뒷전으로 물러나게 되었다. 최악의 측면 가운데 하나는 버락 오바마Barack Obama가 사우스캐롤라이나 예비선거에서 클린턴 후보를 물리친 뒤에 드러났다. 당시 클린턴은 무신경하게도 오바마의 성과를 과거 민권 지도자의 그것과 비교했다.

"제시 잭슨은 84년과 88년에 사우스캐롤라이나에서 승리했습니다. 잭슨은 선거운동을 잘했습니다. 그리고 오바마는 이곳에서 유세를 잘했습니다."

이렇게 둔한 논평은 유튜브와 같은 새로운 바이러스성 매체에 올려져 들불처럼 번져 나갔고, 2008년 경선을 2004년의 선거와는 사뭇 다르게 만들었다.

클린턴의 실수는 충격적이었다. 특히 미국의 유능한 정치가로서 오랫동안 칭찬을 받았던 인물이 저지른 것이었으니 더욱 그랬다. 전 대통령은 그동안 비판을 많이 받았지만 인종차별주의자는 결코 아니었다. 예비선거에서 아내가 직면한 뜻밖의 어려움 때문에 빌 클린턴은 불끈했고, 잘못된 버릇인 손가락질이 나왔다. 힐러리 클린턴의 선거운동을 방해하는 모든 사람들—그들 가운데 예전에 클린턴을 열렬히 지지했던 빌 리처드슨Bill Richardson도 있었다—은 전 대통령에게서 비난 세례를 받았다.

클린턴의 사례는 드높은 인도주의적 이상을 펼쳤던 전 대통령이 정치판에 다시 끼어들어 자신의 신뢰성을 무너뜨렸다가 장래의 어느 시점에 발판을 다시 확보할 수도 있음을 보여 준다. 우리가 앞에서 살펴본 대로, 퇴임 대통령들의 역사에는 지지도를 잃었다가 다시 찾은 이야기가 많다. 하지만 빌 클린턴처럼 다채롭게 재기한 다른 전직 대통령을 생각해 내기란 쉽지 않다. 2008년 예비선거가 끝날 무렵, 클린턴은 "오늘이 내가 선거운동에 개입한 마지막 날이 될 것"이라고 선언했다. 정말 그럴 것인지는 시간만이 알려 주리라.

조지 H. W. 부시에 관해 말해 보자면 존 매케인John McCain이 압도적인 표차로 공화당의 지명자가 되었을 때, 41대 대통령은 휴스턴 공항 격납고 앞에서 그와 나란히 서서 사진을 찍었고 절대적인 지지를 표시했다. 아버지 부시는 말했다.

"이 어려운 시기에, 우리나라를 이끌기 위해 존 매케인 상원의원보다 더 준비된 사람은 없습니다."

하지만 그렇게 말한 순간, 아버지 부시는 아직도 아들이 국가를 이끌고 있다는 사실을 잠시 망각한 것이었다.

일찍이 2007년 겨울, 지미 카터는 자신과 같은 노벨 평화상 수상자인 예전 부통령 앨 고어를 지지하고 싶다는 의사를 나타냈다.

"만약 앨 고어가 입후보하기로 결정한다면—아마 후보로 나서지 않을 것 같긴 하지만—나는 〔그를〕 지지하겠습니다. 지금 그가 중요하게 여기는 문제는 지구 온난화와 그에 대한 방지입니다. 오스카상을 수상할 환경 영화를 제작하기보다는 백악관의 현직 대통령이 되는 편이 그 목표를 아주 더 많이 성취할 수 있을 것입니다."

카터는 대통령의 권력에 대하여 무한한 신뢰를 보냈으나 앨 고어는 입후보하는 쪽으로 마음을 돌이키지 않았다. 솔직한 카터—《플레이보이Playboy》지에 마음속으로는 부정한 정욕을 느끼는 일이 있다고 털어놓았을 정도로 솔직한—는 기이하게도 버락 오바마의 입후보를 열렬히 환영하며 말했다.

"그의 성공을 지켜보는 것은 나와 내 가족에게 엄청나게 기분 좋은 일이다."

카터는 오바마가 대의원 지지율 1위를 차지한 날 곧바로 지지를 표명했다.

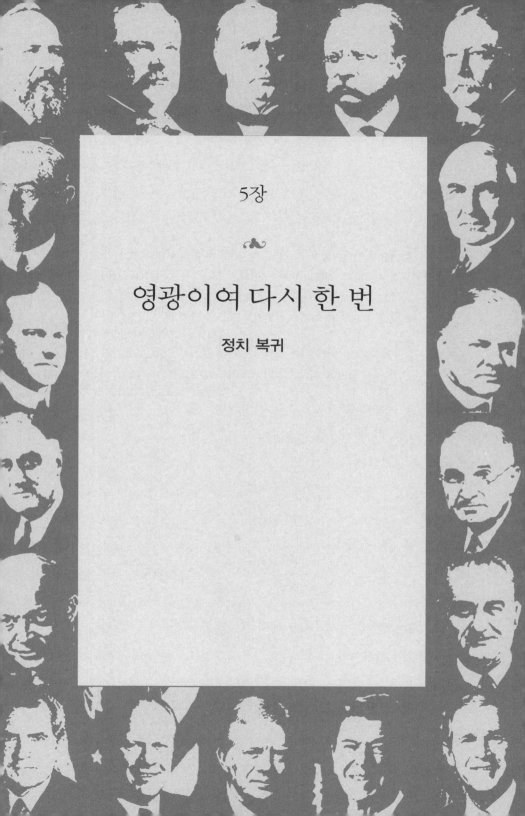

5장

❧

영광이여 다시 한 번

정치 복귀

66

권력에는 매력이 있다. 알다시피 도박과 돈에 대한 탐욕 못지않게,
권력은 사람의 피를 끓게 할 수 있다.   – 해리 트루먼

나는 입후보를 선언했다. 싸움이 시작되면 나는 발가벗겨질 것이
다.   – 시어도어 루스벨트

아마 내가 좋아하는 것은 안락함과 품위와 걱정거리 없는 권력일
것이다.   – 윌리엄 하워드 태프트의 대법원론(論)

99

미국 건국 후 약 1세기 동안에는 그런 일이 없었지만, 2세기째에 들어서면서 전 국가수반이 백악관에 다시 들어가려고 시도하는 인상적인 사례가 나타났다. 몇몇 전직 대통령들은 정치 복귀가 영향력을 다시 얻는 확실한 방법이라고 생각했다. 그중 가장 의미가 큰 사건은 테디 루스벨트가 1912년에 불 무스Bull Moose 제3당(진보당)의 후보로 대통령 선거에 나선 것이었다. 인상적으로 공화당 기득권층에게 도전하고, 사상과 공공 정책의 연계에 강한 영향을 미친 루스벨트의 정계 복귀는 미국 대통령 역사상 가장 짜릿한 대선 무대를 마련했다. 그 외에도, 마틴 밴 뷰런의 자유토지당과 밀러드 필모어의 무지당(아메리카당) 같은 별로 기억되지 않는 제3당 시도는 남북전쟁 이전의 뒤숭숭한 사회상을 보여 준다. 백악관 재입성에 성공한 그로버 클리블랜드는 비연속적으로 재선된 유일한 대통령으로서 두 차례 백악관의 주인이 되었으며, 훗날 대통령 퀴즈 게임의 중요한 소재가 되었다.

오늘날, 전직 대통령이 클리블랜드처럼 백악관으로 되돌아갈 수 있는 가능성은 거의 없다. 하지만 훨씬 더 매력적인 것은 전직 대통령이 또 다른 정치적 지위를 노릴 수 있다는 것이다. 어떻게 국가에서 가장 강력한 지위를 차지했던 사람이 그보다 영향력이 낮은 다른 지위에 관심을 가질 수 있을까? 하지만 그들은 관심을 가졌다. 미국의 퇴임 대통령 역사는 대통령들이 다른 곳—의회, 사법부, 지방 정치까지—을 기웃거리며 정치 욕구나 권력욕을 지속적으로 충족시킨 경우를 자주 보여 준다.

한 사과를 세 번 깨물다

150여 년 동안, 대통령이 3선에 나설 수 있다는 가능성은 미국 정치의 성가신 문제였다. 헌법에 명시된 바는 없지만, 조지 워싱턴이 연임한 뒤에 기꺼이 물러났던 중대한 사례는 후대에 큰 영향을 끼쳤다. 워싱턴은 당초 그런 식으로 물러나면서 어떤 폭넓은 미래상을 수립하겠다는 생각은 없었다. 그가 1797년에 버지니아로 되돌아온 것은, 주위에서 목격되는 급격한 정치 쟁점화와 파벌주의에 괴로워했고, 더 이상 진정한 국가 지도자의 역할을 할 수 없다고 생각했기 때문이다. 하지만 워싱턴의 퇴장은 여전히 군주제도를 몹시 두려워한 신생 공화국에서 깊은 인상을 끼치며 공감을 얻었고, 엄청나게 상징적인 선례가 되었다.*

　비록 워싱턴은 결정적인 고별 연설을 했지만, 몇몇 연방주의 지도자들은 그에게 퇴임을 재고하라고 역설했다. 1800년 선거가 열리

---

*　1951년에 비준된 미국 헌법 수정 제22조에서는 대통령의 임기를 2회로 제한했다. 또 대리 대통령으로 2년 이상 근무한 자는 1회 이상 대통령에 선출될 수 없다고 규정했다.

기 1년 전, 코네티컷 주지사 존 트럼벌John Trumbull은 워싱턴을 설득하여 대통령직에 복귀시키려 했다. 트럼벌은 제퍼슨의 승리로 결국은 "프랑스 대통령"이 집권할 것에 당황하면서 많은 동료들이 불안해한다고 목소리를 높였다. 당시의 정치적 현실을 우울하게 보고 있던 워싱턴은 과연 자신이 통합적인 지도자로 나설 수 있을지 의심했다. 그는 이렇게 썼다.

"나는 반연방 쪽에서 단 한 표도 끌어내지 못한다고 굳게 확신합니다."

따라서 그는 복귀 제안을 심각하게 고려하지 않았다. 그는 트럼벌에게 말했다.

"이런 생각을 갖고 있으면서 공직을 받아들인다면 그건 범죄를 저지르는 것과 다름없습니다."

권력을 되찾아야겠다는 워싱턴 반대파들의 결심이 너무 굳건했기 때문에, "빗자루를 세워 놓고 그것을 자유의 진정한 아들, 민주주의자라고 부르거나 또는 그들의 목적에 맞는 또 다른 어떤 별명을 붙이든…… 그들은 그것에 표를 몰아줄 것"이라고 워싱턴은 판단했다. 워싱턴은 설령 복귀한다 해도 장래가 어둡다고 보았다.

"(다시 대통령이 된다면 _ 옮긴이) 나는 우유부단한 태도로 인해 비난을 받을 뿐만 아니라, 언젠가 터져 나오게 되어 있는 감추어진 야망을 갖고 있다는 비난을 받을 것입니다. 그리고 거기에 더하여 노망이 들었고 무능하다는 비난도 받게 되겠지요."

그는 복귀하지 않겠다는 마음을 굳혔다.

근 80년이 지난 뒤, 한 전직 대통령이 3선에 나설지를 심사숙고하게 되었다. 1876년, 그랜트는 세 번째 임기의 지명을 받아들였지만 당은 그의 입후보를 두고 단결할 수 없었다. (그랜트는 침착하게 행동하려 애쓰면서 말했다. "나는 처음 대통령이 되었을 때에도 그 자리를 그렇게 원한 것은 아니었고 지금도 마찬가지입니다.") 하지만 2년 6개월 동안 세계를 여행하고 1879년에 귀국한 그랜트는 다시 입후보하라는 열화와 같은 성원을 한 몸에 받게 되었다. 러더퍼드 B. 헤이스의 행정 개혁을 참을 수 없다고 판단한 공화당 내의 이른바 충성파Stalwarts가 다시 그랜트 정부를 요구하고 나섰다. 하지만 모든 공화당원이 그랜트 옹립에 열심이었던 것은 아니다. 그랜트는 8년 동안 대통령으로 재직하면서 남북전쟁의 영웅이라는 명성에 먹칠을 했고, 따라서 그를 비난하는 사람들은 그가 펜실베이니아 대로(백악관)에 귀환하는 것을 봉쇄하기로 결정했으며, 대통령의 3선을 금지하는 헌법 수정 조항을 발의할 정도로까지 나아갔다.

그랜트는 입후보 제안에 귀가 솔깃했지만 신중한 자세를 취했고, 남들이 자신을 대신해 분위기를 띄워 주기 바랐다. 아내인 줄리아 덴트 그랜트는 미적거리는 남편에게 시카고의 공화당 전당대회에 참석하라고 졸랐다. 그녀는 이렇게 회고했다.

"어떻게 하면 남편이 일요일 저녁에 시카고에 가서 월요일 아침의 전당대회 회의장에 나타나도록 할 수 있을까요? 하지만 불가능해요! 남편은 거기 가느니 차라리 자신의 오른손을 자르겠다고 말했어요. 제가 남편에게 그랬어요. '당신은 성공을 원하지 않아요?' '물론, 원하지. 내 이름이 나왔으니 기왕이면 지명되기를 바라오. 하지만 지명되기 위해 내 쪽에서 움직이는 일 따위는 하지 않을 거요.'"

그랜트를 입후보시키려는 생각은 공화당 충성파를 괴롭히고 또 분열시켰다. 그들은 그랜트가 연임을 마친 대통령으로서 남긴 정치적 유산을 놓고 토론했다. 그랜트는 독직과 실정의 연임 대통령으로 기억되어야 하는가, 아니면 단호히 당 화합을 유지하고 재건을 지켜낸 대통령으로 기억되어야 하는가? 그랜트 옹호자 쪽에서 본 유리한 점은 유럽, 극동, 동남아, 중동을 순회한 전 대통령의 세계 여행을《뉴욕 헤럴드》가 대서특필했고, 애독자들이 그 여행기를 탐독하며 거듭 그에게 매혹되었다는 것이었다. 그랜트의 오랜 보좌관 애덤 바도Adam Badeau는 전 대통령이 해외여행 덕분에 더 유능하고 매력적인 3선 후보로 변신했다고 주장했다. 그의 여행은 세계에 대한 전문 지식과 외교 수완을 높여 주었다. 그랜트의 중요한 후원자인 로스코 콘클링 상원의원은 "신이 아니라면 그 무엇도 그랜트 지명을 막을 수 없다"고 확신했다.

하지만 다른 그랜트 지지자들은 전 대통령이 여행을 너무 일찍 끝냈고, 공화당 전당대회가 열리기 9개월 전에 귀국할 게 아니라 신비감을 유지하기 위해 마지막 순간까지 여행을 연장했어야 한다고 생각했다. 귀국 후 몇 달이 지나자 그가 여행 중에 얻었던 유리한 반응이 희석되면서, 이권 개입과 독직으로 혼탁했던 그의 정부를 비판하는 목소리가 되살아났다. 하지만 이런 장애에도 아랑곳없이 그랜트는 역사상 다른 어떤 대통령보다 3선 고지에 가까이 다가갔다. 6월의 시카고 전당대회에서 그의 지지자들은 36차례까지 투표를 끌고 갔다. 그랜트와 메인 주 상원의원 제임스 블레인 사이에서 승부가 팽팽해지자 제임스 가필드를 어부지리의 타협 후보로 선출함으로써 교착 상태가 풀리게 되었다. 만약 그랜트가 전당대회에 참석했더라면 상황은 크게 달라질 수 있었다. 하지만 전 대통령은 참석하지 않았고, '공화국 대군Grand Army of the Republic' 회의에서 연설하기 위해 밀워키로 가는 길목에 있었던 시카고를 일부러 비껴갔다. 가필드는 마법의 수인 379표에 도달했지만 그랜트는 307표를 얻는 데 그쳤다.

　20년이 지난 뒤 어떤 민주당원들, 특히 네브래스카의 반금본위주의자인 인민주의자 윌리엄 제닝스 브라이언을 싫어했던 민주당원들은 22대와 24대 대통령 그로버 클리블랜드가 3선 지명을 받아들여 1900년의 공화당 현직 대통령 윌리엄 매킨리를 상대해 주기를 은근히 기대했다. 뉴저지 주의 프린스턴에서 편안한 은퇴 생활을 누리던 클리블랜드는 3선을 그다지 열망하지 않았다. 그래도 어떤 사람들은 브라이언에 대한 반감과 매킨리의 정책―하와이 합병, 관세율 인상, 무엇보다도 대(對) 스페인 전쟁―에 대한 점증하는 혐오감 때문에 클리블랜드가 생각을 바꾸기를 바랐다. 단순히 그가 1856년 이래 백악관에 입성한 유일한 민주당원이기 때문에 클리블랜드를 지지한 민주당원들도 있었다. 《뉴욕 타임스》에 실린 어떤 편지는 클리블랜드가 처음 승리한 해를 깊이 그리워했다.

　"[클리블랜드는] 혼란에서 질서를 끌어낼 수 있는, 우리에게 남아 있는 유일한 정치가입니다. 브라이언파, 매킨리파, 인민주의자, 금주당원, 확장주의자, 반확장주의자, 그 밖의 온갖 것들을 몰아내고, 오래된 당이 1884년의 빛나는 위치로 되돌아가게 해주세요."

　하지만 클리블랜드는 정치 복귀를 심각하게 고려하지 않았다. 오히려 분열된 민주당이 전면적으로 쇄신되어야 한다고 생각했다. 그리하여 이렇게 선언했다.

"우리가 스스로 치열한 논쟁을 벌이며 쇄신책을 생각해 내지 않는다면 결코 선거에서 승리하지 못할 것입니다."

브라이언이 또 다시 1900년 대선의 최종 후보가 되었을 때, 클리블랜드는 심연을 향해 달려가는 민주당의 불가피한 운명을 담담히 받아들이려고 애썼다.

배에서 뛰어내리기: 제3당

기존 정당 내에서 3선 가능성을 엿보았던 그랜트나 클리블랜드와 달리, 전 대통령 세 명은 전통적 관계를 끊고 제3당 후보로 정치적 모험을 걸었다. 제3당은 일반적으로 미국 정치 체제의 변방에 밀려나 있었다. 승자 독식 선거 체제와, 입후보를 위한 모금 의무는 미국의 정치사에서 양당 지배 구조를 굳혀 놓았다. 하지만 두 거대 정당이 특정 후보의 정치적 또는 이념적 방향을 충족시키지 못했던 중차대한 시기에, 제3당은 한 가지 대안으로 떠올랐다. 역설적이게도, 처음 이 길을 따라간 전직 대통령은 소속당의 건설자였으나 그 당에 실망한 마틴 밴 뷰런이었다.

민주당을 떠나

1840년 재선에 나섰다가 윌리엄 헨리 해리슨에게 대패한 뒤, 마틴 밴 뷰런은 정치 복귀를 꿈꾸며 "만약 당이 원한다면 재지명에 나설 것"이라고 일반 대중에게 겸손한 어조로 선언했다. 정계에서 물러난 지 2년 후, 밴 뷰런은 미국 남부와 서부를 7000마일이나 여행하고 뜻밖에도 애정이 흘러넘치는 인파와 만났다. 희망을 얻게 된 전직 대통령은 다시 민주당의 기수가 되겠다는 신념을 굳혔다.

현직 대통령인 존 타일러는 이에 대하여 별로 이의를 제기하지 않았다. 정부통령 후보의 균형을 맞추고 남부를 회유하기 위해 선택되었던 민주당 출신 타일러는 1840년 윌리엄 헨리 해리슨 정부의 부통령이 되었다. 그러나 해리슨이 급사한 뒤에 대타 대통령으로 올라섰고 1844년에도 백악관에 남기를 희망했지만 휘그당이나 민주당 어느 쪽에도 지지자들이 많지 않았다. 휘그당은 그를 참을 수 없는 인물로 보았고—대니얼 웹스터Daniel Webster를 제외하면 해리슨이 지명한 장관들 전원은 타일러가 1841년에 대통령으로 취임한 후 사임했다—민주당은 그를 받아들일 생각이 없었다.* 그는 당을 업지 못한 인물이 되었다. 그렇지만 주(州)의 권리를 옹호하는 국무장

---

* 존 타일러는 1827년부터 민주당 상원의원이었으나 평등주의를 강조한 앤드루 잭슨의 정책에 반대해 1834년경 휘그당으로 당적을 옮기고 부통령 후보가 되었다. 휘그당의 대통령 후보로 당선한 해리슨이 취임 한 달 만에 폐렴으로 사망하자 부통령인 타일러가 대통령직을 승계했다. 대통령이 된 타일러가 휘그당 정책을 거부하자 휘그당 출신 각료들이 총사직하고(대니얼 웹스터 국무장관은 조금 후에 사직했다), 휘그당에서는 타일러를 출당시켰다.

관 존 C. 칼훈John C. Calhoun과 함께, 타일러는 현안인 텍사스 합병과 노예제도 확산을 선거 쟁점으로 삼으면서 입후보를 준비했다.

밴 뷰런은 민주당의 지명을 따낼 듯했다. 하지만 노예제를 미국 정치의 핵심 문제로 제기한 텍사스 합병 논쟁은 또 다른 임기를 노리는 그에게 장애물로 떠올랐다. 텍사스는 멕시코에서 분리된 1836년부터 독립 공화국의 지위를 갖고 있었다. 밴 뷰런은 즉각적인 통합(미국의 한 주로 통합 _ 옮긴이)을 반대했지만, "만약 사람들이 강력하게 통합을 선호하는 의지를 보여 준다면" 그것을 지지하겠다고 미지근하게 말했다. 재임 중 최악의 1837년 경제공황을 겪은 밴 뷰런은 합병이 멕시코와의 전쟁은 말할 것도 없고 심각한 재정 부담을 가져올 것이라고 우려했다.

밴 뷰런의 합병 반대는 정치적 자살행위가 되고 말았다. 그 때문에 스승이자 후원자인 앤드루 잭슨과의 관계가 멀어졌고 결국에는 잭슨의 지지를 잃었다. 잭슨은 1844년 대선에서 막후 실력자가 되어, 밴 뷰런의 예비 부통령 후보이자 합병을 찬성하는 테네시 동료 제임스 K. 포크에게로 시선을 돌렸다. 그리하여 잭슨은 밴 뷰런 후보와 함께 포크를 제2인자로 미는 것이 아니라, 아예 포크를 제1순위로 올려놓는 데 주력했다. (민주당 전당대회 규칙은 잭슨에게 힘을 실어 주었다. 밴 뷰런이 대의원의 다수를 확보하더라도, 지명을 위해서는 전체 표의 3분의 2를 얻어야 했다.) 밴 뷰런의 패배에 대한 씁쓸한 후기(後記)로서, 존 타일러 대통령은 정식으로 1845년 2월 말에 텍사스 공화국을 합병했고 그것은 대타 대통령으로서 취한 마지막 조치 중 하나였다.

그 패배가 밴 뷰런에게는 백조의 노래가 될 것이라 보고 민주당은 그에게 감사를 표시했다.

"우리는 명예로운 은퇴를 택해 미국 민주주의에 대한 깊은 확신과 애정과 존경을 보여 준 그에게 경의를 표합니다."

하지만 밴 뷰런의 정치적 경력은 완전히 끝난 게 아니었다. 텍사스 병합 반대로 비난받고, 민주당 남부 지지자들(일찍이 파벌의 화합을 위해 호소했던 대상)의 상실로 괴로워하던 밴 뷰런은 이제 당의 많은 사람들과 멀어졌다. 1840년과 1844년의 민주당 패배를 겪으면서, 그는 당의 생존 능력을 의심하기 시작했다.

그러나 텍사스에 대한 밴 뷰런의 개화된 입장이 그를 강력한 노예제도 반대자로 만들었다고 생각하면 잘못이다. 노예 폐지론자들은 끊임없이 전직 대통령의 진정성에 의문을 제기했다. 밴 뷰런은 컬럼비아 특별구(워싱턴 D.C.)의 노예제도 폐지를 반대했고, 노예제 토론을 억누르는 의회의 '함구령'을 지지했다. 하지만 고향 뉴욕 주에서 정치에 복귀한 밴 뷰런은 노예제도의 수렁에 깊숙이 빠지고 말았다. 그는 새로운 노예주의 인정을 반대하는 '과격파Barnburners'의 리더십을 획득하면서 정치적으로 기회주의적 우회를 했다. 과격파는 노예제 문제를 온건하게 다룰 것을 주장하는 '보수파Hunkers'에 맞서는 라이벌 정파였다. 과격파는 민주당 뉴욕 주 대회에서 라이벌 정파와 의견이 맞지 않자 당을 탈퇴하여 자유토지당을 창립했다. 이렇게 하여 마틴 밴 뷰런은 얼떨결에 이 새로운 정당의 기수가 되었다.

신생 정당의 1848년 8월 버펄로 전당대회에는 2만 명이 참석했고 여기에는 프레더릭 더글러스Frederick Douglass와 월트 휘트먼Walt

Whitman과 같은 저명인사들이 들어 있었다. 자유토지당은 밴 뷰런을 대통령 후보로, 6대 대통령의 아들인 찰스 프랜시스 애덤스Charles Francis Adams를 러닝메이트로 지명했다. 자유토지당은 "자유민에게 자유 토지"를 보장하겠다고 주장했고, 의회가 왕을 만들어 낼 수 없듯이 노예 또한 만들어 낼 권리가 없다고 대담하게 선언했다. 이렇게 하여 자유토지당은 휘그당과 민주당의 노예제도 반대 지역에서 상당한 지지를 끌어냈다(이런 숭고한 수사에도 불구하고 자유토지당은 흑인의 완전 해방이라는 사회적, 정치적 권리 확장에까지는 이르지 못했다).

밴 뷰런은 전체 유권자의 10퍼센트 정도인 약 30만 표를 얻었는데, 자유주에서만 표를 얻은 후보치고는 나쁘지 않은 성과였다(단겨우 아홉 표를 얻은 버지니아 주는 제외). 하지만 밴 뷰런은 대선에서 중요한 캐스팅 보트 역할을 했다. 자유토지당은 뉴욕과 매사추세츠에서 2위를 차지했고, 민주당 후보인 미시건의 루이스 캐스Lewis Cass가 대선에서 재커리 테일러에게 이기지 못하도록 막았다. 이 때문에 밴 뷰런은 자유토지당Free Soiler과 발음이 비슷한 "자유 훼방자Free Spoiler"라는 별명을 얻었다. 역설적이게도 자유토지당은 캐스가 남부 지역 당원들과 유화적으로 타협한다고 비난했는데, 그것은 실은 밴 뷰런이 10년 전에 취했던 것과 똑같은 노선이었다. 노예제도를 반대하는 자유토지당의 온갖 강령을 마음 편하게 받아들인 적이 없는 마틴 밴 뷰런은 노예제 반대 운동의 임시 지도자에 지나지 않았다. 1852년 무렵, 그는 마음 편하게 고향인 민주당으로 되돌아왔고, 자유토지당은 새롭게 태어난 정당인 공화당으로 흡수되었다.

휘그당에서 무지당(아메리카당)으로

같은 해, 뉴욕의 또 다른 저명인사가 당에서 탈퇴했다. 밀러드 필모어는 1848년 재커리 테일러의 부통령으로 뽑혔다가 1850년 7월에 세상을 떠난 테일러를 대신해 대통령직에 오른 후 1852년 휘그당의 기피 인물이 되었다. 당시 그들은 프랭클린 피어스의 대항마로 윈필드 스콧Winfield scott 장군을 지명했다. 필모어는 탈당하여 1856년의 중요한 선거에서 제3당의 후보로 대선에 나섰다.

밀러드 필모어는 아메리카당, 비공식적으로 무지당Know-Nothings 이라고 불리는 이민 배척주의 정당 소속으로 대통령 선거에 나섰다. (당시의 언론에 따르면, 정당 활동에 대한 질문을 받았을 때 당원들이 "아무것도 모른다know nothing"라고 말해서 무지당이라는 당명이 나왔다.) 무지당은 쏟아져 들어오는 아일랜드 가톨릭계와 독일계 이민에 대한 반동으로 성조기 기사단Order of the Star Spangled Banner과 같이 외국인 혐오증에 걸린 지역 비밀결사가 촉발하는 데 탄력을 받아 생겨났다. 아일랜드와 독일에서 이주민 약 300만 명이 1845년부터 1854년까지 몰려왔고, 그것은 이전의 70년 동안에 들어온 이민자들을 모두 합친 수보다 많았다. 무지당 강령은, 선출직 인사는 미국에서 태어난 시민으로 제한하고, 모든 공립학교 교사가 개신교 신자여야 하며, 이민 특히 가톨릭 국가의 이민을 줄여야 한다는 주장을 폈다. 무지당의 전성시대는 1854년이었다. 당원은 급증하고 무지당 후보들은 매사추세츠, 코네티컷, 뉴햄프셔, 로드아일랜드, 켄터키의 주지사를 비롯하여 여러 군데 주요 공직을 차지했다.

하지만 전국적 관심이 절정에 올랐어도 아메리카당은 늘 비주류 정당이었고 그들의 극단적인 견해는 공화국의 건국 이념과 어긋나는 것이었다. 전직 대통령 밀러드 필모어는 어떻게 극단적인 혐오 단체를 지지하게 되었을까? 무지당은 필모어의 마음 편한 본거지가 아니었고, 그는 결코 당의 이념을 완전히 공유하지 않았다. 그런데 1856년에 당세는 하락세였다. 무지당은 너무 배타적인 강령의 표현을 비교적 받아들이기 쉬운 보수주의로 완화하여, 제1순위 강령으로서 "연방 국가를 구하자"고 주장한 터였다. 그 무렵 필모어의 고향인 휘그당은 분열했고, 많은 무지당 당원들이 새로운 공화당에 가입하고자 당을 탈퇴했다. 공화당에 입당할 생각이 없어서—필모어는 휘그당이 노예 폐지론을 주장한다고 보았다—정치적으로 무적자가 된 그는 영향력을 다시 얻기 위한 수단을 찾고 있었다. 개인적인 요소들도 작용했다. 아내와 딸이 1850년대에 세상을 떠나자, 필모어는 더욱더 정치적 관심의 강도가 높아졌다. 그리하여 무지당이 1856년 대선 후보로 나서 달라고 제안해 왔을 때 망설이지 않고 받아들였다.

당의 이민 배척 성향이 1856년에 이르러 완화되기는 했지만, 여전히 남부 기반을 활용해야 했던 필모어는 선거 몇 달 전 신뢰도를 높이기 위해 성조기 기사단에 가입했다. 선거 유세를 할 때 그는 "구세계의 군주국에서 새로 온 사람들은 우리 제도에 대한 교육, 생각의 습관, 지식이 없기 때문에 미국을 다스릴 수 없다"고 수십 번이나 주장했고, "외국인 투표의…… 파괴적인 영향력"을 비난했다. 더 큰 문제로, 필모어는 공화당이 승리하면 국가적 불화를 부채질하여 내

전이 휘몰아칠 것이라고 본질적인 위험론을 제기했다.

앤드루 잭슨의 의붓아들, 앤드루 잭슨 도넬슨Andrew Jackson Donelson을 부통령 후보로 영입한 필모어는 8년 전 밴 뷰런이 얻은 제3당 표의 두 배가 넘는 득표를 기록했는데, 지지자의 상당수가 남부 휘그당에서 나왔다. 그는 22퍼센트의 표를 얻었고 매릴랜드 주를 휩쓸었다. 그것은 공화당 후보 제임스 프리먼트James Fremont가 제임스 뷰캐넌을 이기지 못하도록 막기에 충분한 이탈 표였다. 하지만 그것이 그의 마지막 선거운동이 되었다. 그는 친구에게 이렇게 말했다.

"나의 정치 경력이 끝났다고 생각합니다. 〔나는〕 더 이상 추구할 것이 없어요."

불 무스 당

미국 역사상 최대의 제3당 후보는 필모어로부터 50여 년이 흐른 뒤에 나타났다. 권력의 주변부에서 모험적이고 불만에 찬 몇 해를 보낸 뒤, 테디 루스벨트는 진보당의 1912년 대통령 후보 자리를 받아들이기 위해 요란스럽게 정계에 복귀했다.

루스벨트는 윌리엄 매킨리의 재선 임기 대부분을 대타 대통령으로 근무하고(매킨리는 1901년 늦여름 버펄로에서 괴한의 총에 맞아 쓰러졌다), 1904년 대승을 거둔 뒤에 자신의 초선 임기를 완전히 채우고 공직을 떠났다. 1908년 재선에 다시 나서지 않고, 자신의 손으로 직접 뽑은 후계자, 윌리엄 하워드 태프트에게 공공 정책 추진을 맡기기로 결정했다.

20세기 초 클린턴 대통령이 퇴임할 때 그가 공직을 떠나서도 여전히 활동하리라고 생각하는 사람들이 많았던 것처럼, 당시 사람들은 루스벨트 대통령이 조용히 퇴임 대통령의 황혼 속으로 사라질 것이라고 보지 않았다. 1910년 4월, 루스벨트는 다시 입후보하지 않겠다고 단언했지만—"나는 감당할 수 없는 짐에 비틀거리면서, 다시 대통령 후보로 나서는 입장이 되지 않기를 진정으로 바랍니다"—되돌아보면 그것은 분명 허세였다. 그해 하반기에 루스벨트는 기차를 타고 남부와 서부를 여행했고 수행 기자 20여 명은 '새로운 민족주의' 정치철학의 태동을 취재했다. 그것은 언론인 허버트 크롤리 Herbert Croly의 《미국 생활의 약속The Promise of American Life》에서 영감을 얻은 사상이었다. 결정적으로 도금 시대의 자유방임 사상과 등지게 된 루스벨트는 재산권보다 인류 복지가 우선한다고 말했으며, 연방정부가 모든 사람들에게 기회, 안정, 정의를 평등하게 보장할 것을 요구했다. 복지국가의 기본적인 원칙들을 강조하는 '새로운 민족주의'는 곧 진보당의 핵심 강령이 되었다. 루스벨트의 전국 여행은 넓은 의미의 선거 유세가 되었고, 국가의 미래를 내다보는 이념을 밝혀 주었다.

작가로서 루스벨트의 폭넓은 인기는 그의 발전적인 견해를 일반 대중과 함께 나눌 기회를 더욱 확대해 주었다. 동시에 예전에 자신이 후견하던 윌리엄 하워드 태프트에 대한 루스벨트의 불만도 더욱 커졌다. 루스벨트는 종종 주간지 《아웃룩The Outlook》의 정기 기고자로서 그 지면을 활용하여 중재 조약*, 신뢰 상실, 재지명을 얻기 위한 태프트의 전략 등을 다양하게 공격했다. 루스벨트가 무엇 때문에 공식적인 정치 생활로 복귀했는지 설명하는 이론은 많이 있다. 그는 확실히 권력을 갈망했지만 그 밖의 다른 동기들도 있었다. 루스벨트는 태프트가 공화당을 이끌어 가는 방향에 진정 불안을 느꼈고, 공화당에 대한 의무감도 있어서 대선에 뛰어들었다. 또한 태프트의 대통령 당선을 위해 엄청나게 노력했는데도 충분히 감사 표현을 듣지 못해 무시당한 느낌이 들었고, 태프트가 취임한 뒤에 자신의 예전 내각에서 근무한 많은 사람들을 내보내자 분노했다. 태프트의 1908년 승리를 기획한 것이 잘못된 판단이었다고 결론짓고, 루스벨트는 정치적 면죄부를 노리기 시작했다.

루스벨트가 다시 대통령에 입후보할 것을 염려한 태프트는 그에게 행정부의 일정한 역할을 주고 또 루스벨트가 재선 지명을 보장해 준다면 몇몇 백악관 보좌관들을 해임하겠다고 제안했다. 제안을 거부당하자 태프트는 자신의 제도적 권한을 행사했다. 대통령으로서 로비를 벌여 루스벨트가 1910년 공화당 뉴욕 주 위원회의 임시 의장이 되지 못하게 막으려 했다. 그 자리는 주 전당대회에 영향력을 행사하는 자리이고 유익한 정치적 발판이기도 했다. (하지만 주 위원회 위원들이 태프트가 직접 뽑은 인물을 거부하고 루스벨트를 선택했으니, 마지막에 웃은 사람은 루스벨트가 되었다.) 극적인 것을 좋아하는 루스벨트는 대선에 관한 자신의 궁극적 의도를 끝까지 감추면서 추측이 난무하는 상황을 즐겁게 지켜보았다.

---

* 1905년 '미국의 필리핀 점령을 일본이 인정하고, 일본의 한국 점령을 미국이 인정한다'는 가쓰라-태프트 밀약을 말하는 듯하다.

1912년 겨울 무렵, 루스벨트의 절친한 보좌관들은 그가 다시 대선 입후보를 진지하게 고려한다는 사실을 비공식적으로 퍼트렸다. 그 직후, 루스벨트는 입후보를 공식화하기로 결정했다. 그는 '새로운 민족주의'의 길로 국가를 이끌 사람으로 자신을 확고히 믿어 주는 주지사 그룹에게 후보 추천을 받기로 했고, 유권자들의 지지를 많이 이끌어 낼 수 있는 새로운 예비선거 방식에 기대를 걸었다(하지만 그는 공화당 전당대회에서 성공할지 여부는 확신하지 못했다). 많은 주에서 지방대회를 통해 대의원을 선출하는데, 이런 예비선거 과정은 언론의 폭넓은 취재를 받으리라고 예상되었다. 루스벨트는 그 과정이 자신에게 유리하게 작용할 것이라고 내다보았다.

엄청난 인기 덕분에 루스벨트는 그해에 열린 공화당 예비선거 14개 지역 중에서 9개 지역에서 승리했고, 여기에는 태프트의 고향 주인 오하이오도 포함되어 있었다. 하지만 예비선거가 끝날 무렵, 어떤 후보도 1인자가 될 만큼 충분한 대의원 수를 확보하지 못했다. 또 다른 복잡한 요인도 있었다. 태프트는 현직 대통령으로서 전당대회에 대한 영향력, 특히 공화당 전국위원회에 대한 영향력을 갖고 있었다. 그 위원회의 주된 책임은 경쟁이 너무 치열하여 어느 쪽으로도 결판이 나지 않는 경우 대의원 표를 배분하는 일이었다. 전당대회 결과는 태프트와 공화당 기득권층의 승리였다. 루스벨트는 대회의 부정을 규탄하며 부당하다고 울부짖었고, 성난 진보당 지지자들과 함께 시카고 전당대회장을 박차고 뛰어나왔다.

여세를 몰아, 루스벨트는 곧 새로운 정당을 결성하기 시작했다. 루스벨트가 "불 무스(수컷 말코손바닥사슴) 못지않게 튼튼하다"고 자신의 건강을 자랑한 뒤 불 무스 당이라는 별명이 붙은 진보당은 당을 둘로 쪼개면서 공화당 주류와 갈라섰고, 루스벨트는 제3당 대통령 선거운동의 기초가 된 진보당 프로그램을 추진했다.

6주가 지난 뒤, 진보당 전당대회에서—공화당 전당대회가 개최된 곳과 똑같은 시카고 종합체육관에서 열렸다—많은 사람들이 모여 새로운 정치 시대를 알렸다. 당의 지명을 수락하면서 루스벨트는 연단에서 설교하듯이 추종자들에게 말했다.

"우리는 아마겟돈에 직면했고 하느님을 위해 싸울 것입니다!"

전 대통령은 2만 단어로 이루어진 연설 원고를 준비했지만, 도취된 청중 때문에 연설이 145번이나 중단되는 바람에 절반밖에 읽을 수 없었다. 불 무스 당은 연금, 건강보험, 최저 임금, 여성 참정권을 보장하면서 온갖 개혁가들을 그러모았다. (여자들은 실제로 전당대회 진행에 중요한 역할을 맡았다.) 하지만 루스벨트는 인종 평등주의에 대해서는 유보적이었다. 논쟁의 여지가 너무 많고, 또 어떤 남부 흑인 지역이 전당대회에서 태프트 측 대의원을 불법적으로 선출했다고 보았기 때문에 전면적인 인종 평등주의를 받아들이지 않았다. 이 때문에 루스벨트는 흑인 지도자들, 특히 W. E. B. 듀보이스의 지지를 잃었다. 듀보이스는 민주당 후보인 우드로 윌슨을 지지했다.

미국 진보주의의 미래를 좌우했던 선거인 1912년 대선에서 걸출한 네 후보—태프트, 루스벨트, 윌슨, 그리고 사회주의자 유진 V. 뎁스Eugene V. Debs—는 다양한 진보적 화두를 들고 나왔다. 루스벨트는 힘든 싸움을 벌이고 있다는 것을 알았고 결국 선거 결과는 2등에 그쳤다. 하지만 전국적인 선거운동에서 목격한 사람들의 적극적인 열의와, 진보주의적 복음을 마음껏 펼쳤다는 생각으로 2위의 고통을 어느 정도 달랠 수 있었을 것이다. 대통령 선거 몇 주 전, 밀워키에서 있었던 암살 미수 사건은 루스벨트의 결연한 자세를 잘 드러냈다. 그는 이렇게 말했다.

"나는 총에 맞았지만 불 무스를 죽이려면 그보다 더 세게 공격해야 할 것입니다."

심장에서 1인치 비껴간 곳에 부상을 입었으나, 그는 청중에게 1시간 이상 연설한 다음에야 병원으로 실려 가는 것에 동의했다.

예상대로 윌슨은 유권자 투표에서 42퍼센트 대 27퍼센트의 차이로 루스벨트를 누르면서(태프트와 뎁스는 각각 23퍼센트와 6퍼센트를 득표했다) 선거인단 선거에서 대승을 거두었다. 4년이 지난 뒤, 진보당은 루스벨트에게 다시 입후보해 달라고 열심히 권유했지만 루스벨트는 받아들이지 않았다. 1916년, 그는 공화당 후보 찰스 에번스 휴스를 지지하면서 그 과정에서 "그 자신의 불 무스 당을 무자비하게 목 졸랐다."

통치권을 겨냥한 최후의 일발

테디 루스벨트는 백악관 재입성을 위해 입후보한 마지막 전직 대통령이었다. 그 후로 대통령 권좌에 복귀할 것을 암시하면서 구체적으로 접근한 전직 대통령은 단 한 명뿐이었다. 그런데 이 경우는 제2인자의 지위를 노리며 논의에 끼어든 것이었다.

제럴드 포드와 로널드 레이건은 결코 친하지 않았다. 포드는 주류 온건파의 기수이고, 레이건은 골드워터 이후에 보수적 강경파의 대부였다. 그런 만큼 두 사람은 공화당의 미래를 상당히 대조적으로 전망했다. 1976년, 그들의 이념적 차이는 선거전에서 구체적으로 드러났다. 당이 워터게이트의 악몽에서 벗어나려고 힘들게 선거운동을 벌이던 때, 레이건은 현직 대통령인 포드의 지명을 빼앗기 위해 반란을 일으켰으나 실패했다. 4년 뒤 두 사람이 당의 차기 전당대회에서 동맹을 맺을 것이라고는 상상하기 어려웠다.

미국 정계를 충격으로 몰아넣은 1980년 7월 공화당 회의에서 막후 협상이 벌어졌다. 포드와 레이건은 포드를 강력한 제2인자로 만들며 대통령 직책을 일종의 공동 정부로 바꾸는 권력 분담 조치를 논의했다. 포드는 그런 위상에 걸맞게, 집권하게 되면 헨리 키신저를 국무장관으로 복직시키고 앨런 그린스펀Alan Greenspan을 재무장관으로 임명하자는 제안을 비롯하여 일련의 조건을 당당하게 요구했다. 레이건은 그 제안을 고려했다. 하지만 그가 신임하는 미래의 국가안보 보좌관인 리처드 앨런에게 의견을 물었을 때, 앨런은 깜짝 놀라며 소리쳤다.

"그건 내가 지금까지 들어본 것 중에서 가장 어리석은 거래입니다."

그래도 전당대회의 대의원들은 그 계획이 어리석기보다 인상적이라고 생각했고, 공화당 '드림팀 출마'의 가능성에 크게 흥분했다.

그날 저녁, 포드는 전제 조건을 일부 양보하면서 특히 키신저에 대해서는 없던 것으로 하겠다고 말했다. (레이건은 대놓고 불평했다. "키신저는 낡은 짐을 많이 끌고 다닙니다. 나는 그런 사람을 받아들일 수 없어요.") 포드 측은 대통령의 요직 임명권을 일부 나눠 가지기 위해 어쩌면 초헌법적이 될 수도 있는 상당히 복잡한 계획을 내놓았다. 포드가 월터 크롱카이트와 황금 시간대에 한 인터뷰에서 사적인 협상 안건을 털어놓은 뒤─레이건은 격분했고─드림팀 구성 협상은 깨졌다. 레이건은 상황을 이렇게 설명했다.

"나는 아니요, 라고 대답할 수밖에 없었습니다. 이번에 내 직감은 이건 올바른 일이 아니라는 것이었습니다."

조지 H. W. 부시는 대통령 후보 예비선거의 경쟁자로서 레이건의 재정 정책을 "마법 경제"라고 비웃었으나, 결국에는 자신의 정책보다 훨씬 더 오른쪽으로 치우친 레이건의 공약에 서명하는 데 동의했다. 그날 저녁에 마지막 호명을 얻어 낸 사람은 부시였다. 그리하여 제리 포드의 정치적 경력은 끝났다. 디트로이트의 무더운 7월 저녁에 있었던 한여름 밤의 꿈이었다.

의회로 돌아가다

제럴드 포드가 로널드 레이건과 동맹을 맺겠다고 생각한 것은 여러 가지 이유로 충격적인데, 그중에서도 최고위직보다 낮은 지위에 입후보하겠다는 것이 가장 충격적이다. 하지만 이것이 늘 충격적인 일은 아니었다. 19세기에, 여러 전직 대통령이 정치적 욕구를 충족하기 위해 의회로 시선을 돌렸다. 물론 그건 일반적인 진로가 아니었지만, 오늘날처럼 전 대통령이 의회에서 활동할 가능성이 아예 없었던 것은 아니었다. 이 경우 가장 두드러진 사례는 존 퀸시 애덤스다. 그는 무능하게 우왕좌왕한 대통령이라는 오명을 벗어나, 미국 하원의 변화를 주도한 의원으로 도약했다. 가장 훌륭한 전직 대통령을 따져 볼 때 애덤스가 거둔 성과는 지미 카터와 맞먹을 것이다.

애덤스는 황급히 권좌에서 물러났다. 약 30년 전에 부친 존 애덤스가 황급히 도망쳤던 사례를 되풀이라도 하듯이, 애덤스는 라이벌 앤드루 잭슨의 1829년 3월 취임식 참석을 거부하고, 가족이 임시 거처를 마련한 워싱턴 교외로 떠났다. 잭슨파는 존 퀸시 애덤스가 헨리 클레이와의 '부당 거래'를 통하여 1824년 대통령 선거를 훔쳐 갔다고 맹공을 퍼부어 왔다. 재임 4년 동안 그런 공격을 받아 온 애덤스는 백악관을 떠나면서 완전 기력이 쇠잔하고 사기가 꺾인 상태였다. 그는 잭슨의 취임식에 불참하고 도시를 완전히 떠나야겠다고 결정하면서 자기 신세가 "베일을 쓴 수녀"나 다름없다고 생각했다. 그는 그것이 공직 생활의 마지막 퇴장이기를 바랐다.

공직을 떠난 애덤스의 첫해는 우울과 혼란에 찌들었고―이런 증세는 장남이 자살하는 바람에 더욱 심해졌다―자칭 "실의, 낙담, 나태"에 빠져들었지만, 많은 책을 읽고 종종 글을 쓰면서 위로를 얻었다. 그는 특히 키케로의 저작을 즐겨 읽었다. 키케로는 그의 아버지 세대에 젊은 혁명가들에게 영향을 주었고, 이제는 애덤스의 손을 잡고 후임자 앤드루 잭슨의 잘못된 조치를 해석해 주는 사상가가 되었다.

그러다가 놀랍게도, 퀸시 지구에 사는 이웃들과 지방신문《보스턴 쿠리어Boston Courier》가 미래의 지역 의원감으로 그의 이름을 퍼뜨리기 시작했다. 백악관을 나온 지 8개월이 채 되지 않았을 때라 애덤스는 "출마 욕심이 조금도 없다"고 경고했지만 의원 입후보 가능성을 완전히 배제하지는 않았다. 그런 식으로 문을 조금 열어 놓자, 퇴임하는 하원의원 조지프 리처드슨Joseph Richardson은 애덤스에게 자신의 의원직을 승계하라고 강권했다. 애덤스는 당선 가능성을 알지 못해 주저했지만 선의의 제안에 끌려 입후보하기로 동의했고, 반대당을 철저히 참패시키며 1830년 11월 22대 의회에 선출되었다. 갑자기 득세한 잭슨파에 대한 좀처럼 사라지지 않는 분노와, "모든 사람에게서 버려졌다"는 고뇌는 의원 선거의 승리 때문에 적어도 잠시 동안은 가라앉았다. 활기를 되찾은 63세의 존 퀸시 애덤스는— "지금까지 내게 주어진 그 어떤 선거나 임명도 이렇게 큰 기쁨을 주지 못했습니다"—퇴임 대통령의 연대기에서 가장 주목할 만한 제2막을 시작하게 되었다.

노예제도 문제는 애덤스가 가장 뛰어난 업적을 이루게 될 분야였다. 흑인노예 제도를 공개적으로 강경하게 반대한 적은 없었지만, 아버지 존 애덤스와 그는 미국 건국 이후 첫 50년 역사에서 노예를 소유하지 않은 단둘뿐인 대통령이었다. 아들 애덤스는 노예제도를 "몹시 지저분한 오점"이라고 판단하면서도 노예제도 폐지론자들의 소요를 염려했다. 그들의 분파적 태도가 연방 국가의 안정을 깨뜨린다고 믿었다. 이런 점에서 그는 평생 동안 아버지 또는 심지어 에이브러햄 링컨의 사상을 공유했다. 애덤스는 노예제도의 확대를 단호하게 반대했지만, 공공연히 노예제도를 근절해야 한다고 주장하지도 않았다. 그러나 하원에 들어간 이후 그의 입장은 변하기 시작했다. 의원의 청원권을 보장하는 헌법 정신에 입각하여 애덤스는 당시의 결정적 문제인 노예제에 집중했다.

19세기 전반에 의회는 흔히 특정 문제를 알리려는 시민의 서면 청원을 들어주었다. 1830년대 초, 윌리엄 로이드 개리슨의 반노예제 잡지인 《해방자The Liberator》가 창간되면서 노예제도와 관련된 청원서, 특히 컬럼비아 특별구의 노예제 폐지를 요구하는 목소리가 하원에 흘러넘치기 시작했다. 1836년에 이르러 노골적으로 노예제도를 반대하는 목소리가 늘어나는 것에 당황한 남부 민주당원들은 그 문제에 관한 어떤 청원서도 거부하는 '함구령gag rule'을 통과시켰다. 이 함구령은 8년 동안 효력을 유지했다. 이 기간에 애덤스는 외롭게 활동하면서 의회의 전략을 적절히 활용하여 논쟁의 종결을 피해 갔으며, 그렇게 하여 노예제도 반대론자의 청원이 함구되지 않도록 끈질긴 노력을 했다. 함구령 폐지는 애덤스가 의회에서 줄기차게 추구해 온 안건이었다.

비록 노예제도 폐지론자로 자처하지는 않았지만, 이런 활동 때문에 애덤스는 하원에서 노예제도 폐지론의 위대한 투사로 변신했다. 어떤 역사가는 이렇게 썼다.

"그가 대의명분을 받아들이면서 대단히 열정적이고 도전적이고 강고하고 과격한 토론가로 변신했기 때문에 정적과 심지어 친구들도 때때로 그가 제정신인지 의심하곤 했다."

8년 동안 끊임없이 함구령 폐지를 주장한 끝에, 1844년 12월 하원에서 드디어 함구령을 폐지하는 법안이 통과되었다. 사우스캐롤라이나의 프랜시스 피켄스Francis Pickens는 여러 해 동안 애덤스의 초인적인 노력에 반대하고 또 2년 전에는 애덤스를 처벌하자고 제안하기까지 했는데, 마침내 노웅변가Old Nestor(애덤스)의 마지막 승리를 인정했다.

"그래요, 저 사람은 신의 주춧돌에 올라선 가장 뛰어난 인물입니다."

이렇게 하여 애덤스는 자기도 모르는 사이에 노예제도 폐지론자가 되었다.

함구령과 한창 싸우던 중, 노예제도를 반대하던 애덤스가 유명한 '아미스타드Amistad 호' 재판에서 공동 변호인단으로 활동하면서 관련 문서가 산더미처럼 쌓이기 시작했다. 그 재판은 납치된 아프리카 흑인 수십 명이 포르투갈 노예선에 실려 쿠바 항구로 운송되던 1839년에 선상에서 폭동을 일으켜 선장과 요리사를 살해한 사건을 심리하는 것이었다. 흑인들이 기대한 것과는 다르게, 범선은 아프리카로 되돌아가지 않고 롱아일랜드사운드에 입항했고, 아프리카 흑인들은 살인 혐의로 코네티컷 뉴헤이븐에 수감되었다. 그 사건은 흑인들의 쿠바 송환을 노렸던 스페인 정부와, 아프리카로 돌려보내라고 요구했던 노예제도 폐지론자 사이에서 격렬한 항의와 논쟁의 폭풍을 일으켰다.

연방재판과 순회재판이 흑인들의 본국 송환을 명령한 뒤, 1840년 재선을 간절히 바랐던 현직 대통령 마틴 밴 뷰런은 검찰총장을 움직여 그 사건을 대법원까지 끌고 가게 했다. 애덤스는 사건의 주 변호사인 로저 볼드윈Roger Baldwin의 보좌 변호사로서 뛰었고 여기에는 뉴욕의 노예제 폐지론자 루이스 태판Lewis Tappan도 동참했다. 그는 열심히 재판을 준비하면서 1840년의 마지막 몇 달을 법정에서 보냈다. 30년 동안 법원에서 변론한 적이 없고, 대법원 재판부의 구성 인원을 우려하면서도—대법관 중에서 두 명을 제외하고는 모두가 앤드루 잭슨과 밴 뷰런이 임명한 인사였다—애덤스는 자신이 그 일에 적임이라고 확신했다.

장장 9시간 이상에 걸친 두 번의 마라톤 변론에서, 애덤스는 아미스타드 호의 흑인들이 불법으로 잡혀 온 노예이기 때문에 석방되어야 한다고 주장했다. 함구령을 열렬히 반대하여 '노웅변가'로 유명해진 애덤스는 재판 과정에서 최선을 다해 변호했다. 흑인의 자유를 침해한 사실을 강조하면서 애덤스는 이렇게 호소했다.

"독립선언서를 살펴보면, 모든 사람은 양도할 수 없는 권리로서 생존권과 자유의 권리를 가지고 있다고 되어 있는데, 그 점을 감안할 때 이 사건은 이미 결판이 난 것이나 다름없습니다. 나는 이 불행한 사람들을 위해 독립선언서의 정신 말고는 아무것도 요청하지 않겠습니다."

애덤스는 재판에서 이겼다. 생존한 아프리카 흑인 38명은 석방되어 귀국할 수 있었다.

역사가 에릭 매키트릭Eric McKitrick이 지적했듯이, 존 퀸시 애덤스는 약 10년 동안 함구령을 폐지하려고 투쟁한 노력과, 아미스타드 호 사건의 놀랄 만한 변론 덕분에 뛰어난 반노예제 공직자로 칭송되었다.

"그런 노력에 힘입어 북부 사람들은 반노예제의 분위기로 돌아서게 되었고 그 결과 1860년에 링컨을 선택하게 되었다."

'어쩌다 각하'의 배신

19세기 초의 많은 핵심 쟁점들—그중에서도 노예제도—을 놓고 볼 때 존 퀸시 애덤스의 세계관은 오랫동안 존 타일러의 그것과 사뭇 달랐다. 건국의 아버지 세대의 계승자이고, 노예제도를 혐오하여 용감하게 도전했던 애덤스는 타일러와 단 한 가지 공통점을 가지고 있었다. 백악관에서 떠난 뒤의 활동으로 의원직을 선택한 것이다. 하지만 그런 유사성마저도 깊이 따지고 들어가면 별로 유사하다고 할 수 없다. 애덤스는 미국 연방 하원에서 활동한 반면, 타일러는 연방에서 탈퇴한 남부연합의 의회에서 활동했기 때문이다.

윌리엄 헨리 해리슨이 1841년 4월에 사망한 다음 타일러가 대타 대통령으로 취임한 것은 결코 예정된 순서가 아니었다. 대통령이 사망할 경우에 부통령이 권력을 승계한다는 조항은 아직 헌법에 명시되지 않았다. 타일러의 취임을 거부한 사람들 가운데 존 퀸시 애덤스가 있었다. 그는 타일러를 "대통령 직무 대리"라고 얕보았고, 더 예리하게 "어쩌다 각하His Accidency"라고 불렀다. 애덤스는 새로운 국가수반을 우호적으로 말하지 않았으며 타일러를 "노예를 혹사하는 버지니아 출신이고, 제퍼슨 파벌의 정치적 분파주의자"라고 매도했다.

1845년, 타일러는 버지니아 주의 찰스시티에 있는 자신 소유의 셔우드 포레스트 대농장으로 은퇴했다. 그는 원로 정치가인 양하면서 연방국가 유지와 노예의 미래에 대한 자신의 견해를 소리 높여 외쳐 댔다. 영토 확장과 노예제도 유지를 큰 목소리로 지지하던 타일러는 사생활이 곧 세계관과 일치했다. 그가 소유한 노예의 수는 시간이 지나면서 늘어났을 뿐만 아니라 임종 순간까지도 전혀 노예를 해방시키지 않았다. 이런 사람인 만큼 당연히 노예제 존속을 옹호했다.

하퍼스페리의 연방정부 무기고를 습격한 존 브라운John Brown의 유명한 사건―노예소유 계층을 위협한 사건―이 터진 지 1년 후, 타일러는 1860년 대선에서 민주당 지명을 시도해 볼 것을 상상했다. 하지만 그것은 망상이었고 타일러의 입후보는 결코 이루어지지 않았다. 링컨이 선거에서 승리함으로써 그가 품었던 최악의 공포가 현실로 나타났다. 타일러는 대통령 당선자 링컨의 의도에 대하여 깊은 불안감을 갖고 있었고, 버지니아의 미래를 깊이 우려했다.

에이브러햄 링컨이 처음 대통령으로 당선된 1860년 선거에 뒤이어, 타일러는 남부 오지에서 연방에서 분리하려는 운동이 퍼져 나가는 광경을 지켜보았다. 1860년 12월, 분리파 흐름을 저지하기 위해 켄터키 상원의원 존 크리텐던John Crittenden은 남부의 영구적인 노예제도를 효과적으로 허용하고, 국가를 '미주리 타협' 이전의 상태로 되돌리는 일련의 수정 조항을 발의했다. 미주리 타협은 위도 36도 30분 이남 지역에 노예제도를 보장해 주었던 타협안이다.* 타일러는 이른바 '크리텐던 타협'을 지지했지만 링컨의 맹렬한 반대와, 결과적으로 상하원에서의 타협안 패배는 사태를 불안하게 봉합했고, 국가를 전쟁 쪽으로 더 멀리 끌어갔다.

---

* 위도 36도 30분 이북에서는 미주리 주만이 노예제도가 허용된다고 해서 '미주리 타협'이라고 했다.

'타협'이 실패로 돌아가자, 타일러는 1861년 1월의 워싱턴 평화회의에서 당파 간 갈등을 진압하기 위해 마지막 시도를 했다. 하지만 그것마저 무산되자, 전 대통령은 연방 국가를 구하려는 비현실적인 기대를 포기하고, 버지니아 주 대회에 참석하여 분리주의를 강력하게 지지했다. 부인에게 보낸 편지에서 타일러는 앞으로 다가올 충돌에 대비하여 마음을 굳게 먹으라고 조언했다.

"버지니아는 노예제도 폐지론자들이 득실대는 북부와 관계를 끊었고 주권 독립국가로서의 자세를 취하고 있소. 여보, 될 수 있는 대로 검소하게 살아요……. 괴로운 시기가 우리에게 닥쳐올 거요."

남부연합의 수도가 몽고메리에서 리치먼드로 이전한 1861년 5월(그는 이 이전에 관여했다), 타일러는 만장일치로 임시 남부연합의회에 선출되었다. 그 과정에서 타일러는 수동적인 방관자가 아니었다. 그는 남부군이 워싱턴 D.C.로 진격하도록 강력하게 주장했지만 받아들여지지 않았다. 많은 사람들이 볼 때, 타일러는 이제 배신자이고 반역자였다.

1861년 가을, 타일러는 남부연합 의회의 의원으로 선출되었다. 하지만 등원하기도 전에 리치먼드의 호텔 방에서 급사했다. 그곳 사람들은 타일러의 장례식에 참석하여 갑작스러운 죽음을 애도했고, 마차 150대가 장례 행렬을 이끌었다. 하지만 타일러의 사망은 워싱턴에서는 아무런 반응도 일으키지 않았다. 조기(弔旗)나, 링컨의 공식적인 애도 성명이나, 대통령 서거에 으레 따르는 추모 광경도 보이지 않았다. 《뉴욕 타임스》는 솔직한 사망 기사를 게재했다.

"그는 갑자기 생을 마쳤고…… 고향 주의 폐허 가운데에서 죽음에 이르렀다. 그 자신은 폐허를 계획한 사람들 중의 한 명이었다. 그의 이름은 수도의 대리석 기념비에 새겨지지 아니하고, 그 음침한 잔해 아래에 묻힐 것이다."

단명으로 끝난 상원 복귀

남부 사람 앤드루 존슨은 몇 가지 점에서 존 타일러와 닮았다. 그는 공화당의 단결을 유지하기 위해, 그리고 반대파를 달래는 수단으로 부통령에 지명되었다. 상급자인 링컨이 세상을 떠나자 대타 대통령에 취임했다. 나중에는 미국 상원의 의원으로 선출되었다. 앤드루 존슨이 볼 때, 이것은 약간 기이한 변화였다. 대통령으로 재임하던 중, 존슨은 자신을 경멸하여 탄핵을 발의하고 한 표 차이로 자신의 대통령 사직을 통과시키지 못했던 공화당과 적대적인 자세를 취했다. 남북전쟁이 끝난 뒤, 좀체 사그라들지 않는 반역에 대한 우려와, 남부를 신속하게 재건하려는 욕구 때문에 존슨은 정의(남부에 대한 응징)를 우선시하는 과격 공화당원들과 충돌했다. 전후의 중요한 목표였던 해방 노예에게 정치적 평등을 부여하는 일에 실패했고 또 남부 연합의 고관들을 제외한 모든 사람을 사면했기 때문에, 존슨은 결코 1868년 대통령 선거에서 현실적인 후보가 되지 못했다.

대통령을 그만두면 일개 시민으로 남겠다고 먼저 약속했지만, 존슨은 정치 열정이 결코 식지 않았고, 곧 예전의 상원의원석을 되찾을 구상을 하기 시작했다. 존슨은 말했다.

"나는 지상 최대 제국의 군주가 되기보다 미국 상원의 내 옛날 자리에 앉아서 나의 주를 옹호하는 것이 더 좋습니다."

1870년과 1872년의 의원 선거에서 패배한 뒤, 존슨은 남부 장군 적어도 3명을 물리치고 1874년의 55차 투표에서 테네시 상원의원으로 선출되었다. 존슨은 온건 공화당원, 예전의 휘그당원, 민주당 유권자들 사이에서 이해관계의 균형을 잘 잡았고, 백인 우월주의의 미사여구로 보수파를 적절히 달래는 한편, 링컨의 유산을 옹호했다. 그는 지금까지 퇴임 후 상원에서 활약한 유일한 전직 대통령이 되었고, 그의 상원의원 선서는 부통령 헨리 윌슨Henry Wilson이 받아 주었는데 아이러니하게도 윌슨은 일찍이 그의 탄핵에 찬성표를 던졌던 인물이었다. 《뉴욕 헤럴드》는 "존슨이 상원에 있으면서 대통령에 재임할 때보다 훨씬 더 국가에 이바지할 것"이라는 의견을 냈다.

많은 사람들은 71세의 존슨이 자신을 모욕하고 경력을 망쳐 놓은 공화당 적수들과 거칠게 싸울 것이라고 예상했다. 하지만 그 무렵에는 1868년의 대통령 탄핵 사건에서 그의 유죄에 투표했던 상원의원 35명 중 13명만 상원에 남아 있을 뿐이었다. 존슨 자신도 이 마지막 공직에서 몇 달밖에 활동하지 못했다. 존슨은 상원에서 그랜트 대통령의 무능을 공격한 뒤, 1875년 7월에 내슈빌로 여행하다가 세상을 떠났다.

후버, 의회에 진출할 뻔하다

20세기의 전직 대통령들 가운데, 오로지 허버트 후버만이 펜실베이니아 애비뉴에서 물러난 뒤 의회 진출을 진지하게 검토했다. 1945년 초, 캘리포니아의 늙은 상원의원인 하이럼 존슨이 와병 중이라는 소문이 나돌았다. 후버와 마찬가지로 고립주의자이고 1912년 불 무스 당의 부통령 후보였던 존슨은 35년 동안 캘리포니아의 의원을 지냈다. 후버는 만약 존슨이 세상을 떠난다면 그 자리에 관심이 있다는 사실을 널리 알렸다.

하이럼 존슨이 세상을 떠난 그해 여름, 《뉴욕 타임스》는 후버를 지지한다고 발표했다. "그의 공평무사한 조언이 가장 고귀한 국가 자산이 될 것"이라고 말하면서 캘리포니아 주지사 얼 워런에게 전 대통령을 존슨의 자리에 임명할 것을 요구했다. (제2차 세계대전이 끝날 즈음에 후버의 특별한 재능을 의식한 신문은 이렇게 덧붙였다. "오늘날 미국에서 세계를 먹여 살리는 것보다 더 큰 문제는 없고…… 이 문제에서 후버 씨보다 더 기여할 수 있는 인물은 없다.")

허버트 후버는 하이럼 존슨이 자신의 자리를 물려주고 싶은 인물이 아니었을 수도 있었다. 언론인 드루 피어슨은, "해군 병원의 산소 텐트 아래에서" 병들어 누워 있던 존슨은 "주지사 워런이 후버를 그의 후임으로 상원 의석에 임명할…… 것이라는 말"을 듣고는 잠시 생명의 불꽃을 피워 올렸다고 보도했다. 하지만 전 대통령은 언제나 승산이 높지 않은 패였다. 워런은 자신의 경력을 도와준, 영향력 있는 출판사 사장의 아들인 윌리엄 놀랜드William Knowland를 선택했다.

후버는 좌절감을 숨기려 했지만 놀랜드 임명은 그에게 실망스러운 것이었다. 4년 후, 로버트 F. 와그너Robert F. Wagner가 건강 때문에 사임해야 하는 문제가 불거지자 뉴욕 주지사 토머스 E. 듀이가 후버에게 와그너의 임기를 마치도록 제안해 왔다. 후버는 딱 잘라 거절했다.

태프트, 대법원장이 되다

공식적인 제도 권력을 다시 잡으려는 퇴임 대통령이 갈 곳은 의회와 백악관만이 아니었다. 윌리엄 하워드 태프트가 1920년대에 보여 준 행동은 전직 대통령이 3부의 한 부인 대법원에 들어간 독특한 사례다. 태프트의 경우, 그것은 평생 품어 온 야망이 마침내 실현된 것이었다.

태프트는 일찍이 말했다.

"우리 정부에서 대법원이 수행하는 것보다 더 중요한 기능은 없습니다."

단임 대통령으로 재임하던 시절, 태프트는 조지 워싱턴을 제외하고 이전의 모든 대통령을 뛰어넘은 기록적인 수—6명—의 대법관을 지명했다. 법원을 흠모하는 그의 마음을 잘 알고 있던 테디 루스벨트는 여러 번 태프트에게 대법관 자리를 제의했다. 태프트가 필리핀 총독이었던 1902년, 루스벨트는 처음으로 태프트에게 대법관 취임을 제안했지만, 총독은 섬을 떠나면 필리핀 사람들에 대한 책임을 저버리는 것이라고 주장하면서 도덕적 견지에서 거절할 수밖에 없다고 말했다. 4년이 지난 뒤에 두 번째 기회가 찾아왔을 때, 루스벨트는 또 다시 태프트에게 대법관 자리를 제의했다. 당시 루스벨트의 전쟁장관으로 워싱턴에 되돌아온 태프트는 대통령에게 특별히 간청했다.

"나는 장관 일에 열중하고 있습니다. 또 너무 매력적이어서 거부할 수 없는 대법원장 자리라면 몰라도, 대법원 내의 그 어떤 자리도…… 추구하지 않을…… 것이라고 아내에게 여러 번 말했습니다."

루스벨트는 대법원장직은 안 된다고 대답했다. 태프트는 장래의 대법원장 지명 가능성이 완전히 배제되었다고 생각하지는 않았지만 "내가 지금 거절하는 이 기회가 마지막일지 모른다"고 고민했다.

대법관직을 거부하게 만든 또 다른 요소가 있었다. 야심만만한 태프트 가족은 대법원을 향한 그의 열정에 공감하지 않았다. 오히려 태프트가 루스벨트의 확실한 후계자로 지명되기를 더 원했다. 태프트 부인은 대법관에 임명되면 남편의 백악관 입성은 물 건너가고 정치 경력도 끝날 것이라고 보았다. 그녀는 남편이 "그 나이에 대법관으로 물러나듯 취임하게 된다면" 여간 실망스럽지 않을 거라고 분명하게 밝혔다. 태프트의 어머니조차 그 사태에 개입하여, 대법관에 취임하기보다는 "다른 식으로 묻히고 싶다"고 한 상원의원 로스코 콘클링의 명언을 아들에게 말해 주었다.

대통령에서 물러난 뒤, 태프트는 잠시 하원 법률위원회에서 일할 목적으로 의원 입후보를 고려했다. 하지만 그런 행동이 1916년 대선을 향한 예비 작업처럼 보일 것을 염려하여 곧 생각을 접고 예일 법과대학원의 교수직에 안착했다.

하지만 대법원장직에 대한 태프트의 열망은 결코 사라지지 않았다. 공화당이 1920년에 승리하고 태프트가 대통령 재임 중에 승진시켰던(후대의 역사가들은 그 때문에 그 인사의 동기에 의구심을 품었다) 대법원장 에드워드 더글러스 화이트의 건강이 점점 나빠지자, 태프트의 열망은 가시권에 들어왔다. 대통령 당선자 워런 하딩은 대법원 구성 문제로 태프트와 광범위하게 상의했고 1920년에 대법관직을 태프트에게 제안했다. 하지만 이미 루스벨트에게서 그런 제의를 받은 적이 있었던 터라 태프트는 정중하게 거절하고 최고 지위를 노렸다. 하딩이 취임하기 두 달 전에 화이트가 세상을 떠나자, 기회는 마침내 찾아왔다. 몇 주 동안 숙고한 뒤, 하딩은 태프트에게 "진보적 보수주의, 보수적 진보주의의 태도"를 칭찬하면서 꿈에 그리던 직책에 그를 지명했다. 상원에서 인준이 압도적으로 가결되자, 전대통령은 겸손하게 그리고 솔직하게 개인적 성취감을 말했다.

　　"대법원장이 된다는 것은 내 평생의 야망이었습니다. 하지만 그것이 이루어진 이 순간, 과연 그 지위를 보람 있게 수행하여 국가에 도움이 될 수 있을지 떨리는 마음으로 생각해 봅니다."

　　대법원에서 재임하던 9년 동안, 태프트는 열심히 노력하여 사법부를 합리화하고 재편하여 강화시켰다. 태프트는 항소법원에 더 많은 권한을 부여하고, 사법 절차를 표준화하고, 연방 사법 관리를 집중화하고, 대법원의 업무 부담을 줄이고, 연방의회 의사당의 비좁은 공간으로부터 대법원을 이전하는 개혁을 실시했다. 대법원을 현대화하려는 태프트의 진보적 프로그램은 미래에 상당한 영향을 끼쳤다.

　　대법원에서 태프트가 보여 준 법철학은 이미 예상된 것이었다.

그가 제시한 253가지 의견은 태프트가 재산권을 신성한 권리로 다루고 불변의 자연법을 신뢰하는, 아주 보수적인 법관임을 보여 주었다. 태프트는 루이스 브랜다이스와 같은 진보적인 대법관들과 견주어 보면 분명 반대쪽이었다. 전직 대통령은 엄격한 도덕성을 주장했지만, 그렇다고 해서 판사들의 임명에 자의적으로 개입하는 것을 망설이지는 않았다. 순회법원 판사 아서 데니슨Arthur Denison은 이런 농담을 던졌다. 태프트는 결코 "체면 때문에 자신이 옳은 방향이라고 생각하는 것을 추구하는 데 구애받지 않았다"고. 사실, 태프트는 약 10년에 걸친 대법원장 재임 기간에 교묘하게 세 명에 이르는 공화당 대통령—하딩, 쿨리지, 후버—을 접촉하여 대법관 선정에 대한 자신의 조언을 받아들이도록 했다.

재판석에서는 좀더 의심스러운 순간도 있었다. 당시 캐나다에서 휴가 중이던 태프트는 노동자 계급인 이탈리아계 아나키스트 니콜라 사코Nicola Sacco와 바르톨로메오 반제티Bartolomeo Vanzetti의 유명한 사건*을 대법원에서 심리(審理)하는 것을 거부했다. 그는 항소를 공식적으로 막기 위해 일부러 캐나다에서 국경을 넘어와 그런 결정을 내렸다. 사코와 반제티는 예정대로 처형되었다. 많은 사람들이 그 재판에 대하여 정당한 절차 요건을 갖추지 못했고 기본권 보호가

---

* 1920년에 매사추세츠 주의 한 제화공장에서 두 남자가 경리 직원과 경비원을 살해하고 종업원들의 임금을 탈취해 달아났다. 사건의 용의자로 이탈리아계 이민 노동자인 사코와 반제티가 체포되었으나 두 사람은 결백을 주장했다. 이후 7년에 걸쳐 법정 공방이 이어지고 재판의 공정성에 많은 의문이 제기되었지만 재판부는 1927년 4월에 사형을 선고, 세계 곳곳에서 이주민 차별과 인권 침해에 대한 항의가 빗발쳤으나 8월에 처형이 집행되었다. 1959년 진범이 잡혀 이 사건은 미국 사법사상 큰 오점으로 남았다.

미흡했으며 객관적 증거가 없다고 비판했지만, 태프트는 그 평결을 소리 높여 지지했다. 그는 사코와 반제티의 변호를 맡은 유명한 변호사 펠릭스 프랭크퍼터Felix Frankfurter를 가리켜 "아나키스트 살인자를 교수대나 전기의자에서 구출하는 전문가"라고 부를 정도였다. 두 사람의 사형이 집행된 뒤, 소설가 존 도스 파소스John Dos Passos는 가슴 아픈 탄식을 내뱉었다.

"그래, 우리 미국은 두 개의 나라야."

태프트는 대법원에서 은퇴한 지 딱 한 달 만인 1930년 3월에 세상을 떠났다. 생애 말년에 그의 업적에 대한 질문을 받자 이런 의견을 말하기도 했다.

"내가 대통령이었다는 사실이 잘 기억 안 납니다."

지방 정치에 헌신하다

정계 복귀를 도모하던 전직 대통령들 모두가 연방 차원에서 큰 판을 노리지는 않았다. 지방 정치에 영향력을 발휘하면서 떠들썩하지 않게 일하는 것에 만족한 사람들도 몇몇 있었다. 84세의 존 애덤스는 1820년 매사추세츠 주 헌법 회의의 대의원이 되었고, 자신이 40년 전에 작성한 주의 헌법 수정을 도왔다. 회의에서 애덤스는 종교의 자유 제한을 폐지하는 수정안을 제의했다. 비록 통과되지는 못했지만, 그 발의 덕분에 그는 토머스 제퍼슨으로부터 다정한 이야기를 들었다. 제퍼슨은 오랜 동료가 '자유주의의 발전'을 위해 싸운다고 칭찬했던 것이다. 생애 말년에, 종교와 자유에 대한 애덤스의 견해는 제퍼슨의 견해에 훨씬 더 가까워졌다.

제임스 매디슨과 제임스 먼로는 1829년의 버지니아 주법 제정 회의에 대의원으로 참석했다. 이 회의는 제퍼슨이 설계한 리치먼드 의사당에서 열렸고, 먼로는 대회의 공식 위원장을 맡았다. 각각 78세와 71세였던 매디슨과 먼로는 동부 저지대의 노예 소유자들과, 더 공정한 대의원 선출을 주장하는 서부 카운티 출신의 사람들 사이에 타협을 끌어내려고 애썼다. (당시 의회에는 일반적으로 남부 출신 의원이 많았고, 마찬가지로 노예를 소유한 동부 저지대 지역은 대의원을 많이 배출했다.) 매디슨의 현지 여행은 어쩌면 공직에서 물러난 뒤에 고향 몽펠리어를 가장 멀리 떠난 장거리 여행이었을 것이다. 그는 단독 연설을 하면서 노예를 자유민의 5분의 3 수준으로 셈하는 주법(州法)이 정당하다고 말했다. 그 여행은 매디슨의 마지막 정치 여정이었다.

6장

❧

더 위대한 이상

인류에 봉사하라

"

정치가는 비참한 직업이다. 반면에 공무원은 고상한 직업이다.

— 허버트 후버

당신은 더 이상 대통령이 아닌 것을 유감스러워하며 가만히 앉아만 있을 수도 있다. 하지만 자신이 아는 것, 아는 사람, 할 줄 아는 일을 활용하는 방법을 찾아낼 수도 있다. 그렇다면 가서 당신이 할 수 있는 모든 좋은 일을 하라.

— 빌 클린턴

만약 당신이 셜리 매클레인*이 아니라면 이 생애에서 기회는 단 한 번뿐이다.

— 조지 H. W. 부시

"

---

* 1934년생인 미국의 배우로 베를린 영화제에서 여우주연상을 두 번이나 수상했고, 아카데미 여우주연상 후보에 다섯 차례 올라 한 번 수상했으며, 다큐멘터리 감독으로서도 아카데미상 수상 후보에 오른 바 있다.

2005년 1월, 조지 W. 부시 대통령은 아버지 조지 H. W. 부시와 빌 클린턴에게 쓰나미로 쑥대밭이 된 동남아에 친선 대사 자격으로 다녀와 달라고 요청했다. 아들 부시는 그렇게 함으로써 전직 대통령들이 사회봉사에 참여하도록 하는 덜 개척된 분야의 전통을 되살렸다. 1992년 선거에서 클린턴이 부시를 완패시킨 뒤로 두 사람의 관계는 얼어붙었지만, 두 전직 대통령은 예상을 뒤엎으며 곧 협력 관계를 맺었고, 대규모 자연재해가 엄습한 곳에서 함께 일한 것으로 명망을 얻었다.

당시 어떤 신문은 이렇게 말했다.

"오래된 적수들이 정치적 칼을 내려놓고…… 우정을 다지며 공통된 목적을 발견하는 일은 참신하면서도 미국적이다."

이런 주장은 논쟁거리가 되겠지만—미국 정치에서 손도끼를 파묻고 화해한 사례가 한 건이 있었다면, 그에 반해 죽을 때까지 도끼를 휘두른 사례는 수십 건이나 되기 때문이다—클린턴과 부시의 협력은 양당의 퇴임 대통령이 인도주의적 측면에서 헌신할 수 있다는 기대 심리를 불러일으켰다. 여행의 첫 구간을 지나갈 때, 아버지 부시는 여행 동반자에 대하여 간결하면서도 공손한 논평을 했다.

"사람들을 돕는 문제라면, 정치는 제쳐 놓아야 합니다……. 우리는 정적이었습니다. 현 대통령[아들 부시]과 그 [역시] 언제나 의견이 일치하는 것은 아닙니다. 하지만 그건 이 일에서는 중요하지 않습니다."

귀국할 무렵 바버라 부시가 정감 있게 표현했듯이, 이들 "묘한 커플"은 사이가 아주 좋아졌다. 그런 관계 개선을 설명하는 데는 지그문트 프로이트Sigmund Freud의 이론이 한몫했다. 자신보다 22세나 연하이고 친아버지 없이 성장한 클린턴을 설명하면서 부시는 "어쩌면 내가 그에게 한 번도 있어 본 적이 없다는 아버지 역할을 했는지도 모른다"고 했다.

빌 클린턴에게 동남아 활동은 시작에 지나지 않았다. 훌륭한 대의명분에 사람들의 의식을 환기시키고 자금을 그러모으는 클린턴의 특별한 능력을 중시하여, 유엔 사무총장 코피 아난Kofi Annan은 그를 유엔의 쓰나미 구조 특별 대사로 지명했다. 2005년 8월 말, 클린턴이 유엔 임무를 수행하던 도중, 허리케인 카트리나가 미국 멕시코 만에 불어닥쳤다. 부시 행정부는 위기 대응과 구조 활동이 서툴러서 맹렬한 비판을 받았지만, 클린턴과 아버지 부시 측을 동원한 것은 칭찬을 받았다.

클린턴과 부시의 가장 고귀한 업적은 태풍 피해자들을 위해 놀라운 모금 활동을 벌인 것이었다. 애초에 두 전직 대통령은 기존의 구호 단체들에 대한 기부를 장려했지만 곧 거액의 기부금이 그들의 사무실로 쏟아져 들어오기 시작했다. 두 사람은 자신들의 이름으로 자선 활동을 펼치는 것이 전략적으로 유리하다는 것을 깨달았다. 어떤 잡지는 이렇게 전했다.

"부시와 클린턴은 새로운 퇴임 대통령 브랜드를 만들어 내어 공적 필요와 공적 원조의 간극을 메우는 데 활용했다."

그들이 쓰나미 재난 구호를 위해 모은 공동 기금인 '부시-클린턴 쓰나미 구조 기금'은 비교적 규모가 작았다. 거기서 모은 10억 달러 이상의 돈은 대부분 주요 구호 단체로 직접 기부되었다. 하지만 허리케인 카트리나가 휩쓸고 지나간 뒤, 퇴임 대통령들은 처음부터 자신들의 이름으로 기금을 설립했다. 그리하여 '부시-클린턴 카트리나 기금'은 1억 3000만 달러로 추정되는 돈을 거둬들여 학교, 주정부, 멕시코 만의 종교 단체에 기부했는데, 그 모금 규모는 적십자와 구세군에 뒤이어 3위를 차지했다.

이렇게 되자 어떤 사람들은 클린턴과 부시가 공동으로 구조 활동의 최고 책임자가 되려는 저의를 의심했다. 그런 이목을 끄는 사회봉사 활동 덕분에 아버지 부시는 인기 바닥인 재임기의 아들 부시에게 구명 밧줄을 던져 준 셈이었다. 이런 좋은 대의명분에 동참했기 때문에 아버지 부시는 칼라일 그룹과 연루된 부정한 소득의 얼룩진 유산을 어느 정도 씻어 낼 수 있었다. 클린턴과의 협력은 여전히 인기 있는 이 민주당원이 아들 부시를 치열하게 공격하지 못하도록 막는 효과도 있었다.

빌 클린턴에 대해서, 어떤 사람들은 대통령직을 노리는 아내 힐러리 클린턴의 야심이 계산에 깔려 있다고 보았다. 클린턴이 부시 부부와 새로 맺은 우정—클린턴은 아버지 부시 부부와 다정하게 사진을 찍었고 부부는 클린턴을 역대 대통령 순서를 가리키는 "42"라고 부르기까지 했다—은 많은 공화당원들이 여전히 클린턴 부부에게 느끼던 반감을 누그러뜨리는 데 일조했다. 이들 두 전직 대통령이 공동으로 받은 필라델피아 자유메달 수여식에서, 클린턴은 새로운 동료를 열렬히 칭찬했다.

"나는 이제 당신에게 늘 좋아했고, 항상 존경했다고 말할 수 있습니다. 모든 민주당원이여, 선거에 이렇게 가까운 시점에서 이런 말을 하는 나를 용서해 주십시오. 나는 조지 부시를 좋아합니다."

클린턴의 쓰나미 활동에서 대리인 역할을 맡았던 에릭 슈워츠Eric Schwartz는 클린턴의 활동이 힐러리의 정치적 미래와 본인의 개인적 유산을 위한 것이라고 보는 견해를 일축했다. 슈워츠는 말했다.

"쓰나미 활동은 클린턴이 품었던 여러 목표들을 보류시켰고, 더 눈에 잘 띄는 활동에 바칠 시간을 빼앗아 갔습니다. 클린턴이 이룩한 것—재건 활동에서 다양한 참여자들을 지휘하는 역할을 수행한 것—을 볼 때, 순전히 이기심에 끌려서 그런 성과를 거두었다고 할 수 없습니다."

어색한 동지 관계이긴 했어도, 클린턴과 부시는 결코 각자의 개인적이고 정치적인 목적을 방치하지 않았다. 아버지 부시는 빌 클린턴이 "아들 부시 대통령과의 차이를 분명히 밝히는 것처럼, 나 또한 힐러리와의 차이를 분명히 밝힐 것"이라고 말했다. 힐러리가 대통령이 되면 제1순위 사업이 아들 부시와 자신을 전 세계로 보내 미국이 친기업적 협력에 개방되어 있음을 알리는 것이라고 클린턴이 말하자, 아들 부시 사무실은 날카롭게 응답했다.

"나는 전 대통령 빌 클린턴이나 상원의원 클린턴과 '세계 사절'에 대해 논의한 적이 결코 없었고, 이런 임무가 타당하다고 생각하지도 않습니다……"

잊힌 개혁가들

러더퍼드 B. 헤이스: 만인을 위한 보편 교육

퇴임 대통령의 사회봉사나 인도주의적 활동을 이야기할 때 언제나 맨 먼저 나오는 이름은 지미 카터다. 그럴 만도 하다. 카터의 사례는 고무적이다. 하지만 그의 성과는 역사적 기록 가운데 단편에 지나지 않는다. 다른 많은 전 대통령들도 겸손한 태도로 자선 사업을 시작하여 소중한 성과를 거두었다.

혜택을 받지 못한 사회 계층을 열렬히 옹호하던 러더퍼드 B. 헤이스는 자신이 의무 교육과 사회 정의에 기여한 선구적인 개혁가로 기억되기를 바랐으리라. 그러나 이 19세기 대통령의 이름은 1876년 선거에서 밀실 거래로 부정직하게 승리한 추문과 연계되어 있다. 그는 남북전쟁 후 남부에 잔류하던 북군을 철수시키겠다는 타협안을 내놓음으로써 집권했던 것이다. 그리하여 그의 명성에는 오점이 남았고, 또 재건 시대의 종료에 따른 참혹한 결과 등으로 인해 헤이스가 퇴임 후에 거둔 대담하고 풍성한 성과는 가려지고 말았다.

헤이스는 오하이오 주 프리먼트의 고향으로 되돌아온 뒤 전직 대통령의 적절한 역할에 대하여 친구들과 깊이 상의하여 이런 결론에 도달했다.

"전직 대통령은…… 가정, 마을, 주, 국가의 복지와 행복을 증진하는 데 기여해야 한다."

그는 이런 일이 개인적으로 공직 생활보다 "더 많은 만족과 기쁨"을 가져다줄 것이라고 예언했다. 헤이스는 곧 소중한 관심사에 힘을 쏟아붓기 시작했는데 그것은 아프리카계 미국인들을 위해 보편 의무 교육을 실시해야 한다는 것이었다. "우리 아버지들이 아프리카에서 노예로 데려온 사람들의 수백만 자녀에 대하여, 우리 미국인은 피할 수 없는 엄중한 의무를 지고 있다"고 단언하면서 헤이스는 보편 교육이 국민들 사이에서 크나큰 균형자 역할을 맡을 것이라고 보았다. 그가 생각하기에, 흑인의 사회적 박탈감은 교육 기회를 확대해야만 효과적으로 치유될 수 있었다.

헤이스는 공립학교를 핵심 기관으로 여겼다. 학교는 해방된 노예들에게 "부유하고 지적인 시민을 만드는 데 필요한 근검절약, 교육, 도덕, 종교"를 가르칠 것이었다. 겸손하게도 그저 자기 "취미"라고 말했던 현안을 추진하는 구체적 방법을 찾아내는 과정에서, 헤이스는 슬레이터 재단의 이사장과 피바디 재단의 신탁이사로 봉사하는 데 동의했다. 슬레이터와 피바디는 고등교육의 접근 기회를 확대하는 일에 전념하는 기관이었다(전자는 남부 흑인을, 후자는 흑인과 백인 양쪽을 위한 재단이었다). 헤이스와 마찬가지로, 슬레이터 재단과 피바디 재단의 관계자들은 남부 자체에는 그곳 주민들에게 필요한 교육 기술을 제공할 자원이 불충분함을 깨닫고, 다른 분야에서 자본을 가져오는 것이 필요하다고 보았다. 헤이스의 이름이 두 기관에 확실한 명성을 가져다주기는 했지만, 그가 이 기관들의 대표 인물은 아니었다. 그는 의사 결정자의 역할을 맡았고 남부의 학교들을 두루 여행하면서, 재단의 기부금을 받은 학교들이 어느 정도 성취를 이루었는지를 평가했다. 위대한 교육자이고 역사가인 W. E. B. 듀보이스 또한 이 기금의 수혜자였다.

헤이스의 도덕성은 주로 빅토리아풍 가부장적 태도에서 비롯되었고, 그의 가장 중요한 사회적 목표는 개인의 도덕성 향상이었다. 이것(도덕성 향상)은 그가 개혁을 외치는 주요 목적이었다. 헤이스는 이렇게 강조했다.

"무자비하게 사회 밑바닥으로 떨어진 수백만 흑인들의 자질을 향상시켜야 합니다. 그렇지 않다면 우리 자신들도 결국에는 바닥으로 추락할 것입니다."

역사가 스탠리 엘킨스Stanley Elkins가 언젠가 말했듯이, 헤이스는 도덕성을 좀 지나치게 의식했지만, 그런 경우가 헤이스만은 아니었다. 도금 시대의 교육 개혁자들도 헤이스와 비슷한 얘기를 했다. 가령 슬레이터 기금의 설립자는 재단의 사명이 "남부의 여러 주에서 최근에 해방된 사람들의 자질을 향상시키는 것"이라고 말했다. 헤이스가 볼 때, 사회 변화는 법률 제정이 아니라 인격 형성을 강화해야 이룩될 수 있었다. 사람들은 언제나 더 좋은 쪽으로 개선될 수 있다. 물론, 헤이스의 선의는 언제나 현실적인 것은 아니었다. 교육을 통해 사회 계층이 향상되면 사회적 조화가 더 잘 성취된다는 그의 신념은 좋게 보아 유토피아적이다. 인종 차별의 폭력과 짐 크로Jim Crow 법*이 그런 이상을 물거품으로 만들었다.

교육은 헤이스의 최대 관심사였지만 그는 다른 긴급한 사회 문제에도 많은 정성을 기울였다. 극히 열악한 상태의 미국 감옥을 지켜 보면서, 헤이스는 행형(行刑) 개혁이 자연스레 직업 교육을 보완해 줄 것이라고 보았다. 헤이스는 또한 수작업 기술만이 범죄의 재발을 막을 수 있다고 보았고, 또 감옥 자체가 범죄의 온상이 되는 것을 막 아야 한다고 생각했다. 이런 신념 때문에 그는 전국형무소개혁협회 의 회장이 되었다. 이 협회는 죄수들의 비참한 상태를 근본적으로 바꾸기 위해 열심히 활동하는 변호사들의 조직이었다. (이 단체는 테디 루스벨트를 회계 담당자로 둔 것을 자랑했다.) 헤이스가 수감 자 복지에 기울인 관심은 일반 대중에게 호소력 있는 화두는 아니었 지만 그래도 용기 있는 것이었다.

1888년, 보스턴의 '형무소 대회'에서 연설한 헤이스는 범죄를 빈 곤 상태와 부의 소수 편중과 관련지어 해석했다. 특히 너무 많은 사 람들이 경제적 기회를 상실한 시대에 개인의 성격 개조에만 집중하 는 것은 사회의 구조적 불공정을 시정하는 대책으로는 부적절하다 고 헤이스는 생각했다. 사실, 그의 생애 만년은 "초기의 진보적" 정 신과, 빈부의 광범위한 차이를 깊이 비판하는 활동으로 생기가 넘쳤 다. 도금 시대의 기득권층—"인민의, 인민에 의한, 인민을 위한 정 부"가 이 시대에 "기업의, 기업에 의한, 기업을 위한 정부"가 되었 다—에 대한 그의 불만은 냉정하고 방종한 자본주의에 대한 환멸을 보여 주는 것이었다. 헤이스는 급속한 자본 축적이 미국 사회에 해 악을 끼칠 것이라고 보았고, 사악한 잉여 자본을 억제해야 한다고

---

* 연방정부가 흑인을 일반 시민들의 차별로부터 보호해야 할 법적 권한은 없다고 규정한 1896년의 대법원 판결.

역설했다. 그는 나중에 진보파가 옹호한 집단주의는 거부했지만, 정부가 비즈니스 분야를 규제해야 한다고 보았다. 특히 기업들을 단속해야 하고, 상속에도 제한을 걸어야 한다고 생각했다. 헤이스는 자신을 현대적 개혁가 수준은 아니라고 겸손하게 말하면서, 멀리서 개혁가들의 작업에 존경을 보냈고 그들의 열망을 이해했다.

헤이스가 개혁주의자로 자처했던 분야는 정부의 정실인사 반대 활동이었는데, 이 운동은 백악관 재임 중에도 주요 의제였고 퇴임 후에도 그러했다. 백악관에서 나온 지 한 달이 지난 뒤, 헤이스는 후계자 제임스 가필드의 공무원 프로그램을 면밀히 지켜보면서, 의원들이 정치적 임명직을 싹쓸이하는데도 신임 대통령 가필드가 수수방관하는 것을 비판했다. 일찍이 자신이 도입하려 했던 공무원 인사쇄신 정책을 가필드가 물거품으로 만들지 모른다고 우려하면서 헤이스는 이렇게 강조했다.

"공직 임명에 정실 인사를 하면서 정부나 당을 구성하려는 시도는 크게 잘못된 것이다. 공직은 공익을 감안하여 임명되어야 한다. 국가가 먼저이고 당은 나중이다."

헤이스가 가필드의 초기 정책을 우려했던 것은 대타 대통령 체스터 아서의 집권에 느낀 공포와 비교하면 아무것도 아니었다. 대통령으로 재임하던 1878년에 헤이스는 뉴욕 항구의 세관장 체스터 아서를 해임한 적이 있었다. 가필드가 세상을 떠난 뒤, 대타 대통령으로 백악관 주인이 된 아서—로스코 콘클링 등 정실인사를 좋아하는 공화당원들이 타협안으로 내세웠던 부통령—는 국가의 최고사령관으로서 문제를 일으킬 가능성이 다분했다. 그러나 헤이스의 우려는 현실화되지 않았다. 2년 후 아서는 펜들턴법Pendleton Cirvil Service Act(1883)에 서명하면서 엽관제(獵官制)를 폐지하고 대부분의 연방 공무원 임명에 능력 본위 제도를 확립했다.

화려하지 않은 봉사 활동

일부 전직 대통령들은 과거의 경력을 감안하여 공공 봉사에 지명되었다. 그 두 가지 사례는 20세기 초의 노동 쟁의에 뿌리를 두고 있다. 석탄 광부들이 맹렬하게 파업을 벌이던 1902년, 테디 루스벨트 대통령은 그로버 클리블랜드에게서 교착 상태를 끝낼 묘안이 있다는 편지를 받았다. 놀랍게도 클리블랜드는 8년 전에 대통령으로 재임하면서 겪었던 풀만 기차 파업의 악명 높은 사건에 교훈을 얻고, 무력을 사용하지 말라고 경고했다. 당시 그는 파업이 우편 운송을 방해할 것이라는 전제 아래 군인 1만 2000명을 투입하여 파업을 강제 해산시켰다. 전직 대통령을 활용할 수 있는 기회라고 생각한 루스벨트는 곧 클리블랜드를 분쟁중재위원회의 위원장으로 임명했다. 전직 대통령은 중재가 아니라 사태 파악에 진력하겠다고 말했지만 그런 태도가 오히려 의문의 대상이 되었다. 노사 분규를 겪던 경영진은 클리블랜드가 너무 과격하여 노조 편을 들지 모른다고 우려했고, 만약 전직 대통령이 개입한다면 협상에 참여하지 않겠다고 발표했다. 루스벨트는 광산 소유주들의 요구를 수용하여 클리블랜드를 빼고 중재위원회를 구성했다.

월리엄 하워드 태프트는 전직 대통령으로서 산업 관계 문제에서 커다란 성공을 거두었다. 대법원에 임명되기 전, 태프트는 제1차 세계대전 중에 전략무기 관련 산업의 파업을 막기 위해 1918년 4월에 우드로 윌슨이 세운 전국전쟁노동위원회NWLB: the National War Labor Board의 공동 위원장에 임명되었다. 노동 쟁의를 억누르는 것이 위원회의 우선순위였지만, 위원회가 내세운 원칙에는 노동자의 단결권을 뒷받침하고, 최저 임금을 받게 해주고, 충분한 건강과 안전 조치를 보장하고, 동일 노동에 동일 임금을 주는 것 등이 들어 있었다. 윌슨은 고용주의 간청에 따라 태프트를 임명했지만, 노동 단체를 반대하는 보수파(태프트)가 산업 쟁의를 해결하기 위해 초당적 지위를 맡는다는 발상에는 문제의 소지가 있었다. 그래도 태프트는 공정한 역할을 진지하게 받아들여 전국을 다니면서 노동자와 경영자를 만났고, 미국 무산 계급의 실제 상황을 잘 파악했다. (그리 드라마틱하지는 않지만, 태프트의 NWLB 경험은 대법원으로 향하던 그의 생각을 복잡하게 만들었다.) 14개월의 임기 동안 태프트가 보여준 리더십과, 위원회의 건설적인 권고 덕분에 NWLB는 전쟁이 끝날 때까지 제도상의 효과적인 수단이 되었다. 윌슨은 태프트의 리더십을 높이 평가했다.

허버트 후버: 세계 식량 원조의 아버지

태프트와 헤이스는 둘 다 공직을 떠난 뒤에 전직 대통령이라는 무게 있는 입장에서 개혁 일정을 추진했다. 그러나 허버트 후버의 인도주의적 사업은 대통령에 당선되기 오래전부터 시작되었다. 사실, 그의 정치 경력을 밀어준 것은 인도주의자로서의 명성이었다. 봉사를 중시하는 퀘이커 교도로 자란 후버는 제1차 세계대전 당시의 식량 배급 역할이 자신의 공직 생활에 가장 크게 기여했다고 여겼다. 그는 1914년부터 구호 사업을 시작했다. 당시, 주영 미국 대사는 그에게 벨기에 원조위원회의 위원장을 맡아 달라고 요청했다. 쳐들어오는 독일 육군에 영국 해군의 해상 봉쇄로 국운이 풍전등화에 처한 벨기에는 식량을 대부분 수입에 의존하기 때문에 대규모 기근이 발생할 가능성이 몹시 높았다. 위원장 직책을 맡겠다고 결정한 때를 되돌아 보면서 후버는 이렇게 회고했다.

"그 순간에는 깨닫지 못했지만 1914년 8월 3일, 나의 기술자 경력은 영영 끝났습니다. 나는 공직 생활이라는 미끄러운 길에 오른 것이었습니다."

벨기에 전국위원회와 협력하면서 후버는 식량 수입과 배급의 구조를 상세히 파악했고, 2년 6개월 동안 벨기에와 북부 프랑스의 900만 인구에게 식량 공급을 지원했다. 이런 업적 덕분에 그는 국제적인 저명인사가 되었고, 우드로 윌슨은 전쟁의 남은 기간 동안 그를 '식량 행정관'이라는 자리에 임명했다. (그 자리를 맡은 후버는 "고기 없는 화요일", "밀가루 없는 월요일과 수요일" 등의 식사 제한 지침을 정해 병사들을 위한 식량 아끼기 애국운동을 장려했다.) 후버는 이런 활약 덕분에 제1차 세계대전 후 유럽 원조의 책임자가 되었고, 대륙의 전반적 식량 배급과, 관련 운송 및 통신 시설의 상륙을 책임졌다.

그 뒤 10년 동안, 후버는 미국원조협회를 이끌고 러시아 혁명 이후 기근에 휩싸인 소련을 원조했으며, 1927년 미시시피 홍수로 집을 잃은 이재민들을 도왔다. 하지만 "위대한 인도주의자"에 대한 찬사, 특히 전시의 원조 활동 때문에 그가 얻었던 우호적 호칭은, 그가 백악관에 입성하면서 뚝 멎게 되었다. 대통령으로 재임할 때, 후버는 미국 남부에서 1930~1931년에 발생한 가뭄의 피해자를 도우려 했으나, 그 구호 사업을 연방정부의 책임으로 돌리지 않고 소극적인 적십자에 맡긴 것 때문에 혹평을 들었다. 그 결과 구호 작업은 제대로 조직되지 못해 흐지부지되었고, 많은 가난한 사람들이 굶주림에 허덕였다. 가뭄의 피해에 적절히 대응하지 못한 후버의 태도는 다가오는 대공황에 원만하게 대응하지 못할 것을 예고한 셈이었다. 후버는 개인주의와 자발적 행동 원칙을 숭상하여 그에 충실한 조치를 취했으나—리처드 호프스태터Richard Hofstadter는 "스스로 돕는다는 미국의 전래 풍습에 충실한 것"이라고 지적했다—이것은 강력한 연방정부의 지원이 필요한 상황에서 완전히 잘못된 전략이었다.

백악관 시절이 후버의 명성에 흠집을 내기는 했지만, 그것이 퇴임 이후 국제적 인도주의 활동의 재개를 방해하지는 못했다. 후버는 궁핍한 전시(戰時)에 아주 인상적인 복귀를 달성했다. 1939년 9월에 독일이 폴란드를 침공하자 프랭클린 루스벨트는 폴란드 식량 원조를 연장하지 않았다. 허버트 후버는 곧 일개 시민의 자격으로 '폴란드 원조위원회'를 설립하고 식량 배급에 나섰다. 국제정치에서 후버가 보인 고립주의 경향은 적극적인 원조 활동과는 전혀 상관이 없었다. 후버의 구호 기관은 폴란드 망명 정부뿐만 아니라 게토에 살고 있던 유대인 가정에게도 식량과 의복을 보냈다. 폴란드 원조위원회는 1939년부터 1941년까지 독일이 점령한 지역에 사는 수십만 폴란드인에게 활발하게 식량을 공급했다.

정치적인 장벽은 상관없이, 유럽의 굶주림을 막아야 한다는 것이 후버의 한결같은 생각이었다. 논쟁의 소지가 있는 제안이기는 했지만, 후버는 자신이 설립한 또 다른 단체인 '민주주의 소국들에게 식량을 공급하는 전국위원회'가 노르웨이, 폴란드, 벨기에, 핀란드, 네덜란드의 국내 식량 공급에 개입하여, 대륙 봉쇄와는 별도로 추가 식량을 이들 나라에 보낼 수 있게 해달라고 제안했다. 후버의 제안은 의회와 일반 대중에게서 상당한 지지를 얻었지만, 프랭클린 루스벨트와 윈스턴 처칠은 독일 점령 국가들에게 식량을 공급한다면 전쟁이 연장될 뿐이라고 주장했다. 후버는 이런 주장에 단호하게 반대했다. 그는 강변했다.

　　"유럽의 4000만 민주 어린이들에게 필요한 식량을 보장해 주더라도, 이 전쟁의 군사적 결과에 조금도 영향이 없을 것이라고 생각합니다. 어린이를 굶기는 군대로는 히틀러를 물리칠 수 없습니다."

　　후버의 계획대로 하자면 영국이 해상 봉쇄를 풀어야 하는데, 그것은 처칠이 꺼리는 제안이었다. 영국 총리는 굶주림을 끝내는 것이 연합국의 가장 중요한 우선순위라는 후버의 주장에 이의를 제기했고, 루스벨트와 처칠이 공동으로 반대하고 나서는 바람에 식량 원조는 성사되지 못했다.

　　루스벨트가 병으로 사망하고 해리 트루먼이 대타 대통령으로 들어서자, 후버는 전후 유럽의 기근 위험을 막기 위해 봉사해 달라는 요청을 다시 받았다. 1946년 봄, 71세의 나이에 기근비상위원회의 회장을 맡은 후버는 3개월 만에 38개국을 돌아다니며 위기의 규모를 세세히 파악했다. 그 후 후버는 공중파 라디오 방송을 통해 미국인들에게 호소했다.

"이웃 주민과 어린이들이 굶주리고 있다면 여러분은 곧 그들을 식탁에 초대하여 음식을 대접할 것입니다. 그런데 이 굶주리는 여자와 어린이들은 미국이 아니라 외국에 있지만, 그래도 여전히 배고픈 사람들입니다. 그들도 여러분의 이웃입니다……. 여러분, 보이지 않는 손님을 여러분의 식탁에 데려오지 않으시렵니까?"

그는 완곡어법을 좋아하지 않아서, 직설적으로 미국인들에게 말했다.

"우리는 전국이 부켄발트Buchenwald(나치의 강제수용소)가 된 나라 위에 미국 국기가 휘날리는 것을 원하지 않습니다."

정부의 식량 원조 프로그램을 관리해 달라는 트루먼의 권유는 후버의 인고(忍苦) 시대에 종지부를 찍었고, 자신의 오래된 재능을 계속 활용할 수 있는 기회에 후버는 고마워했다. 세상을 떠나기 2년 전, 후버는 트루먼에게 보낸 편지에 감사의 뜻을 전했다.

"진주만 공격이 터졌을 때, 나는 곧 〔프랭클린 루스벨트에게〕 지지를 보냈고 능력이 닿는 한, 무슨 일이든지…… 봉사하겠다고 제의했습니다. 다양한 경험을 쌓았기 때문에…… 나의 봉사가 국가에 유익할 것이라고 생각했지만 답장은 없었습니다……. 당신은 백악관에 들어가자 한 달 만에 내가 할 줄 아는 유일한 일인 사회봉사의 기회를 제공했습니다. 당신은 예전에 저질러졌던 불명예스러운 행동을 씻어 주었습니다."

허버트 후버 위원회

후버의 사회봉사는 식량 원조 말고 다른 분야에서도 그 가치를 증명했다. 첫 임기 중, 해리 트루먼은 행정부의 관리 효율성을 더 높여 합리화시켜야 한다고 확신했다. 나름대로 행정부 개혁안을 가지고 있던 의회가 그의 거듭된 제안에 제동을 걸었다. 난국에서 벗어나기 위해 의회는 행정부의 집행부 조직위원회 설립을 승인했고 이에 트루먼은 탁월한 직관을 발휘하여 허버트 후버를 위원장으로 임명했다. 민관 양쪽에서 환영받는 위원들과 함께, 후버는 20개월 동안 지칠 줄 모르고 일했다. 후버 위원회는 만장일치로 성공작이라는 평가를 받았다. 위원회가 1949년 초 트루먼에게 보고서를 제출한 뒤, 273건의 권고 가운데 약 4분의 3이 이런저런 형태로 채택되었다.

　냉전이 급속하게 확산되자, 공산주의에 대한 공포를 우려한 트루먼은 후버에게 초당파적 조사단을 이끌면서 공산주의자들이 정부에 침투할 가능성을 파악해 달라고 요청했다. 하지만 후버는 이번에는 그 권유를 받아들이지 않았다(몇 년 전, 그는 하원 반미활동위원회의 첫 회기에 증언 기회를 거절한 바 있었다). 후버는 철저한 반공 인사였지만 트루먼의 상황 접근 방식이 잘못되었다고 생각했다. 후버는 트루먼과는 다르게 소련 동조자라고 생각되는 사람들을 추려내기보다는, 뉴딜 정책파에게 스며든 것으로 보이는 폭넓은 공산주의의 영향을 파악하고 싶어했다. 후버는 트루먼에게 미국 정부의 고급 관료들 사이에 "당원증을 지닌" 공산주의자는 아마 없을 것이라고 말하면서, 만약 그런 사람이 있다면 FBI가 충분히 가려낼 수 있다고 말했다. 후버는 일반 대중 사이에서 정부의 신뢰도가 떨어지는 것은 정부 핵심 지위를 차지한 좌익분자들의 사려 깊지 못한 행동 때문이라고 확신했다. 그런 좌익분자들은 실제로 공산주의자는 아니고, 단지 "공산주의 러시아와 관련된 정책에서 파괴적인 조언을 한 자들"이었다. 이처럼 의견이 서로 달랐기 때문에 트루먼이 제안한 위원회는 성사되지 못했다.

1953년, 아이젠하워 대통령은 후버에게 처음과 똑같은 목적을 가진 제2차 후버 위원회를 이끌어 달라고 요청했다. 아이크는 과연 또 다른 위원회가 필요할지 의심스러웠지만(그는 연방정부의 문제점을 살펴보는 다양한 활동 집단을 허락했고 그들의 활동이 후버 위원회의 그것과 겹칠 것이라고 생각했다), 의회의 여러 핵심 위원들이 후버의 복귀를 요구하자 아이크는 한발 물러섰다. 나중에 아이젠하워는 후버가 자신이 좋아하는 사람들로만 위원회를 구성하려 했다고 회상했다.

"그가 위원회에 넣고 싶어한 사람들은 그의 전반적인 신념―많은 사람들이 보기에 시대에 뒤진 낡은 신념―을 공유하는 사람들뿐이었습니다."

아이젠하워는 추가로 인원을 임명하여 구성원들이 좀더 균형을 이루도록 했다.

80세 나이에도 후버는 제2차 후버 위원회의 활동을 이끌면서 하루에 14시간씩 정력적으로 일했다. 처음과 마찬가지로, 이 위원회도 정부의 지나친 조치나 행위를 색출하는 것이 목표였다. 하지만 제2차 후버 위원회에서는 정책과 관리 문제를 살펴보는 임무가 확대되어, 정부 기관의 효율성뿐만 아니라 전반적인 행정 업무의 유용성을 평가했다. 이러한 조사 방침 때문에 제2차 위원회는 더 큰 논쟁을 불러일으켰다. 특히 뉴딜 정책파는 어느 경우에나 정부보다는 민간 산업에 의존하라는 후버의 권고에 분노했다. 그렇다고 제2차 후버 위원회의 모든 제안이 정부 비용의 합리화를 촉구한 것은 아니었다. 제2차 후버 위원회도 의학과 과학 연구비를 늘리고 교육, 건강, 복지를 통괄하는 장관급 부서를 세우라고 요구했다.

후버의 노고는 무시당하지 않았다. 그를 기리기 위한 만찬석상에서 존 F. 케네디 상원의원은 31대 대통령에게 찬사를 바쳤다.

"허버트 후버라는 이름은 진정으로 정부의 효율성과 경제성을 대변합니다."

그것은 기분 좋은 옹호였다. 국가 위기에 대처할 수 없을 정도로 망가진 정부를 남기고 떠난 지 25년 후, 후버는 이제 정부 효율성의 옹호자로서—그것도 민주당원으로부터—칭송을 받았다. 트루먼과 아이젠하워의 후원 아래 일하면서, 과거 혹평을 받았던 후버는 이제 자신이 바라는 대로 명예로운 전직 대통령으로 되돌아가게 되었다.

인류애를 위하여: 카터와 클린턴

지미 카터와 빌 클린턴은 전임자들의 인도주의적 활동 방식과는 다소 다르게, 나름대로 인류애를 추진하는 대규모 단체를 만들었다. 두 전직 대통령은 카터 연구소와 윌리엄 J. 클린턴 재단을 통해 자신들의 이름을 걸고 개인적인 자선 활동을 펼쳤으며 그 과정에서 카터와 클린턴식 자선 활동이라는 새로운 브랜드를 만들어 냈다.

빌 클린턴 재단은 카터 연구소의 외교 활동을 모방하기 위해 시작된 것은 아니었지만—예를 들어 민주주의 구축은 결코 클린턴의 전문 분야가 아니었다—조직의 원대한 목표인 공중위생과 빈곤 퇴치 프로그램은 두 단체의 목적이 비슷함을 보여 주었다. 카터 연구소는 20여 아프리카 국가들에서 메디나충과 사상충증 등 기생충 질병을 근절하기 위해 노력하고, 클린턴 재단은 남아프리카, 남미, 아시아에서 후천성면역결핍증의 진단과 치료를 개선하기 위해 노력했다. 카터 연구소는 아프리카 사하라 이남 지역의 농업 발전에 전념하는 프로그램을 운영하고, 클린턴 재단은 르완다와 말라위의 지속 가능한 경제 발전 프로젝트에 참여했다. 또한 두 단체는 미국 내에서 추진할 건강 프로그램을 고안해 냈다. 클린턴은 '한결 더 건강한 세대를 위한 제휴Alliance for a Healthier Generation'를 통해 아동 비만과 싸우는 데 주력했다. 카터 연구소는 로절린 카터의 개인적인 관심사에 영향을 받아, 아동 정신병에 대한 조기 개입을 비롯하여 정신건강이 필요한 사람들의 치료, 서비스, 지위를 위해 싸우는 투사가 되었다.

놀랍도록 광범위한 박애주의적이고 인도주의적인 노력을 펼친 빌 클린턴과 지미 카터는 퇴임 대통령으로서 한 가지 중요한 기준을 세웠다. 전직 대통령들의 현대적 활동은 개인적 부의 축적—특히 클린턴의 경우—을 세계적인 부의 분배로 연결지었다. 두 사람은 전직 대통령이라는 위상이 그런 목적을 추진하는 데 소중한 도구가 되지만, 성공을 최대화하려면 자신만의 독특한 노력을 기울여야 한다는 전제에 따라 활동하고 있다. 카터는 일찍이 말했다.

"거리에서 만나는 평범한 사람들이 서로 다르듯이, 전직 대통령들도 서로 다릅니다. 이들끼리 좋은 사업을 두고 경쟁하는 것은 아주 좋습니다. 하지만 내 생각에…… 전직 대통령들이 서로의 업적을 모방하지 않는 것도 중요합니다."

지미 카터와 빌 클린턴은 둘 다 대통령으로 재임할 때 축적한 밑천—국제적 인지도, 리더십, 복잡한 세계 문제에 대한 이해력 등—을 바탕으로 퇴임 후 좋은 일에 정성을 쏟았다. 자신의 백악관 시절을 퇴임 후에 비해 보잘것없다고 여겼던 후버나 태프트와는 다르게, 카터와 클린턴은 결코 공직 기간의 의미를 평가 절하하지 않았다. 특히 지미 카터는 대통령에서 물러나자 분쟁 해결, 인권 신장, 빈곤 퇴치 대책 개발 등 단임 기간에 추구했던 것과 똑같은 많은 과제를 추구했다. 빌 클린턴도 퇴임 후 계획은 재임 중의 결정적 실수를 바로잡고 싶은 욕망의 영향을 받았다고 거듭 말했다.

카터 연구소의 탄생과 활동

역사가 더글러스 브링클리Douglas Brinkley는 대통령에서 물러난 지미 카터의 활동을 존 퀸시 애덤스가 의회에서 거둔 명성과 비슷하다고 말했다. 하지만 카터 자신이 말하는 역할 모델은 그보다 덜 알려진 자신의 어머니 릴리언 카터Lillian Carter다. 카터는 중년에 접어든 어머니가 이룩한 성과에서 커다란 영감을 얻었다. 그녀는 남편과 사별하고 59세 나이에 새로운 인생을 발견했을 뿐만 아니라 68세 나이에 평화봉사단에 참여했고, 봄베이 여행에서 돌아오자 자신의 경험에 대해 헤아릴 수 없이 많은 연설을 했다.

1980년 대선에서 로널드 레이건에게 패배한 뒤, 카터는 스스로 영감을 발휘해야 했다. 재선되어 자신의 통치 철학을 펼칠 또 다른 4년을 내다보고 있다가 좌절된 카터는 기가 꺾였고, "완전히 지칠 대로 지쳐서" 플레인스의 고향으로 되돌아와, "사뭇 새롭고, 바라지 않았고, 공허할지도 모르는 삶"과 마주쳤다. 회고록을 저술하고 대통령 기념 도서관을 계획하다가 카터는 문득 자신의 남은 소명이 무엇인지 발견했다. 이제는 아주 널리 알려진 일화에 따르면, 어느 날 저녁 침대에서 일어난 카터에게 한 가지 영감이 떠올랐다. 그는 들떠서 아내에게 말했다.

"우리가 도서관에서 무슨 일을 할 수 있는지 알아냈소. 분쟁을 해결하는 장소를 얻게 된 거요."

그의 비전은 장래에 카터 연구소를 세우는 씨앗이 되었다.

많은 기관이 그러하듯이, 카터 연구소는 시간이 지나면서 다루는 범위를 확대했다. 원래 전쟁 당사국의 지도자들이 모여서 평화로운 해결을 모색할 수 있는, 캠프 데이비드 같은 조용한 장소로 구상되었으나, 전임 대통령 부부가 민주주의 형성을 촉진하는 더 구체적이고 종합적인 접근 방법이 필요하다고 인식하면서 사업의 초점이 바뀌게 되었다. 부부는 프로그램을 확대하여 자유 공정 선거를 촉진하고, 새로운 지도자를 위한 통치 훈련을 제공하고, '시민 사회'라고 분류되는 사회를 지원하기 시작했다. 게다가 카터는 인권—여기에는 시민, 정치, 사회, 경제의 권리 등이 포함된다—의 구성 요소를 폭넓게 이해했고, 그런 이해를 바탕으로 "평화롭게 살 수 있는 권리뿐만 아니라 적절한 건강 관리, 피신처, 식량과 경제적 기회" 등도 추구하게 되었다. 이렇게 확장된 사회 정의 관심사는 당연히 카터 연구소의 업무에 반영되었다. 연구소는 다양한 공중위생 운동을 개시했고, 지속 가능한 농업 프로젝트를 고안해 냈으며, 비정부조직에 대한 기술적이고 조직적인 연수를 제공했는가 하면 애틀랜타 시의 다계층(多階層) 공동체 발전 프로젝트를 지원했고, 사형제도 폐지를 추진했다.

이런 폭넓은 임무 가운데, 선거 개혁 활동은 카터 연구소에서 일종의 가내 공업이 되었다. 외국의 선거를 감시하고 보증하는 일, 외국인의 국내 선거 참관을 안내하는 일, 최고의 실습 기회를 마련해 주는 교육 기자재 개발 등으로 전문성을 갖춘 카터는 두 차례 미국 선거개혁위원회에 참여할 수 있었다. 2001년 1월, 카터와 제럴드 포드는 연방 선거 개혁에 관한 전국위원회의 공동 회장으로 선임되었다. 2000년 대통령 선거에서 아들 부시와 앨 고어 중 누가 이겼는지 정확히 알 수 없는 애매한 사태가 벌어진 뒤, 이 위원회는 선거 과정의 개선을 집중적으로 탐구했다. 위원회는 투표 절차를 만장일치로 통일시켰고, 처음부터 끝까지 선거 과정을 감시하는, 표준적인 초당파 위원회(혹은 개인)를 활용하자는 구체적 제안에 동의했다. 위원회의 제안을 활용하여 의회는 2002년 10월 '미국을 돕는 투표법Help America Vote Act'을 통과시켰고 조지 W. 부시는 그 법에 서명했다. 하지만 그 다음번 대통령 후보 경선에서 법령의 권고가 전체적으로 실행되지 못하자 카터는 불같이 화를 냈고, 다가오는 2004년 대선에서 2000년 대선을 망친 오류가 반복될 수 있다고 내다보았다. 카터의 우려가 과연 선견지명이었는지 여부는 논쟁의 여지가 있지만, 오하이오 주에서 부정 투표가 있었다는 구체적인 주장이 나왔다. 오하이오 주는 승부를 결정짓는 역할을 맡았기 때문에 만약 사실이라면 중대한 일이 아닐 수 없다.

카터는 미국을 돕는 투표법의 실행에 불만을 품고, 전 국무장관 제임스 베이커—2000년 플로리다에서 부시와 체니 팀의 선거 후 전략을 계획했던 장본인—와 힘을 합쳐 완전무결한 선거 과정을 수립하고자 2차 개혁위원회의 회장을 맡았다. 하지만 그들의 보고서 결론은 곧 논쟁의 여지가 많은 제안 때문에 위태롭게 되었다. 그 제안은 투표 전에 유권자가 표준적인 신분증명서를 제출하도록 하자는 것이었다. 이 제안은 사생활 침해라는 우려를 낳았고 또 어떤 집단, 특히 이민자, 빈민, 청년, 노년 집단에 겁을 주어 투표를 못하게 만들 가능성이 있었다. 반면에 또 다른 핵심적 권고는 환영을 받았는데, 여기에는 보편적인 유권자 등록, 전자 투표 기계의 작동 기록에 대한 감사, 개정된 대통령 예비선거 일정 등이 들어 있었다.

카터는 선거 개혁을 위해 다양한 노력을 했을 뿐 아니라, 공중위생 분야에서도 큰 업적을 이루었다. 카터는 사람들의 삶에 개입하여 유의미하게 삶의 질을 향상시킬 수 있는, 일련의 특별한 프로젝트를 선정했다. 그리고 이 분야에서 상당한 개가를 올렸다. 수십 년 동안 국제적 분쟁의 평화 해결을 모색하고, 민주주의와 인권을 개선하고,

경제와 사회 발전을 추진한 공로로 카터는 2002년 노벨 평화상을 수상했고, 2006년에는 예방 가능한 질병을 근절하려는 노력을 인정 받아, 빌 게이츠 및 멜린다 게이츠 재단의 세계 보건상을 수상했다. 게이츠 재단은 카터 연구소가 메디나충에 의한 질병의 발병률을 99.5퍼센트나 줄였고, 7500만 명 넘게 사상충증 환자를 치료했으며, 4000군데 공동체에 트라코마 예방 프로그램을 세웠다고 칭송했다.

이듬해 카터 연구소는 마치 앙코르 공연을 하듯이, 살충제를 뿌린 침대용 모기장 300만 개를 에티오피아에 집중적으로 나눠 주는 말라리아 예방 운동을 새롭게 시작했다. 이 나라에서는 말라리아가 주된 사망 원인이기도 하다. 에티오피아 보건부를 비롯한 협력자들과 함께 모기장 2000만 개와 관련 건강 교육을 제공하려던 그 당시, 카터 연구소는 이미 에티오피아에 여러 해에 걸쳐 사회 기반 시설을 구축하고 또 그 나라의 공동체에 말라리아 퇴치 조직을 설치해 놓은 터였다.

퇴임 후에 카터가 내놓은 공공 정책 성명은 종종 비방을 받기도 했으나, 카터의 공중위생 운동은 널리 찬사를 받았다. 카터가 문제 적인 인물들과 만나 협상을 벌이거나 미국 현직 대통령들을 날카롭게 비판하는 경우와는 대조되게, 질병 예방과 지속 가능한 농업 발전 프로젝트는 비판가나 역사가에게서 험담을 들은 적이 거의 없다. 카터는 가끔 외교정책 일선에 직접 개입하여 아무런 제재도 받지 않고 일방적으로 밀어붙이는 바람에 요주의 인물로 찍히곤 한다. 하지만 카터 연구소의 건강 관리와 빈곤 퇴치 운동과 관련해서는 일반적으로 헌신적이고 고결한 인물로 칭송받았다. 카터 자신이 볼 때, 사람들의 그런 이중적인 인식은 곤혹스러울지 모른다. 하지만 그는 외교와 인도주의 활동이 근본적으로 카터 연구소의 폭넓은 인권 의제의 두 가지 측면이라고 말했다.

자칭 외교관, 겁 없는 선거 감시자, 세계 보건의 투사, 빈곤 퇴치 옹호자, 노벨 평화상 수상자라는 명성과 더불어, 지미 카터는 다방면에서 퇴임 대통령으로서 유산을 남기고 있다. 그가 국제적으로 관여한 활동 범위를 잘 모르는 사람들도 카터가 인도주의적인 주택 개선 사업(그와 로절린은 1년에 1주일씩 이 프로젝트를 직접 지휘한다)에 직접 참여하고 또 적당한 가격으로 구입할 수 있는 주택 공급을 추진한다는 사실을 잘 알고 있다.

카터는 최근에 자신들을 '엘더스Elders(원로들)'라고 부르는 10여 명의 국제적 저명인사들과 협력하고 있으며, 이들은 힘을 합쳐 세계적인 재난과 싸우는 중이다. 발상은 음악가 피터 가브리엘Peter Gabriel과 버진 그룹의 CEO 리처드 브랜슨Richard Branson에게서 나왔고, 두 사람은 열정이 넘치는 넬슨 만델라Nelson Mandela와 그라사 마셀Graça Machel(그들을 통하여 데즈먼드 투투Desmond Tutu까지)에게 이 생각을 전했다. 그때부터 버마 민주주의 지도자 아웅산 수키Aung San Suu Kyi, 유엔 사무총장 코피 아난, 전 아일랜드 대통령 메리 로빈슨Mary Robinson, 방글라데시 혁신가 무하마드 유누스Muhammad Yunus 등이 이 그룹에 가세했다. 2007년 7월에 결성된 뒤, 엘더스의 첫 공식 활동은 가을(카터의 83세 생일에 맞춰)에 다르푸르로 가서 수단의 폭력적인 소요 사태를 해결하려 한 것이었다.

21세기형 전직 대통령: 빌 클린턴

2001년 초에 공직을 떠났을 때, 빌 클린턴은 자신의 미래를 생각하면서 지미 카터의 인도주의적 활동 사례를 떠올렸다. 54세밖에 안 된 클린턴은 카터와 마찬가지로 퇴임 후 1년 동안 시간을 의미 있게 보내려면 어떻게 할지 곰곰 생각했다. 전임자들이 밟았던 길을 샅샅이 살펴본 뒤, 클린턴은 카터가 한 가지 전형을 수립한 공익 활동을 자신의 사명으로 삼았다. 클린턴은 말했다.

"공직을 떠났을 때, 나는 삶을 재정립해야 했습니다. 30년 동안 한 우물만 파 왔어요. 다시는 선출직으로 돌아가고 싶지 않았습니다. 나는 판사가 되고 싶지 않았어요. 후버 이상으로 적극적인 활동을 벌이고 싶었지요. 그렇기 때문에 주로 카터를[카터에 대해] 생각했습니다."

탄핵 이야기까지 나온 문제투성이 두 번째 임기를 지낸 뒤, 클린턴은 자신의 유산이 현재 진행형이라는 것을 알았다. 그가 세계를 무대로 삼는 카터의 자선 활동에 눈을 돌린 것은 현명한 태도였다. 하지만 국제적 인도주의 활동은 단순한 영역이 아니고, 클린턴의 성공은 이미 정해졌다고 볼 수 없었다. 이 신참 전직 대통령은 방향을 정해 뚜벅뚜벅 나아가면서 차별화를 이루는 선결 프로젝트에 대한 관심을 표명했다.

2001년 겨울, 클린턴은 먼저 공공 분야에서 영향력을 얼마나 발휘할 수 있는지 살펴보았다. 당시, 그는 수만 명이 사망한 인도 구자라트 지진 사태에 막대한 원조 기금이 형성되도록 도왔다. 미국 내에서는 갖가지 스캔들이 끈질기게 따라다녀도 클린턴은 해외에서 여전히 환영을 받았고, 국제적 인도주의 프로그램을 열심히 감독한 덕분에 충분히 그런 일을 해낼 수 있다는 신념을 갖게 되었다. 클린턴 보좌관이 지적했듯이, "국내에서 〔클린턴을〕 당황하게 만들면서 물의를 일으켰던 여러 문제들은 해외에서는 단 한 건도 문제가 되지 않았다."

현존하는 윌리엄 J. 클린턴 재단이 발판 노릇을 했다. 이것은 클린턴의 열망을 지속 가능한 현실로 만들어 주었다. 클린턴은 리틀록 도서관의 모금 수단이었던 기관을 대규모 사회사업 단체로 바꾸어 놓았다. 처음부터 클린턴이 어떤 구체적인 사명감을 적극적으로 갖고 있었던 것은 아니다. 오히려, 어떤 소명이 그를 찾아낸 것이다. 클린턴이 공직을 떠난 뒤에 넬슨 만델라가 에이즈의 재앙을 널리 알려 달라고 클린턴에게 간청하면서 재단의 초기 활동이 바삐 돌아갔다. 치료제 배급이라는 다루기 어려워 보이는 문제를 탐구하면서, 클린턴은 세계적 위기에 맞서서 자신의 특별한 수단을 시운전했다.

에이즈와 싸우다

2002년 7월, 빌 클린턴은 넬슨 만델라와 함께 스페인의 에이즈 회의에 참석했다. 카리브 해에 있는 국가인 세인트키츠네비스의 총리인 덴질 더글러스Denzil Douglas 박사는 그에게 접근하여, 에이즈 비상사태를 해결하려는 그 나라의 문제는 편견이나 오명(汚名)과는 무관하다고 말했다. 오히려 '자금과 조직의 문제'였다. 더글러스의 솔직한 고백은 클린턴이 문제를 깊이 생각하는 결정적 계기가 되었다. 그리하여 클린턴은 공공재―이 경우, 인체면역결핍바이러스/에이즈 치료제, 진단약 선택, 교육―를 어떻게 배급할지, 그리고 민간 시장 모델을 어떻게 활용하여 공공재 시장을 재구성할지 꼼꼼히 조사하게 되었다.

클린턴 재단의 에이즈 운동 위원장인 아이라 매거지너Ira Magaziner에 따르면, 이렇게 깊이 생각한 결과, "[에이즈 약품의] 수요를 결집하여 기업체가 요구하는 구매자 집단을 형성해야 한다"는 판단이 나왔고, 일은 그런 방향으로 추진되었다. 약품 판매량이 충분해지자, 제약회사들은 적절히 내린 가격으로 치료약을 내놓아도 여전히 이윤을 남길 수 있었다. 바하마 제도에서 약값을 줄이기 위해 시작한 작은 노력은 나중에 더 큰 범위로 확대되었다. 클린턴 재단은 65개국이 소아(小兒) 레트로바이러스를 포함하여 HIV/AIDS의 제1차 및 제2차 약품 가격을 극적으로 낮출 수 있도록 조달 컨소시엄을 조직했다. 또한 아프리카, 아시아, 카리브 해의 20여 국가와 협력하면서 클린턴 재단은 곧 최선의 치료 실무에 관한 정보를 보급했고 나아가 인적·금융적 자원과 기술적 협조를 제공했다.

클린턴은 전염병이 도는 국가들의 지도자와 반드시 협조하는 한편, 제약회사와도 꾸준히 협력하여 에이즈 진단약과 치료약의 가격을 적정 수준으로 낮추었다. 클린턴 재단의 이사장 브루스 린지Bruce Lindsey는 조달 컨소시엄 덕분에 에이즈 치료약이 1년치 700달러에서 140달러로 떨어진 한편, 소아 에이즈 약값은 1인당 500달러에서 200달러로 인하되었다고 주장한다. 확실히, 적정 가격으로 치료약을 구입하도록 보장한 이 헌신적인 운동은 헤아릴 수 없이 많은 사람의 생명을 구했다.

하지만 어떤 전문가들은 에이즈 치료약의 높은 가격을 낮추는 사업은 클린턴이 무대에 등장하기 오래전부터 시작된 것이라고 지적한다. 클린턴 재단의 협력 기업인 인도의 키플라 등 복제약 제조회사들은 이미 염가의 에이즈 복제약을 생산함으로써 대형 제약회사의 시장 지배에 도전하기 시작했다. 국경 없는 의사회, 국제지식생태학회Knowledge Ecology International, 국제보건행동협회Health Action International 같은 단체들도 지난 여러 해 동안 천문학적일 정도로 비싼 에이즈 치료약의 가격에 대해 큰 소리로 항의해 왔다. 심지어 조지 W. 부시조차도 이 일에 관심을 가지고 아프리카와 카리브 해의 에이즈 질병 관련 예산을 배정해 주려고 노력했다.

클린턴 재단은 경영 컨설팅 회사인 매킨지 스타일의 접근 방법과 공격적인 홍보 작전 때문에 비판을 받기도 했다. 클린턴 재단이 더 오랜 경륜을 쌓은 여러 에이즈 운동 단체들의 조언을 존중하지 않는다고 불평하는 이들도 있고, 또 재단의 활동에 대해서, 예방 교육이나 백신 자금 조달 쪽으로 사업을 확대할 수 있는데도 너무 사업 범위를 좁게 잡는다는 불만의 목소리도 있다. 클린턴 재단은 기존의 원조 단체 간부들이 이미 열심히 뛰어 왔던 제약회사 개혁이라는 치열한 분야에 후발 주자로 뛰어든 주제에 에이즈 치료약의 가격을 극적으로 인하한 공적을 대부분 가로챘다는 나쁜 평판을 뒤집어쓰게 되었다.

논쟁의 외중에 뛰어든 초창기 운동가 제이미 러브Jamie Love는 공적을 가로챈 점에 대해서 클린턴 재단은 변명의 여지가 없다고 생각한다. 그의 주장에 의하면 지난 몇 년 동안, 에이즈 운동가들은 쟁점의 최전선에 나서서 일해 왔다. 의회에 진정하고, 엄정한 논거를 제시하고, 치료약 가격을 내리기 위해 단호하게 싸워 왔다. 그런데 갑자기 클린턴 진영이 등장하여 영광을 독차지했다. 어떤 저명한 공중 위생 전문가는 이런 주장을 폈다.

"정의를 찬탈해 간 것입니다. 많은 사람들이 첫발을 떼기 위해 최전선에서 온 정성을 쏟아부었습니다."

회의론자들은 클린턴 재단이 단지 이미 열린 문을 밀었을 뿐이라고 말한다. 치료약의 가격은 이미 극적으로 떨어지기 시작했고, 재단과 제약회사의 협상이 그 과정을 단축하기는 했지만 가격 인하는 이미 대세였다는 것이다.

매거지너는 그런 비판에 깜짝 놀라면서 이렇게 강조한다.

"다른 사람들이 진지하게 가격 인하를 추진해 오긴 했지만, 우리가 제1차 에이즈 치료약의 주목할 만한 가격 인하를 추가로 이끌어냈습니다. 그건 불변의 사실입니다."

매거지너는 클린턴 재단이 개입하기 전에 여러 가격 인하 운동이 "벽에 부딪혔다"고 주장한다. 매거지너 자신이 비판적 운동가들의 표적이기는 하지만, 사람들은 클린턴 재단의 혁신적인 접근 방법과 열렬한 헌신이 판매상의 유통 거래를 도왔고, 다양한 세력을 단결시켜 치료약의 가격을 더욱더 적절하게 끌어내렸다는 것은 부인하지 않는다.

클린턴 자신은 한 가지 사무치는 사연 때문에 재단의 역량을 에이즈 사업에 쏟아부었다. 그는 대통령 재임 당시 제약 특허권을 가진 제약업계에 도전하지 않은 것, 주삿바늘 교환 프로그램에 연방 자금을 지원하지 못한 것, 전 세계적으로 에이즈와 싸우는 리더십을 발휘하지 못한 것 등 이 유행병에 대하여 놀라울 정도로 책임을 회피한 일을 크게 후회했다. 공직을 떠난 뒤, 클린턴이 마침내 에이즈 문제에 정면 도전하기로 했다는 것이 알려지자, 당연히 다양한 분야의 인물들이 의문을 표했다. 하버드 보건대학원장 출신인 하워드 하이어트Howard Hiatt는 2002년에 클린턴과 만나, 어째서 당신이 "대통령 임기 중에 책임지지 못했던 것을 이제야 완수할 수 있다"고 생각하느냐고 냉소적으로 질문했다. 하버드의 에이즈 연구소장 리처드 말링크Richard Marlink도 그와 비슷한 경계심을 드러냈다.

"누구나 이렇게 걱정합니다. 이것은 사진이나 찍고 보도 자료나 돌리는 캠페인일까요, 아니면 장기적인 약속일까요?"

예상할 수 있는 반응이었지만, 클린턴은 자신의 동기를 의심하는 태도를 아무렇지도 않게 여기려고 애쓴다.

"나는 그 모든 게 허튼 소리라고 생각합니다. 내가 이렇게 일하는 이유는 진정으로 정치, 일반 대중, 공공 정책을 염려하기 때문입니다."

세계적인 에이즈 위기에 적극적으로 대처하지 않은 것을 후회하는 것처럼, 클린턴은 르완다의 1994년 대학살을 막지 못한 것도 최대 실책이었다고 아쉬워했다. 인권운동가 서맨사 파워Samantha Power는 클린턴 정부가 르완다에서 약 3개월 동안 80만 명이 피살되는 동안 우물쭈물하면서 "대학살을 방관했다"고 혹평하면서, 퇴임 후에야 크게 잘못했다고 뉘우치는 태도를 믿지 못하겠다고 말했다.

클린턴이 자선 활동을 아프리카까지 확대하려는 결심에 어떤 심리적 요소가 깔려 있는지는 몰라도, 재단의 르완다 프로그램은 현지 지도층과 일반인 양쪽에서 환영받았다. 클린턴이 몇 년 동안 국제적 공중위생 운동의 원로인 폴 파머Paul Farmer의 환심을 사려고 공을 들인 끝에, 파머는 존경받는 자신의 조직인 '건강의 동반자PIH'를 통해 클린턴 재단의 프로그램에 협력하기로 동의했다. 파머는 PIH의 접근 방법이 클린턴의 기업 경영식 방법과 다르다고 말했고, 나아가 "우리는 에이즈만 다루지 않고 종합적인 건강 관리를 한다"고 설명했다. 게다가 파머는 자신의 사고방식이 클린턴 재단 프로그램의 주도적 철학인 "실용"에 목표를 두지 않고, 공중위생을 지향한다는 의미에서 "이념적"이라고 말했다. 그렇지만 파머는 클린턴 재단에 협력했고, 르완다를 위한 지속 가능하고 효율적인 농촌 보건 체계(먼저 한 지역에서 시도한 뒤에 규모를 확대하는 방식)를 구축하려는 작업은 아주 놀라울 정도로 성공을 거뒀다. 클린턴 재단은 다른 주요 사업에서와 마찬가지로, 단순히 모금된 돈을 나눠 주는 전통적인 모금 조성자 역할보다는, 르완다의 자구 노력을 활성화시키는 촉진자 역할을 더 중시한다.

클린턴 글로벌 이니셔티브

2005년 9월에 열린 클린턴 글로벌 이니셔티브CGI: Clinton Global Initiative의 개회식(1년에 3일 동안 뉴욕 시에서 사업가, 기업계 거물, 재단의 임원, 운동가, 저명인사들이 참석하는 모금 행사)에서, 스코틀랜드 사업가 토머스 헌터Thomas Hunter 경은 아프리카의 빈곤과 싸우는 지속 가능한 경제 성장 운동에 1억 달러를 내놓겠다고 약속했다. 선구적인 헌터의 약속은 이듬해에 클린턴-헌터 발전 이니셔티브로 확대되었고, 가난을 줄이는 새로운 접근 방법으로 인정받았다.

전략적으로 유엔 총회가 개최된 날에 열린 CGI는 발전 프로젝트를 진행하는 개인 및 기관들과 협력하여 기후 변화, 교육과 보건에 대한 접근 방법, 빈곤 등 현존하는 세계 문제를 조명했다. 회장 겸 주최자인 빌 클린턴은 부자들에 대한 온갖 사회적 정보망이 형성되는 그 행사를 주재하면서 한 가지 필요한 전제 조건을 강조했다. 그는 모든 약속들이 "의미 있는 공공 복지"로 귀결되어야 한다고 말했다. 다보스 세계경제포럼(등장인물 전체가 점점 CGI와 겹치고 있지만)의 자매격인 CGI는 가치 있는 박애주의를 실천하려는 야심찬 새 자선 기구다. 초기 2년 동안, 약 1000명에 이르는 기부자들이 모인 행사에서 기업과 개인들이 100억 달러 이상 기부를 약속했다(하지만 기부자가 약속을 어기지 않도록 하려면 효과적인 제재 수단을 발전시켜야 한다).

회의론자들은 CGI 기부자들이 이기심과 기업의 이익 때문에 그런 활동을 하는 것이라고 하면서 그 저의를 의심했다. 어떤 사람들은 "기부자들의 동기가 그저 빌 클린턴의 칭찬을 받기 위한 것이다"라고 불평한다. 클린턴 재단에서 볼 때, 이것이야말로 재단이 노리는 가장 중요한 사항이다. CGI의 지침—이타주의 때문에 경제적 이익을 희생해서는 안 된다—덕분에 기업계의 수장들은 42대 대통령과 사귈 뿐만 아니라 수익성 있는 정보를 교환할 수 있는 것이다. 이를테면 2006년 회의 때, 버진 그룹의 CEO 리처드 브랜슨 경은 앞으로 10년 동안의 운송사업 이익 약 30억 달러를 지구 온난화와 싸우기 위해(특히 새로운 에너지원 개발을 위해) 쏟아붓겠다고 약속했다. 테드 터너는 이런 조치가 자본가에게 유리하다는 점을 강조하면서 "그가 아마도 본업인 항공 사업보다 이 사업에서 더 많은 돈을 벌 것"이라고 설명한다.

클린턴 글로벌 이니셔티브는 개발 운동의 일부인데, 이 운동에서는 전통적으로 기업계에 쓰이는 금융 수단이 사회 변화의 영역에도 적용된다. 《이코노미스트》 편집장인 매튜 비숍Mathew Bishop이 붙인 이름처럼, 박애자본주의philanthrocapitalism는 자선과 시장이 서로 만나는 접점을 보여 준다. 비영리 단체는 장기적으로 효율적인 일류 기업의 모델을 받아들임으로써, 지속적인 자본 유입을 통해 실용적인 성과를 더 쉽게 달성할 수 있다. 투자자들이 이렇게 생각하더라도, 박애자본주의는 나름대로 비판을 받고 있다. 한 가지 핵심적인 비판은, 강력한 사회적 운동의 뒷받침 없이는 시장에 기반을 둔 박애주의가 사회에 근본적 변화를 가져올 수 없다는 주장이다. 이런 논쟁은 아직 걸음마 단계이고, 그동안 CGI는 앞으로 나아갈 것이다.

기후변화 대응 운동

클린턴 재단은 또한 기후변화 이니셔티브CCI: Climate Change Initiative 를 시작했다. 지구 온난화 위기에 대응하는 세력을 모으면서 브랜슨, 브래드 피트Brad Pitt, 루퍼트 머독Rupert Murdoch 등 상당히 특이한 인사들을 영입했다. 어떤 사람들이 주장했듯이, 이 운동은 클린턴 정부가 하지 못했던 사업이었다. (대통령 재임 시절, 클린턴은 에너지 세금법을 통과시키기 위해 오랫동안 싸웠으나 실패했고, 교토 의정서의 상원 비준을 추진하지 않아서 혹평을 받았다.) 기후 변화에 대한 새로운 운동을 펼치겠다고 결심한 과정을 설명할 때, 클린턴은 아주 황당한 이야기를 말한다. 뉴욕 주 차파콰에 있는 새 집에 등을 달려고 하는데 갖가지 크기의 소형 형광등을 찾지 못하게 되자, 미국 문화의 구석구석까지 건전한 환경운동을 확산해야 한다는 문제의식을 깨닫게 되었다는 것이다. 거시적인 차원에서, 클린턴은 기후 운동가들이 종종 경제적 선택, 자본의 심각한 부족, 불완전한 시장 등 아주 어려운 환경과 싸우고 있다는 것을 알게 되었다. 클린턴이 말했듯이, 기후 변화에 대한 싸움은 "내 생각에, 제2차 세계대전 이래 미국이 얻게 된 가장 큰 기회다."

2006년, 클린턴은 세계의 18개 일류 도시가 탄소 배출을 줄이고 연료 효율성을 높이자는 기후변화 대응 운동을 활성화시켰다. 재단의 일반적인 도덕적 원칙에 입각하여, 클린턴 재단은 집단적인 시장 세력을 활용하여 기후 친화적인 기술에 접근하기로 했다. 클린턴 재단의 기후변화 이니셔티브와 협력하면서, 탄소 감축 프로젝트는 주목할 만한 추진력을 만들어 냈고, 참가 도시의 수를 확대하여 'C40 도시들'이라는 새로운 이름을 얻었다.

C40 도시들을 도와주기 위해 클린턴 재단이 구사하는 방법은 HIV/AIDS 운동의 경우와 흡사하다. CCI는 국제도시들의 구매력을 한데 모아 에너지 절감 기술의 비용을 도입 가능한 수준으로 낮추고, 적절한 신기술을 촉진함으로써 자체적인 조달 컨소시엄을 만들어 내고 있다. 게다가 CCI는 마이크로소프트와 제휴하여 대도시 당국이 탄소 배출을 추적하여 환경 영향 범위를 이해·개선할 수 있는 온라인 수단을 개발하고, 또 도이치 은행, JP모건체이스, 시티그룹 등 5대 은행과 합작 회사를 설립했다. 이들 은행은 15개 도시의 시청 건물을 녹색 기술로 개조하기 위한 자금으로 각각 10억 달러를 약속했다.

어떤 환경 현실론자들은 CCI의 노력과 의도를 격려하면서도 클린턴 재단의 운동이 궁극적으로 이 거대한 문제에 미미한 영향력만 끼칠 뿐이라고 생각한다. 아이라 매거지너는 클린턴 재단이 공공재 문제에 대해 기업 측면에서 접근하는 것과 시장의 가속화를 강조하는 것이, 클린턴의 예전 파트너인 앨 고어의 환경 보호 및 교육 노력을 크게 보완한다고 말한다. (이렇게 되면 클린턴 참모들은 "고어에 대한 질투심"이 클린턴의 기후변화 대응 운동을 촉진했다는 평판을 극복할 수 있다.)

클린턴의 모험적 시도가 얼마나 효과적일지는 시간이 말해 주겠지만, 많은 도시의 참가를 끌어낸 프로젝트는 기업 모델을 활용하여 온실 가스의 위험을 막으려 한 것이다. 하지만 이것이 최초의 시도는 아니다. 원래 산성비에 대처하기 위해 만들어진 배출권 거래제 cap-and-trade라는 시장 주도의 정책 도구는 이미 업계에서 탄소 배출을 줄이는 기본적인 수단이 되었다. 경제학자 폴 크루그먼Paul Krugman은 "배출 허용 시장markets in emission permits이라는 발상은 오래전부터 다양한 정치적 입장의 경제학자들이 받아들인 방법"이라고 지적했다. 세계 온난화를 막으려는 기업과 개인 간 협력이라는 클린턴의 개념은 말하자면 시간에 의해 검증된 선례를 가지고 있다.

어린이 비만 퇴치

빌 클린턴이 커다란 관심을 기울인 또 다른 분야는 미국의 아동 비만 현상이다. 클린턴은 어렸을 때에 개인적으로 체중을 줄이느라 애썼고, 평생 동안 패스트푸드 중독이었으며 심장병과 싸웠기 때문에─2004년에 4중 우회 심장수술을 받은 사실이 보여 주듯이─이 유해한 사회 문제와 씨름하면서 설득력 있는 대변인 역할을 맡았다. '더 건강한 세대를 위한 동맹'을 결성한 클린턴 재단은 미국심장협회와 손잡고 학교에서 청량음료를 없애고, 전반적인 학교 급식을 개선하고, 학생들에게 운동을 장려하고, 보건 담당자들과 보험업체들을 끌어들여 아동의 건전한 생활을 촉진하는 캠페인을 펼쳤다. 심장병 예방 전문의로 '사우스비치 다이어트'를 설립한 아서 애거스턴 Arthur Agatston 박사는 말한다.

　"정치인 대부분은 비만이 건강에 미치는 장기적 영향을 대단히 과소평가하지만, 클린턴은 이 문제를 중시하는 아주 예외적인 거물이다."

운동을 확산하기 위해, 클린턴은 전국농구협회, 니켈로디언 텔레비전 방송국, TV 요리사 레이철 레이Rachael Ray, 여러 기업들과 제휴를 맺었다. 하지만 레이와 손잡으면서 뜻밖에도 재단의 활동에 제동이 걸렸다. 레이가 이끄는 비영리 단체 염-오Yum-O가 클린턴과 제휴하기 직전에, 그녀는 던킨 도너츠의 대변인 역할을 맡았다. 레이는 텔레비전에 출연하여 던킨 도너츠를 먹는 것이 아니라 커피를 마실 뿐이지만("다들 나더러 스케줄을 어떻게 관리하느냐고 물어 보는데, 그때마다 내 대답은 커피입니다.") 패스트푸드 체인에 협력한 인사와의 제휴는, 영양 식단을 강조하는 클린턴 재단의 신뢰도를 다소 떨어뜨렸다.

식품업계 사람들도 클린턴의 어린이 비만 퇴치 운동에 참여했다. 누군가가 그들의 노력을 담배회사 필립 모리스의 의심스러운 금연 운동과 비교할지 모르지만, 아무튼 몇몇 스낵식품 업체들은 '동맹'의 급식 지침을 지지했다. 관계 당사자들이 말하는 "획기적인 협정"에 따라, 크래프트, 펩시코, 캠벨, 마르스와 같은 거대 식품회사들은 학교가 문을 여는 주중에 학생들에게 파는 음식 품목의 영양 기준을 분명히 밝혔다. (예외는 연방이 지원하는 공립학교 점심 프로그램이다.) 이런 기준은 자발적이고 비강제적인 것이기 때문에 당연히 그것을 폄하하는 사람들이 있다. 학교급식협회의 회장은 더 높은 건강 기준을 충족하려는 기업의 의도는 칭찬하면서도, 그것이 연방정부의 강제적 학교 영양 지침을 대신할 수 없다고 강조했다.

에이즈 활동에서와 마찬가지로, 클린턴은 어린이용으로 개발되어 상업화된 음식의 한심한 상태를 개선하기 위해 노력하는 운동가의 한 사람이다. '건강 및 복지 사업'과 연방무역위원회와 같은 정부기관들이 비슷한 활약을 펼친 적도 있었다. 그들은 식품 광고를 바꾸도록 하는 규제의 변화를 고려했고, 민간 식품회사들이 어린이 음식을 좀더 자연 친화적이고 칼로리는 낮게 만들도록 유도했다. 에이즈 운동과 관련하여 클린턴을 비판하는 사람들처럼, 영양 전문가들은 아동 비만을 줄이려는 클린턴의 접근 방법에 의문을 제기했다. 컬럼비아 대학교 사범대학 영양교육학과의 전직 학과장이고 로커보어locavore 운동*의 개척자인 조앤 거소Joan Gussow는 클린턴이 미덥지 않다며 이렇게 말한다.

"〔나는〕 그가 다른 모든 사람들과 같이 시류에 편승하는 것을 목격합니다. 미국의 식품 공급 체계가 엉망이어서 비만을 일으키기 쉽고 우리 모두가 자연식품이 아니라 가공식품을 많이 먹는다고 누군가가 지적한다면 그들을 진지하게 여기겠지만…… 나는 클린턴이 문제를 제대로 인식했다고 보지 않습니다."

뉴욕 시의 학교 급식 개혁 프로그램을 계획한 토니 리쿼리Tony Liquori 또한 클린턴이 "진정으로 식량 문제의 큰 그림을 이해하지 못하는 것 같다"고 불평했다.

"오늘날 대규모 환경 문제를 몰아가고, 지구 온난화를 불러오고, 아동 비만을 일으키는 요인은 우리가 음식을 어떻게 만드느냐 하는

---

* 주민들이 자기가 사는 지역 인근에서 생산된 제철 음식을 먹자는 운동.

문제와 관련이 있습니다. 하지만 이런 것들은 전혀 문제시되지 않습니다."

　클린턴의 소규모 운동으로 오늘날 미국인이 직면한 음식 관련 문제를 일거에 해결하기는 어려울 것이다. 가난한 지역에 품질 좋은 식품이 부족한 것, 패스트푸드 체인점에서 간단히 끼니를 때우는 버릇, 육체 활동보다 텔레비전 시청과 컴퓨터 사용 시간이 많은 것, 이런 모든 현상은 틀림없이 미국 어린이들의 비만을 촉진하고 있다. 하지만 특정 영향이 무엇이든, 전직 대통령이 아동 비만을 상대로 싸우자고 호소하는 것은 나름대로 의미가 있다. 그것은 우리가 무엇을 어떻게 먹어야 하는가에 대한 토론을 유도하고 또 한층 건강한 다음 세대를 육성하는 동력을 제공한다.

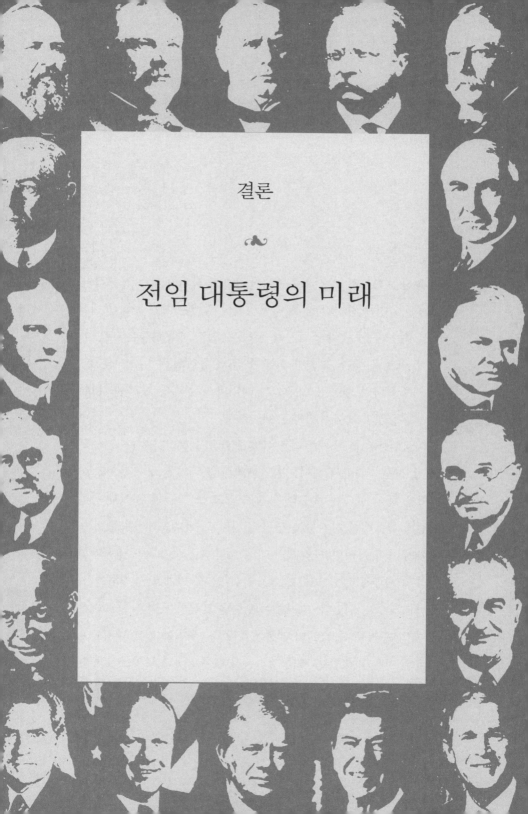

결론

❧

전임 대통령의 미래

전임 대통령의 직책을 포괄하는 어떤 이론은 없다. 기념 도서관 같은 유산을 확립하고, 선거운동에서 유세를 하거나 하는 공통적인 요소들이 있기는 하지만, 전직 대통령들의 경험은 어떤 독특한 궤적을 따르지는 않는다. 미국 역사를 통하여, 전직 대통령들은 다양한 퇴임 후 체험을 했다. 하지만 최근 수십 년 동안의 두 가지 뚜렷한 발전 사항—퇴임 대통령 사무실의 상업화와 공적인 봉사에 대한 헌신—은 장래의 구체적 방향을 제시한다.

　미국인들은 전직 대통령을 어떻게 활용할 것인가 하는 문제를 놓고 오랫동안 씨름해 왔다. 일단 백악관을 나가면 구체적으로 어떤 역할을 해야 한다는 제도적 방침도 없고 또 그들의 지식과 통찰을 어떻게 활용해야 한다는 분명한 지침도 없기 때문에, 이 문제는 더욱 다루기가 어려웠다. 하지만 이제 전임 대통령이라는 직책은 많은 기회를 제공하고 있으므로, 그들의 퇴임 후 단계를 걱정하는 것은 불필요한 일이 되었다. 그리하여 오늘날 관심의 초점은 전직 대통령의 책임과 의무 쪽으로 더 기울게 되었다. 우리는 전직 대통령으로부터 무엇을 기대할 수 있는가? 전직 대통령에게 무엇을 요구해야 하는가?

최근에 전직 대통령들이 보여 준 사회사업은 그 기대치를 바꾸어 놓았다. 일반 대중은 전직 국가원수들이 영향력을 행사하여 유익한 성과를 내는 것을 직접 목격했다. 클린턴 재단, 카터 연구소, 조지 H. W. 부시의 특사 임무 등은 곧 전직 대통령의 활동과 동의어가 되었다. 그렇다면 조지 W. 부시나 그의 후임자들이 비슷한 활동을 벌이지 않는다면 국민의 기대치에 부응하지 못하는 것이 될까?

　카터, 클린턴, 아버지 부시의 사회사업은 국제적 호의라는 긍정적 결과를 가져왔다. 하지만 조지 W. 부시는 이런 성과를 위태롭게 만들었다. 자신의 해외 정책에 대한 다면적(多面的) 참여를 거부함으로써 미국의 명성이 크게 추락하게 만들었기 때문이다. 미국의 국력에 가해진 이런 제약이 전직 대통령들의 대외 영향력을 축소시킬까? 전직 대통령들이 소기의 효과를 내려면 혼자서 행동하기보다는 다른 세계적 지도자들과 연합해야 할까?

　독자적으로 행동하는 전직 대통령의 표상인 지미 카터는 아마도 이러한 변화의 바람을 알고 있을 것이다. 지구촌의 문제를 집단적으로 해결하기 위해 결성된 조직인 엘더스의 창립 멤버인 카터는 다면주의의 유용성을 잘 알고 있다. 앞에서 이미 서술한 바와 같이, 넬슨 만델라나 메리 로빈슨 같은 국제적 저명인사들과 함께 일함으로써, 카터는 전직 대통령의 영향력을 한층 폭넓은 단체로까지 확대했다. 클린턴 또한 클린턴 글로벌 이니셔티브를 통하여 국제적 문제는 범국가적 해결안을 필요로 한다는 점을 이해했다. 다른 사람들은 마드리드 클럽으로부터 힌트를 얻을 수 있을 것이다. 이 클럽은 70명의 전직 국가원수들로 구성된 조직으로, 전 세계의 민주주의적 제도를 지원하는 것을 주된 사업으로 삼고 있다. 미국의 헤게모니가 쇠약해지면서, 전직 미국 대통령들은 집단행동이 선택 사항 아닌 필수 사항임을 깨달아 가고 있다.

전임 대통령이라는 자리

공공 봉사 외에, 기금을 축적하는 것도 전직 대통령들이 힘을 쏟는 중요 사업이다. 우리가 앞에서 살펴본 바와 같이, 경제적 기회가 언제나 존재하는 것이 아니기 때문에 일부 전직 대통령은 무일푼인 상태로 세상을 떠났고, 그리하여 의회는 퇴임 후 곤경을 겪는 해리 트루먼 때문에 전직 대통령을 위한 연금 제도를 만들었다. 하지만 이런 제도의 취지와는 대조적으로, 최근의 전직 대통령들은 퇴임 후 재산이 크게 불었기 때문에 개인적 이득을 위해 그 직책을 이용한다는 우려가 표명되었다.

오늘날 전직 대통령들이 거두어들이는 엄청난 수입과, 거대한 기념 도서관 건립을 위한 모금 운동의 투명성 부족은, 전직 대통령의 직책을 훼손하는 것이 아닌가 하는 진지한 질문을 제기하게 만들었다. 건국의 아버지 세대가 갖고 있었던 우려, 그리고 건국 후 1세기 동안 지속되어 온 우려는, 전직 대통령이 개인적 이득을 추구하여 대통령직의 위엄을 훼손할지 모른다는 가능성이었다. 대통령의 연금과 특혜가 법으로 제정되었던 것은 이런 우려가 충분히 반영된 조치였다. 연금법의 취지는 연금 수혜자가 위엄 있는 생활을 영위하게 함으로써 전직 대통령의 품위를 훼손할지도 모르는 상업적 거래를 미연에 방지하려는 것이었다.

하지만 지금 이 순간, 대통령직을 이용하여 돈을 벌어들이는 것은 일상적인 절차가 되었다. 따라서 지금은 일반 대중이 전직 대통령으로부터 무엇을 기대해야 할 것인지 곰곰 생각해 볼 시점이다. 리 아이아코카Lee Iacocca, 마이클 블룸버그Michael Bloomberg, 아놀드 슈워제네거Arnold Schwarzenegger 같은 부유한 개인들은 더러 연봉을 1달러만 받기도 했는데, 수백만 혹은 수천만 달러를 벌어들이는 우리의 전직 대통령들도 납세자의 돈으로 마련되는 연금을 거부해야 하는 것이 아닌가? 실제로 특혜를 부분적으로 반납한 몇몇 전직 대통령들의 사례가 있었다. 닉슨은 경호 서비스를 포기했고, 카터는 직원들의 복지 지원비를 사양했으며, 레이건은 건강보험 혜택을 반납했다. 그들의 엄청난 수입에 비하면 푼돈에 불과한 돈을 반납시키려면 전직 대통령들에게 일정한 압력을 가해야 할 필요가 있을지도 모른다.

전직 대통령들이 수입원을 투명하게 공개하는 것도 공공의 이익을 위해서 바람직한 일이다. 미국 권력의 최상층에 서 있었던 사람들은 모금 기회가 다른 사람들에 비해서 훨씬 많다. 조지 H. W. 부시는 방위산업에 크게 투자하는 개인 회사에 자문을 해주었고, 빌 클린턴은 론 버클의 유카이파 회사를 위해 사업을 유치해 주는 역할을 했다. 이런 일을 하고서 벌어들인 수입은 세무 당국의 정밀 조사를 받지 않는다. 대통령들은 엄청난 영향력과 다양한 접근권을 갖고 있기 때문에, 또 평생 동안 그런 영예를 유지하기 때문에, 그들이 어떻게 돈을 버는지 미국 국민들에게 알리지 않는다는 것은 불합리한 일이 아닐 수 없다. 조지 W. 부시의 사례에서 볼 수 있듯이, 그들이 개인적 치부를 위해 전임 대통령이라는 직책을 사용한 사실은 부정하기 어렵다. 전직 대통령들이 막대한 소득을 올리는 방식에 대하여 일반에 공개하는 것은 그 직책의 품위를 유지하기 위해 필수적인 조치라고 생각된다.

유산의 문제

대통령 기념 도서관은 세월이 흐르면서 그 크기와 웅장함이 점점 더해졌고 그에 따라 더 집중적이고 더 규모가 큰 모금 운동이 필요해졌다. 전직 대통령의 소득 명세와 마찬가지로, 도서관 기부금도 현재로서는 공개 의무 규정이 없으며, 그런 만큼 더 높은 투명성이 요구된다. 외국 정부와 재벌이 공개 의무 없이 막대한 자금을 기부한다면, 일반 대중은 그런 거래에서 발생할지도 모르는 반대급부를 알 수 없게 된다. 대통령 관련 자료를 보관소 한 곳에 모아 보관하는 안에 대한 검토가 이루어지지 않는 상황에서, 이런 천문학적 기부금을 견제하는 장치가 반드시 마련되어야 한다. 미국 의회의 많은 의원들은 기부금이 이해의 상충이라는 문제를 일으킨다는 것을 깨닫고 공개를 강제하는 입법을 서두르고 있다. 루이스 브랜다이스의 격언—햇빛은 가장 좋은 살균제다—은 이와 관련하여 아주 타당한 조언이다.

　조지 W. 부시가 만들려고 하는 정책 연구소는 부시 행정부를 홍보하고 그의 유산을 정당화하는 기관이 될지 모른다. 미국 역사상 손에 꼽힐 정도로 논쟁 많은 행정부를 이끌었던 43대 대통령(아들 부시)은 이 연구소를 활용하여 자신의 정책을 정당화하고 나아가 긍정적으로 홍보할 것이다. 많은 연구자와 정책 입안자들을 동원하여 다양한 매체를 통해서 전직 대통령의 메시지를 칭송하게 함으로써, 아들 부시는 자신의 정치철학이 널리 홍보되도록 할 것이다. 대부분의 전직 대통령은 자신의 기념 도서관이 전임자들의 것을 능가하길 바라는 만큼, 부시의 '자유 연구소'도 그런 경향에 편승한다면, 전직 대통령이 저마다 싱크탱크를 건립하는 것이 미래의 물결이 될지도 모른다.

진화하는 전임 대통령직의 이야기는 아직 끝나지 않았다. 비교적 젊은 국가수반을 바라는 경향이 점점 보편화되면서, 최고사령관에서 최고 시민으로 전환하는 문제는 점점 더 큰 의미를 갖게 되었다. 어떤 전직 대통령에게는 전임 대통령직이 두 번째 직업이 되리라. 생애 만년에 린든 존슨은 이런 말을 했다.

"내 생애의 이 단계에서 이제 많은 활동을 기대하기는 어렵습니다."

하지만 앞으로 존슨의 말은 보편적 원칙이 아니라 예외 사항이 될 게 틀림없다.

감사의 말

미국 역사 전체를 다루는 프로젝트를 수행하려면 굳건한 믿음과 많은 도움이 필요했다. 다행스럽게도 우리는 안내, 제안, 지혜, 비판을 해주려는 사람들을 부족하지 않게 만날 수 있었다. 우리의 질문에 친절하게 답변해 주신 다음 분들에게 감사드린다. 데이비드 애버네시, 아더 애거스턴, 마틴 앤더슨, 크리스천 베이커, 스티브 버만, 마이클 버크너, 로버트 부어스틴, 로버트 브라이스, 폴 버카, 저스틴 버크, 알렉산더 버터필드, 로버트 카로, 윌리엄 체이프, 엘런 체슬러, 리처드 코언, 로즈 쿡, 리처드 콕스, E. J. 디온, 루 더보스, 폴 파머, 조앤 거소, 제이 헤이크스, 모트 핼퍼린, 제임스 홀리필드, 마이클 홀트, 제임스 홉킨스, 벤저민 허프바우어, 칼 질슨, 존 저디스, 도널드 케네디, 베인 커, 멜빈 코너, 스티븐 코트킨, 가라 라마치, 필리스 리 레빈, 마크 레빈, 척 루이스, 데버러 리프스태트, 토니 리쿼리, 제이미 러브, 아이라 매거지너, 알렉시스 매크로센, 윌리엄 K. 맥엘바니, 마이클 맥폴, 윌리엄 맥니트, 에드 미즈, 조슈아 무라브치크, 조지 내시, 아리에 네이어, 찰스 팜, 로버트 파스터, 윌리엄 퀀트, 로버트 리치, 스킵 러더퍼드, 프레드 라이언, 마크 슈미트, 니나 슈발브, 에릭 슈워츠, 로라 실버, 제임스 시밍턴, 스트로브 탤벗, 존 테일러, 메이블 반 오라녜, 조지 비커스, 티모시 월치, 케인 웨브, 조지 윌리엄스, 케네스 월랙.

이 책을 쓰는 도중에 느꼈던 즐거움 중의 하나는 많은 저명한 역사가들의 저서에 몰두할 수 있었다는 것이다. 우리는 그런 역사가들과 직접 대화를 나눌 수 있었던 것을 특별한 행운이라고 생각한다. 다음 분들에게 특별한 감사를 드린다. 에드워드 크래폴, 알론조 햄비, 조앤 호프, 아리 후겐붐, 허버트 슬론. 대통령 도서관의 정치학에 대하여 우리의 이해를 깊게 해준 벤 존슨과 워릭 새빈에게도 감사드리고 싶다.

애덤 샤츠에 대해서는 그 현명한 조언과 오랜 우정에 감사드린다. 리사 피츠제럴드, 테드 키엠, 돈 매즐, 조나스 롤레트, 필리프 와이스 등은 많은 현명한 조언과 창조적인 아이디어를 제공해 주었다. 또한 로런 브라운, 벤 에스너, 데이비드 골러브, 레베카 크루코프, 지나 슈멜링, 데비 스톤을 비롯한 여러분에게도 감사드린다.

시카고에 사는 우리 가족들─올가 와이스와 조지 호니그, 스테파니와 시몬 파라치, 필리프와 린 와이스─과 뉴욕에 사는 레오와 헬렌 버나도, 샌디와 캐시 버나도, 그리고 귀여운 조카와 질녀에게 감사한다. 이들은 우리의 노력을 격려해 주었을 뿐만 아니라 이 프로젝트에 많은 관심과 응원을 아끼지 않았다. 야코프 파라치는 젊은 나이에도 불구하고 전략적이면서도 시의적절한 조언을 해주었는데, 그에 대해서 감사드린다. 고(故) 제럴드 와이스에게도 경의를 표한다. 그의 인생관은 오늘날까지도 우리의 강력한 지침으로 남아 있다.

존경하는 편집자 칼 모건과, 상냥하고 배려 깊은 보조편집자 브리트니 햄블린에게 특별히 감사드린다. 이 책의 구상에서 출판에 이르기까지 우리를 이끌어 준 우리의 무보수 에이전트 더그 쇼엔에게 진정으로 고맙다는 말씀을 전하고 싶다.

서막. 그늘로의 은퇴 또는 제2의 삶

16　"미국 대통령직은……" "The American Presidency…" John Upkike, *Assorted Prose*(New York: Alfred A. Knopf, 1965), 105.

16　"은퇴하는 대통령에게 그 어떤 권력의 흔적이 남아 있든……" "Whatever vestiges of power…" Doris Kerans, *Lyndon Johnson and the American Dream*(New York: St. Martin's Press, 1991), 359.

16　"내가 시민 개인 자격으로,……" "There are thing…" Jimmy Carter, Jennings Parrott, "Carters Center on a Better World," *Los Angeles Times*, December 3, 1984.

17　"우리 전직 대통령들을 어떻게 처리해야 할까요?……" "What shall be done…" "Grover Speaks in Chicago," *Atlanta Constitution*, February 23, 1907.

18　"로마인들은 이 문제를 잘 처리했다." "They managed things better…" James Bryce, *The American Commonwealth*(Indianapolis: Liberty Fund, 1995), 56.

18　"부자들의 전유 클럽" "rich man's place…" Marie Hecht, "Today President, Tomorrow…?" *Chicago Tribune*, January 15, 1977.

19　"내가 망각 속으로 사라져야 한다면……" "If I must go…" Richard Norton Smith and Timothy Walch, eds., *Farewell to the Chief*(Worland, WY: High Plains Publishing, 1990), xi.

19　"……전직 대통령의 만학의 장……" "the lucubrations of ex-Presidents." Hecht, "Today President, Tomorros…?"

19　입법적 시도가 여러 차례 이루어졌다. there were numerous… "Let Ex-

Presidents Sit in Congress," *New York Times*, November 25, 1912.

19 수정 헌법 제22조(1951년)가 대통령의 임기 제한을 확정하기 이전에는, Before the Twenty-second... "Ex-Presidents," *Washington Post*, October 9, 1938.

19 "20년 전이라면……" "Twenty years ago..." Gary Dean Best, *Herbert Hoover: The Post-presidential Years*, 1933~1964, vol. 2. 1946−1964 (Stanford, CA: Hoover Institution Press, 1983), 415.

19 냉전 기간에는…… During the Cold War... "Advisor Role Urged for Ex-Presidents," *New York Times*, January 12, 1954.

21 "전직 대통령들의 생활에 밀어닥친 구조·기대·기회의 변화" "the structure, expectations...." Janes Fallows, "Post-President for Life," *Atlantic*, March 2003, 62.

22 "우리가 좋아하든 말든,……" "Whether we like it or not..." Jeannie Kever, "Tresuries of History," *Houston Chronicle*, January 13, 2008.

22 지미 카터의 대통령직 시절은…… The conventional wisdom says... Kai Bird, "The Very Model of an Ex-President," *Nation*, November 12, 1990, 564.

22 많은 정치평론가들은…… Political commentators never tire... Elizabeth Kurylo, "Jimmy Carter: His Second Term," *Atlanta Journal Constitution*, November 11, 1990; "His Scond Term," Economist, September 2, 1989.

22 "모든 대통령은 퇴임 후 생활에 대하여……" "Every President has had a different..." David Teradwell, "Presidential Center to Be a Forum for Ideas and World Issues," *Los Angeles Times*, September 24, 1986.

22 여러 가지 혁혁한 업적을 쌓았고…… a résumé of triumphs...John Whiteclay Chambers II, "Jimmy Carter's Public Policy Ex-Presiency," *Political Science Quarterly* 113, no. 3(1998): passim. Bird, "The Very Model of an Ex-President."

23 "나는 이제 대통령 시절보다 더 솔직하고 자유롭게……" "I have infinitely..." Art Harris, "Citizen Carter: Nicaragua and Beyond: The Peacemaker's Moral Mission," *Washington Post*, February 22, 1990.

23 "우리 나라 최악의 전직 대통령" Joshua Muravcihk, "Our Worst Ex-President," *Commentary*, February 2007, 17; author interview with Joswhua Muravchik, August 4, 2007.

23 "사람들의 눈길을 끌려는 묘기 부리기" "high profile stunts"... "diminishing

returns."…Robert D. Kaplan, "The Dignity of Ford's Post Presidency," TheAtlantic.com, December 29, 2006.

24 "대통령직을 떠나면……" "When you leave…" Fallows, "Post-President for Life," 63.

24 지미 카터가 은퇴 후 막대한 일을 했다…… "Jimmy Carter had made…" Benjamin Hufbauer, *Presidential Temples: How Memorials and Libraries Shape Public Memory*(Lawrence: University Press of Kansas, 2006), 179.

25 "힐러리는 나와 마찬가지로 공화당원들과 함께……" "Like me, she believes…" David Remnick, "The Wanderer," *New Yorker*, September 18, 2006, 42.

26 퇴직한 이래 단 한 차례 연설에 수십만 달러를 받으며…… Often charging hundreds of thousands… Mike McIntire, "Clintons Made $109 Million in Last Eight Years," *New York Times*, April 5, 2008.

26 클린턴은 전직 대통령의 영향력을 행사하여…… Clinton also employs… Brian Hiatt, "Rolling Stones Shoot Scorsese Film, Party with the Clintons," *Rolling Stone*, November 30, 2006, 17.

27 "대통령직의 특권" "the prestige of the presidency"… Richard Cohen, "Crass," Washington Post, December 27, 1983.

29 "……수많은 사람들에게 절망을 안겨 준 이 끔찍한 재앙" "the dreadful calamity…" "James Madison's Attitude Toward the Negro," *Journal of Negro History* 6, no. 1(1921): 96.

30 "우리 정치 제도의 커다란 결핍 사항……" "one of the great deficiencies…" Richard H. Rovere, "Mr. Truman Shos Off His Library," *New York Times*, June 30, 1957.

31 "나는 아주 가난합니다.……" "I'm so poor…" Author interview with Alonzo Hamby, August 29. 2007.

33 조지 W. 부시 대통령 도서관은…… George W. Bush presidential library… David Glenn, "When History Becomes Legacy," *Chronicle of Higher Education*, March 9, 2007.

34 "부시의 전쟁 수행으로 혜택을 본 기업들이……" "the least the corporatinos…" Author interview with Warwick Sabin, August 31, 2007.

34 "많은 보수주의자들이 계속하여……" "A lot of conservatives…" Author interview with Rhodes Cook, September 4, 2007.

37 "내가 지금도 대통령이었으면 좋겠다고 바라면서……" "I made up my mind…" "Former Presidents Havel and Clinton Issue Advice to Fledgling Democracies at Kraft Event," *Columbia News*, November 16, 2006, http://www.columbia.edu/cu/news/06/11kraft.html.

37 대신 클린턴은 자신이 아닌 다른 사람…… Instead, he spent…Dudley Clemdinen, "Bill Clinton: After the White House, What?" *New York Times*, August 30, 1999.

37 2선 임기가 끝나갈 무렵 클린턴은 향후 20년이…… Clinton suggested that…Marc Ambinder, "Runinng Mate," *Atlantic*, May 2007, 42.

38 끈질기게 나돈 소문은…… one persistent rumor… Wilbert A. Tatum, "Bill Clinton for New York City Mayor," *Amsterdam News*, November 30, 2000; Elisabeth Bumiller, "Ex-President for the Capital of the World?" *New York Times*, December 2, 2000.

38 "이 집의 가구와 장식을 잘 보살펴 주었으면 해요……." "I want you to take good care…" Irina Belenky, "The Making of the Ex-Presidents, 1797—1993: Six Recurrent Models," *Presidential Studies Quarterly* 29, no. 1(1999): 151.

39 가장 충격적인 것은…… Most shocking of all… Charles Peters, *Five Days in Philadelphia: The Amazing "We Want Willkie!" Convention of 1940 and How It Freed FDR to Save the Western World*(New York: Public Affairs, 2005), 102.

40 제퍼슨은 이 새로 건립된 대학에…… Sadly, the former president… Myron Magnet, "Monticello's Shadow," *City Journal*, Autumn 2007, http://www.city-journal.org/html/17_4_urbanities-monticello.html.

40 이 재단은 온정주의적 성격을 갖고 있었지만,…… Paternalistic in tone… "The Nineteenth-Century United States President Who Was a Strong Advocate of Black Higher Education," *Journal of Blacks in Higher Education*, no. 28(2000): 34—36.

40 "흑인에 대한 지칠 줄 모르는 열정으로 헌신한" "tireless energy and single-heartedness…" David Thelen, "Rutherford B. Hayes and the Reform Tradition in the Gilded Age," *American Quarterly* 22, no. 2, part 1(1970): 153.

41 "후버 급식"의 성과가 어떠했든,…… No matter the success of the "Hoover-meals"… Joan Hoff Wilson, *Herbert Hoover: Forgotten Progressive*(Boston: Little, Brown, 1975), 256; David Burner, *Herbert*

Hoover: A Public Life(Norwalk, CT: Easton Press, 1996), 335.

41 역사가 조앤 호프는······ Historian Joan Hoff... Author interview with Joan Hoff, March 30, 3007.

42 "〈오클라호마!〉보다 더 많이 리바이벌(부활)된 정치인" "the political figure who has been revived..." "The Remaking of the President," *Newsweek*, June 30, 1990.

42 닉슨 대통령 기념 도서관에서······ Small wonder his presidential library...Roger Rosenblatt, "Underbooked," *New Rebulic*, December 1, 1997, 16.

43 "고인이 전 생애와 전 업적으로 제대로 평가받는······" "May the day of judging..." Maaureen Dowd, "Clinton Asks Nation to Judge Ex-President on His Entire Life," *New York Times*, April 28, 1994.

44 "돈궤를 다시 채워야 한다" "replenishing the ol' coffers"...Katherine Q. Seelye, "And for My Second Act, Ill Make Some Money," *New York Times*, September 9, 2007.

45 "제가 볼 때 부시의 특징은······" "What strikes me about Bush..." Author interviews with Lou Dubose, August 31, 2007, and Robert Bryce, August 28, 2007.

45 "······목장으로 내려가는 생각을 하곤 하지요." "I can just envision..." Seelye, "And For My Second Act, I'll Make Some Money."

45 "그 사람은 완전히 농부가 되어버렸어요." "He's become a goddamn farmer..." Robert Dallek, *LBJ: Portrait of a President*(New York: Oxford University Press, 2004), 367.

47 트루먼은 매카시 시대에······ During the McCarthy period... James Giglio, "Harry S. Truman and the Multifarious Ex-Presidency," *Presidential Studies Quarterly* 12, no.2(1982): 251−52.

47 "대통령이 되겠다는 생각은 해본 적도 없습니다." "I never dreamed..." http://www.baseball-almanac.com/przz_qgwb.shtml.

47 "페이, 제가 총재직에 오르면 어떻겠습니까?······" "Fay, what do you think..." Fay Vincent, *The Last Commissioner: A Baseball Valentine*(New York: Simon&Schuster, 2002), 225.

48 "셀리그가 자네를 엿 먹인 것 같아." "I'm afraid Selig..." Ibid., 226.

48 2006년에 셀리그는······ in 2006 Selig pulled down... http://www.bizjournals.

com/milwaukee/stories/2008/03/10/daily/g.html.

48 게다가 전직 대통령이 경기를 참관한다면…… Moreover, a former
    president…Author interview with Robert Bryce, August 28, 2007.

49 "부시는 많은 선택의 여지를 얻게 될 겁니다." "He will have so many
    choices…" Author interview with Marlin Fitzwater, September 25, 2007.

1장. 쪽박에서 대박까지─전직 대통령의 지갑 사정

52 ……모퉁이에 식료품 가게를 차려야 할 지경으로 내몰리는 것은 국가적 수
    치다. "It is a national disgrace…" James C. Clark, *Faded Glory: Presidents
    Out of Power*(Wesport, CT: Praeger, 1985), 59.

52 "……금전을 한 푼도 갖고 있지 않았다." "I never had a nickel…" John
    Solomon and Matthew Most, "For Clinton, New Wealth in Speeches,"
    Washington Post, February 23, 2007.

52 퇴임 후의 제럴드 포드는…… "[Gerald Ford] has become…" Richard
    Cohen, "Crass," *Washington Post*, December 27, 1983.

54 ……탐욕을 가능한 한 억제하고 싶어했다. Franklin wanted to diminish…
    Forrest McDonald, "A Comment," *Journal of Politics* 42, no.1 (1980): 32;
    Gerald Stourzh, "Reach and Power in Benjamin Franklin's Political
    Thought," *American Political Science Review* 47, no. 4(19553): 1106.

54 "행정부에 근무할 적임자를 구하려면……" "That we can never find…"
    The Founders' Constitution: Volume 3, Article 2, Section 1, Clause 7,
    Document 2.

54 의회가 가끔 별도 예산을 배정해 주기는 했지만,…… Although Congress
    occasionally allocated… Allan Damon, "Presidential Expenses,"
    American Heritage, June 1974, http://www.americanheritage.com/
    articles/magazine/ah/1974/4/1974_4_64.shtml.

54 토머스 제퍼슨은 임기 마지막 해의 청구서만…… Thomas Jefferson found
    himself… Henry Graff, "The Wealth of Presidents," *American Heritage*,
    October 1966, http://www.americanheritage.com/articles/magazine/ah/
    1966/6/1966_6_4.shtml.

55 "청교도주의 미국이……" "Puritan American was trying…" Graff, "The
    Wealth of Presients."

55 "……토지를 처분하여 얻은 부정기적 수입이 없었더라면" "Were it not for occasional supplies…" James Thomas Flexner, *Wahsington: The Indispensable Man*(Boston: Back Bay Books, 1994). 364.

56 채 스무 살도 되기 전에…… Having acquired his first… James Thomas Flexner, *George Washington: Anguish and Farewell 1793−1799*, vol. 4 (New York: Little, Brown, 1972), 371.

56 ……빚을 지고 감옥에 간 사람들의 개탄스러운 상황을 직접 목격하기도 했다. He also bore witness to… Ibid., 372.

56 "……가망이 없는 일은 절대로 하지 않는다." "never [to] undertake anything…" Flexner, *Washington*, 364.

56 "……퇴임 이후에는 염치없을 정도로 청탁을 많이 했다." "shameless, asking government officials…" Ibid., 365.

57 ……농장 일부를 자유민들에게 임대할 계획이었다. planning to rent out parts…Paul Johnson, *George Washington: The Founding Father*(New York: HarperCollins, 2005), 118.

57 "아주 부끄러운 돈 조달 방식" "a ruiunous mode…" Douglas Southall Freeman, *Washington*(New York: Scribner, 1995), 738.

57 퇴임 1년째 되었을 때…… In his first year out… Katherin Winton Evans, "Rebellious Spirits: Hard Liquor in Early America," *Washington Post*, December 30, 1979; Richard Norton Smith, *Patriarch: George Washington and the New American Nation*(Boston: Houghton Mifflin, 1993), 313.

57 사망 당시 워싱턴의 재산(주로 토지와 주식)은…… At his death, Washington's estate… Johnson, *George Washington*, 121.

58 워싱턴의 27장짜리 유서는…… His twenty-seven-page will… Robert F. Jones, *George Washington: Ordinary Man, Extraordinary Leader*(New York: Fordham University Press, 2002), 197; Eric McKitrick, "Washington the Liberator," *New York Review of Books*, November 4, 1999.

58 "결국 워싱턴의 가장 위대한 점은, 천성적으로나 후천적으로나……" "His greatness, in the last analysis…" Graff, "The Wealth of Presidents."

58 "자기들 농장의 노예" "prisoners of their own plantations." Susan Dunn, *Dominion of Memories: Jefferson, Madison, and the Decline of Virginia* (New York: Basic Books, 2007), 26−27.

58 세계 경제가 출현하고…… The emergence of a world economy…Ibid., 8−9.

59   ······상업 세력과 시장의 힘을 의심스럽게 여기던 토머스 제퍼슨은······ Suspicions of the commercial... Gordon Wood, "The Tirals and Tributions of Thomas Jefferson," in *Jeffersonian Legacies*, ed. Peter S. Onuf(Charlottesville: University of Virginia Press, 1993), 411.

59   "······농장으로 은퇴하여 순일한 행복을 누릴 줄 알았는데." "Instead of the unalloyed happiness..." Steven Harold Hochman, "Thomas Jefferson: A Personal Financial Biography" (Ph. D diss., University of Virginia, 1987), 249.

60   "나는 절약을······" "I place economy..." Francis Neilson, "Taxes Are Devilish Things," *American Journal of Economics and Sociology* 20, no. 3 (1961): 231.

60   끊임없이 몬티첼로로 찾아오는 손님들······ The constant flow...Fawn Brodie, *Thomas Jefferson: An Intimate History*(New York: W. W. nORTON, 1974), 429 − 30.

60   제퍼슨의 유일한 수입원이자······ Selling land... Hochman, "Thomas Jefferson," 55 − 60.

60   제퍼슨은 만년에 골치 아픈 소송에······ Jefferson was also faced... David T. Konig, "Thomas Jefferson: Legal Wordsmith," in *American's Lawyer-President: From Law Office to Oval Office*, ed. Norman Gross(Evanston, IL: Northwestern University Press, 2004), 28; Hochman, "Thomas Jefferson," 254 − 55.

61   제퍼슨이 최종적으로 수령한 액수는 2만 4000달러였는데,······ The final price Jefferson... Dumas Malone, *Jefferson and His Time: The Sage of Monticello*, vol. 6(Boston: Little, Brown, 1981), 171.

61   "전쟁의 잿더미로부터 되살아난 의회 도서관은······" "the institution that emerged..." Ibid.

61   "나는 책 없이는 살 수가 없네." "I cannot live without books..." Brodie, *Thomas Jefferson*, 430 − 31.

62   "이런 일들은 느닷없이 왔던 것처럼 느닷없이 사라지게 되어 있어······." "Somehow of other these things..." Wood, "The Trials and Tribulations of Thomas Jefferson," 413.

62   "태풍 속에 다가오는 파도" "an approaching wave..." Malone, *Jefferson and His Time*, 34.

62   버지니아 내에서는 그의 지위 덕분에······ His status in Virginia...Author

interview with Herbert Sloan, August 23, 2007.

62 비록 친구들의 도움으로 구제를 받기는 했지만,…… Although he was bailed out… *Herbert Sloan, Principle and Interest: Thomas Jefferson and the Problem of Debt*(New York: Oxford University Press, 1995), 11.

62 게다가 경솔한 판단으로 손자의 장인에게 빌린 돈에…… he was forced to pay… Hochman, *Thomas Jefferson*, 250.

63 "주 의회에다 사저를 처분할 수 있는 권리를……" "My application to the legislature…" Hal Willard, "Jefferson, $100,000 in Debt, Tried to Raffle Monticello," *Washington Post and Times-Herald*, April, 19, 1973.

63 ……공공 복권을 발행할 계획도 세워졌으나…… A public lottery was planned… Author interview with Herbert Sloan, August 23, 2007.

63 마침내 친구들이 돈을 거둬…… Though his friends finally… Damon, "Presidential Expenses."

63 "토지는 살아 있는 사람들의 것" "the earth belongs to…" Eric McKitrick, "Portrait of an Enigma," *New York Review of Books*, April 24, 1997.

63 ……역사의 신랄한 아이러니가 아닐 수 없다. It was one of history's astringent… Willard, "Jefferson, $100,000 in Debt, Tried to Raffle Monticello."

64 매디슨은 과학 영농에 시대를 앞선 관심을 갖고 있었으나,…… Though Madison took a… Dunn, *Dominion of Memories*, 28.

64 ……일련의 불운을 맛본 후에, …… After a streak of bad luck… Drew R. McCoy, *The Last of the Fathers: James Madison and the Republican Legacy*(New York: Cambridge University Press, 1991), 257; Ralph Ketcham, James Madison: A Biography(Charlottesville: University of Virginia Press, 1990), 624.

64 1820년대 후반에 이르러,…… By the late 1820s… Jack K. Rakove, *James Madison and the Creation of the American Republic*(New York: Longman, 2006), 208.

64 인종 간 화해란 불가능하다고 확신한…… Convinced that the races… Ketcham, *James Madison*, 625−26.

64 페인 토드는 도박 빚과 낭비벽 때문에…… Saddled with gambling debts…McCoy, *The Last of the Fathers*, 259.

65 "남편은 아직도 마지막 수단인 워싱턴 집 이야기를……" "He still talks of

the last…" Ibid.

65 매디슨은 점점 중요성이 더해 가는…… Madison did retain…Rakove, *James Madison*, 209.

65 본토박이 버지니아 출신으로는 마지막 대통령인…… The last of the original Virginians… Harry Ammon, *James Monroe: The Quest for National Identity*(New York: McGraw-Hill, 1971), 553.

65 "그는 비틀거리며 백악관에서 나왔다……." "tottered from the White House…" Jane Frederickson, "How Ex-Presidents Have Fared," *Los Angeles Times*, February 21, 1930.

65 "인생의 필수품" a "necessary of life"… http://wiki/monticello.org/mediawiki/index.php/wine_is_a_necessary_of_life.

66 "경쟁적 과시욕에 사로잡힌 채" "infected by a spirit…" Lucius Wilmerding Jr., *James Monroe: Public Claimant*(New Brunswick, NJ: Rutgers University Press, 1960), 127.

66 일반적으로 말해서, 해외 주재 미국 대사들은…… In general, however, American ministers… Ibid., 126.

66 먼로의 환급 요구는 1820년대 중반에 미 의회에서…… Monroe's duress played out….Gary Hart, *James Monroe*(New York: Times Books, 2005), 146.

66 먼로는 정치적 흐름이 앤드루 잭슨 쪽으로 돌아서고 있다고…… Sensing that the political tides… Ammon, *James Monroe*, 546–47.

66 먼로는 1826년에 빚을 갚기 위해…… To pay his debts… Ibids., 548.

67 이 돈은 먼로가 빚을 갚는 데는 도움을 주었지만…… The funds helped… Hart, *James Monroe*, 147.

67 "먼로 씨는 건국 이래 그 누구보다……." "Mr. Monroe is a very remarkable…" Wilmerding, *James Monroe*, 125.

68 ……"약 20만 내지 30만 달러의 큰 돈을 벌었다." "made a fortune…" James Grant, *John Adams: Party of One*(New York: Farrar, Strauss and Giroux, 2005), 433.

68 "나를 제외하고 모두 부유했으며" "all but me very rich…" Ibid.

69 "판단 착오는 제 책임이었습니다." "The error of judgment was mine…" McCullough, *John Adams*, 576.

69 6대 대통령은 1829년에 백악관을 떠나서…… Although the sixth

president... Lynn Hudson Parsons, *John Quincy Adams*(Lanham. MD: Rowman&Littlefield, 1999), 220; Clark, Faded Glory, 33.

69 하지만 아들인 찰스 프랜시스 애덤스가······ Only when his son Charles Frances Adams...Parsons, *John Quincy Adams*, 220−21.

70 "나는 워싱턴에 갈 때 5000달러를······" "I carried five thousand dollars..." Robert Remini, *Andrew Jackson and the Course of American Democracy: 1833−1845*, vol. 3(New York: Harper&Row, 1984), 423.

70 적어도 매디슨은 의붓아들의 방탕함을 알고 있었으나,······ Madison, at least, recognized... Ibid., 454−55; H. W. Brands, *Andrew Jackson: His Life and Times*(New York: Doubleday, 2005), 533.

70 "남녀노소 150명이나 되는 흑인을 팔아 치우는······" "one hundered and fifty odd negroes..." Remini, *Andrew Jackson*, 477.

71 ······노예 넷을 변호하려고 1000달러를 빌리기까지 했다. He even went so far... Brands, *Andrew Jackson: His Life and Times*, 533.

71 ······1840년 1월 루이지애나로 여행할 계획을 세운 잭슨은······ Planning a January 1840 trip... Ibid.; Remini, *Andrew Jackson*, 454−55.

71 휘그당은 잭슨의 재정적 어려움을 기회로 삼아······ The Whig party gleefully... Remini, *Andrew Jackson*, 478.

71 "······국가적으로나 개인적으로나 그 어떤 재난이 벌어지든······" "all the calamities taht may befall a nation..." Ibid.

71 "가난이 내 얼굴을 빤히 쳐다보고 있어." "Poverty stares us in the face..." Ibid., 514.

71 잭슨의 사망 이후······ After Jackson's death... Ibid., 477.

72 밴 뷰런은 20만 달러의 저축을 가지고 워싱턴에 도착했고······ Van Buren arrived... Graff, "The Wealth of Presidents."

72 ······실제로 재정 상태가 아주 좋아서,······ his situation was so fortunate... "Demand for Former Presidents," *Washigton Post*, December 22, 1912.

72 버지니아의 노예 소유주인 존 타일러는······ Virginia slave owner John Tyler... Edward Crapol, *John Tyler: The Accidental President*(Chapel Hill: University of North Carolina Press, 2006), 249.

72 농장 관리에 깊숙이 관여하고······ Deeply involved in the management... Author interview with Edward Crapol, August 14, 2007.

73 "대통령은······" "······노예들이 많은 제임스 강의 훌륭한 농장이······"

"The President" ..." He thinks a good farm"... Crapol, *John Tyler*, 236—37.

73 "내 아내는 내 아이들(아들들)이⋯⋯" "my wife will upon each..." Ibid., 253—54.

73 대통령 연금제를 주장한 초기 인물들 중 하나인⋯⋯ One of the earliest proponents... Robert J. Scarry, *Millard Fillmore*(Jefferson, NC: McFarland, 2001), 299.

73 ⋯⋯혼전 합의서에 서명한 뒤⋯⋯ After signing a prenuptial... Ibid.

73 ⋯⋯건전한 재정 상태에서 안락한 말년을 보냈으며⋯⋯ the former president spent... Donald Altschiller, "Ex-Presidents' Golden Years Not Only So," *Los Angeles Times*, January 19, 1981.

74 "백악관을 떠나 할 일이⋯⋯" "After the White House..." Cal Jillson, *American Government: Political Change and Institutional Development* (New York; Routledge, 2007), 251.

74 피어스는 현명하게도⋯⋯ Pierce had wisely stashed... Roy Franklin Nichols, Franklin Nichols, *Franklin Pierce*(Newtown, CT: American Political Biography Press, 1998), 507.

74 "합리적으로 추산해 볼 때,⋯⋯" "Making all reasonable deductions..." Philip Klein, *President James Buchanan: A Biography*(Norwalk, CT: Easton Press, 1987), 424.

74 "당신 계산에 착오가 있습니다⋯⋯." "You have made a mistake..." Clark, *Faded Glory*, 68.

75 돈 문제에 조심스럽고 신중했던 뷰캐넌은⋯⋯ Cautious and deliberate... Elbert Smith, *The Presidency of James Buchanan*(Lawrence: University Press of Kansas, 1975), 196.

75 "당신의 노선은 인정할 수 없지만⋯⋯" "Though I could not approve..." Asa Martin, *After the White House*(State College, PA: Penns Valley Publishers, 1951), 241—42.

75 그것은 뷰캐넌으로서는 용기 있는 행동이었다. This turned out to be an act...Crapol, *John Tyler*, 269—70.

75 남북전쟁 후 처음으로 백악관을 떠난 대통령인 앤드루 존슨은⋯⋯ The first president to leave office... Hans Trefousse, *Andrew Johnson: A Biography*(New York: W. W. Norton, 1997), 365.

76 ⋯⋯그랜트 부부는 그 돈을 잘 모아서⋯⋯ the Grants had saved enough...

Josiah Bunting III, *Ulysses S. Grant*(New York: Times Books, Henry Holt, 2004), 146.

76 가난한 상태는 아니었지만······ Though hardly impoverished... Ibid., 151.

77 "워드는 융통어음을 남발하여······" "Ward was kiting..." Jean Edward Smith, *Grant*(New York: Simon&Schuster, 2001), 619−21.

77 이처럼 대규모 사기를 당한 그랜트는······ The extraordinary fleecing... James McPherson, "The Unheroic Hero," *New York Review of Books*, February 4, 1999; Smith, Grant, 621.

78 그랜트는 결국에는 부분적으로나마 빚을 갚았다. which he eventually did... Sarah Booth Conroy, "Granted, He Had His Faults," *Washington Post*, July 23, 1985.

78 죽기 한 해 전, 그랜트는······ The year before his death... McPherson, "The Unheroic Hero."

78 현직 대통령 체스터 아서는 퇴임하기 몇 분 전에······ Just minutes before leaving office... Zachary Karabell, Chester Alan Arthur(New York: Times Books, Henry Holt, 2004), 136.

79 트웨인은 그랜트의 《개인적 회고록》을 계약하여······ Twain marketed Grant's *Personal Memoirs*... Bernard Weisberger, "Expensive Ex-Presidents," *American Heritage*, May/June 1989; Edward Wagenknecht, "US Grant Stands Inspection in All His Glory and Shame," *Chicago Tribune*, March 15, 1981.

79 "나는······ 빚을 진 상태로 이곳을 떠나게 될 겁니다." "I shall leave here in debt..." Ari Hoogenboom, *Rutherford B. Hayes: Warrior and President*(Lawrence: University Press of Kansas, 1995), 464.

79 그러나 헤이스는 앞날을 제대로 내다보지 못했다. Hayes failed to predict... Ibid., 489−90.

80 "수수한 재산"······ "부호라고 할 수는 없으나 상당한 재산" "moderate fortune"..."not rich, but well-to-do"... H. Paul Jeffers, *An Honest President: The Life and Presidencies of Grover Cleveland*(New York: William Morrow, 2000), 325; Henry F. Graff, Grover Cleveland(New York: Times Books, Henry Holt, 2002), 1323.

80 클리블랜드는 재산의 대부분을 증권에 투자한······ With most of his funds tied up... Jeffers, *An Honest President*, 325.

80 ······다양한 잡지들이 파격적인 원고료를······ Journals as wide-ranging...

Graff, *Grover Cleveland*, 132.

80   19세기 후반은 상업주의가 확장되던 시기였고,…… The late nineteenth century was an era… Alyn Brodsky, *Grover Cleveland: A Study in Character*(New York: Truman Talley Books, 2000), 435−37; Graff, *Grover Cleveland*, 134−35.

81   변호사 업무를 재개하면서,…… As he relaunched his law practice… "Gen. Harrison's Big Fees," *New York Times*, December 12, 1896.

81   베네수엘라는 전임 대통령을 변호사로 선임하여…… Venezuela hired the former… Allen Sharp, "Presidents as Supreme Court Advocates," *Journal of Supreme Court History* 28, no. 2(2003): 133−35; Charles W. Calhoun, *Benjamin Harrison*(New York: Times Books, Henry Holt, 2005), 162.

81   사망할 당시 해리슨의…… By the time of his death… Martin, After the White House, 352.

82   일반 대중의 인식과는 다르게,…… Popular Perception to the contrary… Joseph L. Gardner, *Departing Glory: Theodore Roosevelt as Ex-President*(New York: Charles Scribner's Sons, 1973), 201.

82   백악관을 떠난 직후,…… Soon after leaving the White House… Ibid.

82   ……기명 논설을 연간 12편 써주고…… Offering signed editorials… Ibid., 108.

82   국민의 대변자 겸 모험가로 명성이 높은 루스벨트가…… Expanding on an already outsized… Henry P. Pringle, *Theodore Roosevelt*(San Diego: Harcourt Brace, 1984), 359.

82   한번은 6주에 걸쳐…… In one six-week stretch… Gardner, *Departing Glory*, 123.

83   "국민들은 당신의 아프리카 모험담에……" "the people follow the account…" Nathan Miller, *Theodore Roosevelt: A Life*(New York: William Morrow, 1992), 499.

83   《스크리브너스》에 실린 글 모음은…… a compilation of the *Scribner's* pieces… Ibid., 519.

83   루스벨트가 이런 식으로 큰 돈을 벌었다는 소식을 듣고,…… Upon hearing of Roosevelt's windfall… Pringle, *Theodore Roosevelt*, 366.

83   ……루스벨트는 1919년 사망할 때까지 계속 글을 썼다. Roosevelt continued to write… Patricia O'Toole, *When Trumpets Call: Theodore Roosevelt*

After the White House(New York: Simon&Schuster, 2005), 342.

84   백악관을 나온 지 1년 사이에······ Within a year after leaving... Judith Icke Anderson, *William Howard Taft: An Intimate History*(New York: W. W. Norton, 1981), 255.

84   ······전국을 순회 여행했다. The former president trekked... Henry P. Pringle, *The Life and Times of William Howard Taft*, vol. 2(New York: Farra and Rinehart, 1939), 856—57.

85   "의회가 대통령을 아주 후하게 대우한다는 걸······" "You will find that Congress..." "The Laundry Is Free," *Time*, January 24, 1949.

85   "아주 훌륭한 사업" "a very fine piece..."... "Day after day I sit..." Gene Smith, *When the cheering Stopped: The Last Years of Woodrow Wilson*(New York: William Morrow, 1964), 198.

86   윌슨은 건강이 나빠서······ Wilson's weakened health... Ibid., 184.

86   "난 아무것도 쓰지 않겠소." "There ain't gonna be none..." Ibid.

86   윌슨이 현금 부족으로······ When Wilson grew short... Louis Auchincloss, *Woodrow Wilson*(New York: Lipper/Vikings, 2000), 123; Phyllis Lee Levin, *Edith and Woodrow: The Wilson White House*(New York: Scribner, 2001), 459.

86   2년 뒤에는 은행가 버나드 바루크의 주도 아래······ Two years later... Levin, *Edith and Woodrow*, 460.

87   퇴임 하루 뒤에,······ Just a day after leaving office...Robert Sobel, *Calvin Coolidge: An American Enigma*(Washington, DC: Regnery, 1998), 403.

88   "이 사람들은 캘빈 쿨리지의 호감을 사려는 것이 아니라······" "These people are trying to..." Richard Norton Smith, "The Price of the Presidency," *Yankee Magazine*, January 1996.

88   그러나 엿보는 기자들과 관광객들에게 끊임없이 노출되자,······ Only the constant exposure... Sobel, *Calvin Coolidge*, 402; Smith, "The Price of the Presidency."

88   ······스스로 노력하여 이처럼 큰 성공을 거두었다. He had come a long way..."The Humanitarian," *Time*, October 30. 1964.

88   어느 정도만 관여하면서······ His interventions were largely confined... Richard Norton Smith, *An Uncommon Man: The Triumph of Herbert Hoover*(Worland, WY: High Plains Publishing, 1984), 231.

89 퀘이커 교도였던 그는…… as a Quaker…Smith, *An Uncommon Man*, 291−92, 294.

91 연금 제공이라는 폭넓은 문제는…… The broad issue of pensions emerged… Burton Folson Jr., "Grover Cleveland: The Veto President," *Freeman* 54, no. 3(2004): 34.

91 클리블랜드는 전직 대통령에게 재정적 안전망을…… Cleveland strongly supported… "Care of Ex-President," *Washington Post*, December 31, 1907.

91 "나는 재무부의 지원을 필요로 하지 않는다." "I'm not in need of aid…" "Mr. Cleveland on Our Ex-Presidents," *Hartford Courant*, December 30, 1907; "Let Nation Keep Ex-Presidents," *Atlanta Constitution*, December 29, 1907.

92 "일정한 위신" "a certain dignity" … "a reciprocal connection" … "Ex-Presidents as Wards of Nation," *Chicago Daily Tribune*, December 29, 1907.

92 ……다른 행동은 하지 못하게 하는 방법이 있을까? Was there a way to grant… "Howard's Letter," *Boston Daily Globe*, May 23, 1886.

92 그 문제는 의회가 결정하게 되었다. The matter fell to Congress… "Pensions for Presidents," *Washington Post*, January 16, 1902.

92 "왜 저들은 일반 국민들처럼 벌이를 하지 못하는가?" "Why shouldn't they earn…" "Pay of Presidents and Vice Presidents," *Washington Post*, January 29, 1906.

92 "대통령이 퇴임을 했다고……" "When [a president] goes out of office…" Ibid.

92 의회의 논의는 1910년에…… Congressional discussion was revived… "Washigton Briefs," *Boston Daily Globe*, April 6, 1910.

93 "루스벨트는 은퇴자 명단에 올라가는 것을……" "would probably not consider…" "Pensioning Presidents."

93 ……카네기는 의회의 논의에 불을 댕기기 위해,…… Hoping to set a fire under… "Carnegie Pension to Ex-Presidents; Bars Roosevelt," *New York Times*, November 22, 1912.

93 카네기는 그로버 클리블랜드가 순전히 돈 때문에…… Carnegie was said to have been… "Holland's Letter," *Wall Street Journal*, November 26, 1912.

93 산업 자본가에게 이처럼 한 수 가르침을 받은…… Shown up by the industrialist… "Washington Against It," *New York Times*, November 22, 1912; "Taft Will Not Take a Pension," *Boston Daily Globe*, November 23, 1912.

94 "……카네기의 처사는 뻔뻔스럽기 짝이 없다." "it is a piece…" "Attack Carnegie's Offer," *Washington Post*, November 22, 1912.

94 "카네기 연금이 우리나라 전직 대통령의 공로를 빛나게 해주리라 생각하지 않는다.……" "I do not think…" Ibid.

95 "대통령이 퇴임 후 안락하게 살기 위하여……" "Unless it is the policy of Congress…" "Washington Against It."

95 하지만 10년 뒤, …… But a decade later… Alpheus Thomas Mason, *William Howard Taft, Chief Justice*(New York: Simon&Schuster, 1965), 274; John P. Frank, "Conflict of Interest and US Supreme Court Justice," American Journal of Comparative Law 18, no. 4(1970): 744−45.

95 "아내가 그것을 받기를 원했고……" "Mrs. Taft's wishes…" Mason, *William Howard Taft: Chief Justice*, 274.

95 "내 아내와 자식을 빼고……" "next to my wife…" Ibid.

95 카네기 제안이 나오던 시기에,…… At the time of the Carnegie proposal… "Mrs. Lincoln Sought Government Pension," *New York Times*, November 29, 1912.

96 그 편지가 발견된 지 2주도 안 되어, …… less than a fortnight later… "Halt Presidential Pension," *New York Times*, December 5, 1912.

96 1920년대 초에 뉴욕 출신 상원의원…… In the early 1920s, Senator… "Pensions for Ex-Presidents," *Chicago Daily Tribune*, March 10, 1921.

96 "우리의 대통령을 게으르고 무기력한 생활에 처박는다는 것은……" "It may be un-American to condemn…" "Why Ex-Presidents Should Be Pensioned," *Los Angeles Times*, July 31, 1921.

96 1945년 하원 공화당 총무인…… In 1945 House Republican leader… "GOP Victory Seen by Confident Taft," Washington Post, October 6, 1948; "For Presidential Pension," *New York Times*, October 6, 1948.

96 이 안건은 나중에…… The concept was later… "Americana," *Time*, October 18, 1948.

97 ……하원의원 오거스트 조핸슨은…… House Republican August

Johansen... John Fisher, "OK Pensions for Former Presidents," *Chicago Daily Tribune*, August 22, 1958.

98 "대통령으로 근무해서는 그 누구도 상당한 저축을 할 수가 없다." "No man can make any substantial savings..." *Time*, September 8, 1958.

98 그 후 몇 년 사이에 전직 대통령의 특혜 목록이…… Within a few years, additional perks... "Supporting Ex-Presidents: How It All Began," *U.S. News&World Report*, June 1, 1981.

99 ……100만 달러를 의회가 추가 예산으로 통과시키자, …… When Congress passed a $1 million... Maureen Dowd, "Paying for National Pyramids," *Time*, May 16, 1983.

99 "새로운 제왕적 전직 대통령의 시대" "era of the 'imperial' former presidency..." Henry Boyd Hall, "Caring for Ex-Chief Executives," *Wall Street Journal*, July 27, 1984.

100 "우리는 전직 대통령들과 그 아내들을 돌보기 위해……" "To take care of former presidents..." Ibid.

100 "……분명한 메시지를 보내야 한다." "We need to send a clear message..." Jonathan Eig, "House Votes to Curb Ex-President Funds," *Los Angeles Times*, July 27, 1985.

100 "이 사람들은 연금만 가지고서도……" "There guys, with their... pensions..." Jonathan Karp, "How Ex-Presidents Are Staying in Office," *Washington Post*, August 21, 1986.

101 "그들은 회의의 장식물, 기호품……" "They're ornaments, curiosities..." Eig, "House Votes to Curb Ex-President Funds."

102 "누군가가 대통령을 너무 미워하여……" "If anyone hated..." Andy Rooney, *Out of My Mind: The Opinions of Andy Rooney*(New York: Public Affairs, 2006), 228.

102 "나는 전직 대통령의 위신과 체통을……" "I could never lend myself..." Richard Cohen, "For Sale: A Former President," *Washington Post*, April 25, 1986.

103 "나는 가난하다는 게 어떤 것인지 잘 안다." "I know what poverty means..." Graff, "The Wealth of Presidents."

103 린든 존슨의 재산은 백악관을 나온 후…… LBJ's accounts were augmented... Robert Dallek, *Flawed Giant: Lyndon Johnson and His Times, 1961—1973*(New York: Oxford University Press, 1998), 609.

103 그러나 1972년에 존슨은 텔레비전 방송국을······ In 1972, however, Johnson was forced... Ibid., 613.

104 "만약 대통령을 지내지 않았더라면······" "God-if he hadn't been president..." Ibid.

104 후버 이래 가장 부유한 전직 대통령······ the most affluent former president... Irwin Unger and Debi Unger, *LBJ: A Life*(New York: Wiley, 1999), 505－6; Dallek, Flawed Giant, 609.

104 전임자들은 탄핵받거나 유죄 판결을······ such support is provided to... "Presidential Transitions," *Congressional Research Service Report for Congress*, updated December 27, 2007, 4－5.

105 시간이 흘러가면 대부분의 상처는 치유된다. Yet time heals... "An $800,000 Yearly Tab for Nixon, Ford," *US News&World Report*, April 16, 1979.

105 백악관을 나와 최초로 한 그 인터뷰 조건으로······ Marking Nixon's post-Watergate... "Nixon and Ford: Staying in Public Eye," *U.S. News&World Report*, July 10, 1978.

105 심지어 가장 말을 잘한 공로로······ He even won... Conrad Black, *Richard Nixon: A Life in Full*(New York: Public Affairs, 2007), 1,013.

105 그는 프로스트 인터뷰에서 나온 돈을 전액······ He would eventually sign over the whole... Jonathan Aitken, *Nixon: A Life*(Washington, DC: Regnery, 1994), 539－40.

105 ······회고록 집필 선인세로 250만 달러를 받아······ The $2.5million advance... Ibid., 538.

105 그것은 출판업자 쪽에서도 잘 둔······ It was a smart bet... Ibid., 538.

106 "······외로운 인물" "the lonley figure..." Iver Peterson, "As Neighbors, Nixon Proved Easy to Take," *New York Times*, July 11, 1999.

106 "······괴상한 사람들이 있습니다······" "are nutty people around..." Susan Heller Anderson and David Bird, "New York Day by Day," *New York Times*, February 7, 1984.

107 "전직 대통령의 놀라운 판촉 행위" "the huckstering of an ex-president..." Ronald Brownstein, "The Selling of the Ex-President," *Los Angeles Times*, February 15, 1987.

107 "······돈다발 뒤에 가려져 점점 보이지 않게 되었다." "getting harder and

harder to see..." Jerald terHorst, "President Ford, Inc." *Washington Post*, May 29, 1977.

107 포드는 이제 집이 세 채였다. Ford now had three homes...Benjamin Alexander-Bloch, "Former Presidents Cost US Taxpayers Big Bucks; Tab from 1977 to 2000 Is Pegged at $370M," *Knight Ridder Tribune Business News*, January 7, 2007.

108 "미국 납세자들이 주는 돈을 받으라"고, "to pay President Ford..." Robert Lindsey, "Busy Gerald Ford Adds Acting to His Repertory," *New York Times*, December 19. 1983.

108 "나는 현재 일개인이고……" "I'm a private citizen..." Douglas Brinkley, *Gerald R. Ford*(New York: Times Books, 2007), 153.

108 "이것이야말로 자유 기업의 본질이다" "this is what the free enterprise..." terHorst, "President Ford, Inc."

108 포드는 전직 대통령 중에 가장 많은…… Ford set a postpresidential record...Brinkley, *Gerald R. Ford*, 153; Clark, Faded Glory, 158.

108 1983년에 대인기 텔레비전 연속극인…… by 1983, when the former president... Lindsey, "Busy Gerald R. Ford Adds Acting to His Repertory."

108 "그 사람은 다른 사람들과 마찬가지로……" "He's busy making speeches..." Monica Crowley, *Nixon Off the Record: His Candid Commentary on People and Politics*(New York: Random House, 1996), 19.

109 ……카터가 자신에게 죄책감을 안겨 준다고 탄식했다. "feel guilty for serving..." Kai Bird, "The Very Model of an Ex-President," *Nation*, November 12, 1990, 560.

109 "순수하고 성실한 일만 하겠다." "a naïve and sincere commitment"... Sara Rimer, "Enjoying the Ex-Presidency? Never Been Better," *New York Times*, February 16, 2000.

109 "당신은 미국 대통령의 위엄과 기품을 한껏 드높였습니다……" "You have carried the dignity..." Wayne King, "Carter Redux," *New York Times*, December 10, 1989.

110 "20년에 걸친 정치 생활이 막……" "Just as almost two decades..." Jimmy and Rosalynn Carter, *Everything to Gain: Making the Most of the Rest of Your Life*(Fayetteville: University of Arkansas Press, 1995), 11.

110 창고를 아처 대니얼스 미드랜드에게…… Selling the warehouse... King, "Carter Redux"; David Brock, "Jimmy Carter's Return," *American*

Spectator, December 1994.

110 ······부채를 갚기 위하여······ To pay down his debts... Carter, *Everything to Gain*, 12.

110 카터는 출판 계약서에······ Carter alledgedly included a clause... Joe Brown, "The Carter Memoirs," *Washington Post*, March 14, 1981.

110 "만약 카터 내외가······" "If he and Mrs. Carter..." Carter, *Faded Glory*, 163.

110 "1년에 얼마나 버느냐는······" "How much money I make..." Charlotte Curtis, "Carter: 20 Months Later," *New York Times*, August 17, 1982.

111 "나는 여전히 농부입니다. ······" "I'm a farmer still..." Nick Paumgarten, "Jimmy Carter Aloft," *New Yorker*, December 11, 2006, 40.

111 ······귀빈으로 초대받은 레이건은······ As the honored guest... Elisabeth Bumiller, "In Japan Hail to the Reagans," *Washington Post*, October 24, 1989.

112 "나는 다른 전직 대통령을 결코 비난하지 않는다고······" "I've been telling the press..." "Peanuts and Postcripts," *Washington Post*, November 6, 1989.

112 "만약 미국이 좋은 투자처로 보인다면, ······" "If America looks..." Steven R. Weisman, "Reagan Sees Virtue in Sale of Studio to Sony," *New York Times*, October 26, 1989.

112 "내 생각일 뿐일 수도 있지만······" "I just have a feeling..." Ibid.

112 레이건이 대통령이 되기 전에 투자했던 돈은······ His prepresidential investments... William Green, "All the President's Money," *Money*, July 1999.

113 "그것을 이용한다고 말해야 합니까?" "I don't know that I'd call it..." Weisberger, "Expensive Ex-Presidents."

114 부시는 해외 연설에 회당 10만 달러를 받으면서······ Often charging a hundred... Jeffrey Taylor, "As Speechmakers Go, Few Can Say They Are in Bush's League-Former President Commands $100,000 Appearance Fees," *Wall Street Journal*, May 29, 1997.

114 이런 친밀한 관계 때문에······ These relationships helped forge... Michael Lewis, "The Access Capitalists," *New Republic*, October 18, 1993.

114 "순환도로 연금술: 전 지구촌에 걸친 연줄을 황금으로 바꾸기" "Beltway

alchemy..." William Powers, "The Call of the Skunk," *National Journal*, May 10, 2003.

114 "이 회사는……" "This is a firm..." Melanie Warner, "What Do George Bush, Arthur Levitt, Ji, Baker, Dick Darman, and John Major Have in Common?(They All Work for the Carlyle Group)," *Fortune*, March 18, 2002, 104.

115 빈라덴 가문이 미국의 급증하는 대테러 전쟁에서…… That the bin Laden... Kurt Eichenwald, "Bin Laden Family Liquidates Holdings with Carlyle Group," *New York Times*, October 26, 2001.

115 빈라덴 가문과 연계를 맺은 전직 대통령은…… Bush wasn't the only... Daniel Golden, James Bandler, and Marcus Walker, "Bin Laden Family Is Tied to U.S. Group," *Wall Street Journal*, September 27, 2001.

115 하지만 아시아의 관문을 열고…… But as a senior advisor... Tim Shorrock, "Crony Capitalism Goes Global," Nation, April 1, 2002, 14.

115 부시는 투자 유치 모임에서 멋진 연설을 해서…… Bush did very well... Craig Unger, *House of Bush, House of Sand: The Secret Relationship between the World's Two Most Powerful Dynasties*(New York: Scribner, 2007), 158.

116 "시장 가격에 따라" "in line with market..." Warner, "What Do George Bush...and John Major Have in Common?"

116 정치와 재무의 경계가 너무 흐릿하지 않느냐는 질문에…… Responding to the questionable... Ibid.

116 칼라일이 그를 해외 고문으로 영입하기 전에도…… Even before Carlyle... Green, "All the President's Money."

116 부시의 칼라일 근무는 커다란 소득을 올리기는 했지만…… As profitable as Bush's work... Ibid.

117 클린턴이 벌어들인 돈은…… The bulk of Clinton's funds... Solomon and Mosk, "For Clinton, New Wealth in Speeches."

118 클린턴의 실제 소득을…… While Clinton's actual earnings... Linda Feldmann, "How Voters May React to the Clinton's $109 Million Income," *Christian Science Monitor*, April 7, 2008.

2장. 역사를 다시 쓰는 법 — 대통령 기념 도서관

120 대통령 기념 도서관에 결점이 있느냐고요? "Does [the presidential library] have flaws?" ... Paula Span, "Monumental Ambition," *Washington Post*, February 17, 2002.

120 존 F. 케네디 기념 도서관에서 느껴지는 이미지는…… "The images [at the John F Kennedy library]" ... Ibid.

120 역사가 나의 주장을 입증해…… "History will bear me out..." Robert D. Schulzinger, *A Companion to American Foreign Relations*(Malden, MA: Blackwell, 2003), 203.

121 제왕적 대통령직의 상징인 이 건축물은…… Architectural expressions... *Public Historian* 28, no. 3(2006): inside cover.

122 도서관 단지를 방문하는 사람들이…… Since most visitors... Jason Lantzer, "The Public History of Presidential Libraries: How the Presidency Is Presented to the People," *Journal of the Association for History and Computing* 6, no. 1 (2003).

122 최근의 숫자에 따르면…… recent figures show... Kenneth Jost, "Presidential Libraries," *Congressional Quarterly Researcher* 17, no. 11 (2007): 243.

122 문서와 기념품을 공들여 수집한 프랭클린 루스벨트는…… A painstaking collector... Witold Rybczynski, "Presidential Libraries: Curious Shrines," *New York Times*, July 7, 1991.

123 루스벨트의 선례를 따라…… Following his lead... Author interview with Benjamin Hufbauer, August 28, 2007.

123 "대통령 기념관의 전시품은 인공적으로……" "A presidential exhibit is an artifact..." Jost, "Presidential Libraries," 247.

123 "우리가 일을 제대로 했는지……" "whether we got thing right..." Sam Howe Verhovek, "Ex-Presidents Gather," *New York Times*, November 9, 1997.

124 1955년의 대통령기념도서관법은,…… The Presidential Libraries Act... Lynn Scott Cochrane, "Is There a Presidential Library Subsystem?" *Public Historian* 28, No. 3 (2006): 144.

124 "이런 자료들은……" "material of this kind..." Charles Hillinger, "Presidential Libraries Now a Tradition," *Los Angeles Times*, October 15,

1978.

125 "……일종의 공공 재산" "A species of public property…" Patricia Elizabeth Kelly, "Courting the Presidential Library Syswtem: Are President George Walker Bush and Baylor University a Match Made in Heaven?" (Ph.D. diss., Baylor University, 2005), 24.

125 워싱턴 관련 문서는…… the collection of Washington's papers… Charles Hillinger, "Presidential Libraries: U.S. Gold Mines," *Los Angeles Times*, October 5, 1978; Bruce Kirby, Library of Congress, e-mail message to author, January 6, 2008.

125 에이브러햄 링컨의 아들 로버트 토드 링컨은…… Abraham Lincoln's son…Robert J. Donovan, "The Presidential Library System Hastens Our Access to Histor," *Los Angeles Times*, August 29, 1974.

126 ……대부분 불타 버렸다. Fire consumed a major part… Cynthia J. Wolff, "Necessary Monuments: The Making of the Presidential Library System," *Government Publications Review* 16, no. 1 (1989): 49.

126 마틴 밴 뷰런은 재직 당시…… Martin Van Buren destroyed… Jennifer R. Williams, "Beyond Nixon: The Application of the Taking Clause to the Papers of Constitutional Officeholders," *Washington University Law Quarterly* 71, (1993): 871.

126 체스터 앨런 아서는…… On his deathbed… Martin E. Mantell, review of *Gentleman Boss: The Life of Chester Alan Arthur*, by Thomas C. Reeves, Journal of Southern History 41, no. 4(1975): 567–68.

126 남편 워런 하딩의 외도로…… And Florence Harding… Richard Cox, "America's Pyramids: Presidents and Their Libraries," *Government Information Quarterly* 19, no. 1(2002): 45–75.

126 "행정부의 역사 중 가장 흥미로운 일부 문서" "some of the most interesting documents…" Wolff, "Necessary Monuments," 48–49.

126 전임자의 자료를 엉망으로 만든 난맥상과 혼란을…… Cognizant of the disarray… Lantzer, "The Public History of Presidential Libraries."

128 "파라오의 기념물" "phraonic commemoration"…"a reductio ad absurdum…" Robert Hughes, "The New Monuments," *Time*, September 13, 1971.

128 닉슨은 자신의 문서를 GSA에게 양도하지 않고…… By depositing his paper… Jost, "Presidential Libraries"; Cox, "America's Pyramids."

128 의회는 워터게이트 사건의…… In the wake of Watergate... Clement Vose, "The Nixon Project," *PS.* 16, no. 3(1983): 512.

129 "국가는 대통령 기록물의 소유, 보관, 통제에 대하여……" "the United States shall reserve..." Kelly, "Courting the Presidential Library System," p. 31.

129 ……미국 법무부는 이제 그 서류를…… the U.S. Justice Department... Cox, "America's Pyramids," 45.

130 "유감스러운 일입니다.……" "It is unfortunate..." Ibid., italics added.

130 ……반목했던 자매는 이제…… who had feuded over... James Sterngold, "Nixon's Daughters End Rift Over Gift," *San Francisco Chronicle*, August 9, 2002.

131 "……점점 늘어나는 정부 비용에……" "the increasing dollar consciousness..." United States Congress, "Cost of Former Presidents to U.S. Taxpayer: Special Hearing," 1980.

131 하지만 30년이 지나자…… Three decades later... Fred A. Bernstein, "Who Should Pay for Presidential Posterity?" *New York Times,* Jnue 10, 2004.81 ……1986년의 대통령기념도서관법은…… the Presidential Libraries Act of 1986... Ibid.; Jost, "Presidential Libraries," 251.

132 법의 규제에 따라,…… Under the legislation's restrictions... Bernstein, "Who Should Pay for Presidential Posterity?"; Lynn Scott Cochrane, "The Presidential Library System: A Quiescent Policy Subsystem" (Ph.D. diss., Virginia Polytechnic Institute and State University, December 1998), 221.

132 ……도서관들은 모든 전자 문서를 저장해야 할 의무가…… the libraries have also been required... Miriam A. Drake, "Presidential Archives: Hype, Reality, and Limits to Access," *Information Today*, June 2007, 1.

133 "……연구자들은 아주 균형 잡힌 지식을……" "you would likely have much more balance..." Jost, "Presidential Libraries," 247.

133 "대통령들의 박물관" "Museum of the Presidents"... Author interview with Benjamin Hufbauer, August 28, 2007.

133 ……기존 도서관의 복잡한 사정…… the complexity of the existing libraries... "Of Presidents and Pyramids," *New York Times*, January 20, 1977, 36.

134 '현명한 대통령'이 필요하다…… it will take an "enlightened presiden"... Author interview with Richard Cox, October 22, 2007.

134 현재대로 하는 것이 "가장 좋다"…… "unqualified good…" Arthur Schlesinger, "A Historian Stands Up for Presidential Libraries," *New York Times*, Novemer 4, 1973.

134 워싱턴의 거대한 보관소에 흡수되기보다는…… "swallowed up…" Ibid.

134 "고쳐서 쓸 일이지 없앨 일은 아니다." "Mend it, don't end it." Author interview with Benjamin Hufbauer, August 28, 2007.

135 "미국 대통령 기념 박물관은……" "an American president's museum…" Richard Choen, "Palaces," *Washington Post*, September 22, 1981.

136 "찬물을 끼얹는 효과" "chilling effect…" Author interview with Skip Rutherford, July 12, 2007, and Sharon Fawcett, August 15, 2007.

136 "저는 기록 관리자이지만 그보다 먼저 시민이고……" "I'm an archivist, but I'm a citizen…" Author interview with Richard Cox, October 22, 2007.

136 "만약 기부자가 대통령의……" "If a doner is giving…" Don Van Atta Jr. "Dinner for a Presidential Library, Contributions Welcome," *New York Times*, June 28, 1999.

137 "정치적 판단에 커다란 영향력을 끼치게 된다." "invitation for potentially serious…" Author interview with Charles Lewis, August 24, 2007.

137 예전의 클린턴 모금 담당자가…… One former Clinton Fund-raiser… Author interview with Warwick Sabin, August 28, 2007.

137 이를테면 사우디아라비아와 쿠웨이트 정부는…… The governments of Saudi Arabia… Don Van Natta Jr., "Going Is Tough for Clinton Library Campaign, Backers Say," *New York Times*, April 29, 2002; John Solomon and Jeffrey H. Birnbaum, "Clinton Million," *Washington Post*, December 15, 2007.

138 알베르토 곤잘레스 법무장관의 제안에 따라,…… On the counsel of… Steven L. Hensen, "The President's Paper Are the People's Business," *Washington Post*, December 16, 2001; David Glenn, "Legal Barriers Hamper Scholars' Access to Papers of Recent Presidents," *Chronicle of Higher Education*, March 9, 2007.

138 대통령 기록 관리자 샤론 포셋은…… Sharon Fawcett contends… Author interview with Sharon Fawcett, August 15, 2007.

138 "그 문서들은 공공의 재산입니다. ……" "They may be public property…" Author interview with Benjamin Hufbauer, August 28, 2007.

139 연구자들은 어떤 문서의 열람을······ Researchers complain...Glenn, "Legal Barriers Hamer Scholars' Access to Papers of Recent Presidents," 21−22.

139 ······부시의 변호사들은 부시 컴퓨터에 저장된······ Bush's lawyers cut a deal... "A Special Place in History for Mr. Bush," *New York Times*, March 1, 1995.

140 "······이와 같은 최신 미국 기록보존소······" "This latest addition..." http://www.fdrlibrary.marist.edu/php63041.

140 ······한층 현실적인 동기가······ more pedestrian motivations... Author interview with Richard Cox, October 22, 2007.

140 아마추어 건축가인······ An amateur architect... Rybczynski, "Presidential Libraries."

140 "······좋은 농토를 허비할 필요가 있습니까." "Ain't no use wastin'..." Robert H. Ferrell, *Harry S. Truman: A Life*(Columbia: University of Missouri, 1994), 387; David McCullough, *Truman*(New York: Simon&Schuster, 1992), 931.

141 "한국"이라고 대답했다. "Korea," he responded...Richard Rhodes, "Harry's Last Hurrah," Harper's, January 1970, 55

141 하지만 많은 개인 문서가······ Many of his private papers... Ferrell, *Harry S. Truman*, 389; Alonzo Hamby, *Man of the People*(New York: Oxford University Press, 1995), 630.

141 ······거액의 기부금은······ the larger donations... McCullough, *Truman*, 962.

141 "그 친구(라이트)의 특징이 너무 많이······" "It's got too much of that fellow..." Richard H. Rovere, "Mr. Truman Shows Off His Library," *New York Times*, June 30, 1957.

142 "미국 역사에서 위대한 화해" ······ "one of the great hatcher-burying..." Rovere, "Mr. Truman Show Off His Library."

142 여러 명사들이 자리를 빛내 주었지만······ the cross section of worthies... Hamby, *Man of the People*, 630.

142 "만약 아이크가 도서관에서 야간 당직을 서줄······" "Only if [Ike] had sent..." Steve Neal, *Harry and Ike: The Partnership That Remade the Postwar World*(New York: Touchstone, 2001), 301.

142 "하느님의 개입이나 악인의 소행이 없는 한" "except for acts of God..." Richard Norton Smith, *An Uncommon Man: The Triumph of Herbert Hoover*(Worland, WY: High Plains Publishing, 1984), 421.

142 아이크 기념관은 퇴임 후 거주지인······ Ike's facility was built... "Abilene Library Planned for Eisenhower Papers," *New York Times*, March 9, 1955.

143 "만약 되돌아온 개척자 조상들이······" "I wonder if our pioneer..." Austin C. Wehrwein, "Eisenhower Discerns a Delcline in Morality," *New York Times*, May 2, 1962; "Ike at Dedication of Library Urges Return to Pioneer Virtues," *Washington Post Times and Herald*, May 2, 1962.

144 "카를 마르크스 이론의 사악함을 밝히는 선봉" "to demonstrate the evils..." George H. Nash, *Herbert Hoover and Stanford University* (Stanford, CA: Hoover Institution Press, 1988), 157.

144 후버 연구소와 설립자 사이에 긴장이······ tensions had grown... Nash, *Herbert Hoover and Stanford University*, 137–43.

144 스탠퍼드 역사학과 교수진은······ Stanford's history faculty had taken issue... Author interview with Charles Palm, former deputy director of the Hoover Institution, September 5, 2007.

144 "내 개인 문서보관소에 넣어 둬." "can be put in my personal archives..." Nash, *Herbert Hoover and Stanford University*, 143; author interview with George Nash, August 26, 2007.

144 역설적으로 이 보수주의의 화신은······ Ironically, this paragon... Author interview with George Nash, August 26, 2007.

145 88세의 후버는······ The eighty-eight-year-old-Hoover... Smith, *An Uncommon Man*, 425.

145 ······명예 위원장직을 받아들였다. accepted the honorary chairmanship... Chesly Manly, "Hoover Flies Home for His 88th Birthday," *Chicago Daily Times*, August 10, 1962.

145 2008년 대통령 선거 때······ During the 2008 presidential campaign... Author interview with Hoover Library and Museum director Timothy Walch, November 18, 2007.

146 '지식인을 압도하는 무식쟁이들'······ a "tourist invasion," with "the Goths..." Ada Louise Huxtable, "What's a Tourist Attraction Like the Kenneth Library Doing in a Nice Neighborhood Like This?" *New York*

Times, June 16, 1974.

146 "삶 자체에서 물러난" "resigned from life itself." Irina Belenky, "The Making of the Ex-Presidents, 1797—1993: Six Recurrent Models," 153.

147 이와는 대조적으로, 아내와 딸의 모교인…… In contrast, the University of Texas... Bill Porterfield, "Back Home Again in Johnson City," *New York Times*, March 2, 1969.

147 "처음부터 예정된 것이었다." "was overdetermined…" Author interview with Betty Sue Flowers, August 30, 2007.

147 자신의 정치적 유산…… Consumed by his legacy... Robert Dallek, *Flawed Giant: Lyndon Johnson and His Times, 1961—1973*(New York: Oxford University Press, 1998), 610.

147 "스토클리 카마이클과 랩 브라운을 초대하여……" "I'm going to invite…" Irwin Unger and Debi Unger, *LBJ: A Life*(New York: Wiley, 1999), 507; Porterfield, "Back Home Again in Johnson City."

148 '주재 정치인' "stateman in residence"... Porterfield, "Back Home Again."

148 텍사스 대학은 존슨에게…… UT offered Johnson... *Ibid.*

148 "지하 언론인《텍사스 옵서버》와……" "the *Texas Observer*, the underground press..." Gary Cartwright, "The L.B.J. Library: The Life and Times of Lyndon Johnson in Eight Full Stories," *New York Times*, October 17, 1971.

148 "여기에는 모든 것이 생생하게 전시되어 있다." "it's all here with the bark off."... *Ibid.*

148 회의적인 시각을 품은 언론인…… One skeptical observer... Molly Ivins, "A Monumental Undertaking," *New York Times*, August 9, 1971.

149 "알다시피 그는 대단히 강한 사람입니다……." "He's very strong, you know..." Unger and Unger, *LBJ*, 506.

149 "거대하고, 획일적이며, 창문이 없는 건축물은……" "huge, monolithic, windowless structure..." Paula Span, "Monumental Ambition."

149 "파라오 같은 과시적 특성" "pharaonic pomposity"... Huxtable, "What's a Tourist Attraction Like the Kennedy Library…"

149 "오스틴에 있는 대(大) 피라미드 완공" "Opening of the Great Pyramid..." Richard Haywood and Haynes Johnson, *Lyndon*(New York: Praeger, 1973), 153.

149 존슨은 관광객을 유치하는 데 신경과민 증세를…… Johnson was neurotic about. Benjamin Hufbauer, *Presidential Temples: How Memorials and Libraries Shape Public Memory*(Lawrence: University Press of Kansas, 2006), 176.

150 "관중이 뻔히 쳐다보는 가운데……" "in full view of the audience…" Jack Valenti, *A Very Human President*(New York: Norton, 1975), 377.

150 "백인 사회에서 흑인으로 산다는 것은……" "To be black in a white society…" Haywood and Johnson, *Lyndon*, 169−70.

151 "연방 감독 기관의 영향력과" "The pervasive power…" "A Question of Honor," *New York Times*, May 19, 1969.

151 처음부터 이처럼 비판을 받았는데도, Despite the early criticism… "Nixon Library Site Offered," *Los Angeles Times*, August 27, 1970; Charles Hillinger, "With Nixon Paper Seized, Plans for Library Up in Air," *Los Angeles Times*, November 5, 1978.

151 국가의 주요 지도자로서,…… as a major leader of his country… Ed Meagher, "Whittier College Students Back Nixon, Petition for Library Site," *Los Angeles Times*, May 25, 1973.

151 "당신은 과거에 목소리 큰 사람들로부터……" "You have been severly maligned…" Ibid.

152 재단의 기금 서류를 살펴보면,…… Foundation documents revealed… Robert Fairbanks, "Nixon's Brother Is Paid $21,000 to Aid on Presidential Library," *Los Angeles Times*, December 31, 1973; "U.S. Probes Taxes of Nixon Foundation," *Washington Post*, January 18, 1974.

152 "남편이 이곳을 떠나 돈을 받으며……" "While he's off being paid…" "People," *Time*, January 14, 1974.

152 파이어스톤은 리처드 닉슨 대통령 기념 도서관을 설립하려는…… Firestone pledged… "Nixon Library Called 'Unfinished Business,' " *Los Angeles Times*, August 17, 1974.

153 1974년 말,…… by the end of 1974… "Hope Dim for Nixon Library," *Chicago Tribune*, December 26, 1974.

153 그 다음 주,…… The following week… "U. of Southern California to Build a Nixon Library," *New York Times*, April 21, 1975.

153 "대통령 문서 컬렉션 중 닉슨 컬렉션은……" "No collection of presidential papers…" "A Nixon Library? Duke Makes a Move," *U.S. News&World*

Report, September 14, 1981, 14.

153 ······닉슨 문서를 확보하면······ he saw acquiring the Nixon papers... Author interview with Duke University historian William Chafe, December 22, 2007.

154 듀크 대학교 교수진은 오랫동안······ Duke's faculty had long been conflicted... "Plan for Nixon Library Stirs Duke U. Dispute," *New York Times*, August 16, 1981.

154 역사학과장 대행인 리처드 왓슨은······ The history department's acting chair... "Duke U. Dispute Over Nixon Library Growing," *New York Times*, August 27, 1981.

154 닉슨 편에서는 이런 항의에도 아랑곳없이······ But the museum was a precondition... "Nixon Library Talks to Go On at Duke," *Los Angeles Times*, September 4, 1981; author interview with William Chafe, December 22, 2007.

155 공식 투표에서······ In a formal vote... "Nixon Papers Stir Acrimony at Duke," *New York Times*, September 1, 1981.

155 "이날은 듀크 대학교의 슬픈 날······" "This is a sad day..." "Duke Trustees Back Nixon Library Plan Despite Faculty Plea," *New York Times*, September 5, 1981.

155 "당신이라면 칼리굴라의 문서를 거절하겠는가? ······" "Would you turn down Caligula's papers?..." Author interview with George Williams, December 19, 2007.

155 "부도덕한 소수의 일원" "a member of the imoral minority..." George Lardner Jr., "Duke Faculty, By 1 Vote, Disapproves of Nixon Library," *Washington Post*, September 4, 1981.

156 "······무슨 의미인지 모르는 교수들에게······" "To those professors..." "Duke U. Dispute Over Nixon Library Growing."

156 "······그 이유 하나만으로도" "if for no other reason..." "The Richard Nixon Library," *Boston Globe*, August 22, 1981.

156 "듀크 대학의 역사에서 가장 중요한······" "one of the most important moments..." Author interview with William Chafe, December 22, 2007.

156 ······경제 악화와 정치적 압력을······ citing a bad economy... "Duke Drops Nixon Library," *New York Times*, February 27, 1982.

156 "변명용 도서관" "library cum apologeum," Cohen, "Palaces."

156 그로부터 1년이 지나기 전에…… Within a year, the former president… "Nixon Library to Be Built in San Clemente," *New York Times*, May 1, 1983.

156 "나는 유럽 전역을 여행했는데,……" "I've traveled all over Europe…" Ibid.

157 "너무 단순하면서도 우아하다" "too simple and tasteful" … "The Remaking of the President," *Newsweek*, July 30, 1990, 24.

158 "카터가 우리 도서관 개막식에 빠질 것이라고……" "I can't believe Carter…" Monica Crowley, *Nixon Off the Record*(New York: Random House, 1996), 20.

158 "많은 기억들이 있는데……" "many memories…" Tom Morganthau, "The Rise and Fall and Rise and Fall and Rise of Nixon," *Newsweek*, May 2, 1994, 22.

158 "기계적 장애" "mechanical malfunction" … Jost, "Presidential Libraries," 246.

158 "나는 경험주의자입니다.……" "I'm an empiricist…" Jennifer Howard, "A Scholarly Salesman Takes Over the Nixon Library," *Chronicle of Higher Education*, March 9, 2007.

158 "무에서 출발할" "starting from scratch." … Ibid.

159 "……의심할 여지가 없습니다." "There was no doubt…" David Holley, "Race for Nixon Library Enters the Home Stretch," *Los Angeles Times*, April 11, 1983.

159 ……사악한 목적이 없었고,…… "there was no sinister…" Author interview with Alexander Butterfield, December 17, 2007.

159 미시건 대학교는 원래…… The University of Michigan had… Charles Hillinger, "Ford Library to Blend into Campus Setting; Former President Specifies Dignified, Gracious Building for Papers," *Los Angeles Times*, November 16, 1978.

159 1976년 대통령 선거에서 지미 카터에게 패배한 뒤…… After his defeat… "Ford Offers Papers to U.S. and Michigan," *Los Angeles Times*, December 15, 1976.

159 ……이렇게 분리 설치함으로써…… by splitting them up… Author

interview with Ford Library archvist William McNitt, August 28, 2007.

160 그래도 포드의 건물은…… Still, Ford's buildings contain… Maureen Dowd, "Paying for National Pyramids," *Time*, May 16, 1983.

160 "내 대통령 재직 기간에……" "We wanted to focus…" Mitchell Locin, "Old Campaign Wounds Healed at Ford's Fete," *Chicago Tribune*, September 19, 1981.

160 ……도서관 준공식에서는…… at the library's inaugural… Edward Walsh, "Ford Hailed at Dedication of Library," *Washington Post*, April 28, 1981.

160 '나를 기념하는 비' "a monument to me." … Wayne King, "Carter Redux," *New York Times*, Decemver 10, 1989.

160 '거대 고릴라' "the big gorilla" … Author interview with Jay Hakes, October 9, 2007.

160 ……민간 모금 재단을 두지 않은 유일한 대통령 기념 도서관…… the Carter library is the only… Lantzer, "The Public History of Presidential Libraries."

161 ……네 동짜리 담황색 원통형 건물…… in one of four buff-colored… Peter Applebome, "Carter Center: More Than the Past," *New York Times*, May 30, 1993.

161 건립 기금의 약 4분의 1을…… a quarter of its funding… David Treadwell, "Library a Monument to Carter's Vision," *Los Angeles Times*, September 24, 1986.

161 ……큰 장애물로 등장했다. The major stumbling block… Art Harris, "Road to the Carter Library Is Paved with Protests," *Washington Post*, July 6, 1982.

162 "어째서 당신이 1980년 11월 선거에 승리하고……" "I think I now understand…" William E. Schmidt, "President Praises Carter at Library," *New York Times*, October 2, 1986.

162 레이건의 정치사상은…… Reagan's ideas owed considerably… Jonathan Wilcox, "Champion for Freedom," National Review Online, December 3, 2001, http://www.nationalreview.com/comment/comment-wilcox120301. shtml.

163 "지난해의 가장 중요한 사건은……" "the high point of the past year…" Stephen Chapman, "Stanford and 'Liberal Hypocrisy,'" *Chicago Tribune*, January 26, 1984.

163 이미 25톤에 이르는 레이건의 주지사 재임 및 …… The Hoover Institution, already the repository… "Reagan Library; Hoover's Gain," *Economist*, February 25, 1984.

163 ……레이건이 대통령에 취임하자마자…… Soon after Reagan took office… Author interview with Charles Palm, Setember 5, 2007.

163 캠벨은 후버 연구소가 허버트 후버의 대통령 문서 관리권을…… Campbell had long smarted… Author interview with George Nash, August 19, 2007.

163 레이건 정부 공직자들 중 29명이…… Twenty-nine Reagan administration officials…Wallace Turner, "Reagan Library Debated," *New York Times*, October 25, 1983.

164 "다른 어떤 연구소보다 자신의 선거운동"에…… "my campaign than from…" Anne C. Roark, "Hoover Institution Target of Petitions," *Los Angeles Times*, May 11, 1983.

164 "대통령과 영부인이……" "The President and Mrs. Reagan…" Anne C. Roark, "Reagan Library Proposal Sparks Debate at Stanford," *Los Angeles Times*, October 31, 1983.

164 "우리는 레이건 정부의 공직자 개개인을……" "We have no objections…" Roark, "Hoover Institution Target of Petitions."

164 대학생들은 곧 레이건 대학교에 맞서는…… Students soon formed… Ibid.

164 반면에, 스탠퍼드 출신 민주당 상원의원 3명을 포함한…… On the other side, seven U.S. senators… Turner, "Reagan Library Debated."

165 "학원 테러리즘" "academic terrorism"… "The Best and Brightest," *Wall Street Journal*, September 1, 1983.

165 ……글렌 캠벨은 총장인 도널드 케네디에게 도서관 설립에 대한 레이건의 긍정적인 반응을…… Glenn Campbell delivered Reagan's positive response… Author interview with Charles Palm Septemer 5, 2007; "Reagan Library; Hoover's Gain."

165 "만약 후버 연구소가 아니었더라면……" "If it were not for the Hoover Institution…" Jay Mathews, "Stanford Advised to Delay Reagan Library Decision," *Washington Post*, October 23, 1983.

166 캠벨과 미스는…… Campbell and Meese… Jay Mathews, "White House, Stanford Reach Agreement on Reagan Library," *Washington Post*, February 15, 1984.

166 스탠퍼드 이사회의 이사들은 투표를 실시하여⋯⋯ Stanford's trustees voting overwhelmingly... Jay Mathew, "Trustees Reject Reagan Center at Center at Stanford," *Washington Post*, March 14, 1984.

166 도널드 케네디는 제2차 위원회를 설치하여⋯⋯ Donald Kennedy then set up... Author interviews with Charles Palm, September 5, 1007, and David Abernethy, September 22, 2007

167 ⋯⋯의혹이 급속히 번지는 것과 더불어⋯⋯ To the mushrooming questions... Author interviews with Charles Palm, September 5, 2007, and Dabid Abernethy, September 22, 2007; George Hackett with Gerald C. Lubenow, "Too Close for Comfort?" *Newsweek*, February 23, 1987, 30.

167 레이건 기념 도서관 계획은 와해되기⋯⋯ The Reagan library plan was coming... Author interview with David Abernethy, September 22, 2007.

167 레이건은 할리우드에 갖고 있는 인맥에 도움을 청하여,⋯⋯ He turned to his Hollywood Rolodex... Lucy Howard, "Living Legacy," *Newsweek*, April 27, 1987, 6.

168 마지막 치명타는⋯⋯ The final blow... Susan Avallone, "Plans for Reagan Library Fought by Stanford Faculty," *Library Journal* 112, no. 7(1987): 8.

168 "나는 레이건 기념 도서관을 스탠퍼드 교정에 유치하는 사업을⋯⋯" "I was much in favor..." Warren Christopher, e-mail message to author, September 12, 2007.

168 ⋯⋯스탠퍼드 계획을 단념하기로 마음먹은 것은 레이건 본인이었다. Reagan himself made the decision... Author interview with Edwin Meese, September 21, 2007.

168 "인생은 너무 짧습니다." "Life is too short." ... Author interview with Martin Anderson, September 21, 2007.

168 "사려 깊은 편지를 통해서가 아니라⋯⋯" "not by a thoughtfull..." Author interview with Donald Kennedy, September, 11, 2007.

168 "미국의 법무장관〔에드 미즈〕은⋯⋯" "The attorney general of the United States..." Ibid.

169 "내가 지금까지 만났던 사람들 중에서 가장 성격이 좋지 않고⋯⋯" "One of the most dyspeptic..." Ibid.

169 ⋯⋯미국의 어떤 도시보다 가구당 보유 차량 수가 많은⋯⋯ more cars per household... Jack Smith, "Searching for a Pulse in Simi Valley," *Los Angeles Times*, April 3, 1989.

169   ……시미 밸리 부지에 그대로 사용되었다. carbon-copied for the Simi Valley... Author interview with Charles Palm September 5, 2007.

169   역사상 처음으로…… for the first time in history... Seth Mydans, "Elite Group to Dedicate Reagan Library," *New York Times*, November 1, 1991.

169   시미 밸리는 레이건 기념 도서관을…… Simi Valley was an appropriate venue... Ibid.

170   만약 스탠퍼드 대학교로 도서관 부지가 결정되었더라면,…… Stanford would never have had the space... Author interview with Edwin Meese, September 19, 2007.

170   "그들은 부시가 대통령으로 재직할 때도……" "They snubbed him..." Author interview with Marlin Fitzwater, Septemer 25, 2007.

171   "대학생들이 불 지르려고 덤비는……" "It was better to have a library..." "Unburning Bush," *Economist*, November 8, 1997.

171   ……부시 측은 주 최초의 공립 고등교육 기관인…… his team inked a deal with Texas A&M... "Aggies Celebrate Bush as One of Their Own," *Christian Science Monitor*, December 2, 1994; Paul Burka, "The Revision Thing," Texas Monthly, November 1997.

171   칼리지 스테이션 대학교는…… The College Station university... Author interview with Marlin Fitzwater, September 25, 2007.

171   8300만 달러짜리 3층 석회암 복합 건물은…… At $83million... Sam Howe Verhovek, "5 Years after Finishing 2d, the 41st President Is No. 1," *New York Times*, November 7, 1997.

171   ……장기 주미 사우디 대사이고…… longtime Saudi ambassador... Lisa Beyer and David Van Biema, "Inside the Kingdom," *Time*, September 15, 2003, 38.

172   ……문선명 통일교 신자들조차…… followers of Sun Myung Moon... John Gorenfeld, "Bad Moon on the Rise," *Salon*, September 24, 2003, http://archive.salon.com/news/feature/2003/09/24/moon/index/html.

172   "조지 부시 전쟁·자동차·말 박물관" "George Bush War, Auto..." Roger Rosenblatt, "Underbooked," *New Republic*, December 1, 1997, 17.

172   "뛰어난 예절과 감수성으로 우리나라를 잘 섬긴……" " "America has had a good man..." Sam Howe Verhovek, "Ex-Presidents Gather," *New York Times*, November 9, 1997.

173 "비용이 얼마가 들더라도,……" "Whatever it costs…" Paula Span, "Monumental Ambition," *Washington Post*, February 17, 2002.

173 그는 나중에 대학교에서…… He would later teach… Doug Smith, "Skip Rutherford Quietly Gets Things Done," *Arkansas Times*, November 16, 2006.

174 ……재단은 약 1400만 달러를 모금했다. almost $14million in assets… "Clinton Library: $8 Million Added," *Los Angeles Times*, August 23, 2001.

174 ……한밤중에 재가했던 사면의 몇 가지 사례들은…… Several of the midnight pardons…Van Natta Jr., "Going Is Tough for Clinton Library Campaign, Backers Say"; author interview with Warwick Sabin, April 18, 2007.

175 클린턴의 한 절친한 친구는…… close friend of the Clintons… Author interview with unnamed source, July 24, 2007.

175 "대가성이 없었고" "there was no quid pro quo." William Jefferson Clinton, "My Reasons for the Pardons," *New York Times*, February 18, 2001.

175 "뛰어난 공화당 검사" "distinguished Republican attorneys"… Ibid.

175 "정치적으로는 서투른 행위였지만……" "It was terrible politics…" Jesse. J. Hollad, "Clinton Has Regrets Over Rich's Pardon," *Houston Chronicle*, April 1, 2002.

175 "거액 기부자들이 모금 대열에서 이탈한 것은……" "No big donors jumped ship…" Author interview with Skip Rutherford, June 26, 2007.

176 ……연루된 사면 스캔들이 동시에 터져…… further pardon-related scandals… David Johnston and Don Van Natta Jr., "Clinton's Brother Pursued Clemency Bids for Friends," New York Times, February 23, 2001.

176 클린턴과 데니즈 리치의 친구이고,…… a chum of both Clinton and Denise Rich… "Fromer Democratic Official Won't Testify about Pardons," *St. Louis Post Dispatch*, February 27, 2001.

176 버튼 위원회는 주로 데니즈 리치의 기부금이…… Burton's committee was primarily concerned… Richard Serrano and Stephen Braun, "Fund-Raiser to Stay Silent on Role in Rich's Pardon," *Los Angeles Times*, February 27, 2001.

176 ……끝내 데니즈 리치의 불법 행동을 밝혀내지 못했지만,…… ultimately

found no illegalities... http://news.findlaw.com/hdocs/docs/clinton/pardonrpt.

177 ······아랍 토후들이······ emirs in Dubai... Author interview with unnamed source, April 18, 2007.

177 클린턴의 절친한 친구 케이시 워서먼은······ Clinton friend Casey Wasserman... Solomon and Birnbaum, "Clinton Library Got Funds from Abroad; Saudis Said to Have Given $10 Million."

177 멕시코 이동통신 업계의 거인인 카를로스 슬림은······ Carlos Slim... Author interview with Warwick Sabin, April 18, 2007.

177 ······10억 달러의 투자가······ a billion investment dollars... Fred A. Bernstein, "Archive Architecture: Setting the Spin in Stone," *New York Times*, June 10, 2004.

177 ······30만 명도 넘는 방문객을 끌어들였다. more than three hundred thousand visitors... Author interview with Skip Rutherford, June 26, 2007.

178 "이것은 우리의 아치입니다." "It is our arch."... Smith, "Skip Rutherford Quietly Gets Things Done."

178 "건축은 정치 분야에 참여하여······" "architecture as politics, played skillfully to please..." Clifford A. Pearson, "Polshek Partnership's Clinton Library Connects with Little Rock and the Body Politics," *Architectural Record* 193, no. 1(2005):110.

178 "죽마에 실린 트레일러" "trailer on stilts."... Kane Webb, "A Big Deal in Little Rock," *Wall Street Journal*, November 17, 2004.

178 클린턴은 매월 1주일에서 10일가량······ hope to spend a week to ten days... Bernstein, "Archive Architecture."

178 ······한 달에 한두 번 며칠씩 도서관을 방문했고······ visited the library once or twice... Author interview with Skip Rutherford, June 26, 2007.

179 ······두 전직 대통령인 지미 카터와 조지 H. W. 부시가······ two former presidents... Jeff Zeleny, "Clinton Library Shines on Damp Day; Celebraton of 'Bridge' Reaches Across Party Lines," *Chicago Tribune*, November 19, 2004; Scott Gold, "Clinton Library Opens with Bridge to the Past and Future," *Los Angeles Times*, November 18, 2004; Bill Nichols and Richard Benedetto, "Clinton Library Opening Draws Stars," *USA Today*, November 19, 2004

179 "이곳 전시품들은 동료들을 사랑하는 한 남자의 이야기를 말해준다" "the

exhibits tell the story of someone…" Nichols and Benedetto, "Clinton Library Opening Draws Stars."

179 "……민주주의의 모델에 대해 이야기하는, 그런 곳……" "a place for people to talk…" Elisabeth Bumiller, "His Legacy and His Library Occupy Bush's Thoughts," *New York Times*, May 8, 2006.

180 "연구소의 임무……" "Part of [the] Institute's mission…" Marvin Bush and Donald Evans to John White, July 7, 2005. Letter in authors' possession.

180 여러 다른 대학교들이 나서서 막후에서 협상하고…… Other universities submitted bids… David Glenn, "When History becomes Legacy," *Chronicle of Higher Education*, March 9, 2007.

180 "[그들의] 프로젝트를 기도에 담았다" "bathed [their] project in prayer"… Eliott Blackburn, Lubbock On-Line.com, November 15, 2005, http://www.lubbockonline.com/stories/111505/loc_11150526.shtml.

181 ……후버 연구소를 방문했다. Bush paid a visit… Author interview with Charles Palm, September 5, 2007.

181 "기념 도서관을 대학교에 세우지 마십시오." "Don't put your library at a university."… Author interview with Martin Anderson, September 21, 2007.

181 ……로라 부시 길이라는 산책로를 만들라며…… Bush gave the university… Todd J. Gillman, "Bush Library Donors Could Remain Anonymous," *Dallas Morning News*, January 25, 2007.

181 ……학교 이사이며…… A fellow trustee… Dave Michaels, "Dallas Billionaire Ray Hunt Has Quietly Shaped His Hometown," *McClatchy-Tribune Business News*, December 9, 2007.

182 ……부시 위원회가 정책 연구소를 추진할 것이라고…… the Bush committee would seek… Author interview with James Hollifield, June 26, 2007.

182 ……남부감리교대학의 도서관 유치 계획은…… SMU's bid for the library… Author interview with William K. McElvaney, December 10, 2007.

182 "……부시 정부의 은밀한 행태를 감안하면……" "Given the secrecy…" Bill McElvaney and Susanne Johnson, "The George W. Bush Library: Asset or Albatross?" *SMU Daily Campus*, November 10, 2006.

183 "……장기적으로 곤란, 논쟁, 당혹스러운 사태를 가져올 것이다.……" "recipe for long-term difficulties…" Author interview with Cal Jillson,

June 24, 2007.

183 부시는 연구소가 대학교의 학사 행정을 받아들여야 하는…… Bush had no desire… Author interview with James Hollifield, June 26, 2−7.

184 ……후버 연구소가 언론에 발표한 뒤에야…… only after Hoover issued its press release… James Hohmann, "Stanford Think Tank Debate Could Be Headed to SMU: Debate Centers on How Much Oversight School Should Have," *McClatchy-Trubune Business News*, November 14, 2007.

184 종신 재직권이 없는…… an untenured SMU historian… Author interview with Benjamin Johnson, May 10, 2007, http://bushlibraryblog.wordpress.com/.

184 "……철로에 드러눕는 사람이 있을 거라고는 생각하지 않지만……" "I don't think anyone would lie down…" Jost, "Presidential Libraries," 245.

184 "기부자의 명단이 겹치기 때문에……" "With overlapping donor pools…" Author interview with Benjamin Johnson, May 10, 2007.

184 존슨을 비롯한 교수들은…… Johnson and others called for… David Glenn, "When History Becomes Legacy."

185 "연구소는 자체의 업적에 따라 흥하거나 망할 것이고,……" "It will rise or fall on its own merits…" James Hopkins, e-mail message to author, December 26, 2007.

185 "만약 연구소 옆에 훌륭한 가치를 가진 강력한 대학교가……" "If you have a strong university…" Author interview with James Hollifield, June 26, 2007.

185 "만약 닉슨 기념 도서관이 듀크 대학교에 왔다면……" "If Nixon's library had come to Duke…" James F. Hollifield, "The Biggeset Man on Campus," *New York Times*, January 20, 2007; Glenn, "When History Becomes Legacy."

186 "이념적 편향" "ideological orientation"… "Regardless of one's perspective"… Matthew Wilson, "Policy Institute Is Part Most Likely to Enrich Students," *Dallas Morning News*, February 05, 2007.

186 "부시는 역사상 가장 많이 연구되는 대통령 중 한 사람이……" "It will be one of the most studied presidencies…" Michaels, "Dallas Billionaire Ray Hunt Has Quietly Shaped His Hometown."

186 "그건 분명히 플러스 요인입니다.……" "I just think it a plus…" Glenn, "When History Becomes Legacy."

187 ……많은 교수들이 느끼는 양가감정이…… Ambivalence on the part of many... Author interview with Alexis McCrossen, November 11, 2007.

187 "자신감이 부족했다." "lacking the self-confidence..." Author interview with Cal Jillson, June 24, 2007.

187 "대학 교정에서 어느 정도 정치와 당파적 행동을……" "if you can't stand a little politics..." Author interview with James Hollifield, June 26, 2007.

187 "나는 오스틴의 텍사스 대학교 대학원생으로서,……" "As a graduate student..." James Hopkins, e-mail message to author, December 26, 2007.

188 "……나는 정말로 우리의 모델을 좋아합니다." "I really like our model..." Author interview with Betty Sue Flowers, August 30, 2007.

3장. 공화국의 탄생에서 그림자 외교까지 — 분쟁의 막후에서

192 대통령이었을 때,…… "When I was president..." Patricia O'Toole, *When Trumpets Call: Theodore Roosevelt After the White House*(New York: Simon&Schuster, 2005), 302.

192 제1차 세계대전은 우리에게 한 가지 교훈을…… "The lessons of World War I ..." Richard Norton Smith, *An Uncommon Man: The Triumph of Herbert Hoover*(Worland, WY: High Plains Publishing, 1984), 258.

193 한때 아버지의 동료였던 많은 사람들은…… Many of his once... Jeffrey Goldberg, Letter from Washington, "Breaking Rank: What Turned Brent Scowcroft Against the Bush Administration?" *New Yorker*, October 31, 2005, 54.

193 "이 비판자들은 사담 후세인을 되살리고……" "Do they want to bring back...?" Susan Page, "Father Defends Bush on Iraq War; Says Critics Forget Brutality of Saddam," *USA Today*, November 9, 2007.

194 '큰 잘못'……"우리는 충분한 군대를 보내지 못했고,……" "a big mistake ... We never sent..." Rupert Cornwell, "Ex-President Leads the Critics," *Independent*, November 18, 2005.

194 "……공정하지 않습니다." "It's just not fair..." Greg Sargent, "Bill Speaks Out: Idea That Hillary Wanted War 'Just Not Fair,'" Talking Points Memo, March 23, 2007, http://tpmelectioncentral.talkingpointsmemo.com/2007/03/bill_speaks_out_idea_that_hill.php.

194 "처음부터 이라크에 맞섰다" "opposed Iraq from the beginning." ... Anne E. Kornbut, "Bill Clinton Says He Opposed War from the Outset," Washington Post,.com blog, The Trail, November 27, 2007, http://voices.washingtonpost.com/the-trail/2007/11/27post_214.html.

194 "……비슷한 수렁" "a quagmire very similar…" Jimmy Carter, interview by Katie Couric, Today, NBC, September 30, 2004.

195 "2001년부터 미국 정부가……" "since 2001, the U.S. government…" Jimmy Carter, Beyond the White House: Waging Peace, Fighting Disease, Building Hope(New York: Simon&Schuster, 2007), 272.

195 "나는 참전해서는 안 된다고……" "I don't think I would have gone…" Suzanne Goldenberg, "Ford's Posthumous Rebuke to Bush over Iraq Policy: Late-President's View Was Kept Secret Until His Death," Guandian, December 29, 2006.

195 "호전적 인물" "pugnacious." ... Bob Woodward, "Ford Disagreed with Bush About Invading Iraq," Washington Post, December 28, 2006.

195 "……일부러 지옥에 가서는 안 된다고 생각합니다." "I just don't think we should go hellfire…" Goldenberg, "Ford's Posthumous Rebuke to Bush over Iraq Policy."

197 ……프랑스의 해상 적대행위에 반발하며…… Reacting to France's hostility… James Thomas Flexner, George Washington: Anguish and Farewell 1793−1799, vol. 4(New York: Little, Brown, 1972), 421−22.

197 "프랑스의 첩자와 지지자들" "the Agents and Partizans of France…" Marshall Smelser, "George Washington and the Alien and Sedition Acts," American Historical Review 59, no. 2(1954): 331.

197 ……역사에 오점으로 남았다. they were a black spot… Gordon Wood, "An Affair of Honor," New York Review of Books, April 13, 2000.

197 "우리와 뒤섞여 그들 자신이나 그 후손들이……" "by an intermixture with our people…" James MacGregor Burns and Susan Dunn, George Washington(New York: Times Books, 2004), 134.

197 "분명히 우리나라 사람들의 정신을 해칠 목적으로" "for the express purpose…" Ibid.

198 "포도나무와 무화과나무 그늘에 앉아……" "seated in the shade…" Marie Hecht, Beyond the Presidency: The Residues of Power(New York: Macmillan, 1976), 3.

198 "만약 위기가 도래하여……" "if a crisis should arrive…" Robert E. Jones, *George Washington: Ordinary Man, Extraordinary Leader*(New York: Fordham University Press, 2002), 187.

198 군 지휘에 나선…… Directing the army…William J. Murphy Jr., "John Adams: The Politics of the Additional Army, 1798—1800," *New England Quarterly* 52, no. 2(1979):242.

198 "프랑스의 조치를 편들지 않도록" "predilection to French measure."… Burns and Dunn, *George Washington*, 135.

199 ……연방주의자 동료들에게 등을 돌린…… In a break… Roger H. Brown, "Who Bungled the War of 1812?" *Reviews in American History* 19, no. 2(1991): 185.

199 애덤스는 부적절한 소규모 해군의 개선을…… Adams had made improving… David McCullough, *John Adams*(New York: Simon& Schuster, 2001), 566, 577.

200 "아! 현명하구나!……" "Oh! the wisdom! the foresight…" Page Smith, *John Adams*, 1784—1826 vol. 2(New York: Doubleday, 1962), 1,108.

200 제퍼슨은 해군의 결정력을 알아보는 선견지명이 있었다며…… Jefferson applauded Adams… McCullough, *John Adams*, 606.

201 비록 허약하고 무질서했지만…… Though weak and disorganized… Donald M. Jacobs, review of *Mr. Polk's War: American Opposition and Dissent, 1846—1848*, by John H. Schroeder, *New England Quarterly* 47, no. 4(1974):619.

201 "가장 부당한 전쟁" "a most unrighteous war"… Thomas Leonard, *James K. Polk, A Clear and Unquestionable Destiny*(Wilmington, DE: SR Books, 2000), 160.

202 "그는 정복의 전리품은 환영했지만……" "While he welcomed…" Edward Crapol, *John Tyler; The Accidental President*(Chapel Hill: University of North Carolina Press, 2006), 234.

202 "하느님 같은 건국의 아버지들은……" "our god-like fathers created…" Ibid., 261.

203 ……타일러를 비롯한 대표들에게…… 분명히 밝혔다. Lincoln made clear to Tyler… Ibid., 262.

203 "나쁜 것들 중에서 하나를 선택해야 할 경우……" "In a choice of evils…" Hecht, *Beyond the Presidency*, 18.

203 "빌빌대고 핏기 하나 없는 산송장" "tottering ashen ruin…" Robert Gray Gunderson, *Old Gentlemen's Convention: The Washington Peace Conference of 1861*(Madison: University of Wisconsin Press, 1961), 10.

203 ……이제 19세가 된 타일러의 손녀는…… Tyler's own nineteen-year-old… Crapol, *John Tyler*, 262.

204 "……무력 분쟁을 막는 것이 인력으로 가능할까요?" "Is there any human power…" Garry Boulard, *The Expatriation of Franklin Pierce: The Story of a President and the Civil War*(Bloomington, IN: iUniverse, 2006), 76.

204 "당신 말고는 이 회의를 소집할……" "No man can with propriety…" Ibid., 77.

204 ……그 회의에 자신이 참석하려면…… would have considered attending… John Niven, *Martin Van Buren: The Romantic Age of American Politics* (Norwalk, CT: Easton Press, 1986), 610.

204 밴 뷰런은 분리주의자들에게 노골적으로 반대하고…… Van Buren's vocal opposition… Ibid., 611.

205 타일러와 달리, 피어스는…… While Pierce, unlike Tyler… Boulard, *The Expatriation of Franklin Pierce*, 111.

205 "앞잡이 수단" "their willing instrument…" Roy Franklin Nichols, *Franklin Pierce: Young Hickory of the Granite Hills*(Philadelphia: University of Pennsylvania Press, 1931), 521.

205 일부 공화당 신문들은…… Some Republican newspapers alleged… Elbert Smith, *The Presidency of James Buchanan*(Lawrence: University Press of Kansas, 1975), 194.

205 뷰캐넌은 드문드문 위험한 상황에 처해…… Buchanan allowed committed Masons… Hecht, *Beyond the Presidency*, 22.

206 "공화당의 악영향" "the malign influence…" Jean H. Baker, *James Buchanan*(New York: Times Books, Henry Holt, 2004), 143.

206 "반군을 정복하고……" "When we have conquered…" Robert J. Scarry, *Millard Fillmore*(Jefferson, NC: McFarland, 2001), 318.

207 "세계 전역에서 학대 받는 사람들을 해방하라는 신의 명령" "God's commission to deliver…" Charles W. Calhoun, *Benjamin Harrison*(New York: Times Books, Henry Holt, 2005), 1632

207 "선전 포고를 한다면 불법" "it would be an outrage…" Alyn Brodsky,

Grover Cleveland: A Study in Character(New York: Truman Talley Books, 2000), 416.

208 "……가장 비인도적이고……" "the most inhuman…" Ibid., 417.

208 "전쟁을 피할 방법이 있으리라는 생각을 지울 수 없습니다." "I cannot rid myself…" Robert McElroy, Grover Cleveland: The Man and the Statesman, vol. 2(New York: Harper and Brothers, 1923), 272.

208 "……전반적으로 불길한 조사" "general and ominous inquiry…" Henry Graff, "The Wealth of Presidents," American Heritage, June 1974, 133.

209 하지만 루스벨트는 윌슨의…… But Roosevelt claimed that Wilson's… Kathleen Dalton, Theodore Roosevelt: A Strenuous Life(New York: Alfred A Knopf, 2002), 445.

209 "윌슨 대통령은 너무 온건하게 개입하여……" "President Wilson interfered…." Theodore Roosevelt, "Our Responsibility in Mexico," New York Times, December 16, 1914.

209 루스벨트는 물론 거부했다. Not surprisingly, Roosevelt… Kathleen Dalton, Theodore Roosevelt: A Strenuous Life, 445.

210 루스벨트의 사고방식은…… His thinking was shaped… Russell Buchanan, "Theodore Roosevelt and American Neutrality, 1914—1917," American Historical Review 43, no. 4(1938):776, 778, 779.

210 "나는 반독주의자가 아니다" "I am no anti-German"… Ibid.

210 ……루스벨트는 윌슨 대통령이 비겁자이며…… Roosevelt skewered Wilson… Dalton, Theodore Roosevelt, 457—58.

211 루스벨트의 주장은…… His claim was doubtless… Louis Auchincloss, Theodore Roosevelt(New York: Times Books, Henry Holt, 2002), 129.

211 "조인 국가들은……" "the signatory powers…" "League to Enforce Peace Is Launched," New York Times, June 18, 1915.

212 ……노벨 평화상 수락 연설 때…… During his Nobel Peace Prize… Nathan Miller, Theodore Roosevelt: A Life(New York: William Morrow, 1992z), 507.

212 "……최고 사령관에게 야유를……" "heckling the Commander-in-chief…" Dalton, Theodore Roosevelt, 489.

212 "……비판하지 않는 것이 오히려 비애국적이다." "unpatriotic not to criticize." … Ibid.

212 "그런 태도가 상황을 잘못 전달하고" "they misrepresent conditions…"
Henry F. Pringle, *The Life and Times of WIlliam Howard Taft*, vol. 2(New
York: Farra and Rinehart, 1939), 907.

213 ……몇 년 동안 서로 경멸하며…… After years of contempt… O'Toole,
When Trumpets Call, 366.

213 그 만남을 요약하면서…… Summing up their encounter… Ibid., 366−67.

213 "각국의 어떤 영향력도 받지 않고," "did not assume any of the powers…"
"Judge Nation League Plan on Merits, Taft," *Los Angeles Times*, May, 30,
1919.

214 "……당신은 애국 시민의 의무를 어기는 것" "you violate your duty…" Ibid.

214 "만약 오늘날 조지 워싱턴이 환생하여……" "If George Washington were
alive…" Ibid.

214 "그 고집 세고 속 모를 인물" "that mulish enigma…" Pringle, *The Life and
Times of William Howard Taft*, 949.

215 ……하딩을 차기 대통령 후보로 밀었다. Taft rallied behind his fellow…
John Milton Cooper, *Breaking the Heart of the World*(Cambridge,
England: Cambridge University Press, 2001) 390.

215 ……개인적으로 독일 총통 관저에서 아돌프 히틀러를 만났으며…… met
privately with Adolf Hitler… Smith, *An Uncommon Man*, 251−56.

216 "반들반들한 장화를 신고……" "black breeches, varnished boots…" Ibid.,
254.

216 "……활기 넘치는 분위기에 감탄했다." "expressing his admiration…"
John Lukacs, "Herbert Hoover Meets Adolf Hitler," *American Scholar*
62(1993):235.

216 ……히틀러는 국가 사회주의의 상투어구를 늘어놓았다. Hitler offered the
usual National Ssocialist… Ibid., 237

216 "미국이 정치적으로 유럽과 사뭇 다르고……" "America was politicaly
very different…" Ibid., 238.

216 "서쪽이 아니라 동쪽과 남쪽에서" "not West but East and South…" Ibid.

216 "……어떤 의미에서 비극이고……" "it is in a certain sense…" Smith, *An
Uncommon Man*, 255.

217 이런 찬사는 부분적으로…… Such encomia may in part… "Hoover Blunt
to Hitler on Nazism; Says Progress Demands Liberty," *New York Times*,

March 9, 1938.

217 "16명의 트럼펫 연주자들이……" "sixteen trumpeter…" Smith, *An Uncommon Man*, 255—56.

217 ……전국을 순회하며 당을 위해 연설하고…… he toured the country… David Burner, *Herbert Hoover: A Public Life*(Norwalk, CT: Easton Press, 1996), 332.

218 "문명사회에서 일어날 수 있는 최악의 상황……" "we would be fostering …" Smith, *An Uncommon Man*, 258.

218 "더욱 더 참전 쪽으로" "far more likely" to be dragged… "Hoover Sees No Invasion," *Los Angeles Times*, November 1, 1940.

218 ……후버는 그 규정을 약화시키기 위해…… lobied strenuously to weaken…Smith, *An Uncommon Man*, 294—95.

218 ……좀더 우호적인 경제 관계를 추구했더라면…… believed that if the United States had pursued… Justus D. Doenecke, " The Anti-Interventionism of Herbert Hoover," *Journal of Libertarian Studies* 8, no. 2(1987): 9.

219 ……그가 정말로 고립주의자인지 의심했다. though others were skeptical… Burner, *Herbert Hoover*, 333.

219 "……편향적인 보도로는 건전한 정책을 수립할 수 없다" "sane policies cannot be made…" Edward T. Folliard, "Hoover Attacks Democrats as Assassins of Freedom," *New York Times*, July 9, 1952.

219 후버는 마셜 계획에 대해서도 반대의 목소리를 높이면서…… He raised similar objections… Gary Dean Best, *Herbert Hoover: The Post-Presidential Years, 1933—1964*, vol. 2(Stanford, CA: Hoover Institution Press 1983), 309.

220 "엉터리 구실을 들이대며" "under the most specious reasoning."… Smith, *An Uncommon Man*, 393.

220 "그가 아무런 성과도 올리지 못했다는……" "If he accomplished nothing…" "The Great Debate on Foreign Policy; It's a Fight Over Means, Not the End," *Los Angeles Times*, January 12, 1951.

220 대통령 시절, 그는 국방 예산을…… As a president, he backed… Stephen Ambrose, *Eisenhower: Soldier and President*(New York: Simon&Schuster, 1991), 321.

220 "⋯⋯장군은 정치가 뭔지 모른다." "The General doesn't know…" Steve Neal, *Harry and Ike: The Partnership That Remade the Postwar World*(New York: Touchstone, 2001), 290.

221 "단 1달러만이라도 분수에 넘게 쓴다면⋯⋯" "Once you spend a dollar…" Norman A. Graebner, ed., *The National Security: Its Theory and Practice, 1945−1960*(New York: Oxford University Press, 1986), 55.

221 "우리는 겉에 드러나지 않은 그 교묘함을⋯⋯" "We never knew the cunning…" Murray Kempton, "The Underestimation of Dwight D. Eisenhower," *Esquire*, September 1967, 156.

222 ⋯⋯아이젠하워의 조언뿐만 아니라 반응 역시⋯⋯ Kennedy not only had Eisenhower's… Richard Filipink, "An American Lion in Winter: The Post-Presidential Impact of Dwight D. Eisenhower on American Foreign Policy(John F. Kennedy, Lyndon B. Johnson)" (Ph.D. diss., University of Buffalo, 2004), 6.

222 "케네디는 아이젠하워에게 사람을 놀라게 하는 점이 있다고⋯⋯" "Kennedy thought there was something frightening…" Thomas C. Reeves, *A Question of Character: A Life of John F. Kennedy*(New York: Free Press, 1991), 33.

222 ⋯⋯아이젠하워는 몇 가지 점에서 대통령을 날카롭게 비판했다 Eisenhower skewered the president… Stephen E. Ambrose, *Eisenhower: The President*, vol.2(New York: Simon&Schuster, 1984, 638.

223 "나는 사실을 정확하게 반영하기 위해⋯⋯" "I'm going to have this page rewritten…" Ibid., 640.

223 아이젠하워는 내내 피그스 만 작전에 대하여 유보적인⋯⋯ Yet Eisenhower's reservations… Filipink, "An American Lion in Winter."

224 "봉쇄하고 정찰을 강화하는⋯⋯" "a blockade, intense surveillance…" William B. Pickett, *Dwight David Eisenhower and American Power*(Wheeling, IL: Harlan Davidson, 1995), 178.

224 아이젠하워는 심지어 ABC텔레비전 인터뷰에까지 나가⋯⋯ Eisenhower even went on record… "Eisenhower Bars Any Crisis Abroad as Election Issue," *New York Times*, October 22, 1962; Filipink, "An American Lion in Winter," 97−98.

224 ⋯⋯아이젠하워는 소속당인 공화당에게⋯⋯ Eisenhower did encourage his party… "Eisen hower Bars Any Crisis Abroad as Election Issue."

224 "……저쪽은 늘 물러섭니다." "The Russians have always backed up…" "Two Former Presidents Back Stand," *Chicago Daily Tribune*, October 23, 1962.

225 "……미국인들에게는 단 한 가지 길이 있을 뿐입니다.……" "There is only one course…" Ibid.

225 ……케네디가 흐루쇼프와 맺은 거래를 비현실적이라고…… Ike thought the deal he struck… Pickett, *Dwight David Eisenhower and American Power*, 178.

226 "내가 여러분을 베트남에 끌어들인 게……" "I didn't get you into Vietnam…" Randall B. Woods, *LBJ: Architect of American Ambition*(Cambridge: Harvard University Press, 2007), 548.

226 ……아이크가 한국전쟁을 끝낸 이야기를 열심히 경청했다. Johnson was keen to draw Ike out… Michael Gordon Jackson, "Beyond Brinkmanship: Eisenhower, Nuclear War Fighting, and Korea, 1953−1968," *Presidential Studies Quarterly* 35, no. 1(2005): 67.

227 "존슨의 올바른 결정이었다" "Johnson did the right thing…" "Johnson Did Right Thing, Truman Says," *Los Angeles Times*, August 6, 1964.

227 "존슨은 어떤 일을 해야 할지 알고……" "Johnson knows what needs to be done…" "Truman Supports Johnson's Moves," *New York Times*, February 17, 1965.

227 "……당신만이 이해할 수 있는 깊이와 진지한 고뇌 등이 필요합니다." "I need your wisdom…" Henry William Brands Jr., "Johnson and Eisenhower: The President, the Former President, and the War in Vietnam," *Presidential Studies Quarterly* 15, no. 3(1985): 590.

227 "그 어떤 도덕적 용기도 없는 인물" "no moral courage whatsoever"… Ibid., 592.

227 "이야기의 일부에 지나지 않고……" "only part of the story…" William Pickett, "The Advice Not Taken: Dwight D Eisenhwoer's Opposition to Lyndon B. Johnson's Strategy in Vietnam; 1965−1968" (paper presented at the September 12, 1987, conference of the Society of Historians of American Foreign Relations), 17.

228 "……강력해질 때까지 내내 압력을 가해야 합니다." "We should keep constant pressure…" Ibid., 17.

228 "우리는 해외 원조를 말했을 뿐,……" "we were not talking about military

programs…" Fred I. Greenstein and Richard H. Immerman, "What Did Eisenhower Tell Kennedy about Indochina? The Politics of Misperception," *Journal of American History* 79, no. 2(1992): 569.

229 "일단 어떤 국가를 군사적으로······" "When you once appeal to force…" Brands Jr., "Johnson and Eisenhower," 596.

229 ······최우선 국내 정책을 잠시 뒤로 돌리더라도······ Eisenhower counseled LBJ to sideline… Ibid., 597.

229 "현재의 소란스러운 대결은······" "The current raucous confrontation…" Ambrose, *Eisenhower: The President*, 664.

229 존슨이 자라나는 반전 정서에 굴복하여······ When Johnson seemed to succumb… Ibid., 665.

229 "대통령인 내게 아이젠하워만큼······" "No person has been more help…" Filipink, "An American Lion in Winter," 187.

230 ······공직에서 물러난 지 2년 뒤,······ Two years after resigning…. Jonathan Aitken, *Nixon: A Life*(Washington, DC: Regnery, 1994), 543.

230 이어 닉슨은 공격적으로 자기 홍보 활동을······ Nixon then went on the offensive… Theodore Draper, "Nixon Redivivus," *New York Review of Books*, July 14, 1994.

231 "나는 여러 문제에 대해 터놓고······" "I'm going to speak out…" Nick Thimmesch, "Richard Nixon Speaks His Mind," *Saturday Evening Post*, March 1979.

231 "인권의 공허한 수사" "rhetoric on human rights…" Ibid.

231 사실, 이란 국왕은 카터의 엄격한 인권 기준하에서도······ In reality, the Shah… Ronald Steel, "Perfectly Clear," *New York Review of Books* June 26, 1980.

231 "······이렇게 말할 사람이 있습니까?······" "Did anybody suggest…?" Thimmesch, "Richard Nixon Speaks His Mind."

232 "공정하고 적절한 일" "a fair and proper thing." … "Carter Defends Nixon Invitation," *Los Angeles Times*, January 17, 1979.

232 ······카터에게서 아무것도 바라지 않는다고 분명하게 밝혔고······ Reagan made it clear… Douglas Brinkley, *The Unfinished Presidency: Jimmy Carter's Journey Beyond the White House*(New York: Penguin, 1999), 58.

232 "명예 회복으로 가는 왕복표" "a round-trip ticket to respectability" …

Mary McGrory, "Richard Nixon Rides Agai," *Chicago Tribune*, October 24, 1981.

233 "엘바 섬에서의 귀환" "way back from Elba." ... Haynes Johnson, "Nixon's Redemption," *Washington Post*, October 13, 1981.

233 ……선택된 몇몇 언론인과의 기자 회견에서…… In a meeting with select journalists... "Recognition of PLO Backed by Carter, Ford," *Los Angeles Times*, October 12, 1981.

234 "이스라엘은 팔레스타인 문제를 해결하지 않고서는……." "there is no way for Israel..." Haynes Johnson, "Ford, Carter Unite on Mideast," *Washington Post*, October 12, 1981.

234 "우리가 팔레스타인 사람들을 테러분자로 분류하는 게 잘못이라고……." "We thought it was wrong to label..." Douglas Brinkley, *Gerald R. Ford*(New York: Times Books, 2007), 153.

234 1년이 좀 지난 뒤,…… A little over a year later... Brinkley, *The Unfinished Presidency*, 103.

235 "나는 아라파트를 만나지 않을 것입니다.……" "I won't see Arafat..." "Carter, on a Middle East Trip, Rules Out an Arafat Meeting," *New York Times*, March 2, 1983.

235 "내 이미지와 목표는……" "Quite often, my image and goals..." Wayne King, "Carter Redux," *New York Times*, December 10, 1989.

236 ……미국 대사들에 의해 취소되었음을…… "the [U.S.] Ambassador had canceled..." Ibid.

236 ……참모진은 현실적인 태도를…… the administration adopted... Elaine Sciolino, "U.S. Officials Urge Carter to Cancel a Damascus Trip," *New York Times*, March 3, 1987.

236 "나는 우리 정부를 비판하러 여기 온 것이 아닙니다." "I'm not here to criticize..." Patrick E. Tyler, "Carter Assails President; Reagan Policies Hit in Cairo Speech," *Washington Post*, March 20, 1987.

237 "마음 내키는 대로 이야기할 수 있는……" "say what I please." ... Ibid.

237 "[러시아 사람들이] 1만 기의……" "When [the Russians] have 10,000..." Robert Scheer, "Nixon Urges Sharing Data on 'Star Wars,'" *Los Angeles Times*, July 1, 1984.

238 "몹시 회담을 보챈다" "kept dying on me." ... Bob Woodward, *Shadow*

(New York: Simon&Schuster, 2004), 163.

238 "우리는 평화를 원합니다.……" "We want peace…" Rudy Abramson and James Gerstenzang, "We Have to Live Together, Reagan to Tell Gorbachev," *Los Angeles Times*, September 17, 1985.

238 "중국이라는 패를 활용한다" "playing the China card…" Scheer, "Nixon Urges Sharing Data on 'Star Wars.'"

239 "대통령을 옹호하여……" "Defend the President…" "Not Another Watergate,' Nixon Says of Iran Crisis," *Los Angeles Times*, December 10, 1986.

240 "그것은 분명히 불법이었습니다.……" "That was illegal, apparently…" Ibid.

240 "……제2의 워터게이트 사건이 되지 않을 것……" "It is not going to be another Watergate…" "Defend the President for Trying to Seek His Goals, Nixon Urges," *Washington Post*, December 10, 1986.

240 "내 명령으로 이루어진 비밀 첩보 활동이었지만……" "It was a covert action…" David Johnston, "Active or Passive Iran-Contra Role? Point-Blank Questioning for Reagan," *New York Times*, February 15, 1990.

240 "오늘까지 자금 전용 이야기를 들은 기억이……" "I, to this day, do not recall…" "Reagan Testifies," *Maclean's*, March 5, 1990.

241 "전체주의의 골리앗이……" "Goliath of Totalitarianism…" Sheila Rule, "Reagan Gets a Red Carpet from British," *New York Times*, June 14, 1989.

241 "학살로 사상을 막을 수 없습니다.……" "You cannot massacre an idea…" Ibid.

241 "나는 그 젊은이들을 좋아합니다.……" "I love those young people…" Steven R. Weisman, "Reagan Sees Virtue in Sale of Studio to Sony," *New York Times*, October 26, 1989.

242 "고립주의로 되돌아가지" "return to its isolation…" Daniel Southerland, "Nixon Urges U.S.-China Cooperation," *Washington Post*, October 31, 1989.

242 "……문화적, 정치적, 이념적 차이가……" "The cultural, political…" Ibid.

242 "1950년대의 중요 문제는……" "The hot-button issue…" Draper, "Nixon Redivivus."

243 "형편없이 부적절하고" "보잘것없는" "pathetically inadequate" ... "penny ante" ... Thomas Friedman, "Nixon's 'Save Russian' Memo: Bush Feels the Sting," *New York Times*, March 11, 1992.

243 심지어 부시는 어느 정도 러시아에 보장책을······ even pushed Bush to offer a degree... David Postman, "He's Back Again," *New Republic*, April 6, 1992.

243 "고르바초프에게 지나치게 집착하는 사람" "those who overcommitted themselves..." Ibid.

243 "······러시아 원조 문제를 강력하게 밀어붙였을 겁니다." "I would have hit the Russian-aid..." Monica Crowley, *Nixon in Winter: The Final Revelations*(London: I. B. Tauris, 1998), 103.

244 ······설득력 있는 주장을 폈다. Nixon persuasively laid out... Richard Nixon, "Save the Peace Dividend," *New York Times*, November 19, 1992.

244 "닉슨 씨는 [옐친]뿐만 아니라······" "Mr. Nixon is not only rehabilitating..." Thomas Friedman, "White House Memo; One Topic, Several Agendas as Clinton and Nixon Meet," *New York Times*, March 9, 1993.

244 클린턴은 그런 식으로 은밀하게 닉슨과······ Clinton, too, benefited... Ibid.

245 "······물질적으로 지원을······" "should be supported..." Marvin Kalb, *The Nixon Memo: Political Respectability, Russia and the Press*(Chicago: University of Chicago Press, 1994), 181–82.

245 "······함정에 빠질 위험을 겪고 있다." "the West runs the risk..." Ibid.

245 "냉전은 절반쯤 끝났을 뿐이다.······" "The cold war is only half over..." "The Road to respectability," *U.S. News&World Report*, May 2, 1994.

245 "······대통령이라는 직책에 대해 사뭇 다른 관점을······" "It's a totally different attitude..." E.J. Dionne Jr., "Carter Begins to Shed Negative Public Image," *New York Times*, May 18, 1989.

246 '외교 전도사' "diplo-evangelist" ... Art Harris, "Citizen Carter: Nicaragua and Beyond: The Peacemaker's Moral Mission," *Washington Post*, February 22, 1990.

246 카터의 등장에 없어서는 안 되었던 사람은······ Integral to former president's... Brinkley, *Unfinished Presidency*, 270.

246 부시 측은 콘트라 반군과 거리를 두고······ The Bush team's distancing...

Ibid., 271.

247 ······공통된 불만을 어느 정도 무마했다. but also helped answer a common complaint... Author interview with Stanford University political scientist Michael McFaul, April 23, 2008.

247 "Son ustedes honestos, o ladrones?(여러분은 정직한 사람들입니까 아니면 도적떼입니까?)" *"Son ustedes honestos, o ladrones?..."* Wayne King, "Carter Redux."

247 '게릴라 외교' Carter's "guerilla diplomacy"... Hendrik Hertzberg, "Mr. Ex-President," *New Republic*, June 5, 1989.

247 조지 H. W. 부시는 정식으로 카터에게 권한을 주고,······ George H. W. Bush formally authorized... Brinkley, *Unfinished Presidency*, 283.

248 ······기가 겪었던 개인적 경험을 오르테가와 나누며······ He shared with Ortega... John Whiteclay Chambers, "Jimmy Carter's Public-Policy Ex-Presidency," *Political Science Quarterly* 113, no. 3(1998): 413.

249 "비록 위태롭긴 하지만 니카라과를 민주주의의 길로" "put Nicaragua on the course..." Author interview with Robert Pastor, December 7, 2007.

249 "양심적으로 중립을" "scrupulous neutrality"... Kai Bird, "The Very Model of an Ex-President," *Nation*, November 12, 1990.

249 "미국 정부는 에리트레아 분쟁에 대해 중재할 입장이······" "The United States government isn't in any position..." R. W. Apple Jr., "Carter the peacemaker Now Turns to Ethiopia," *"New York Times*, September 3, 1989.

249 "우리는 남들이 할 수 있는 일을 반복하고······" "We don't want to duplicate ..." Art Harris, "Citizen Carter."

250 "······무력 사용을 미룰 것을 여러분에게 공개적으로······" "I urge you to call publicly..." Joshua Muravchik, "Our Worst Ex-President," *Commentary*, February 2007.

250 "······개인의 외교 행위를 금지하는 로건 법을 위반한 구체적 사례······" "It seemed to me that if there was ever a violation..." George Bush and Brent Scowcroft, *A World Transformed*(New York: Alfred A. Knopf, 1998), 414.

251 "협상이 무조건 항복은 아니"라고 "negotiation is not capitulation." ... Elizabeth Kurylo, "Carter Defends His Belief in Negotiations with Iraq," *Atlanta Journal Consitution*, February 1, 1991.

251 "어쩌면 적절하지 않았을지도" "not appropriate, perhaps." ... Maureen Dowd, "Despite Role as Negotiator, Carter Fells Unappreciated," *New York Times*, September 21, 1994.

251 "그것은 뻔뻔한 과시 행위……" "Such is the pretentious effrontery…" Murray Kempton, "The Carter Mission," *New York Review of Books*, October 20, 1994.

251 "카터는 단지 여론에 영향을 주거나……" "Carter did not simply write…" Jim Hoagland, "The Time Carter Went Too Far," *Washington Post*, September 29, 1994.

251 카터 정부의 전임 공직자들은…… Former officials in Carter's administration … Terry Adamson and Jody Powell, "A Former President's Prerogative," *Washington Post*, November 14, 1994.

252 클린턴은 카터의 참모들을 다수 고용하기도…… Clinton had also hired… Brinkley, *The Unfinished Presidency*, 366.

252 "……무한한 금융 자원을 지닌 선동가" "a demagogue with unlimited…" Steven A. Holmes, "Carter Here, There, Everywhere," *New York Times*, September 19, 1993.

253 ……비난을 규명하려는 유엔 사찰단 활동…… he limited his engagement … Neil Lewis, "Aidid Proposes U.N. Panel," *New York Times*, September 14, 1993.

254 "아이디드를 사살하거나 체포하려는 노력에……" "I think the sustained effort…" "Carter Acting as a Go-Between, Former President Responds to Fugitive Warlord's Request," *Houston Chronicle*, September 11, 1993.

254 ……사실을 몰랐고, 그 사실은 나중에야 보도되었다. It was later reported that U.S. forces… Walter Goodman, "Good Intentions Going Horribly Awry," *New York Times*, September 29, 1998.

254 "나는 그를 알지 못합니다.……" "I don't know him…" Lewis, "Aidid Proposes U.N. Panel."

254 클린턴이 북한 제재를 세계 지도자들과 논의하며…… While Clinton discussed with world leaders… Bruce Cumings, "Korean War Games," *London Review of Books*, December 4, 2003.

255 "북한 지도자들과 몇몇 현안" "some of the important issues…" Associated Press, "Carter to Visit Koreas," *New York Times*, June 9, 1994.

255 ……클린턴 정부의 외교 실무진이 참석하지 않은…… Without Clinton's

own diplomatic... David E. Sanger, "Carter Optimistic after North Korea Talks," *New York Times*, June 17, 1994.

255 "반역이나 저지르는 지겨운 놈" "treasonous prick." ... Suellentrop, "Jimmy Carter."

255 "민간인인 지미 카터는 평양으로……" "Jimmy Carter, private citizen..." Kempton, "The Carter Mission."

256 "……우리의 노력이 새로운 단계를……" "It is the beginning of a new..." "Finally, Talks with North Korea," editorial, *New York Times*, June 25, 1994.

256 "가장 중요한 성과" "most important achievement" ... Author interview with Morton Halperin, July 17, 2007.

256 종종 권위주의적 성향을 보이긴 했어도…… Despite Aristide's occasional authoritarian... Raymond A. Joseph, "The Haiti Imbroglio," *Wall Street Journal*, April 6, 2004.

257 "전형적인 협상 자세" "classic negotiating stance...never [a matter of] twp equal..." Author interview with Paul Farmer, November 21, 2007.

257 "날씬하고 매력적" "slim and attractive" ... Maureen Dowd, "Mission to Haiti: The Diplomat," *New York Times*, September 21, 1994.

257 "지금까지 중에 가장 중요하고 긴급한 방문" "the most important and urgent visit..." Larry Rohter, "Carter, in Haiti, Pursues Peaceful Shift," *New York Times*, September 18, 1994.

257 ……어느 쪽도 편들지 않겠다고 약속했다 He pledged not to take sides... Norman Kempster, "Carter Weighs Bosnia Trip at Request of Serb Warlord," *Los Angeles Times*, December 15, 1994.

258 과연 미국 정부는 전 대통령을 활용해…… Was the former president... "10 Questions for Jimmy Carter," *Time*, December 3, 2003.

258 보스니아 세르비아 지도자들은 폭력 사태를 끝내려는…… Did the Bosnian Serb leaders.... Douglas Jehl, "Carter Says He May Travel to Bosnia as Private Envoy," *New York Times*, December 15, 1994.

258 ……대부분은 그의 개입을 불쾌하게 생각했다. most were uneasy... Elaine Sciolino, "Carter's Bosnia Effort Provokes Skepticism," *New York Times*, December 16, 1994.

259 ……압력을 가해야 한다는 카터의 입장에는 반대했지만…… And while

objecting to... Marjorie Miller, "Enemies Agree to Four-Month Bosnian Truce," *Los Angeles Times*, January 1, 1995.

259 ······마치 성경의 명령처럼 자신의 협상 방법을 옹호한다. Carter defends his methods... Brinkley. *The Unfinished Presidency*, xiii.

259 논쟁에서 마음에 드는 쪽을 선택하고······ "We select a favorite dide..." Douglas Brinkley, "Jimmy Carter's Modest Quest for Global Peace: The Missionary Man," *Foreign Affairs*, November/December 1995.

260 "제한적인 생화학 공격 무기를 연구하고······" "at least a limited offensive biological..." David Gonzalez, "Carter and Powell Cast Doubt on Bioarms in Cuba," *New York Times*, May 14, 2002.

260 "이런 주장이 나온 적이 전혀 없다"······ "there were absolutely no such..." Ibid.

261 또한 카터는 쿠바의 방송 시간을 이용하여······ Though Carter also used his Cuban...Christopher Marquis, "Bush Plans to Tighten Sanctions on Cuba, Not Ease Them," *New York Times*, May 15, 2002.

262 "인종 차별 시스템이고······" "a system of apartheid..." Jimmy Carter, *Palestine: Peace Not Apartheid*(New York: Simon&Schuster, 2006), 215.

262 "나는 그 제목이 도발적이라는 것을 알고 선택했다." "I chose that title..." Michael Powell, "Jimmy Carter's 'Peace' Mission to Brandeis," *Washington Post*, January 24, 2007.

262 "······[카터는] 더 이상 대화할 수 없는 사람이다." "[Carter] seems to me no longer capable..." Scholars for Peace in the Middle East, December 26, 2006, http://www.spme.net/cgi-bin/articles.cgi?ID=1613.

262 "악당에게 피난처를" "refuge to scoundrels" ... Deborah Lipstadt, "Jimmy Carter's Jewish Proble," *Washington Post*, January 20, 2007.

262 "······이스라엘 사람들을 좋아하지 않는 것이 분명하다" "obvious that Mr. Carter..." Harvard Law School, December 4, 2006, http://www.law.harvard.edu/newes/2006/12/04_dershowitz.php.

263 "머리 어딘가에 나사가 풀렸다" "a screw loose somewhere." ... Author interview with Melvin Konner, November 7, 2007.

263 "카터의 저서가······ 불러일으킨 폭풍 때문에······" "from the storm generated..." William B. Quandt, *Journals of Palestine Studies* 36, no. 3(2007): 89; author interview with William B. Quandt, September 3, 2007.

263 "이스라엘이 1948년에 건국된 이후……" "For the first time since the State of Israel…" Philip Weiss, "Honest Broker," *American Conservative*, February 26, 2007, 9.

264 카터는 진심으로 사과했고…… Carter apologized vehemently… Ibid., 11.

264 ……마틴 페레츠와 같은 비판가를 만족시키지 못했다. This did little to satisfy critics… Ibid., 9.

264 "터무니없이 부적절하고" "wildly inappropriate"… Author interview with Joshua Muravchik, August 4, 2007.

264 "……표절라고 불린 건 이번이 처음입니다." "This is the first time…" Powell, "Jimmy Carter's 'Peace' Mission to Brandeis."

264 "……아버지에게서 유대인의 특수한 사정을 배웠습니다." "I was taught by my father…" Dana Milbank, "Pass the Pinata, Please: A Former President Regards the Current One," *Washington Post*, April 5, 2007.

264 "방탄복 같은 단단한 자신감이……" "bulletproof self-confidence"… Author interview with Richard Cohen, October 5, 2007.

264 데버러 리프스태트와 같은 비판자들은…… While detractors like Deborah Lipstadt, feel… Author interview with Deborah Lipstadt, October 4, 2007.

265 ……카터 연구소에 들어오는 기부금은…… contributions to the Carter Center… Jimmy Carter, interview by Evan Solomon, CBC News, December 2, 2007.

265 저서 자체는 대박이 나서…… The book itself was a smash hit… Author interview with Norman Finkelstein, September 3, 2007.

265 "문제는 내가 시리아에서 하마스와 만난 것이……" "The problem is not that I met…" "Hamas Will Accept Israel's Right to Live in Peace," *Guardian*, April 21, 2008.

265 "나는 세계 각국에 불리한 영향을 끼친 정도 면에서……" "I think as far as the adverse impact…" "Bush Is 'the Worst in History' in Foreign Relations, Carter Says," *Washington Post*, May 20, 2007.

265 "……나는 인권 활동가들이 다음과 같은 사항들을……" "I think it'll be hard…" Lee Michael Katz, "A Conversation with Carter," *Guardian*, October 25, 2007.

4장. 킹에서 킹메이커로─선거에 개입하다

268 그들은 자기들이 적절하다고 생각하는 한…… "They can use my name…" Robert Remini, *Andrew Jackson and the Course of American Democracy 1833─1845*, vol 3(New York: Harper&Row, 1984), 501.

268 나는 현대 세계의 문제를 다루는 데서 완전히 발을 빼게 되어도…… "I would greatly welcome…" Justus D. Doenecke, "The Anti-Interventionism of Herbert Hoover," *Journal of Libertarian Studies* 8, no. 2(Summer 1987):319.

268 1984년, 나는 민주당에서 인기가…… "In 1984, I was very unpopular…" David S. Broder, "Carter Hails Party's Return to the Middle," *Washington Post*, July 15, 1992.

271 조지 워싱턴은 정당들이 위협적인 존재라는…… George Washington never abandoned… Douglas Southall Freeman, *Washington*(New York: Scribner, 1995), 738.

271 "……너무 노쇠하다" "too old and infirm…" Ibid., 731.

271 "간절한 소망" "earnest wish." … W. B. Allen, ed., *George Washington: A Collection*(Indianapolis: Liberty Fund, 1988), 662.

271 ……정당이 정치적 권력을 얻는 수단으로 적절하다는…… mounting recognition of parties… James Thomas Flexner, *Washington: The Indispensable Man*(Boston: Bakc Bay Books, 1994), 382.

272 "제퍼슨의 행위가 이 나라에 끼치게 될 재앙에……" "I shuder at the calamities…" James Grant, *John Adams: Party of One*(New York: Farrar, Straus and Giroux, 2005), 434.

272 ……이런 혹평은 개인적인 서신에서…… in a private letter… Ibid., 449.

272 "잘난 척 정치" "prigarchy" … millercenter.org/academic/americanpresident/jefferson/essays/biography/3.

273 1816년 여름, 신문들은…… Newspapers were suggesting… David McCullough, *John Adams*(New York: Simon&Schuster, 2001), 620.

273 "어제는 내 평생 하루 종일 기뻤던……" "Yesterday was one of…" Ibid., 620─21.

273 먼로는 심지어 한때 애덤스에게 결투를…… Monroe even once briefly contemplated… Arthur Scherr, "James Monroe and John Adams: An Unlikely Friendship," *Historian* 67, no. 3(2005): 411.

274 "나는 당신의 정부가 무사히 대임을 마쳤음을……" "I cannot pass this opportunity…" Ibid., 427.

274 "이런 많은 생각, 열렬한 감정은……" "The multitude of of my thoughts …" Grant, *John Adams*, 449.

274 "……형언할 수 없는 심리적 소용돌이……" "ineffable feelings…" John Ferling, *John Adams: A Life*(New York: Henry Holt, 1992), 442.

275 "궁극적으로 북쪽 끝과 남쪽 끝에서 나온 후보로" "be ultimately reduced to…" Robert E. Shalhope, "Thomas Jefferson's Republicanism and Antebellum Southern Thought," *Journal of Southern History* 42, no. 4(1976): 551.

275 ……'1800년 혁명'의 진정한 계승자였고…… represented the true heir… Joseph H. Harrison Jr., "Sic et Non: Thomas Jefferson and internal Improvement," *Journal of the Early Republic* 7, No. 4(1987): 348.

276 '당대의 정치적 선동에 초연하겠다' "to keep aloof from…" Drew R. McCoy, *The Last of the Fathers: James Madison and the Republican Legacy*(New York: Cambridge University Press, 1991), 124.

276 ……정치적 소동에 발을 들이지 말아야 한다고 확신했다. former presidents should remain outside… Henry Ammon, *James Monroe: The Quest for National Identity*(New York: McGraw-Hill, 1971), 558−60.

277 그해의 높은 투표율은…… The huge turnout that year… Lynn Hudson Parsons, "In Which the Political Becomes Personal, and Vice Versa: The Last Ten Years of John Quincy Adams and Andrew Jackson," *Journal of the Early Republic* 23, no. 3(2003): 422.

278 "내가 사랑하는 하버드 대학이,……" "My darling Harvard disgraced herself…" Ibid., 429.

278 "……대중의 허울뿐인 우상" "the golden calves of the people…" Paul C. Nagel, *John Quincy Adams: A Public Life, A Private Life*(Neqw York: Alfred A. Knopf, 1997), 360.

279 "……5만 명이 모여드는 엄청난 집회" "immense assemblages of people…" Lynn Hudson Parsons, *John Quincy Adams*(Lanham, MD: Rowman&Littlefield, 1999), 244−45.

279 "아무것도 이루지 못하는, 다루기 어려운 정치적 기구" "unwieldy mass [es]…" Ibid., 245.

279 "천박한 생각을 갖고 있고 정치적으로 모험을 즐기고……" "shallow mind,

a political adventurer..." Ibid., 246.

280 잭슨은 밴 뷰런 정부에서 부통령으로 근무한······ abandon his dismal vice president... John Niven, *Martin Van Buren: The Romantic Age of American Politics*(Norwalk, CT: Easton Press, 1986), 462.

280 "······반드시 밴 뷰런 씨를 뽑아야 합니다." "The election of Mr. Van Buren..." Remini, *Andrew Jackson and the Course of American Democracy*, 467—68.

281 '완고한 젊은이' "Young Hickory"... Michael Paul Rogin, *Fathers and Children: Andrew Jackson and the Subjugation of the American Indian*(Piscataway, NJ: Transaction Publishers, 1991), 309.

281 어떤 역사가에 따르면,······ According to one historian... Author interview with Michael Holt, September 6, 2007.

281 ······포크는 노예제도가 확대되는 데 별로 관심이······ Polk was less concerned... Sean Wilentz, *The Rise of American Democracy: Jefferson to Lincoln*(New York: W.W. Norton, 2005), 571—72.

282 ······1850년대 후반, 피어스는 정치에 복귀하여······ Pierce had modestly reentered... Garry Boulard, *The Expatriation of Franklin Pierce: The Story of a President and the Civil War*(Bloomington, IN: iUniverse, 2006), 70—71.

283 "좀체 없어지지 않는 단 한 가지 욕구" "a single lingering desire"... Donald B. Cole, "Franklin Pierce Charged with Disloyalty: 1861—1862," *New England Quarterly* 34, no. 3(1961): 385.

283 "술을 지나치게 많이 마시는 대중 선동적인 선거꾼" "grog-drinking, electioneering Demagogue"... "Some Papers of Franklin Pierce, 1852—1862," *American Historical Review* 10, no. 2(1905): 365.

283 "죽거나 살거나, 생존하거나 파멸하거나" "live or die, survive or perish." ... Edward P. Crapol, *John Tyler: The Accidental President*(Chapel Hill: University of North Carolina Press, 2006), 256—67.

284 "남부 전체가 큰 소리로 내 이름을 외치며······" "The whole South would rally..." Ibid., 255.

284 "불길한 시대가 닥쳐왔고······" "We have fallen on evil times..." Ibid., 257.

284 "연방제를 보전하려다가······" "Integrity of the Union..." Boulard, *The Expatriation of Franklin Pierce*, 72.

284 타일러와 마찬가지로 브레큰리지에게 표를 찍었던…… Probably casting his vote… Asa Martin, *After the White House*(State College, PA: Penns Valley Publishers, 1951), 228.

284 ……남북부의 동등한 권리를 명확하게 부정할…… "distinct and unequivocal denial…" Roy Franklin Nichols, *Franklin Pierce: Young Hickory of the Granite Hills*(Philadelphia: Unversity of Pennsylvania Press, 1931), 513.

284 ……그 후 민주당에 충성하면서…… remained faithful to the Democratic Party… Niven, *Martin Van Buren*, 610.

284 "나는 민주당원이기 때문이 아니라……" "not because I was a Democrat …" Robert Scarry, *Millard Fillmore*(Jefferso, NC: McFarland, 2001), 306.

285 "……책임에서 물러나서는 안 되는 때입니다." "It is no time…" James Clark, *Faded Glory*(New York: Praeger, 1985), 60.

285 "파탄과 군국주의 독재정치" "national bankruptcy…" Martin, *After the White House*, 216−17.

285 "연방 국가를 회복하고……" "restored Union…" Ibid., 217.

285 "일반적인 원칙으로,……" "as a general rule…" Harold M. Dudley, "The Election of 1864," *Mississippi Valley Historical Review* 18, no. 4(1932): 506.

286 "나의 개입이 좋은 목적에 쓰일 수 있다면" "my interference should promise…" Martin, *After the White House*, 246.

286 "……민주당 정부의 곤혹을…… 생각해 본 적이 있습니까?" "Have you ever reflected…" Philip Klein, *President James Buchanan: A Biography*(Norwalk, CT: Easton Press, 1987): 421.

286 "그들은 승리했지만 코끼리를 얻은……" "They have won the elephant…" Ibid.

287 "남부를 없애 버리든가……" "exterminate the South…" Martin, *After the White House*, 217.

287 "그 작달막한 친구에게는……" "The little fellow…" Hans Trefousse, *Andrew Johnson: A Biography*(New York: W. W. Norton, 1997), 356.

287 ……존슨은 민주당 후보인 호레이스 그릴리를 지지했다. threw his support behind… Ibid., 362.

288 "……남부 재건이 성공할 수 없다……" "no reconstruction can be successful

..." James M. McPherson, "Grant or Greeley? The Abolitionist Dilemma in the Election of 1872," *American Historical Review* 71, no. 1(1965): 44.

289 콘클링은 어떤 때는…… Conkling often spoke… Thomas C. Reeves, "Chester A. Arthur and the Campaign of 1880," *Political Science Quarterly* 84, no. 4(1969): 628−37.

289 "공화당의 선거 승리에 깊은 관심을 갖고 있는" "a very deep interest…" Willima S. McFeely, *Grant*(New York: W. W. Norton, 2002), 484.

289 "……어떤 집회든 기꺼이 참석할 것" "gladly attend any meeting…" "Grant to Come to New York," *New York Times*, September 2, 1880.

290 "괴물급 시위행진" "monster demonstration"… "Last Hours of the Parade," *New York Times*, October 13, 1880.

290 "맨해튼 섬은 이보다 더 멋진 광경을……" "Probably a more brilliant…" Ibid.

290 "나는 적극적으로 유세 활동에 뛰어들지……" "I have not taken any active part…" "General Grant Not Actively in Politics but a Supporter of Logan," *Chicago Daily Tribune*, March 22, 1884.

291 ……헤이스는 공화당의 끝없는 헛발질에 넌더리가…… Hayes grew weary… Ari Hoogenboom, *Rutherford B. Hayes: Warrior and President* (Lawrence: University Press of Kansas, 1995), 482.

291 "이기적이고 무모하며 교활한 선동가" "a scheming demagogue…" Ibid., 483.

291 "시곗바늘을 거꾸로 돌리는 것이 아닌지……" "I dread the turning back…" Ibid.

292 "20년 이상이나 기존 입법은……" "For more than twenty years…" Ibid., 502.

292 하지만 전직 대통령의 진정한 관심사는…… But the former president's real interest… Ibid., 501−2.

292 "……가장 깨끗한 명성과 눈부신 기록을 지닌 정치가" "the man with the purest…" Ibid., 524.

293 ……민주당의 분열을 반기면서…… Delighting in the Democrats' fissure… "Harrison for the Party," *Boston Daily Globe*, August 28, 1896.

293 ……매킨리를 위해 인디애나에서만 40회나 연설을…… Harrison made forty speeches… Marie Hecht, *Beyond the Presidency: The Residues of*

Power(New York: Macmillan, 1976), 126.

294 "······정말 이상한 일이다" "in a constant state of wonderment..." Alyn Brodsky, *Grover Cleveland: A Study in Character*(New York: Truman Talley Books, 2000), 418.

294 클리블랜드는 당 후보인 브라이언을······ Cleveland was unwelcome... *Chicago Daily Tribune*, July 4, 1900.

294 "젊은이, 당신은······" "My young man..." "Predicted Bryan Landslide," *Washington Post*, October 30, 1900.

294 "온전한 정신이 정신 이상을 몰아낼 것이고······" "sanity will succeed insanity..." Brodsky, *Grover Cleveland*, 421.

295 "······지금 우리가 확실히 은화 자유주조 운동을 패배시켰다고······" "I think now we have..." Hecht, *Beyond the Presidency*, 127.

295 ······심지어 어떤 민주당원들은 클리블랜드에게 입후보하도록······ Some Democrats even urged Cleveland... Brodsky, *Grover Cleveland*, 425.

295 ······민주당 대의원들은 뉴욕 항소법원장이고······ Democratic delegates began to fear... "Convention Wild over Cleveland," *New York Times*, July 7, 1904.

295 클리블랜드는 가을 선거 때······ Cleveland gave what he could... Brodsky, *Grover Cleveland*, 430−32.

296 "정치에서 손을 뗐다." "out of politics"... "Taft Favors Root for the Presidency," *New York Times*, November 11, 1915.

297 "살아 있는 가장 위대한 미국인" "one of the greatest living Americans..." Ibid.; "Root as President Would Please Taft," *New York Times*, December 15, 1913.

297 "적절하지 않은 인물" "not a fit person"... "Taft and Root Come Out Against Brandeis," *Wall Street Journal*, March 15, 1916.

297 그리고 두 사람은 예산과 사법 절차에 대대적 개혁이 필요하다고······ both felt America was in considerable need... "Tart Favors Root for the Presidency."

297 루트는 태프트의 정치적 특성인 보수적인 공화당 이념을······ Root represented old-line... "Ask Roosevelt about Root," *New York Times*, May 4, 1916.

297 태프트 자신은 시카고 전당대회에 불참하면서······ Taft himself skipped...

"They'll Miss Taft at the Convention," *Los Angeles Times*, May 7, 1916.

298 "좀 서먹서먹했지만 그래도 괜찮았습니다." "It was a bit stiff..." Henry F. Pringle, *The Life and Times of William Howard Taft*, vol. 2(New York: Farrar and Rinehart, 1939), 860.

298 "별문제 없을 것입니다……." "make a particle of difference..." "Feud with TR Ended," *Washington Post*, June 29, 1916.

298 "휴스 씨가 당선되도록 내가 가진 모든 힘을" "anything in my power..." "Happenings on the Pacific Slope," *Los Angeles Times*, July 1, 1916.

299 "나는 먼저 태프트 씨에게 손을 내밀지 않을 것입니다……." "I will make no..." "Roosevelt to Give Cold Hand to Taft," *New York Times*, September 30. 1916.

299 "안녕하십니까?" …… "우리는 잘 모르는 사람들끼리 악수하듯이……" "How do you do?" ... "We shook hands..." "Col. Roosevelt and Taft Meet," *Boston Daily Globe*, October 4, 1916.

300 태프트는 연방대법원장직에 대한 욕심을 숨기지 않았으며…… Taft never hid... Pringle, *The Life and Times of William Howard Taft*, 951.

300 "우리 수준의 지식인이 되지 못하고……" "not of our intellectual..." Phyllis Lee Levin, *Edith and Woodrow: The Wilson White House*(New York: Scribner, 2001), 480.

301 1924년과 1928년에 민주당은…… the Democratic platforms of 1924... Richard Norton Smith and Timothy Walch, eds., *Farewell to the Chief: Former Presidents in American Public Life*(Worland, WY: High Plains Publishing, 1990), 8.

301 "워싱턴에서 보낸 10년은……" "Ten years in Washington..." William Allen White, *A Puritan in Babylon: The Story of Calvin Coolidge*(New York: Macmillan, 2001), 361.

301 "공직자가 자신이 만들어 내지 않은 위기와 직면하는……" "When men in public office..." Rober Sobel, *Calvin Coolidge: An American Enigma* (Washington, DC: Regnery, 1998, 408－9.

301 ……'쿨리지 대통령 만들기' 운동도…… a distinctly minor "Coolidge for President"... "New Movement Made to Name Coolidge," *New York Times*, June 16, 1932.

302 "경제 회복이 곧 시작될 것" "economic recovery is beginning."... "The Week Reviewed," *Barron's*, October 17, 1932.

302 "두 세대 만에 벌어진 가장 큰 전쟁" "the greatest struggle..." Gary Dean Best, *Herbert Hoover: The Post-Presidential Years, 1933—1964*, vol. 1, 1933-1945(Stanford, CA: Hoover Institution Press, 1984), 41.

302 "두려움의 원천" "fountain of fear"... "New Deal Policy Is Hit by Hoover," *Atlanta Constitution*, February 13, 1936.

302 1934년의 중간선거에서 패배한 뒤,…… After the wreckage... Albert U. Romasco, "Herbert Hoover: The Restoration of a Reputation," *Reviews in American History* 12, no. 1(1984): 143.

303 "파시스트 나치 국가" "Fascist-Nazi state"...David Burner, *Herbert Hoover: A Public Life*(Norwalk, CT: Easten Press, 1966), 328.

303 뉴딜 정책의 "다섯 기사들" the "five horsemen"... Best, *Herbert Hoover*, 59.

303 ……후버는 번민했다. Ultimately he was distressed... Richard Norton Smith, *An Uncommon Man: The Triumph of Herbert Hoover*(Worland, WY: High Plains Publishing, 1984), 207.

303 ……후버가 싫어하는…… a group Hoover loathed... Joan Hoff Wilson, *Herbert Hoover: Forgotten Progressive*(Boston: Little, Brown, 1975), 219.

303 "이기적이고 어리석은" "selfish and stupid"... Smith, *An Uncomon Man*, 219.

303 "뉴딜 정책은 미국의 체제를 독재로 바꾸려는……" "The New Deal may be..." Best, *Herbert Hoover*, 61.

304 ……30분 동안 열렬한 기립 박수를 받았다. thirty-minute ovation... Burner, *Herbert Hoover*, 331.

304 "좋은 이야깃거리는 잊을 만하면……" "When you have a good story..." Samuel T. Williamson, "Herbert Hoover: A Friendly Portrait," *New York Times*, June 13, 1948.

305 ……차츰 후버의 이념적 틀을 저버렸다. casting off Hoover's ideological... Wilson, *Herbert Hoover*, 222—23.

305 ……유언비어가 잠시나마 나돌기도 했다. One rumor even briefly... Richard Hofstadter, *The American Political Tradition: And the Men Who Made It*(New York: Vintage, 1948), 310.

306 "3000마일에 이르는 대양은……" "the three thousand miles of ocean..." Charles Peters, *Five Days in Philadelphia: The Amazing "We Want*

Willkie!" Convention of 1940 and How It Freed FDR to Save the Western World(New York: Public Affairs, 2005), 82.

306 "지금 중요한 일은……" "the immense task…" Eugene Lyons, *Herbert Hoover: A Biography*(New York: Doubleday, 1964), 362.

306 언론인 드루 피어슨은 후버의 입장이…… Journalist Drew Pearson interpreted… Peters, *Five Days in Philadelphia*, 78.

306 ……유럽 민주주의 국가들이 스스로 버텨 낼 수 있다고…… the European democracies could hold… Best, *Herbert Hoover*, 155.

307 ……윌키를 위해 전국을 돌면서…… Hoover offered to make… Earl C. Behrens, "Hoover Will Talk for Him, Says Willkie," *Los Angeles Times*, August 13, 1940.

307 ……"실제적 위험"은…… "actual dangers"… Smith, *Uncommon Man*, 301.

307 "……적극적으로 반대할 것이 분명하다." "it is evident that…" "Hoover Says Willkie Sentiment Growing in West," *Chicago Daily Tribune*, September 8, 1940.

307 "그들이 원하는 적절한 일이라면 나는 무엇이든……" "I shall do any proper…" Best, *Herbert Hoover*, 167.

307 하지만 4선을 추구하는 프랭클린 루스벨트를 막겠다는…… preventing FDR from wining… Ibid., 231.

307 "할리우드식 선동정치에 여론이 등을 돌린……" "a public revulsion…" Smith, *Uncommon Man*, 331.

308 그는 신중하게 후버의 조언을 구했고…… Discreetly, he solicited… Best, *Herbert Hoover*, 256-58.

308 하지만 듀이 선거 본부는…… Yet the Dewey camp worried… Smith, *Uncommon Man*, 332-34.

308 "그는 나와 후보의 밀접한 관계가……" "He's afraid that…" Ibid., 333.

308 "국가대표 기피 정치인" "nation's leading political leper."… Michael Birkner, "Elder Statesman: Herbert Hoover and His Successors," in *Uncommon American: The Lives and Legacies of Herbert and Lou Henry Hoover*, ed. Timothy Walch(Westport, CT: Praeger, 2003), 241.

309 "유럽의 대초원 지대에서 몰려와……" "the hordes from…" Robert C. Albright, "Ex-President Sees Civilization Threatened by European

Hordes," *Washington Post*, June 23, 1948.

309 "문제는 우리 가운데 있는······" "our difficulty lies..." "Herbert Hoover's Address at Philadelphia," *New York Times*, June 23, 1948.

309 ······후버의 이름을 16번 이상이나······ no less than sixteen... Smith, *Uncommon Man*, 377.

309 "주지사는 내가 여전히 정치적 해악이라는······" "The governor held..." Ibid., 378.

309 ······전 대통령은 옆에서 지켜보면서······ former president occupied himself... Best, *Herbert Hoover*, 325.

310 "······포동포동했던 뺨이 지금은 ······" "the once plump..." Time, June 23, 1952, http://www.time.com/time/magazine/article/0,9171,859804,00. html.

310 "그들은 내 목소리를 억누르지 못할 것" "they're not going to shut..." Ibid.

310 "······당에 제공했고" "provided the Republican party..." Hecht, *Beyond the Presidency*, 140.

310 "완전히 은퇴를 해서 다시는······" "I have tonight come out..." Herbert Hoover, *The Constructive Character of the Republican Party*, October 18, 1952.

311 "이것을 기억하십시오. 꼭 기억하셔야 합니다.······" "Remember this and remember..." Steve Neal, *Harry and Ike: The Partnership That Remade the Postwar World*(New York: Touchstone, 2001), 298.

312 "술 마시는 일에 대해 말하자면, 절제는······" "time for moderation" ... "If you're referring..." "Truman Has Say on 'Moderation,'" *Washington Post and Times Herald*, November 28, 1955.

312 "나는 전당대회가 끝나기 전에는······" "I did not promise..." Richard J. H. Johnston, "Truman Refuse to Give '56 Choice," *New York Times*, October 30, 1955.

312 "나는 그 두 사람을 좋아합니다." "I like them both" ... Bernard Kalb, "Kind Words Flow on Truman Walk, He Likees Both Stevenson and Harriman-Denies 'Plot' to Control Convention," *New York Times*, July 5, 1956; "Harry Truman as a Political Neutral," *Los Angeles Times*, July 8, 1956.

312 "그보다 더 높이" "more highly." ... "Query on Harriman Parried by

Truman," *New York Times*, May 11, 1956.

313 ······해리먼과 손잡으리라는 소문이 무성했다. awash with rumors... "Truman Scoffs at Reports of Get-Adlai Plot," *Chicago Daily Tribune*, July 5, 1956.

313 "수소폭탄을 터뜨렸다." "exploded an H-bomb"...Walter Trohan, "Truman Choice: Harriman," *Chicago Daily Tribune*, August 12, 1956.

313 스티븐슨을 확고하게 지지하던 엘리너 루스벨트는······ was peeved by Truman's antics... Christine Sadler Coe, "FDR WidowTakes Issue with Truman," *Washington Post and Times Herald*, August 13, 1956.

313 그리고 트루먼을 개인적으로 만난 자리에서······ In private she reminded ... Hecht, *Beyond the Presidency*, 142.

313 "지나친 패배주의자" "too defeatist"... "carry any more states..." Arthur Krock, "The Political Dagger," *New York Times*, August 15, 1956

314 "반동적 보수주의자들" "conservatives and reactionaries"... Anthony Leviero, "Truman Pledges to Press Harriman Fight to Finish," *New York Times*, August 16, 1956.

314 "······권유하는 것을 보고 충격을 받았기 때문이었다." "shocked that any liberal..." Ibid.

314 "자신의 커다란 영향력을 전당대회에서 건설적으로······" "is determined to use...'" Arthur Krock, "Truman Choose Role for Party Convention," *New York Times*, August 15, 1956.

315 "다윗을 죽이기로 마음먹은 골리앗인 해리 트루먼은······" "Harry Truman, the Goliath..." James Reston, "The Stakes at Chicago," *New York Times*, August 15, 1956.

315 ······트루먼보다 덜 화려한 역할을 수행했지만······ he played a tamer role... Best, *Herbert Hoover*, 398.

315 후버의 연설과 가을 방송 출연은······ Hoover's speech and his autumn broadcast... "Text of Speeches by Martin and Hoover at G.O.P Convention," *New York Times*, August 22, 1956; "Ike Fulfilling Needs of U.S., Says Hoover," *Chicago Daily Tribune*, October 30, 1956.

315 ······대통령 대신 가 달라고······ recruited Hoover to appear... Best, *Herbert Hoover*, 401-2.

315 "공화당 급진주의는 아무런 결과를 내놓지 못한다" "Republican radicalism

can get nowhere..." Ibid., 410.

315 "······유일한 방법은 보수뿐임을 이해하지" "to comprehend that..." Ibid.

316 "여러분은 내가 어떤 기분일 것 같습니까?······" "How do you think..." Burner, *Herbert Hoover*, 338.

316 "선하신 하느님의 기적이······" "Unless some miracle..." "Herbert Hoover Calls for Spiritual Rebirth," *Chicago Daily Tribune*, July 26, 1960.

316 "무서울 정도로 윤리가 쇠퇴했고," "frightening moral slump" ... Ibid.

317 그해 여름, 트루먼은 부아가······ Truman's temper ran high... "The Monkey Wrench," *Chicago Daily Tribune*, July 3, 1960.

317 "상원의원, 당신은······" "Senator, are you certain..." George E. Sokolsky, "These Days...The Morals of Harry Truman," *Washington Post and Times Herald*, July 8, 1960.

317 "균형 감각과 성숙한 자세" "poise and maturity." ... "Harriman Lauds Poise in Kennedy's Answer; Truman's Favorite in 1956 Says Senator Showed Maturity in Reply to Attack," *Los Angeles Times*, July 5, 1960.

317 "내가 걱정하는 것은 교황이······" "It's not the pope..." Gary Donaldson, *The First Modern Campaign: Kennedy-Nixon and the Election of 1960* (Lanham, MD: Rowman&Littlefield, 2007), 72.

317 ······협공 작전을 쓰려 했다. pincer strategy... Author interview with James Symington, August 3, 2007.

318 "만약 닉슨에게 투표를 한다면······" "If you vote for Nixon..." "Truman Calls Nixon a 'No Good,' Assails Eisenhower and Cuba," *New York Times*, October 22, 1960.

318 "사실, 트루먼 씨가······" "The fact is that when..." "Sorry Spectacle," *Washington Post and Times Herald*, October 13, 1960.

318 "개인과 역사의 관점에서 보면,······" "In human and historic..." James Giglio, "Harry S. Truman and the Multifarious Ex-Presidency," *Political Science Quarterly* 12, no. 2(1982): 247.

319 "······ 거물급 사기꾼······" "as big a crook..." Merle Miller, *Plain Speaking: An Oral Biography of Harry Truman*(New York: Berkeley, 1974), 187.

319 ······그 회담에는 한 가지 흥미로운 점이······ except for one detail... Donaldson, *The First Modern Compaign*, 149-50.

320 ······어째서 스크랜턴과 같은 인물을 좀더 과감하게 밀어주지 않았는

가…… Eisenhower agonized… Felix Belair Jr., "Eisenhower Bids Arizonan Explain," *New York Times*, July 18, 1964.

320 아이크의 지지 없이…… Without Ike's endorsement… Rowland Evans and Robert Novak, "How Eisenhower Aided the Senator to Victory," *Los Angeles Times*, July 22, 1964.

321 "과거로 되돌아가서 이렇게 했더라면……" "It is pretty hard to go back…" "Eisenhower Hits at Idea 'End Justifies Means,'" *Los Angeles Times*, July 20, 1964.

321 "골드워터라면 탱크 부대가……" "Would Goldwater have sat frozen…" William F. Buckley Jr., "Goldwater's Views Really Differ Greatly from Those of Eisenhower," *Los Angeles Times*, July 27, 1964.

321 "나는 이 중대한 문제에 정면으로……" "I intend to come to grips…" *London Times*, October 7, 1964.

322 "그는 독서를 많이 하고……" "He's a man of great…" James Yuenger, "Eisenhower Gives Nixon Endorsement," *Chicago Tribune*, July 19, 1968.

322 "사태를 관망하는 많은 대의원들의 부동표" "a number of delegates…" Don Irwin, "Eisenhower Urges nixon Nomination as 'Best for U.S.,'" *Los Angeles Times*, July 19, 1968.

322 ……전략과 부분적으로 맞아떨어졌다. a tactical move… "Eisenhower on Nixon," *New York Times*, July 20, 1968.

322 ……자신이 침묵을 지킨 것을 거듭 후회했다. More than once, Ike had regretted… Roscoe Drummond, "Ike's Endorsement to Clinch Presidential Bid by Nixon," *Washington Post and Times Herald*, July 10, 1968.

322 "만약 1주일만 시간을 준다면,……" "If you give me a week…" Robert B. Semple Jr., "Eisenhower Backs Nixon, Praising His 'Experience,'" *New York Times*, July 19, 1968.

323 ……사돈 관계 역시 영향을 미쳤다. there were also family ties… Louise Hutchinson, "Campaign Only a Second Love for Eisenhower-Nixon of 1968," *Chicago Tribune*, July 5, 1968.

323 "공산주의자는 동남아시아를 지배하기 위해……" "the Communists reach ruthlessly…" "Eisenhower Urges Party to Be Tough with Reds," *Los Angeles Times*, August 6, 1968.

323 그리고 침상에 드러누운 채…… On his back, Eisenhower… "Last-Minute Appeal by Ike: Elect Nixon," *Chicago Tribune*, November 5, 1968.

323 "……무슨 일을 하더라도 아무 차이가 없습니다.……" "It doesn't make any difference…" "Truman Says Johnson Will Be Renominated," *Washington Post*, March 21, 1968.

324 존슨이 발을 빼자…… With Johnson's egress… "Truman Backing for Humphrey," *London Times*, April 13, 1968.

324 "터놓고 말합시다.……" "Let's be candid…" Russell Freeburg, "Truman Gives Humphrey and Muskie Advice," *Chicago Tribune*, September 22, 1968.

324 1972년에 이르러 살아 있는 전직 대통령은…… By 1972 there were two… "Truman Is Srenaded at 88," *New York Times*, May 9, 1972.

325 "지금 가장 중요한 일은……" "the most important thing…" "Harriman Says Truman Calls for Nixon's Defeat," *New York Times*, April 23, 1972.

325 백악관을 떠난 뒤 린든 존슨의 공적 역할은…… LBJ's public role narrowed … William S. White, "Who Came to Lunch," *Washington Post*, September 2, 1972.

325 테드 케네디가 후반부 연설에서 겨우 그의 이름을…… it was not until… Jack Valenti, *A Very Human President*(New York: W. W. Norton, 1975), 381.

325 "……존슨 대통령은 민주당에서 말소된……" "President Johnson was a non-person…" Jack Valenti, "…But 'Dejohnsonization' Made LBJ a Non-Person," *Washington Post and Times Herald*, July 19, 1972.

325 그는 큰 실수를 연달아 저지른 뒤에…… trying to regain some legitimacy… Tom Wicker, "Something Funny's Going On," *New York Times*, August 22, 1972.

326 "그의 인생에서 가장 소중한 순간" "one of the most treasured…" White, "Who Came to Lunch"

326 "애정과 존경으로" "with affection and respect." … Jack Anderson, "LBJ Getting His Affairs in Order," *Washington Post and Times Herald*, September 26, 1972.

326 그는 민주당 후보에게 핵심 문제를…… He responded by offering… Valenti, *A Very Human President*, 385–86.

326 ……반항적인 예비 후보 로널드 레이건은…… the insurgent candidate… Richard Bergholz, "Ford Vulnerable on Nixon Issue-Reagan," *Los Angeles Times*, July 17, 1976.

327 ……그를 옹호할 수밖에 없었다. boxed into defending… "Ford Defends Nixon Pardon; He Would Do It Again, He Tells Newsmen," *Los Angeles Times*, July 19, 1976.

327 "우리는 리처드 닉슨을 기억하는 게 아니라……" "We're trying to forget…" Jim Squires, "Watergate Label Dogs GOP Policy," *Chicago Tribune*, August 16, 1976.

327 "나의 선임자," "my predecessor"… Lou Cannon, "Ford Talks of Nixon, Draws a Favorable Contrast to Him," *Washington Post*, October 28, 1976.

327 "이보시오, 한 가지 기본적인 차이점이……" "Joe, there's one very…" James M. Naughton, "Reporter's Notebook: Jet Lag and Talk of Ford's 'Mo,'" *New York Times*, November 1, 1976.

328 그해 2월, 그는 예전에 러니드 핸드 판사가 소유했던…… In February he moved into… Julie Baumgold, "Nixon in New York," *Washington Post*, July 6, 1980.

328 "무력 사용은 결코 거부할 수 없다" "You can never reject…" "Carter Errs, Nixon Says," *Washington Post*, April 4, 1980.

328 "러시아의 핵무기가 의심할 여지 없이……" "unquestioned nuclear superiority…" Thomas Powers, "Nixon: A Hard-Boiled Look at 'Cold Realities,'" *Chicago Tribune*, June 1, 1980.

328 ……레이건의 많은 보좌관을 통해 선거운동에 영향력을…… Nixon exerted an influence on his campaign… Jonathan Aitken, *Nixon: A Life* (Washington, DC: Regnery, 1994), 554.

328 1980년에 무소속 후보로 나선…… After the independent candidate… "Nixon Hits Times on Reagan," *Chicago Tribune*, July 16, 1980.

329 "닉슨은 한 번도 거명된 적이 없었다.……" "Nixon's name is never…" Haynes Johnson, "The Exorcism of the Phantom Delegate from San Clemente," *Washington Post*, July 16, 1980.

330 "만약 12퍼센트가 제리 포드를……"" "If twelve percent was good enough…" "Ex-President Ford in Energetic Campaign for Mr. Reagan," *London Times*, November 3, 1980.

330 1984년 무렵, 리처드 닉슨의 잃어버린 세월은…… By 1984, Richard Nixon's lost years… John Herbers, "After Decades, Nixon Is Gaining Favor," *New York Times*, August 5, 1984.

330 "공화당원에게 최고의 이득이 될 것" "would be in the best interest"…

Keneth J. Cooper, "Ford Says Apology from Nixon Would Be in the Best Interest," *Boston Globe*, August 11, 1984.

331 ······"공정하게 국정 운영"을 했다고 칭찬했다. hailing President Reagan for his "fairness"... David S. Broder, "Reagan Defended on Fairness Issue by Gerald Ford," *Washington Post*, August 22, 1984.

331 "미국의 미래가······" "America's future belongs..." Ibid.

331 "디트로이트에서 도요타 영업사원이 받는 것과 다름없는······" "about as much respect as..." Jack W. Germond and Jules Witcover, "O? Meany Carter," *Chicago Tribune*, July 10, 1982.

331 "나는 그 누구에게도, 특히 후보에게 폐를······" "I would hope I would not be..." John Balzar, "Upbeat Carter Eager to Speak at Convention," *Los Angeles Times*, July 16, 1984.

331 처음에는 대회 초반의 이른 시간대를······ After first offering him... William Endicott, "Carter Receives TV Coverage at Lance's Urging," *Los Angeles Times*, July 17, 1984.

332 ······뛰어난 중재 작업을 벌이기도 했다. his signature mediational work... E. J. Dionne Jr., "Jackson Suggests Carter Might Heal Rift with Dukakis," *New York Times*, July 15, 1988.

332 "아직도 갈 길이 멀다" "I still have a ways to go"... Morris S. Thompson, "Carter Tapped for Limited Convention Role," *Washington Post*, July 17, 1988.

332 "지금은 소련 지도자의 이미지가······" "It is a sad situation when..." E. J. Dionne Jr., "Talks Yield Accord," *New York Times*, July 19, 1988.

333 "8년 전이나 10년 전의 대통령으로 돌아가······" "and not go back eight..." Thompson, "Carter Tapped for Limited Convention Role."

333 "약간 나약하고" "kind of effeminate"... George F. Will, "Pin the Label on the Donkey," *Newsweek*, August 1, 1988, 62.

333 "북부 출신 지미 카터" "northern-fried Jimmy Carter"... Sidney Blumenthal, "The Carter Constituency," *Washington Post*, July 21, 1988.

333 "내 이름은 지미 카터이고······" "My name is Jimmy Carter..." Dionne Jr., "Talks Yield Accord."

333 ······어려운 문제를 해결하려는 장기적 관심사를 더 중시하는······ Ford put the long-term interest... Lou Cannon, "Carter, Ford Join Group to Help

Next President Avoid Some Pitfalls," *Washington Post*, May 12, 1988.

333 "미국 역사상 처음으로……" "For the first time…" Martin Tolchin, "From Carter and Ford, an American Agenda," *New York Times*, May 24, 1988.

334 "독립심"과 "추진력" "independence" … "drive" … "trapped by the establishment" … David B. Ottaway, "Nixon Sees Narrow Bush Victory," Washington Post, April 11, 1988.

334 그래도 누구나 닉슨 혐오증을…… Still, not everyone had… "Editors Pick Dick," *U. S. News&World Report*, September 12, 1988.

335 하지만 레이건의 엄숙한…… But Reagan's gravitas… Steven A. Holmes, "Reagan Endorses Bush as 'Best Hope' for Nation," *New York Times*, February 9, 1992.

335 "……그 어떤 것도 대표하지 않는 것 같다." "He doesn't seem to stand…" Timothy J. McNulty, "Reagan Quote Throws Bush Team Off Guard," *Chicago Tribune*, February 26, 1992.

336 ……마지막으로 대중 연설을 했다. his final major public address… Robert Reinhold, "Reagan Now: Traveling, Working, Clearing Brush," *New York Times*, August 17, 1992.

336 "그들이 지명한 이 친구는……" "This fellow they've nominated…" Robin Toner, "Tribute by Reagan," *New York Times*, August 18, 1992.

336 "우리는 조지 부시가 필요합니다." "We need George Bush…" "Excerpts of Address by Reagan to G.O.P.," *New York Times*, August 18, 1992.

336 "안녕히 계십시오, 그리고 여러분 모두에게……" "Goodbye and God Bless…" "a haunting aura…" Tom Shales, "Reagan, Back in from the Sunset," *Washington Post*, August 18, 1992.

336 "여러분은 임금 주는 사람을 끌어내려……" "You cannot help the wage earner…" Herbert Mitgang, "Reagan Put Words in Lincoln's Mouth," *New York Times*, August 19, 1992.

337 "우리가 빈자로 태어났든 부자로 태어났든,……" "Whether we come from poverty…" Robert C. Rowland and John Jones, "Entelechial and Reformative Symbolic Trajectories in Contemporary Conservatism: A Case Study of Reagan and Buchanan in Houston and Beyond," *Rhetoric and Public Affairs* 4, no. 1(2001): 64−65.

337 "미국의 영혼을 둘러싼 종교 전쟁이 벌어지고……" "There is a religious war…" David Broder, "Coherent Message Elusive," *Washington Post*,

August 19, 1992.

338 "그 연설은 아마도 독일어였다면……" "the speech probably sounded…" Katherine Q. Seelye, "Molly Ivins, Columnist, Dies at 62," *New York Times*, February 1, 2007.

338 "……목표에 부합하는 정책을 지속할 기회를 잃을……" "are losing a chance to continue…" Cragg Hines, "Ford Has Advice for President: Promise New Team for Economy," *Houston Chronicle*, August 7, 1992.

338 "끝났다" 든지 "결딴났다" "done" … "kaput" … Tony Freemantle, "Convention '92, Congress Needs Major Change, Ford Says, Ex-president Wants a GOP Majority," *Houston Chronicle*, August 21, 1992.

339 "……그 모든 대선 가운데 가장 어리석은 대선" "the dullest of them all…" Monica Crowley, *Nixon Off the Record: His Candid Commentary on People and Politics*(New York: Random House, 1996), 107.

339 "그는 너무 극단적입니다……" "He's so extreme…" Ibid.

339 "오늘 우리는 1960년대의 소동과……" "Today we hear the voice…" Peter Applebomem "The 1992 Campaign: Ronald Reagan; 'Vintage' Reagan Stumps in South," *New York Times*, November 1, 1992.

339 카터는 3월에 폴 총가스를 편들면서…… a dalliance with Paul Tsongas… Karen De Witt, "Carter Welcomes Tsongas to Plains," *New York Times*, February 23, 1992.

339 공직 생활 중에 저지른 윤리적 일탈…… With integrity lapses… Gwen Ifill, "Carter, with Clinton at His Side, Praises the Candidate's Qualities," *New York Times*, May 21, 1992.

340 "이곳은 아이티나 방글라데시나 우간다의……" "This is a great city…" "Excerpts from Addresses by Keynote Speakers at Democratic Convention," *New York Times*, July 14, 1992.

340 "……나는 세 번의 전당대회에 참석했습니다……" "I have participated in the last…" Adam Nagourney, "As One President Nears, Another Stays Away," *New York Times*, August 27, 1996.

340 "카터는 아주 골치 아픈 친구였습니다." "Carter was a major pain…" Author interview with unnamed source, March 31, 2007.

341 "리더십은 고립주의와 보호주의의 목소리에 당당히……" "leadership means standing against…" "Excerpts from Remarks of Ford, Bush and Powell," *New York Times*, August 13, 1996.

341 "……내 가슴은 찢어지는 듯합니다." "It breaks my heart…" Richard L. Berke, "Applause for Powell as He Delivers Call for Inclusiveness," *New York Times*, August 13, 1996.

341 ……전미총기협회에 과감히 편지를 보내어…… bold letter to the NRA… Timothy Naftali, *George H. W. Bush*(New York: Times Books, Henry Holt, 2007), 160.

342 "그건 정말 화를 돋우는 이야기입니다.……" "That really irks me…" R. W. Apple Jr., "Dad Was President(but Please, No Dynasty Talk)," *New York Times*, January 31, 2000.

342 "어느 모로 보나 클린턴 못지않게 잘 알고 있다" "knows every bit as much…" "Excerpts from Interview with Bushes," *New York Times*, July 8, 2000.

343 "나는 조지의 적수를 공격하러 여기에 나온 것이……" "I'm not here to attack…" Richard L. Berke, "Revisiting the Honor Issue, a Father Defends His Son," *New York Times*, September 23, 2000.

343 "쇼 비즈니스" "show business"… Ibid.

344 "나는 아버지로서 여러분에게……" "I tell you as a dad…" Associated Press, "For Jeb Bush, Vote of Support from Dad," *New York Times*, November 10, 2000.

344 "당신은 정말로 그를 그대로……" "Do you really think…" George H. W. Bush, interview by Jim Lehrer, *NewsHour with Jim Lehrer*, PBS, September 2, 2004, http://www.pbs.org/newshour/bb/politics/july-dec04/hwbush_09-02.html.

345 "나는 사담 후세인이 미국, 영국, 중국, 일본,……" "I never have believed that Saddam…" Jimmy Carter, interview by Katie Couric, *Today*, NBC, September 30, 2004.

345 "베트남전 때, 현직 대통령과 부통령과……" "During the Vietnam War…" Jeff Zeleny, "Clinton Returns to Stage, Trumpets Call for Kerry," *Chicago Tribune*, July 27, 2004.

345 "……자신에게 임무가 주어지자 즉각 등장했습니다.……" "showed up when assigned to duty…" John Aloysius Farrell, "Clinton Revs Up Dems," *Denver Post*, July 27, 2004.

346 "내 이름은 지미 카터입니다.……" "My name is Jimmy Carter…" Todd S. Purdum, "Crowned by Popular Acclaim, Clintons Return as Royalty to

Spotlight," *New York Times*, July 27, 2004.

346 "나는 케리가 노려야 할 것이 바로……" "I think that's the issue…" "Carter Urges Focus on Iraq," *New York Times*, September 23, 2004.

346 "그냥 허심탄회하게……" "Let's just shell down…" Dahleen Glanton, "Clinton Stumps for Kerry in Home State," *Knight Ridder Tribune Business News*, November 1, 2004.

347 "제시 잭슨은 84년과 88년에……" "Jesse Jackson won South Carolina…" Jake Tapper, "Bubba: Obama Is Just like Jesse Jackson," Political Punch, ABC News Blog, January 26, 2008, http://blogs.abcnews.com/politicalpunch/2008/01/bubba-obama-is.html.

348 "……선거운동에 개입한 마지막 날이……" "may be the last day…" Daily Intel, "Bill Clinton: 'This May Be the Last Day I'm Ever Involved in a Campaign,' *New York Magazine*, June 2, 2008.

349 "이 어려운 시기에, 우리나라를 이끌기 위해……" "No one is better prepared…" Associated Press, "Former Prsident Bush Endorses McCain," February 18, 2008.

349 "……지금 그가 중요하게 여기는 문제는……" "His burning issue now…" Mike Allen, "Talk Show Tip Sheet," Politico.com, February 25, 2007, http://www.politico.com/news/stories/0207.2886.html.

349 "……나와 내 가족에게 엄청나게 기분 좋은 일이다." had been "extraordinary and titillating…" Alexander Mooney, "Carter Praises Obama," Political Ticker, CNNPolitics.com, January 30, 2008.

5장. 영광이여 다시 한 번—정치 복귀

352 권력에는 매력이 있다. "There is a lure in power…" Harry S. Truman and Robert H. Ferrell, *The Private Papers of Harry S. Truman*(Columbia: University of Missouri Press, 1997), 177.

352 나는 입후보를 선언했다. "My hat's in the ring…" Allan A. Metcalf, *Presidential Voices: Speaking Styles from George Washington to George W. Bush*(New York: Houghton Mifflin, 2004), 46.

352 아마도 내가 좋아하는 것은…… "Perhaps it is the comfort…" Henry F. Pringle, *The Life and Times of William Howard Taft: A Biography* (Hamden, CT: Archon Books, 1964), 148.

355 "프랑스 대통령" "a French President"... James Thomas Flexner, *Washington: The Indispensable Man*(New York: Little, Brown, 1969), 383.

355 "……단 한 표도 끌어내지 못한다고 굳게 확신합니다." "I am thoroughly convinced..." James MacGregor Burns and Susan Dunn, *George Washington*(New York: Times Books, 2004), 135.

355 "……범죄를 저지르는 것과 다름없습니다." "It would be criminal..." James Thomas Flexner, *George Washington: Anguish and Farewell* (1793—99)(New York: Little Brown, 1972), 429.

355 "빗자루를 세워 놓고……" "set up a broomstick..." Ibid.

355 "……나는 우유부단한 태도로 인해 비난을 받을 뿐만 아니라……" "I should be charged..." Ibid.

356 "나는 처음 대통령이 되었을 때에도……" "I do not want it any more..." John Williams Perrin, "Presidential Tenure and Reeligibility," *Political Science Quarterly* 29, no. 3(1914): 427.

356 "어떻게 하면 남편이 일요일 저녁에……" "How I entreated him..." John Y. Simon, ed., *The Personal Memoirs of Julia Dent Grant*(Carbondale: Southern Illinois University, 1988), 321—22

357 그랜트는 독직과 실정의 연임 대통령으로…… Should he be remembered for... Allan Peskin, "Who Were the Stalwarts? Who Were Their Rivals? Republican Factions in the Gilded Age," *Political Science Quarterly* 99, no. 4(1984—85): 708.

357 ……해외여행 덕분에 더 유능하고 매력적인 3선 후보로…… more capable and attractive candidate... Jean Edward Smith, *Grant*(New York: Simon &Schuster, 2002), 617.

357 "신이 아니라면……" "nothing but an act of God..." Kennedy D. Ackerman, *Dark Horse: The Surprise Election and Political Murder of President James A. Garfield*(New York: Carroll&Graf Publishers, 2003), 48.

357 귀국 후 몇 달이 지나자…… The months that followed... Josiah Bunting, *Ulysses S. Grant*(New York: Times Books, Henry Holt, 2004), 149.

358 가필드는 마법의 수인 379표에…… Garfield reached the magic number... Ibid., 150.

358 그래도 어떤 사람들은 브라이언에 대한 반감과…… Yet some held out hope... Henry F. Graff, *Grover Cleveland*(New York: Times Books,

Henry Holt, 2002), 132.

358 "〔클리블랜드는〕혼란에서 질서를……" "〔Cleveland〕 is the only statesman…" C.S. letter to the editor, *New York Times*, June 17, 1900.

359 "……결코 선거에서 승리하지 못할 것입니다." "never be in winning condition…" Alyn Brodsky, *Grover Cleveland: A Study in Character*(New York: Truman Talley Books, 2000), 419.

359 브라이언이 또 다시…… When Bryan once again… Ibid., 421.

360 "……원한다면 재지명에 나설 것" "availability for re-nomination…" Joel Silbey, *Martin Van Buren and the Emergence of American Popular Politics*(Lanham, MD: Rowman&Littlefield, 2005), 162.

360 희망을 얻게 된 전직 대통령은…… His hopes raised, the former… John Niven, *Martin Van Buren: The Romantic Age of American Politics*, ed. Katherine E. Speirs(Newtown, CT: American Political Biography Press, 2000), chap. 26, passim.

360 휘그당은 그를 참을 수 없는 인물로…… The Whigs found him intolerable … David Zarefsky, "Henry Clay and the Election of 1844: The Limits of a Rhetoric of Compromise," *Rhetoric and Public Affairs* 6, no. 1(2003): 81.

361 "만약 사람들이 강력하게 통합을 선호하는……" "if the people showed they strongly…" Sean Wilentz, *The Rise of American Democracy: Jefferson to Lincoln*(New York: W. W. Norton, 2005), 568.

361 재임 중 최악의 1837년 경제공황을 겪은…… After serving during the catastrophic… Michael A. Morrison, "Martin Van Buren, the Democracy, and the Partisan Politics of Texas Annexation," *Journal of Southern History* 61, no. 4(November 1995):697.

362 "우리는 명예로운 은퇴를 택해……" "We hereby tender…" Denis T. Lynch, *Epoch and a Man: Martin Van Buren and His Times*(New York: Horace Liveright, 1929), 492−93.

363 "자유민에게 자유 토지" "free soil to a…" Rich Haney, John Van Houten Dippel, *Race to the Frontier: "White Flight" and Western Expansion*(New York: Algora Publishing, 2005), 246.

363 ……의회가 왕을 만들어 낼 수 없듯이…… "no more power…" Arthur Bestor, "The American Civil War as a Constitutional Cristis," *American Historical Review* 69, no. 2(1964): 347.

363 이런 숭고한 수사에도 불구하고…… its elevated rhetoric stopped short…

Eric Foner, "Politics and Prejudice: The Free Soil Party and the Negro, 1849—1852," *Journal of Negro History* 50, no. 4(1965): 239.

363 ······자유토지당은 캐스가 남부 지역 당원들과 유화적으로 타협한다고······ Free Soilers had vilified Cass... Eric Foner, *Free Soil, Free Labor, Free Men: The Ideology of the Rpublican Party before the Civil War*(New York: Oxford University Press, 1970), 153.

364 ······아일랜드 가톨릭계와 독일계 이민에 대한 반동으로······ a reaction to the rapid influx... Tyler Anbinder, *Nativism and Slavery: The Northern Know-Nothings and the Politics of the 1850s*(New York: Oxford University Press, 1994), 3.

364 무지당의 전성시대는 1854년이었다. The party's high-water mark... Robert J. Scarry, *Millard Fillmore*(Jefferson, NC: McFarland, 2001), 278.

365 ······배타적인 강령의 표현을 비교적 받아들이기 쉬운······ moderated its rhetoric... Foner, *Free Soil, Free Labor, Free Men*, 198.

365 ······망설이지 않고 받아들였다. he accepted without hesitation... Scarry, *Millard Fillmore*, 284.

365 "구세계의 군주국에서 새로 온 사람들은······" "men who come fresh from..." Anbinder, Nativism and Slavery, 221; James C. Clark, *Faded Glory: Presidents Out of Power*(Westport, CT: Praeger, 1985), 5.

366 "나의 정치 경력이 끝났다고 생각합니다.······" "I consider my political career..." Robert Rayback, *Millard Fillmore: Biography of a President* (Newtown, CT: American Political Biography Press, 1998), 415.

367 "······입장이 되지 않기를 진정으로 바랍니다." "I most emphatically desire..." Henry Pringle, *Theodore Rooesvelt: A Biography*(New York: Harcourt Brace, 1984), 374.

367 결정적으로 도금 시대의 자유방임 사상과······ In a decisive turn away... Nathan Miller, *Theodore Roosevelt: A Life*(New York: William Morrow, 1992), 515.

368 ······잘못된 판단이었다고 결론짓고,······ he'd made a poor judgment... Max Skidmore, *After the White House: Former Presidents as Private Citizens*(New York: Palgrave/MacMillan, 2004), 95.

368 ······태프트는 자신의 제도적 권한을 행사했다. brought his institutional power to bear... George E. Mowry, "Theodore Roosevelt and the Election of 1910," *Mississippi Valley Historical Review* 25, no. 4(1939): 529.

368 ······마지막에 웃은 사람은 루스벨트가 되었다. Roosevelt laughed last... Miller, *Theodore Roosevelt*, 516.

369 ······새로운 예비선거 방식에 기대를 걸었다. putting his faith in the new ... Pringle, *Theodore Roosevelt*, 390.

369 ······예비선거 과정은 언론의 폭넓은 취재를 받으리라고······ the primary process was expected to... Kathleen Dalton, *Theodore Roosevelt: A Strenuous Life*(New York: Alfred A. Knopf, 2002), 383.

369 "불 무스 못지않게 튼튼하다" "as fit as a bull moose"... Ibid., 391–92.

370 "우리는 아마겟돈에 직면했고······" "We stand at Armageddon..." Louis Auchincloss, *Theodore Roosevelt*(New York: Times Books, Henry Holt, 2002), 120.

370 ······절반밖에 읽을 수 없었다. able to deliver only half... Joseph L. Gardner, *Departing Glory: Theodore Roosevelt as Ex-President*(New York: Charles Scribner's Sons, 1973), 261–62.

370 ······전면적인 인종 평등주의를 받아들이지 않았다. Roosevelt's refusal to embrace... Dalton, *Theodore Roosevelt*, 395.

371 "나는 총에 맞았지만······" "I have been shot..." *Marie Hecht, Beyond the Presidency: The Residues of Power*(New York: Macmillan, 1976), 111.

371 "그 자신의 불 무스 당을 무자비하게 목 졸랐다." "ruthlessly smothering his own party"... Richard Norton Smith and Timothy Walch, eds., *Farewell to the Chief: Former Presidents in American Public Life*(Worland, WY: High Plains Publishing, 1990), 5.

372 "······가장 어리석은 거래입니다." "That is the craziest deal..." Richard V. Allen, "How the Bush Dynasty Almost Wasn't," *Hoover Digest Research and Public Policy*, no. 4(2000).

372 ······포드는 전제 조건을 일부 양보하면서······ Ford began to back down... Ed Magnuson, "Inside the Jerry Ford Drama," *Time*, July 28, 1980.

372 "키신저는 낡은 짐을 많이 끌고 다닙니다.······" "Kissinger carries a lot of baggage..." Ibid.

373 "나는 아니요, 라고 대답할 수밖에······" "I have to say the answer is no..." Allen, "How the Bush Dynasty Almost Wasn't."

374 "베일을 쓴 수녀" "a nun taking the veil"... Lynn Hudson Parsons, *John Quincy Adams*(Lanham, MD: Rowman&Little Field, 1999), 201.

374 ······"실의, 낙담, 나태"에 빠져들었지만······ "into dejection, despondency, and idleness"... Paul C. Nagel, *John Quincy Adams: A Public Life, A Private Life*(New York: Alfred A. Knopf, 1997), 334.

375 "출마 욕심이 조금도 없다" "not the slightest desire..." Robert V. Remini, *John Quincy Adams*(New York: Times Books, Henry Holt, 2002), 131.

375 "모든 사람에게서 버려졌다" "deserted by all mankind"... Nagel, *John Qiuncy Adams*, 336.

375 "그 어떤 선거나 임명도 이렇게 큰 기쁨을······" "no election or appointment conferred..." Charles Frances Adams, ed., *Memoirs of John Quincy Adams: Comprising Portions of His Diary from 1795 to 1848*(J. B. Lippincott, 1876), 247.

375 "몹시 지저분한 오점" "great and foul stain"... Eric L. McKitrick, "JQA: For the Defense," *New York Review of Books*, April 23, 1998.

376 "그가 대의명분을 받아들이면서 대단히 열정적이고······" "adopted cause transformed him..." Nagel, *John Quincy Adams*, 356.

377 "그래요, 저 사람은 신의 주춧돌에······" "Well, that is the most extraordinary ..." Hecht, *Beyond the Presidency*, 277.

378 30년 동안 법원에서 변론한 적이 없고,······ Not having argued a case... Parsons, *John Quincy Adams*, 237.

378 "독립선언서를 살펴보면,······" "The moment you come to the Declaration ..." Ibid., 239.

378 "그런 노력에 힘입어 북부 사람들은······" "made his exertions more than..." McKtrick, "JQA: For the Defense."

379 "어쩌다 각하" "His Accidency"... Edward Crapol, *John Tyler: The Accidental President*(Chapel Hill: University of North Carolina Press, 2006), 2.

379 "······제퍼슨 파벌의 정치적 분파주의자" "a political sectarian, of the slave-driving..." Parsons, *John Quincy Adams*, 247.

379 그는 원로 정치가인 양하면서······ Tyler assumed the pose... Crapol, *John Tyler*, 231.

380 ······민주당 지명을 시도해 볼 것을 상상했다. Tyler fantasized that he might... Ibid., 255.

380 ······최악의 공포가 현실로 나타났다. Instead, his worst fears... Walter

LaFeber, *The American Age: United States Foreign Policy at Home and Abroad since 1750*(New York: W. W. Norton, 1989), 138－39.

381 "버지니아는 노예제도 폐지론자들이 득실대는 북부와 관계를……" "Virginia has severed her connection…" Hecht, *Beyond the Presidency*, 26.

381 그는 남부군이 워싱턴 D.C.로 진격하도록 강력하게…… With great fervor… Ibid., 27.

381 그곳 사람들은 타일러의 장례식에 참석하여…… His funeral there was an occasion… Crapol, *John Tyler*, 268.

381 하지만 타일러의 사망은 워싱턴에서는…… Tyler's passing raised nary … Ibid.

381 "그는 갑자기 생을 마쳤고……" "He ended his life suddenly…" "Death of Ex-President Tyler," *New York Times*, January 22, 1862.

382 ……정치적 평등을 부여하는 일에 실패했고…… Failing to consider political equality… Foner, *Free Soil, Free Labor, Free Men*, 69.

383 "……나의 주를 옹호하는 것이 더 좋습니다." "I had rather have…" Clark, *Fade Glory*, 71.

383 ……이해관계의 균형을 잘 잡았고,…… Johnson had skillfully balanced… Hans Trefousse, *Andrew Johnson: A Biography*(New York: W. W. Norton, 1997), 355－56.

383 "존슨이 상원에 있으면서 대통령에 재임할 때보다……" "In the Senate [Johnson] will be of greater…" Homer F. Cunningham, *The Presidents' Last Years: George Washington to Lundon B. Johnson*(Jefferson, NC: McFarlandk, 1989), 128.

384 후버는 만약 존슨이 세상을 떠난다면…… Hoover let it be known… Gary Dean Best, *Herbert Hoover: The Post-Presidential Years, 1933－1964*, vol.1, 1933－1945(Stanford, CA: Hoover Institution Press, 1983), 276.

384 "그의 공평무사한 조언이……" "his disinterested counsels…" "Mr. Hoover for the Senate," *New York Times*, August 8, 1945.

384 "해군 병원의 산소 텐트 아래에서……" "under an oxygen tent…" Drew Pearson, "The Washington Merry-Go-Round," *Washington Post*, August 2, 1945.

385 후버는 좌절감을 숨기려 했지만…… Hoover tried to disguise… Best, *Herbert Hoover*, 276.

385 ……뉴욕 주지사 토머스 E. 듀이가 후버에게…… Thomas E. Dewey offered Hoover... Eugene Lyons, *Herbert Hoover: A Biography*(New York: Doubleday, 1964), 421.

385 "우리 정부에서 대법원이 수행하는 것보다……" "There is no function more important..." Stanley I. Kutler, "Chief Justice Taft and the Delusion of Judicial Exactness: A Study in Jurisprudence," *Virginia Law Review* 48, no. 8(1962): 1,407.

385 필리핀 사람들에 대한 책임을 저버리는 것이라고…… asserting that he would be abandoning... Judith Icke Anderson, *William Howard Taft: An Intimate History*(New York: W. W. Norton, 1981), 82.

386 "……아내에게 여러 번 말했습니다." "I have said to my wife..." Earl Warren, "Chief Justice William Howard Taft," *Yale Law Journal* 67, no.3 (1958): 357.

386 "내가 지금 거절하는 이 기회가……" "that this which I am now declining ..." Ibid.

386 야심만만한 태프트 가족은…… Taft's ambitious family... Miller, *Theodore Roosevelt*, 485.

386 "……대법관으로 물러나듯 취임하게 된다면" "should be shelved..." Warren, "Chief Justice William Howard Taft," 356.

386 "다른 식으로 묻히고 싶다" "preferred some other mode..." Ibid.

386 ……대선을 향한 예비 작업처럼 보일 것을 염려하여…… Afraid that the move... Pringle, *The Life and Times of William Howard Taft*, 882−84.

387 ……태프트와 광범위하게 상의했고…… Harding consulted extensively... Cunningham, *The Presidents' Last Years*, 193.

387 "진보적 보수주의, 보수적 진보주의의 태도" "progressively conservative and conservatively..." Asa Martin, *After the White House*(State Colelge, PA: Penns Valley Publishers, 1951), 401.

387 "……내 평생의 야망이었습니다.……" "It has been the ambition..." "Ambition of Life Fulfilled, Taft Says; Here July 7," *Washington Post*, July 1, 1921.

387 태프트는 항소법원에 더 많은 권한을…… His reforms invested more power... Peter G. Fish, "William Howard Taft and Charles Evanas Hughes: Conservative Politicians as Chief Judicial Reformers," *Supreme Court Review*(1975): 137.

388 "체면 문제 때문에 자신이 옳은 방향이라고……" "merely technical canon of propriety…" Walter F. Murphy, "In His Own Image: Mr. Chief Justice Taft and Supreme Court Appointments," *Supreme Court Review*(1961): 163.

388 ……자신의 조언을 받아들이도록 했다. Taft was eager to insect… Ibid., 191.

389 "아나키스트 살인자를……" "an expert in attempting to save…" Michael E. Parrish, "Sacco and Vanzetti Revisited: Russell and Young&Kaiser," *American Bar Foundation Research Journal* 12, no. 2/3 (1987): 579.

389 "……잘 기억 안 납니다." "I don't remember that I…" "William Howard Taft," http://www.whitehouse.gov/history/presidents/wt27.html.

389 84세의 존 애덤스는…… At the advanced age of eighty-four… Skidmore, *After the White House*, 21.

389 '자유주의의 발전' "advance of liberalism." … David McCullough, *John Adams*(New York: Simon&Schuster, 2001), 631.

390 제임스 매디슨과 제임스 먼로는…… James Madison and James Monroe participated… Susan Dunn, *Dominion of Memories: Jefferson, Madison, and the Decline of Virginia*(New York: Basic Books, 2007), 155−70.

6장. 더 위대한 이상 − 인류에 봉사하라

392 정치가는 비참한 직업이다. "Being a politician is a poor…" Joslyn Pine, *Wit and Wisdom of the American Presidents: A Book of Quotations*(North Chemlsford, MA: Courier Dover Publications, 2000), 49.

392 ……유감스러워하며 가만히 앉아만…… "You can sit there and feel sorry …" David Remnick, "The Wanderer," *New Yorker*, September 18, 2006, 46.

392 만약 당신이 셜리 매클레인이 아니라면…… "Unless you're Shirley MacLaine …" Ed O'Keefe, "The Odd Couple," ABC *News*, May 19, 2007, http://www.abcnews.go.com/Politics/Story?id=3192296&page=1.

393 "……일은 참신하면서도 미국적이다." "something refreshingly American…" "After the White House," *San Francisco Chronicle*, February 23, 2005.

394 "사람들을 돕는 문제라면,……" "When it comes to helping…" "Bush and Clinton, in Thailand, Start Tour of Tsunami Region," *New York Times*, February 20, 2005.

394 "……한 번도 있어 본 적이 없다는 아버지 역할을……" "maybe I'm the father…" Tony Freemantle, "'41' and '42'-No Baggage," *Houston Chronicle*, March 7, 2005.

395 "부시와 클린턴은 새로운 퇴임 대통령 브랜드를……" "Bush and Clinton have created a new.." Michael Duffy, "Bill Clinton and George H. W. Bush," *Time*, April 30, 2006.

395 ……1억 3000만 달러로 추정되는 돈을 거둬들여…… an estimated haul of more… http://bushclintonkatrinafund.org; Stephanie Strom, "Ex-Presidents Try to Decide Where to Send Storm Relief," *New York Times*, October 8, 2005.

395 클린턴과의 협력은 여전히 인기 있는 이 민주당원이…… discouraged the still popular Democrat… Remnick, "The Wanderer," 64.

396 "나는 늘 좋아했고, 항상 존경했다고……" "I always liked and I always admired…" Dave Davies, "Bush&Clinton Accept Medal, Hailing Our Unity, Differences," *Knight Ridder Tribune News*, October 6, 2006.

396 "……클린턴이 품었던 여러 목표들을 보류시켰고……" "came at some sacrifice to other objectives…" Author interview with Eric Schwartz, July 17, 2007.

396 "아들 부시 대통령과의 차이를 분명히 밝히는 것처럼……" "not going to tiptoe…" "George H. W. Bush Friendship with Bill Clinton Doesn't Translate to Support for Hillary," *Fox News*, November, 4, 2007, http://www.foxnews.com/story/0,2933,307257,00.html.

396 "……아들 부시와 자신을 전 세계로 보내……" "to send me and former President Bush…" "Bill Clinton: George H. W. Bush Will Help President Hillary," CNN Political Ticker, CNN Politics.com, December 18, 2007.

396 "……클린턴과 '세계 사절'에 대해 논의한 적이 결코 없었고……" "never discussed an 'around-the-world-mission'…" "Bush Rejects Bill Clinton Idea," Politico.com, December 20, 2007, http://www.politico.com/news/stories/1207/7491.html.

398 "전직 대통령은…… 가정, 마을, 주, 국가의 복지와……" "Let him… promote the welfare…" Ari Hoogenboom, *Rutherford B. Hayes: Warrior*

and President(Lawrence: University Press of Kansas, 1995), 466.

398 "더 많은 만족과 기쁨" "more individual contentment..." Ibid.

398 "······우리 미국인은 피할 수 없는 엄중한 의무를······" "the American people have a grave..." David Thelen, "Rutherford B. Hayes and and the Reform Tradition in the Gilded Age," *American Quarterly* 22, no. 2, part 1(1970): 153.

398 "······근검절약, 교육, 도덕, 종교"를······ "the thrift, the education, the morality..." Ibid., 156.

399 헤이스의 도덕성은 주로······ Hayes's ethics derived principally... Ibid., passim.

399 "무자비하게 사회 밑바닥으로 떨어진······" "These millions who have been so cruelly..." Don Quinn Kelley, "Ideology and Education: Uplifting the Masses in Nineteenth Century Alabama," *Phylon* 40, no. 2(1979): 150.

399 ······헤이스는 도덕성을 좀 지나치게 의식했지만,······ "a bit too aware..." Stanley Elkins, "A Presidential Diary," *New York Review of Books*, July 30, 1964.

399 "······최근에 해방된 사람들의 자질을 향상시키는 것" "uplifting of the lately emancipated..." Henry L. Swint, "Rutherford B. Hayes, Educator," *Mississippi Valley Historical Review* 39, no. 1(1952): 52.

399 헤이스가 볼 때,······ In Hayes's view... Thelen, "Rutherford B. Hayes and the Reform Tradition in the Gilded Age," 157.

400 ······전국형무소개혁협회의 회장이 되었다. Hayes became president of the National Prison... Hoogenboom, *Rutherford B. Hayes*, 486, 496.

400 1888년, 보스턴의 '형무소 대회'에서······ In an 1888 address... Ibid., 496.

400 "인민의, 인민에 의한, 인민을 위한 정부" "government of the people, by the people..." Ibid., 494.

401 헤이스는 자신을 현대적 개혁가 수준은 아니라고······ Never seeing himself among the ranks... Thelen, "Rutherford B. Hayes and the Reform Tradition in the Gilded Age," 163−64.

401 "······구성하려는 시도는 크게 잘못된 것이다.······" "the capital mistake is to attempt..." Hoogenboom, *Rutherford B. Hayes*, 469.

402 전직 대통령은 중재가 아니라 사태 파악에 진력하겠다고······ Cleveland agreed to investigate... Alyn Brodsky, *Grover Cleveland: A Study in*

Character(New York: Truman Talley Books, 2000), 434.

403 ······보수파가 산업 쟁의를 해결하기 위해 초당적 지위를 맡는다는 발상에
는······ the idea of a conservative foe... Henry P. Pringle, *The Life and Times of William Howard Taft*, vol. 2(New York: Farrar and Rinehart, 1939), 915.

403 ······태프트의 NWLB 경험은······ Taft's experience with the NWLB... Judith Icke Anderson, *William Howard Taft: An Intimate History*(New York: W. W. Norton, 1981), 257.

403 윌슨은 태프트의 리더십을 높이 평가했다. Wilson's respect for Taft's leadership...Walter Licht, review of *The National War Labor Board: Stability, Social Justice, and the Voluntary State World War* I , by Valerie Jean Conner, Business History Review 58, no. 1(1984): 138−39.

404 ······벨기에는 식량을 대부분 수입에······ The country's reliance on imported food... George H. Nash, *The Life of Herbert Hoover, Master of Emergencies, 1917−1918*(New York: W. W. Norton, 1996), 4.

404 "그 순간에는 깨닫지 못했지만······" "I did not realize it at the moment..." http://hoover.archives.gov/exhibits/Hooverstory/gallery02/gallery02.html.

404 벨기에 전국위원회와 협력하면서······ Working in concert... Nash, *The Life of Herbert Hoover*, 4.

404 ······식량 아끼기 애국운동을 장려했다. encouraged the patriotic conservation... "Another War Winter," *New York Times*, November 30, 1942.

404 후버는 이런 활약 덕분에······ Hoover parlayed his success... Sean Dennis Cashman, *America Ascendant: From Theodore Roosevelt to FDR in the Century of American Power, 1901−1945*(New York: New York University Press, 1998), 159.

405 대통령으로 재임할 때, 후버는······ As president, Hoover's attempt to support... Elliot A. Rosen, review of *As Rare as Rain: Federal Relief in the Great Southern Dought of 1930−31.* by Nan E. Woodruff, Journal of Economic Hisotry 46, no. 1(1986): 294−95.

405 "스스로 돕는다는 미국의 전래 풍습에······" "his loyalty to the American folklore..." Richard Hofstadter, *The American Political Tradition: And the Men Who Made It*(New York: Vintage, 1948), 305.

405 국제정치에서 후버가 보인 고립주의 경향은······ Hoover's isolationist

inclinations... Richard Norton Smith, *An Uncommon Man: The Triumph of Herbert Hoover*(Worland, WY: High Plains Publishing, 1984), 277.

405 폴란드 원조위원회는······ The commission was instrumental... "An American Friendship: Herbert Hoover and Poland," exhibit at the Hoover Institution, June 2005.

406 "······조금도 영향이 없을 것이라고 생각합니다." "I do not believe..." "Food Lack Won't Beat Axis, Says Hoover in Plea for Plan," *Washington Post*, October 20, 1941.

407 "이웃 주민과 어린이들이 굶주리고 있다면······" "If you neightbors and their children..." http://www.trumanlibrary.org/hoover/intro.htm.

407 "우리는 전국이 부켄발트가 된 나라 위에······" "We do not want the American flag..." http://hoover.archives.gov/exhibits/Hooverstory/gallery09/gallery09/.html.

407 "진주만 공격이 터졌을 때,······" "When the attack on Pearl Harbor..." Donald R. McCoy, "Truman and Hoover: Friends," *Whistle Stop* 18, no.2(1990), http://www.trumanlibrary.org/hoover/mccoyl.htm.

408 위원회가 1949년 초 트루먼에게 보고서를······ after the commission's findings were reported...William R. Divine, "The Second Hoover Commission Reports: An Analysis," *Public Administration Review* 15, no. 4(1955): 268.

408 ······폭넓은 공산주의의 영향을 파악하고 싶어했다. The former president was less inclined... Joan Hoff Wilson, *Herbert Hoover: Forgotten Progressive*(Boston: Little, Brown, 1975), 237.

409 "······러시아와 관련된 정책에서 파괴적인 조언을 한 자들" "have disastrously advised on policies..." http://www.trumanlibrary.org/hoover/friends.htm.

409 아이크는 과연 또 다른 위원회가 필요할지······ Although Ike was skeptical... Robert H. Ferrell, ed., *The Eisenhower Diaries*(New York: W. W. Norton, 1981), 249.

409 "그가 위원회에 넣고 싶어하는 사람들은······" "The only individuals [he] wanted..." Ibid., 247.

409 80세 나이에도 후버는······ Even at eighty... "Will Limit Election Role, Hoover Says," *Los Angeles Times*, August 12, 1954.

410 제2차 후버 위원회도 의학과······ Hoover II also pushed for an increase...

William E. Pemberton, "Truman and the Hoover Commission," *Whistle Stop* 19, no 3(1991), http://www.trumanlibrary.org/hoover/commission.htm

410 "허버트 후버라는 이름은 진정으로……" "The name of Herbert Hoover has truly…." John F. Kennedy, remarks at a diner honoring Herbert Hoover, Washington, D.C., February 4, 1957.

412 "……전직 대통령들도 서로 다릅니다.……" "Every former president is just as different…." Dana Harman, "Can Celebrities Really Get Results?" *Christian Science Monitor*, August 23, 2007.

413 ……경험에 대해 헤아릴 수 없이 많은 연설을…… countless speeches about her experiences… Sara Rimer, "Enjoying the Ex-Presidency? Never Been Better," *New York Times*, February 16, 2000.

413 "완전히 지칠 대로 지쳐서" "completely exhausted…." Jimmy and Rosalynn Carter, *Everything to Gain: Making the Most of the Rest of Your Life*(Fayetteville: University of Arkansas Press, 1995), 2.

413 "우리가 도서관에서 무슨 일을 할 수 있는지……" "I know what we can do…." Wayne King, "Carter Redux," *New York Times*, December 10, 1989.

414 "평화롭게 살 수 있는 권리뿐만 아니라……" "not only the right to live in peace…." Ed Cain, director, Carter Center Global Development Initiative, "Global Development Initiative and Human Rights," speech, September 30, 2003, Cologne, Germany, at International Policy Dialogue.

415 하지만 그 다음번 대통령 후보 경선에서…… By the next presidential contest… Jimmy Carter, "Still Seeking a Fair Florida Vote," *Washington Post*, September 27, 2004.

415 카터의 우려가 과연 선견지명이었는지…… Whether Carter's concerns… "Carter to Head Elections Panel: Bipartisan Group Will Look for Ways to Improve Voting in U.S.," *Washington Post*, March 25, 2005.

415 반면에 또 다른 핵심적 권고는 환영을 받았는데,…… Other core recommendations… Dan Balz, "Carter-Baker Panel to Call for Voting Fixes; Election Report Urges Photo IDs, Paper Trails and Impartial Oversight," *Washington Post*, September 19, 2005.

416 게이츠 재단은 카터 연구소가…… The Gates Foundation celebrated… http://www.gatesfoundation.org/GlobalHealth/Announcements/Announ

e-060515.

417 그가 국제적으로 관여한 활동 범위를 잘 모르는 사람들도⋯⋯ Even those unfamiliar with... http://www.habitat.org/how/carter.aspx.

418 "공직을 떠났을 때, 나는 삶을 재정립해야⋯⋯" "I had to reconvene my life..." Lawrence Donegan, "What Bill Did Next," *Guardian*, June 20, 2004.

418 신참 전직 대통령은⋯⋯ newest former president soon made clear... Bill Clinton, *Giving: How Each of Us Can Change the World*(New York: Alfred A. Knopf, 2007), 5.

418 ⋯⋯클린턴은 먼저 공공 분야에서 영향력을 얼마나⋯⋯ Clinton first noticed the scope... Remnick, "The Wanderer," 47.

419 "⋯⋯당황하게 만들면서 물의를 일으켰던⋯⋯" "Some of the problems that have bedeviled..." John F. Harris, "Bill Clinton Takes Spot on Global Stage," *Washington Post*, June 1, 2005.

419 ⋯⋯어떤 구체적인 사명감을 적극적으로 갖고 있었던 것은 아니다. At the outset, Clinton was not actively sold... Jonathan Rauch, "This Is Not Charity," *Atlantic*, October 2007, 66.

420 '자금과 조직의 문제' "money and organizational problem." ... Ibid.

420 "[에이즈 약품의] 수요를 결집하여⋯⋯" "aggregate enough demand..." Ibid., 68.

420 클린턴 재단의 이사장 브루스 린지는⋯⋯ Bruce Lindsey claims... Leslie Newell Peacock, "The Rainmaker," *Arkansas Times*, November 9, 2006.

421 하지만 어떤 전문가들은⋯⋯ Yet some experts have pointed out... Bethany McLean, "The Power of Philanthropy," *Fortune*, September 7, 2006, 86.

421 ⋯⋯불만의 목소리도 있다. Some advocates have groused... Harman, "Can Celebrities Really Get Results?"

421 ⋯⋯나쁜 평판을 뒤집어쓰게 되었다. the Clinton Foundation did itself few favor... Author interview with unnamed source, December 11, 2007.

422 ⋯⋯에이즈 운동가들은 쟁점의 최전선에⋯⋯ AIDS activists were on the front lines... Author interview with Jamie Love, May 29, 2008.

422 "정의를 찬탈해 간 것입니다.⋯⋯" "It is a miscarriage of justice..." Author interview with unnamed source, December 11, 2007.

422 "다른 사람들이 진지하게 가격 인하를……" "while others made sincere progress…" Ira Magaziner, e-mail message to author, December 26, 2007.

422 "벽에 부딪혔다" "hit a wall"…Author interview with Ira Magaziner, December 24, 2007.

423 ……책임을 회피한 일을 크게 후회했다. former president's stated regret… Lawrence K. Altman, "Clinton Urges Global Planning to Halt HIV," *New York Times*, July 12, 2002; Celia W. Dugger, "Clinton Makes Up for Lost Time in Battling AIDS," New York Times, August 29, 2006.

423 "당신이 대통령 임기 중에 책임지지 못했던 것을……" "to accomplish now what you didn't…" Dugger, "Clinton Makes Up for Lost Time in Battling AIDS."

423 "누구나 이렇게 걱정합니다.……" "Everyone was worried…" Ibid.

423 "나는 그 모든 게 허튼 소리라고……" "I think it's all a bunch…" Ibid.

423 세계적인 에이즈 위기에 적극적으로 대처하지 않은 것을…… As abject as Clinton's unwillingness… John F. Harris, "Bill Clinton Takes Spot on Global Stage," *Washington Post*, June 1, 2005.

424 "대학살을 방관했다" "bystanders to genocide"… Samantha Power, "Bystanders to Genocides," *Atlantic*, September 2001, 84.

424 "우리는 에이즈만 다루지 않고……" "we don't do AIDS…" Author interview with Paul Farmer, November 21, 2007.

424 "실용"……"이념적"이라고…… "ideological"… "pragmatic"… Ibid.

425 "의미 있는 공공 복지" "significant public good."… "The Clinton Factor: A Former President's eBay of Giving," *Economist*, September 25, 2007.

425 ……100억 달러 이상 기부를 약속…… amassed more than $10 billion… "How the New Philanthropy Works," *Time*, September 25, 2006; "President Clinton Concludes Third Annual Meeting of the Clinton Global Initiative by Announcing Historic Levels of Commitments and Expansion," CGI press release, September 28, 2007.

426 "기부자들의 동기가 그저 빌 클린턴의 칭찬을……" "grantors are incentivized…" Deborah Corey Barnes and Matthew Vadum, "What Is the Clinton Foundation Up To?" *Human Events*, February 4, 2008, 9.

426 ……10년 동안의 운송사업 이익 약 30억 달러를…… plunge his next decade's profits… Andrew C. Revkin, "Global Gift of $3 Billion from

Tycoon," *Chicago Tribune*, September 22, 2006.

426 "······이 사업에서 더 많은 돈을 벌 것" "he'll probably make more money off this..." Andrew C. Revkin and Heather Timmons, "Branson Pledges to Finance Clean Fuels," *New York Times*, September 22, 2006.

426 비영리 단체는 장기적으로 효율적인······ investors expect that participating nonprofits... Michael Edwards, "Philanthrocapitalism: After the Gold Rush," Open Democracy.net, March 20, 2008.

426 ······박애자본주의는 나름대로 비판을 받고 있다. Philanthrocapitalism has its share of critics... Ibid.

427 ······에너지 세금법을 통과시키기 위해 오랫동안 싸웠으나 실패했고,······ Clinton fought a losing battle... http://www.pbs.org/wgbh/pages/frontline/hotpolitics/view./

427 거시적인 차원에서······ On a macro level... Rauch, "This is Not Charity."

427 "내 생각에,······" "is in my view..." Brad Knickerbocker, "Many Green Mayors Fall Short," *Christian Science Monitor*, November 8, 2007.

427 2006년, 클린턴은 세계의 18개 일류 도시가······ jump-started a climate change initiative... http://www/c40cities.org.

428 ······개조하기 위한 자금으로 각각 10억 달러를 약속했다. each committing $1 billion... "Clinton Foundation, Microsoft to Develop Online Tools Enabling the World/s Largest 40 Cities to Monitor Carbon Emissions," Microsoft press release, May 17, 2007.

428 어떤 환경 현실론자들은 CCI의 노력과······ some environmental realists feel... Juliet Eilperin, "22 Cities Join Clinton Anti-Warming Effort," *Washington Post*, August 2, 2006.

429 "배출 허용 시장이라는 발상은······" "the idea of markets in emission permits..." Paul Krugman, "Party of Denial," *New York Times*, May 2, 2008.

429 "······비만이 건강에 미치는 장기적 영향을······" "the long-term health ramifications..." Arthur Agatston, e-mail message to author, June 4, 2008.

430 "다들 나더러 스케줄을 어떻게 관리하느냐고 물어 보는데,······" "Eveyone always asks me..." "Dunkin' Donuts 'Whips Up' Deal with Daytime TV Host Rachael Ray," Dunkin' Donuts press release, March 8, 2007.

430 ······거대 식품회사들은······ major food conglomerates such as... www.

clintonfoundation.org/cf-pgm-hs-hk-work4.htm.

431 "……다른 모든 사람들과 같이 시류에 편승하는 것을……" "[I] notice that he is getting on…" Joan Gussow, e-mail message to author, May 7, 2008.

431 "진정으로 식량 문제의 큰 그림을……" "really seem to have a whole picture…" Author interview with Toni Liquori, May 29, 2008.

찾아보기